일본사
다이제스트100

일본사
다이제스트100

초판 1쇄 펴낸 날 | 2011년 12월 30일
초판 3쇄 펴낸 날 | 2021년 9월 3일

지은이 | 정혜선
펴낸이 | 홍정우
펴낸곳 | 도서출판 가람기획

책임편집 | 김다니엘
편집진행 | 차종문
디자인 | 황단비
마케팅 | 김에너벨리

주소 | (04035) 서울시 마포구 양화로7안길 31(서교동, 1층)
전화 | (02)3275-2915~7
팩스 | (02)3275-2918
이메일 | garam815@chol.com

등록 | 2007년 3월 17일(제17-241호)

ⓒ 도서출판 가람기획, 정혜선, 2011
ISBN 978-89-8435-309-1 (03910)

* 이 책은 저작권법에 따라 보호받는 저작물이므로 무단전재와 무단복제를 금하며, 이 책 내용의 전부 또는 일부를 이용하려면 반드시 저작권자와 도서출판 가람기획의 서면 동의를 받아야 합니다.

DIGEST 100 SERIES

08 Japan

일본사
다이제스트100

가람
기획

머리말

　모든 사회가 마찬가지이지만, 특히 일본은 외면적 사실의 인과관계만으로 깊이 이해하기 어렵다. 종교, 문화, 사상을 천착하지 않고서 도저히 일본의 본질에 들어가지 못한다. 신도는 일본이라는 의문투성이의 나라를 여는 열쇠이다. 전작《한국인의 일본사》는 일본사회의 저변을 흐르는 심성의 흐름을 추적하였다. 무척 집중된 작업이었고, 보이지 않는 미묘한 부분을 명확히 표현해야 하는 실로 벅찬 작업이었지만, 일본의 내면세계를 직시하는 보람을 주었다. 그러나 내면의 흐름에 집중한 나머지 다양하고 구체적인 역사 사실이 생략되었고, 이 부분에 대한 아쉬움이 컸다.

　이 책에서 시대의 다양한 사실을 충실히 드러내면서 일본사회를 관류하는 보이지 않는 중요한 흐름을 녹여내고자 노력했다. 때문에 전작의 많은 영향 하에 저술되었지만, 일본의 독특한 흐름을 포착하면서도 역동적인 일본사를 표현하고 있다는 점에서 한 발자국 더 나아가고 있다. 사진, 지도, 표도 풍부히 실었다. 지도를 따라가다 보면 일본의 지리가 보이고 역사가 쉬워진다. 사진은 과거를 뉴스로 보는 것처럼 생생하게 느낄 수 있다. 100장면이라는 멋진 형식 안에서, 일본사가 본래 갖고 있는 핵심을 최대한 살리고자 노력했다. 사실 역사의 본질이 제대로 드러나면, 그만큼 흥미로운 것은 없다. 감동을 주기도 한다.

　이 한 권의 책에는 20년 강의현장에서 학생들과 소통한 경험, 그리고 한국 땅, 아니 세계 속에서 어떻게 일본을 연구해야 하는가라는 하루도 잊어버린 적 없는 필자 나름의 고민이 고스란히 담겨져 있다. 가깝고도 먼 나라, 이해할 수 없는 나라가 일본이다. 그렇지만 일본은 한국에게 낯선 외국이

아니다. 식민지 체험 등 예민한 통증으로 우리 역사 깊이 들어와 있는 한국 자신의 일부이다. 다름이 어디에서 오는지 안다면 상생이 보인다. 책읽기가 끝나갈 무렵, 일본이 적으로 만나 서로의 희망이 될 수 있다면, 아니 그 미약한 단서라도 되어 준다면 더한 기쁨이 없겠다.

  이 책은 현재 한국에서의 일본학 성과에 크게 의존하고 있다. 필자의 전공을 제외하고 많은 부분을 한국 연구자의 번역이나 논문, 단행본에 의거했다. 한국의 일본학계에 감사드린다. 또 몇 번이고 마감을 연장하는 필자를 인내로 용납해 준 홍정우 실장님, 거의 혼연일체된 자세로 복잡하기 이를 데 없는 책의 편집을 맡아 준 이민영 과장님, 지도와 표를 예쁘게 그려준 편집부에게 마음으로 감사를 표하고 싶다.

2011년 12월
정혜선

차례

머리말 · 4

I. 원시와 고대
1. 대륙과 연결된 구석기 시대-채집 · 수렵 · 어로의 시대 · 14
2. 일본사의 기초, 조몬 시대-열도의 형성과 농경 없는 신석기 문화 · 18
3. 최초의 문명, 야요이 시대-한반도로부터 온 벼농사와 금속기 문화 · 23
4. 중국사서에 보이는 고대 일본 열도-소국의 형성과 야마타이 국 · 28
5. 일본 고대사를 푸는 열쇠, 한반도-수수께끼의 초중기 고분 시대 · 31
6. 일본사 최초의 통일국가, 야마토 정권-호족 연합정권과 대왕(천황)의 등장 · 36
7. 씨성 제도와 제정일치사회-야마토 정권의 사회 · 39
8. 고대국가를 위한 첫걸음, 쇼토쿠 태자-아스카 시대 · 43
9. 일본 최고의 수준, 아스카 문화-백제인이 만든 문화 · 48
10. 다이카 개신과 백제 구원군 파견-중앙집권 국가의 시도와 정체 · 53
11. 고대국가의 급속한 성립-덴무 · 지토 · 몬무 천황 시기 · 58
12. 일본이 탄생하다-중앙집권의 일본적 변용 · 62
13. 국가토지 소유제의 붕괴와 정쟁의 격화-중앙집권 국가의 급속한 동요, 나라 시대 · 66
14. 덴표문화, 대륙문화의 왕성한 섭취-나라 시대의 문화 · 71
15. 장원의 발달과 중앙집권의 와해-천년의 수도로 도읍, 헤이안 시대 · 75
16. 귀족 후지와라 씨의 정치-일본문화의 전성 · 79
17. 일본적 감수성의 원천, 가나로 쓴 최초의 시집-고금와카집 · 83
18. 궁녀가 쓴 감미로운 우울의 세계-일본최고의 걸작, 겐지모노가타리 · 87
19. 일본불교의 성립, 신도의 신들과의 결합-나라 · 헤이안 시대 · 91
20. 주술화된 일본 고대 불교-천태종과 진언종 · 95
21. 상황의 정치와 무사-원정의 시작 · 99
22. 일본고대, 열도가 주는 자유로움-고대사 · 104

II. 중세 사무라이 사회

23. 무사 헤이시 정권의 성립과 멸망-중세의 시작 · 110
24. 최초의 무사정권, 가마쿠라 막부-미나모토노 요리토모, 정이대장군이 되다 · 114
25. 호조 씨의 대두, 그리고 무사와 농민-처가로 옮아간 막부의 실권 · 117
26. 막부의 전국통치와 천황-조큐의 난 · 120
27. 전투자로서 사무라이의 세계-충성과 무용 · 124
28. 죽음의 미학, 할복과 벚꽃-사무라이 사회 · 128
29. 전환의 시대, 민중불교의 탄생-가마쿠라 시대의 신불교 · 132
30. 몽골의 일본 침공-일본을 구해낸 가미카제 · 137
31. 무사들의 궁핍, 고다이고 천황의 반란-가마쿠라 막부의 멸망 · 140
32. 불안정한 무로마치 막부-남북조시대, 요시미쓰 장군의 등장 · 144
33. 시대의 강자 슈고 다이묘, 그리고 막부조직-무로마치 시대 · 148
34. 농민봉기, 잇키의 시대-서민의 대두 · 151
35. 하극상의 전국시대 서막-오닌의 난 · 155
36. 새로운 강자 전국 다이묘-약육강식의 전국시대 · 159
37. 대표적 전국 다이묘-호조 소운과 다케다 신겐 · 163
38. 왜구와 동아시아-명과 조선과의 관계 · 166
39. 일본적 미의식의 형성-사비, 와비, 유현 · 170
40. 정원, 다도, 노, 꽃꽂이-무로마치 문화 · 173

III. 근세사회로의 이동

41. 기독교와 조총의 전래-유럽의 일본 진출 · 178
42. 오다 노부나가의 등장-전국통일의 가닥 · 182
43. 도요토미 히데요시의 전국통일-아즈치·모모야마시대 · 186
44. 에도 막부의 성립-도쿠가와 이에야스 · 191

45. 쇼군과 다이묘-막번체제 · **195**
46. 신분제도와 농민지배-에도막부의 사회 · **199**
47. 쇄국과 시마바라의 기독교도 반란-기독교 금압과 쇄국 · **203**
48. 막부정치의 문치화-쓰나요시 · 이에노부 장군시대 · **207**
49. 평화시대의 무사도, 47인 사무라이의 충신들-아코성 주군의 복수사건 · **211**
50. 조카마치의 번영과 도시민의 생활-도시와 상업의 발달 · **214**
51. 인간의 본능을 대담하게 긍정한 조닌 문화-에도시대 상인문화 · **218**
52. 세계적인 문화유산, 우키요에-고흐가 동경한 대량생산된 판화 · **223**
53. 형식미의 세계, 분라쿠와 가부키-일본전통예능의 정수 · **228**
54. 보편자의 결여, 일본유학의 세계-일본 주자학에서 고학에 이르기까지 · **234**
55. 위기와 다양한 개혁들-교호개혁과 다누마의 정치 · **238**
56. 농민소요의 격증과 오시오의 난-에도막부의 동요 · **242**
57. 막부재건의 마지막 몸부림-덴포개혁의 좌절과 웅번의 대두 · **245**
58. 국수주의의 원초적 형태, 국학-모토오리 노리나가 · **248**

IV. 근대사회의 성립

59. 개국과 새로운 세력의 등장-일본근대의 시작 · **254**
60. 정치적 긴장의 해, 1858년-통상조약체결과 쇼군계승문제 · **259**
61. 스러진 시대정신의 소유자, 요시다 쇼인-에도시대의 지사 · **263**
62. 하급 사무라이의 존왕양이 운동-암살 · 테러의 급진적운동 · **267**
63. 막부 멸망과 메이지 유신을 만든 사람들-메이지 유신 · **272**
64. 문명개화-근대 초기의 문화 · **277**
65. 근대개혁과 희생된 사람들-메이지기 중앙집권화정책 · **281**
66. '헌법제정 · 국회개설'의 요구-자유민권운동 · **287**
67. 제국헌법과 초기의회-입헌체제의 수립과 의회 · **292**

68. 일본제국주의와 전쟁-청일전쟁・러일전쟁・296
69. 제국의 승리와 식민지 한국-아시아에 대한 우월감과 사명감의 시작・300
70. 근대천황의 창출, 일본의 빛과 그림자-근대천황제・304
71. 산업혁명, 기생지주제, 재벌-자본주의의 발달・309
72. 사회문제를 고뇌한 사람들-초기사회주의・314
73. 제1차 세계대전과 일본-전쟁으로 얻은 이익・317
74. 워싱턴 체제와 일본의 협조외교-1차대전 이후 외교체제・321
75. 다이쇼 데모크라시의 배경-쌀소동과 사회운동・325
76. 정당정치의 전개-보통선거법의 채택・330
77. 일본의 사회주의자들-생디칼리즘과 볼셰비즘・334
78. 대중문화의 탄생-중간계층의 성장과 소비문화・339
79. 위기와 일본국가주의의 대두-경제대공황시기・343
80. 천황의 이름으로 열어젖힌 전쟁-전쟁의 서막, 만주사변・347
81. 경제위기와 군부의 대두-2・26사건・352
82. 단기전으로 계획된 전쟁-중일전쟁・358
83. 막다른 절벽의 선택-태평양전쟁・362
84. 전쟁의 추이-옥쇄와 가미카제 특공대・368
85. 항복과 히로히토 천황-일본의 패망・374
86. 전쟁과 일본공산당의 전향-사노 마나부의 전향 발표・378
87. 일본땅의 조선인, 재일동포-폐쇄된 사회에 피어난 민족의 꽃・382

V. 현대사회의 전개

88. 패전과 점령, 그리고 일본국민-일본제국의 멸망・388
89. 비군사화와 민주화정책-초기 점령정책・391
90. 평화헌법과 상징천황제-신헌법의 공포・396

91. 냉전의 심화와 역코스, 그리고 한국전쟁-점령후반기 · **399**
92. 냉전의 산물, 강화조약과 안보조약-샌프란시스코 강화조약과 미일안보조약 · **403**
93. 보수합동과 자민당의 탄생-55년체제의 성립 · **406**
94. 일본 최대의 대규모 시민운동-안보반대투쟁 · **410**
95. 전후의 재일조선인-불우의식에서 소통으로 · **415**
96. 경제대국의 신화, 그 원동력-풍요로운 일본 · **420**
97. 일본경제의 장기불황-잃어버린 20년 · **424**
98. 21세기 새로운 국가전략, 군사강국화-군사강국화의 흐름 · **429**
99. 일본의 우경화와 정체성-역사왜곡교과서·야스쿠니 신사참배 문제 · **432**
100. 미래 동아시아 공동체를 향한 발걸음-아시아의 연대 · **435**

부록
일본사 연표 · **440**
찾아보기 · **442**
참고문헌 · **450**

I. 원시와 고대

DIGEST 1

대륙과 연결된 구석기 시대
―채집·수렵·어로의 시대(12만 년 전~기원전 약 1만1천 년)

| 그때 세계는 -
| 약 200만 년 전 | 오스트랄로피테쿠스 등장
| 약 4만 년 전 | 크로마뇽 인 등장

    구석기 시대의 인간은 동물과 비슷한 생활을 했지만 동물과는 확연히 달랐다. 직립 보행을 할 수 있어 자유로워진 손으로 도구를 사용하고 석기를 만들었다. 불을 사용하게 되면서 야수의 습격을 막을 수 있었으며 음식물을 익혀 먹을 수 있게 되었다.
    인류는 수십 명이 하나의 집단을 형성하여 맘모스와 하마 등 큰 동물을 사냥했다. 수렵이 생활 수단으로 일반화하면서 남자는 사냥에 전념하고 여자는 식물 채취와 가사를 담당했다. 선사시대 연구에서 불후의 업적을 남긴 모건L. H. Morgan은 공동체 안에서 남자보다 여자의 권위가 더 강했다고 말한다. 여자의 일이었던 식물 채취가 수렵이나 어로보다 더 안정적으로 식량을 확보할 수 있었던 데다가 집단혼의 상태에서 제 자식을 확실히 알 수 있는 사람은 남자가 아니라 여자였기 때문이다. 분주히 들판을 누비며 사냥하는 남자와 아기를 낳아 기르며 식물을 채취하던 여자. 인간이 가장 오래 해온, 이런 역할은 지금도 우리의 무의식에 남아 있을지 모른다.

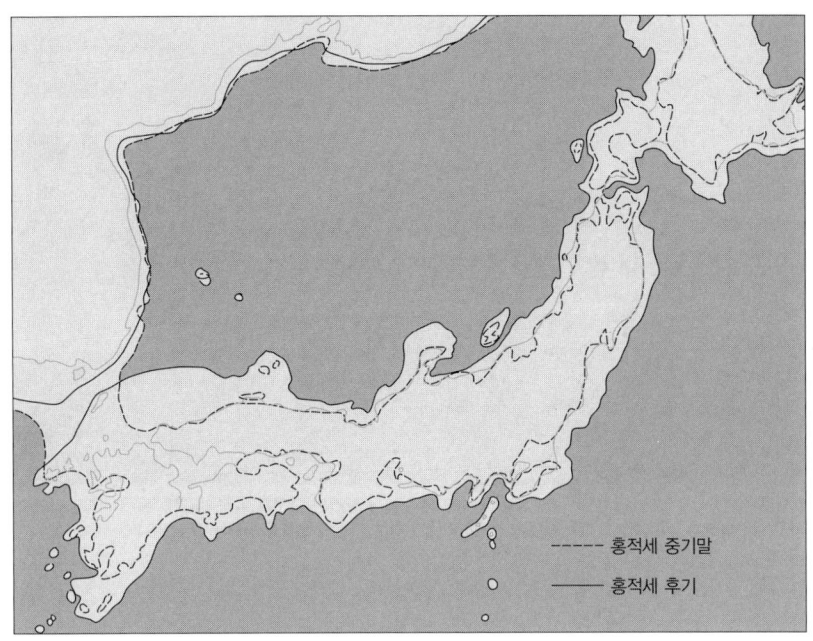

구석기 시대 일본. 구석기 시대 일본은 열도가 아니라 대륙과 연결되어 있었다. 일본은 거대한 내륙 호수를 품어 안은 형태로 대륙과 이어져 있었다.

그러나 언제 죽음이 닥칠지 모르는 생활환경 속에서, 남녀 사이의 불평등을 따지는 것은 무의미했다. 특히 인류는 죽음이나 망자亡者에 대해서 각별한 관심을 기울였다. 그들은 동굴 속에 판 무덤에 시체를 묻고 흙의 압력을 받지 않도록 시체 주변에 돌을 쌓았다. 시체와 함께 음식과 각종 부장품을 묻어 주기도 했다. 이것으로 보아 사후세계에 대해 막연하게나마 인식하고, 종교적 의식이 싹트고 있었음을 추측할 수 있다.

구석기 시대의 일본지역은 대륙과 연결되어 있었다. 많은 고고학자들은 구석기 시대 일본 지역에 사람이 살지 않았을 것이라고 생각했지만, 비교적 최근인 1949년 이와주쿠岩宿에서 구석기 유적이 발견되면서 일본에도 12만년 전 구석기 시대에 사람이 살았음을 확인했다. 그러나 이 시기의 구석기인을 현재 일본인의 직접적인 조상으로 연결 짓기는 어렵다. 이들은 아직 정착하지 못한 채 이리저리 식량을 찾아 배회하는 국제인이었기 때문이다.

이와주쿠(岩宿) 유적지. 1949년 군마(群馬) 현 이와주쿠에서 발견된 구석기 유적. 이와주쿠 유적에서 타제석기가 발견되면서 일본에는 구석기 시대가 존재하지 않았다는 기존의 정설을 뒤집을 수 있었다.

구석기 시대에는 국가라는 개념이 없었다. 국가는 반드시 '자기가 먹고도 남는 잉여생산물'이 가능할 정도로 생산력이 발전했을 때 탄생한다. 구석기 시대의 유적은 단순한 인류의 발자취인데도 마치 국가의 유구성과 정통성을 입증해 주는 것처럼 생각하는 경향이 있다. 이것은 세계 어느 나라나 마찬가지다. 아마도 국가가 존재하는 한 이런 관념에서 벗어나기는 어려울 것이다.

그런데 일본의 경우 그 정도가 더욱 심하다. 일본 고고학의 신뢰를 뿌리째 흔든 구석기 시대 날조사건은 그 연장선상에서 발생한 것이다. 1992년, 후지무라 신이치藤村新一 동북구석기문화연구소 부이사장은 가미타카모리의 구릉에서 40만 년 전, 50만 년 전, 60만 년 전의 석기를 잇달아 발굴했다. 일본 석기시대의 최고最古 기록을 연례행사처럼 갱신한 그는 '신의 손'이라 불리기까지 했으며, 그의 업적은 1998년부터 고등학교 역사 교과서에 실리기도 했다. 그런데 그가 몰래 석기 유물을 땅에 묻는 장면을 담은 비디오테이프가 마이니치每日신문에 폭로된 것이다.

고고학계는 상상도 할 수 없는 일이며 고고학적 상식으로 이해할 수 없는 일이 벌어졌다며 경악했다. 한 고고학자는 "후지무라 단장이 땅을 파서 유물을 묻었다면, 그 지층이 다른 곳보다 부드럽기 마련인데 이를 발굴대원 중 누구도 몰랐다는 것이 납득되지 않는다"고 말했다.

구석기 날조 사건은 후지무라라는 한 사람이 자신의 명예를 위해 거짓말을 한 사건이지만, 일본 사회의 분위기를 빼놓고 이해할 수는 없다. 일본 사학계, 나아가 일본 사회가 한국보다 늦은 구석기 유적 연대에 대해 커다란 강박관념에 사로잡혀 있었고, 일본사의 연대를 끌어올리려는 풍토가 강했다. 바로 그 점이 대범하게 날조를 저지를 수 있었던 요인이기도 하다. 여기에 후지무라의 행위가 단순히 개인의 명예를 위한 것으로 볼 수 없는 이유가 있다. 아마도 그런 국가적 문제가 아니었다면, 후지무라는 감히 그렇게 하기 어려웠을 것이다. 국가에 관련된 부분에서만큼은 집단의 열망 속에서 거짓을 만들 위험성이 있다.

구석기 시대는 아담과 이브가 살았던 태곳적 인간의 모습이 담겨져 있다. 지금의 문명과는 너무나 동떨어져 있어서 야만인이며 미개인처럼 여겨지지만, 사실은 우리와 너무도 닮은 인간의 세계이다. 그 시대 유적과 유물은 단순히 그 지역에 살았던 인류의 발자취일 따름이다.

DIGEST 2

일본사의 기초, 조몬 시대
─열도의 형성과 농경 없는 신석기 문화
(기원전 1만 년 전후~기원전 4세기경)

그때 세계는 –
기원전 5000~4000년경 | 한반도, 신석기문화 시작
기원전 3000년경 | 서울 암사동 유적(빗살무늬 토기 문화)

　기원전 1만 년경 인류는 새로운 환경을 맞이하게 된다. 구석기 시대를 뒤덮었던 한랭한 빙하기가 끝나버린 것이다. 기후가 따뜻해지면서 빙하가 녹아 도처에서 홍수가 범람하고 삼림이 우거지기 시작했다. 이 시기에는 대량의 빙하가 녹으면서 바닷물이 차올라 일본은 사방이 바다로 에워싸인 열도가 되었다.

　열도가 만들어지면서 비로소 현대 일본인의 직접적인 조상이라 할 수 있는 사람들이 살기 시작했다. 이들은 토기를 만들어 사용하던 신석기인으로 기원전 3세기까지 무려 1만 년 가까이 활동했다. 이들이 사용하던 토기는 표면에 새끼줄繩과 같은 무늬가 새겨져 있어서 '조몬繩文 토기'라 부르며, 그 시대를 토기 이름을 따서 '조몬 시대'라고 한다.

　일본은 조몬 시대로 접어들면서 지리적으로 고립되어 대륙의 문화적 영향을 거의 받지 못한 채 혼자 힘으로 역사를 개척해갈 수밖에 없었다. 일본이 섬나라라는 사실은 조몬 시대는 물론이거니와 이후 일본의 역사를 결정

조몬 토기. 일본 열도에서 신석기시대에 사용된 토기로, 새끼줄 무늬를 띠고 있어서 '조몬(繩文) 토기'라 부른다.

짓는 매우 중요한 요소이다. 열도라는 사실은 일본이 왜 그렇게 중국이나 우리나라와는 다른 독특한 성격의 사회와 문화를 창출했는지 알게 해준다.

열도에 고립된 조몬 시대 일본인은 스스로의 힘으로 석기 문화를 조금씩 발전시켜 나갔다. 이 시기 사람들은 타제 석기를 개량한 마제 석기를 연장으로 이용했다. 점토를 구워 토기도 만들기 시작했다. 자연물에 화학 변화를 일으켜 자연에는 전혀 없던 물질을 만들게 된 것이다. 토기 제작은 하나의 진보였다. 자연을 응용해 만든 토기에 음식을 담아 저장할 수도 있었고, 물을 끓이고 음식을 삶을 수도 있었으며 제사용이나 장식품으로도 쓸 수 있었다. 신석기인들은 토기를 발명하여 이전보다 풍요로운 삶을 누릴 수 있게 되었다.

조몬 시대는 토기와 마제 석기를 지닌 신석기 문화임에는 틀림이 없다. 그러나 신석기 시대에 일반적으로 나타나는 농경과 목축이 일본에는 등장하지 않았다. 수렵·어로·채집에 의존하던 구석기 시대의 생활이 그대로 이어졌다. 일본 열도 사람들은 하늘이 준 천혜의 연안 어장에서 물고기와

조몬 시대 토우. 흙으로 만든 인물상으로 주로 주술적인 우상으로 만들어졌다.

조개를 잡고 육지의 도토리나 밤 등을 주워 먹으면서 때때로 사슴이나 돼지 등의 짐승으로 단백질을 보충하곤 했다.

  자연에 전적으로 의존하며 살아가야 했던 조몬 시대 일본인에게 자연은 거대한 힘이었다. 더구나 일본 열도는 환태평양 조산대에 속한 지역으로 150개 이상의 화산이 있고 지진과 태풍의 영향이 큰 곳이다. 화산이 폭발하고 시뻘건 용암이 흘러내리며 불덩이가 순식간에 흙과 바위를 태우고 땅이 갈라지는 자연이 있는 곳이다. 역사의 초창기로 올라갈수록 자연은 힘이고, 권위이며 인간의 존재를 결정짓는 절대적인 대상이다. 더구나 일본처럼 혹독한 풍토인 경우, 강한 자연환경에 더욱 압도될 수밖에 없다.

  거친 환경은 조몬 시대 사람들의 정신세계를 종교적인 심성으로 가득 채웠다. 이들은 신에 대한 두려움과 염원을 담아 성대한 주술을 행하고 신에게 제사를 올렸다. 이 시기의 토기 무늬에는 주술적인 의미가 깃들어 있으

후지산. 오늘날 화산, 지진, 태풍이라는 혹독한 풍토 속에서 조몬 시대 사람들은 신에 대한 두려움과 염원을 담아 제사를 지냈다. 21세기 현재 일본에도 신사가 거의 모든 지역에 있을 정도로 원시신앙이 강하게 남아 있다.

며, 여성의 유방이 뚜렷이 보이는 토우는 주술에 사용한 것으로 보인다. 시체의 팔다리를 꺾어 매장하거나 큰 바위를 이용해 시체를 눌러 둔 무덤도 종종 발견된다. 죽은 이의 혼이 부활하는 것을 대단히 두려워하여 두 번 다시 그 혼이 지상에 출현하지 못하도록 하는 의미로 생각해볼 수 있다.

조몬 시대 사람들은 토기와 마제석기를 이용해 채집·수렵·어로 활동을 하며 일본의 거친 자연환경을 이겨냈다. 많은 일본 학자들이 1만 년가량 계속된 조몬 시대 토기의 수많은 양식과 풍부한 디자인을 자랑하지만 이는 어디까지나 석기 시대의 최고점일 뿐이다. 채집·수렵·어로가 1만 년 동안 아무리 고도로 발달했다 해도 채집의 단계일 뿐이지 문명의 단계라 말할 수 없다.

인간을 문명으로 이끄는 것은 농경과 목축이다. 농경과 목축이 시작되면서 인류는 식량을 생산하는 단계로 나아갔고 비로소 잉여생산물이 생겨났다. 이 잉여생산물을 바탕으로 재산이 형성되었으며 재산을 바탕으로 강한 집단과 약한 집단이 생기고, 국가가 출현하게 된 것이다. 그리고 비로소 청동기 시대로 돌입한다.

금속은 돌처럼 흔한 것이 아니다. 가장 풍부한 광산에서도 사용할 수 있는 광석의 양은 총 5% 미만이다. 귀한 금속을 뽑아내기는 대단히 어렵고 그 과정은 고도로 노동집약적인 일일 수밖에 없다. 금속을 광석에서 가려내고 합금하는 데도 수준 높은 지식이 필요하다. 따라서 청동기를 사용하기 시작했다는 것은 새로운 사회 질서가 등장했음을 의미한다.

일본은 섬이라는 자연환경의 규제를 뛰어넘을 수 없었다. 사람들이 열등해서가 아니다. 아무리 우수한 사람들이 있었더라도 그 당시로서는 바다의 장벽을 넘어 문명을 받아들일 수는 없었다. 인간은 자연을 넘어설 수 있는 존재가 아니다. 그저 자연과 더불어 살아가는 유한한 인생에 지나지 않는다. 조몬 시대 일본인은 열도에 갇혀서 제자리걸음을 계속하며 채집, 수렵, 어로를 독특하게 발전시켰다. 조몬 시대 사람은 자신의 힘으로 새로운 생산력 단계, 농경과 청동기의 시대로 도약할 수 있었다.

일본 열도는 바다 건너온 사람들에 의해 1만 년 동안의 긴 정체에서 깨어나기 시작했다. 만주보다는 1200년, 한반도보다 700년이 늦은 시기이다. 고립된 위치와 절박한 자연 환경이라는 조건에서 1만 년간 지속된 조몬 시대를 주목해야 한다. 조몬 시대의 환경으로부터 파생된 것들은 사라지지 않고 현재까지 강인하게 살아남아 일본 역사의 큰 기초를 이루고 있다. 다시 말해서 조몬 시대는 일본 역사의 원형이라 할 수 있다. 일본 역사를 바라볼 때에는 항상 조몬 시대를 염두에 두어야 한다. 일본은 어떤 지역보다도 원시의 모습이 강하게 보존되어 있기 때문에 일본사를 탐구하노라면 원시의 인간을 밀도 있게 만나게 된다. 그래서 우리가 문명의 두꺼운 껍질을 깨고 인류를 바라볼 수 있도록 이끈다.

DIGEST 3

최초의 문명, 야요이 시대
—한반도로부터 온 벼농사와 금속기 문화
(기원전 3세기~3세기경)

그때 세계는 –
기원전 334년 | 알렉산더 대왕, 동방원정(~323년)
기원전 108년 | 고조선 멸망, 한군현 설치

기원전 3세기경, 벼농사를 짓고 금속제 도구를 사용하는 무리가 갑자기 규슈 북부 지역에서 나타나더니 일본 전역으로 퍼져나갔다. 전파 속도는 무척 빨라서 1세기경에 이미 도호쿠 지방 남부까지 도달했다. 이들이 만든 토기가 최초로 발견된 장소의 이름을 따서 야요이彌生 문화라 하며, 이 시대를 야요이 시대라 한다. 야요이 시대는 기원전 3세기에서 기원후 3세기까지 약 600년간 지속되었다. 일본은 야요이 시대에 이르러 식량을 채취하는 단계에서 식량을 생산하는 농경 사회로 발전하게 된다.

농경에서 밭농사는 별다른 기술 없이도 적은 인원으로 가능하지만 벼농사는 그렇지 않다. 반드시 고도의 농사 기술과 집단 노동을 필요로 한다. 그런데 벼농사 유적이 규슈 북부 지역에만 돌연히 나타난 것이다. 이는 조몬 문화의 내적인 발전에 의해 이루어진 것으로 보기 어렵다. 벼농사·금속기는 외부에서 전해진 문명임을 알 수 있다. 결론부터 말하면 그 외부는 바로 한반도 남부다.

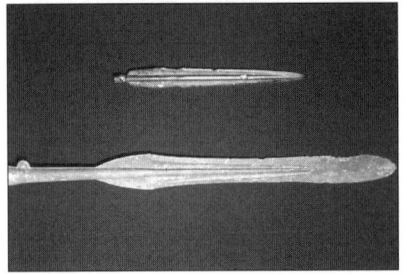

야요이 토기와 동모(銅矛, 청동으로 만든 쌍날 무기). 동모는 한반도에서 규슈 북부에 전래되어 묘지의 부장품으로 쓰였다. 나중에 대형화되어 제기로 바뀌었다.

중국에서 직접 일본으로 건너가 농경을 전해 줄 수도 있었을 텐데 어째서 한반도 남부에 살던 이들이 일본으로 건너간 것일까? 왜 규슈 북부 지역에서 야요이 문화가 시작된 것일까?

이는 지리적인 유리함 때문이었다. 규슈 북부는 외부에서 일본 열도로 들어오기 손쉬운 곳이었다. 당시의 해상 교통 기술로 일본에 갈 수 있는 가능성이 가장 높은 지역이 한반도 남부였다. 한반도 남부에서 쓰시마 섬을 거쳐 규슈로 가는 길은 중국 역사서에서도 구체적으로 언급하고 있다. 이 길은 야요이 시대뿐만 아니라 그 이후에도 결정적인 문명의 통로로 이용된다.

지금도 부산에서는 맑은 날이면 일본의 쓰시마가 바라보인다. 가까울 뿐만이 아니었다. 해안에서 뗏목을 띄우면 해로를 따라 큰 풍랑 없이 저절로 닿는 곳이 쓰시마이다. 쓰시마에서 규슈 북부에 가기 전, 이키 섬이 있는데 그다지 멀지 않다. 이키섬을 거쳐 규슈 북부까지는 중간에 있는 섬들을 징검다리로 삼고 목적지를 직접 눈으로 관측하면서 항해할 수 있다. 이처럼 북부 규슈는 고도의 항해술이나 선박 조선술 없이도 쉽게 한반도 남부에서 일본 열도에 도달할 수 있는 곳이다. 그러나 중국은 구로시오黑潮해류가 구로남지나해에서 태평양 쪽으로 빠르게 흘러가므로, 거칠게 급류로 흐르는 구로시오해류를 건너서 일본 열도에 가기 어려웠다. 때문에 중국과 직교역 해상로를 열 수 없었다.

농경을 전해 준 야요이 시대 한반도 남부 사람들은 구체적으로 누구였을까? 앞서도 이야기했지만, 벼농사는 밭농사처럼 단순히 씨를 뿌리는 것이

야요이 시대의 수혈식 주거. 야요이 시대는 조몬 시대와 마찬가지로 여러 개의 기둥을 세우고 그 위에 지붕을 덮어 만드는 수혈식 주거에서 4~5명 정도가 생활했다.

아니라 고도의 기술과 집단 노동을 필요로 한다. 그래서 소수 인원의 이동으로는 정착하기 어렵다. 반드시 고도의 기술을 습득한 집단이 이주하여 장기간 재배해야 한다. 한반도 남부에 있던 어떤 집단이 왜 일본으로 이동했을까? 자료가 부족해서 어떤 집단이 언제 어떻게 일본으로 건너갔다고 구체적으로 단정 지을 수는 없다. 많은 고고학적 자료와 정황으로 미루어 볼 때, 야요이 시대 일본에 농경을 도입한 사람들은 한반도 남부에서 집단적으로 이주해 온 사람들이었음이 확실시된다. 한반도의 대표적 매장 풍습과 동일한 방식의 지석묘가 북규슈에 집중적으로 분포되어 있으며, 그 지석묘에서 발견되는 인골의 평균 신장이 조몬 시대 일본인보다 5cm 정도 크고, 얼굴도 평면적이어서 한반도 남부 사람에 가깝다는 점이 이를 뒷받침한다.

벼농사와 금속기 문화는 기원전 3세기에 규슈에서 시작하여 기원전 2세기경에는 긴키近畿 지방으로 전파되었다. 기원 원년 즈음에는 간토關東 지방에서 도호쿠東北 지방 남부로, 2~3세기에는 도호쿠 지방 북부로까지 확산되었다.

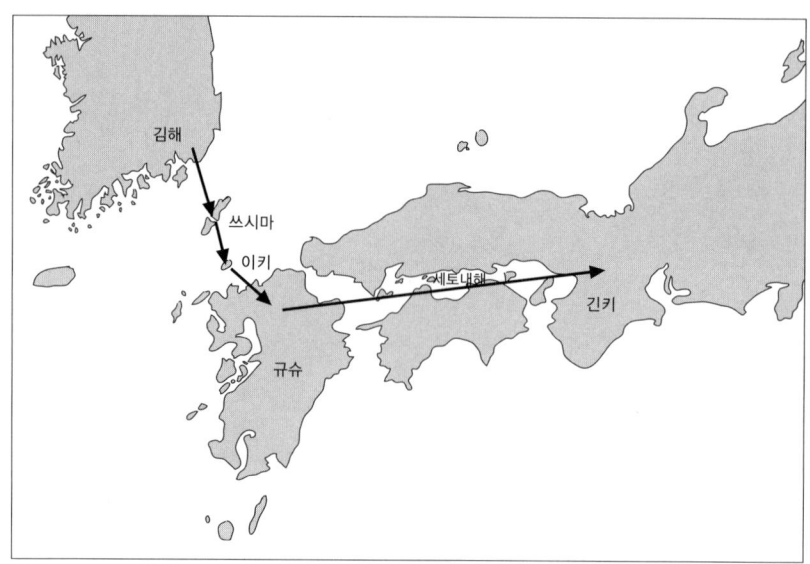

문명전파의 길. 한반도에서 일본 열도로 금속기와 벼농사가 전해졌다. 한반도-〉이키섬-〉규슈 북부-〉긴키 지방.

야요이인이 한반도 남부에서 건너온 외래인이었다면 원주민인 조몬인은 어떻게 되었을까? 조몬 시대의 유적은 일본 동부와 북부에 집중적으로 분포한다. 이곳은 멧돼지나 사슴, 연어와 송어 같은 사냥감이 풍족한 곳으로, 이를 주식으로 삼는 조몬인이 모여 살았으리라 추정된다. 지금의 긴키 지방, 즉 서쪽 일본은 조몬 시대에는 그다지 사람이 많이 살지 않았다. 일본의 인류학 권위자인 고야마 슈조小山修三는 "조몬 시대 발전기의 일본 열도 전체 인구는 26만여 명이며, 대부분 동부에 살았고 서부에 살던 사람은 2만여 명에 불과하다"고 추정했다.

그러나 긴키 지방은 야요이 시대를 맞아 새로운 문명의 요람으로 떠오른다. 규슈 북부에서 다른 지역으로 세력을 넓히기 위해서는 세토瀬戸내해內海 나이토해의 해류를 타고 이동하는 것이 가장 안정적이다. 다른 길은 거친 조류로 인해 손쉽게 갈 수 없기 때문에 세토 내해는 안정적인 해상 교통로의 역할을 충실히 수행했다.

규슈 북부에서 세토내해를 건너 비교적 쉽게 도착할 수 있는 곳이 지금의 긴키 지방이다. 긴키 지방은 현재 오사카大阪, 교토京都, 고베神戶 등의 도시가 있는 지역으로 햇빛이 잘 들고 기후도 온화한 데다가 넓은 평야가 있다. 벼 이모작을 하기에 아주 좋은 조건이다. 규슈 북부에서 시작한 벼농사는 긴키 지방에서 꽃을 피웠다. 야요이 시대에 긴키 지방은 규슈 북부와 더불어 일본의 2대 중심지가 되었다. 이후 고대의 수도가 전부 긴키 지방에 자리 잡을 정도로 일본 역사의 중심 지역으로 성장한다.

긴키 지방의 경우 조몬인이 많지 않았으므로 두 문화 간 충돌은 그리 심각하지 않았을 것이다. 시간이 흐르면서 경쟁이 치열해지는 경우도 생각할 수 있지만 대부분의 경우 목기나 석기를 사용하던 조몬인들은 금속 도구를 앞세운 야요이인에게 압도되고 흡수되었을 것이다. 그러나 큰 갈등과 대립 없이 쉽게 융합한 것으로 보인다.

이후 농경 문명은 동쪽으로 전달되어 홋카이도를 제외한 일본 전역으로 퍼져 나갔다. 조몬 시대가 1,000년을 단위로 발전해 나갔다면 야요이 시대는 100년을 단위로 빠르게 발전했다. 마치 갓난아기가 엄마의 젖을 빨듯이 일본 사회는 한반도의 선진문명을 빠르게 흡수하며 문명의 단계로 들어섰다.

DIGEST 4

중국사서에 보이는 고대 일본 열도
―소국의 형성과 야마타이 국(기원전 1세기~3세기경)

그때 세계는 -
45년경 | 인도, 쿠샨 왕조 성립(~170년)
184년 | 중국, 황건적 난

 농업은 안정된 생활을 보장해 주었고 먹고사는 데 필요한 최소한의 물자보다 더 많이 생산하는 것을 가능하게 한다. 비로소 일을 하지 않고도 다른 사람이 일한 결과물로 풍족한 생활을 누릴 수 있는 사람이 등장하게 되었다.
 농경이 시작되면서 집단 내부에서, 집단과 집단 사이에서 빈부의 차가 생기고 신분의 분화가 일어났다. 지역 집단 사이에 투쟁과 병합이 반복되면서 힘 센 집단이 등장했으며, 그 집단의 장이 온갖 특권을 누리게 되었다. 이러한 과정을 통해 야요이 시대 중기에는 오늘날의 군郡 정도 크기 영역을 다스리는 수많은 소국이 출현했다.
 일본의 소국은 중국 문헌에도 등장한다. 중국의 문헌은 이 시대의 일본 사회를 '왜'라는 이름으로 지칭한다. 기원전 1세기에는 100여 개국이 있었으며 서기 57년에는 왜의 노국왕이란 자가 중국(후한)에 사신을 파견하고 중국 황제에게서 인수印綬와 문물을 하사받았다고 기록한다. '100여 개국', '왕'이라는 기록은 정치적 지배자가 출현했음을 보여준다. 그러나 '왕'이라

금인(金印)과 금인이 발견된 장소인 시카노 섬. 금인에는 한위노국왕(漢委奴國王)이라 쓰여 있다. 후한서 동이전에 따르면 57년 왜의 노국왕이 후한 광무제에게 공물을 바치고 금인을 하사받았다고 한다. 금인은 이를 뒷받침해 주는 유물이다.

는 거창한 명칭에도 불구하고 이 무렵의 정치적 지배자는 촌락 공동체의 장로 수준을 넘어서지 못했던 것으로 보인다.

《삼국지三國志》'위지왜인전魏志倭人傳'에 2세기 말, 야마타이邪馬臺 국의 히미코卑彌呼 여왕에 관한 기록이 있다. 일본 열도 소국들 사이에 격렬한 항쟁이 벌어졌는데, 30여 개국에서 야마타이 국 여왕 히미코를 옹립하자 겨우 난이 수습되었다고 전해진다. 히미코가 '신의 도에 종사하여 능히 사람들을 현혹시켰다'는 기록이 있는 것으로 보아 히미코는 주술을 지닌 무녀로서 영적 권위를 내세워 군림하는 지배자임을 알 수 있다. 히미코는 여왕이 된 후 큰 궁전 깊은 곳에서 독신으로 지내며 주술과 신탁으로 정치를 했고, 남동생의 보좌를 받았다고 기록되어 있다. 히미코가 죽은 뒤에는 남자 왕이 즉위했지만 내란이 일어나 히미코의 친족인 13세 소녀 이요壹與를 여왕으로 삼고 다시 평화를 찾았다고 한다.

이러한 기록으로 볼 때 적어도 2세기 말 일본에는 히미코 여왕이 다스리는 일종의 통일체가 형성되었음을 확인할 수 있다. 야마타이 국은 어마어마한 고대국가가 아니라 히미코 여왕을 맹주로 하는 연맹왕국 정도로 보아야 할 것이다. 일본 역사에 처음 등장한 통일체로 볼 수 있다.

히미코와 관련된 기록은 당시 일본이 무당인 여왕이 다스리는, 샤머니즘과 정치가 분리되지 않은 단계의 통치 체제였음도 알려준다. 더구나 큰 난이 귀신과 교감하는 여왕의 능력에 의해 종식되었다는 사실은 정치에 작용하는 종교의 영향력이 막강했음을 시사한다.

세계사에서 처음 등장하는 국가의 왕은 모두 제정일치의 종교적 군주였다. 우리나라의 단군 역시 무당 임금이었다. 이러한 범주에서 일본 야마타이 국 히미코 여왕을 해석할 수 있다. 그러나 일본의 경우 혹독한 자연환경으로 인해 정치에 대한 무속의 영향력이 더욱 막대했을 가능성이 크다. 지진과 태풍, 해일과 화산 등의 자연 재앙은 너무나 압도적이었기에 다른 지역보다도 신에게 제사를 지내는 일이 중요시되지 않았을까? 그래서 최고 지도자는 신의 의사를 점쳐서 민중에게 전하고 신을 달래어 재앙을 쫓는 일을 할 수 있어야 했다. 히미코가 죽은 후 남자 왕이 즉위하자 다시 혼란이 왔고 13세의 소녀를 여왕으로 세우고 나서야 안정을 찾았다는 사실도 종교가 일본 사회에 미치던 영향을 추정할 수 있게 한다.

야마타이 국은 2세기 말 일본 열도에 통일된 연맹이 있었음을 확인시켜 주며, 일본사에 등장하는 최초의 국가일 가능성을 보여 준다. 하지만 야마타이 국은 일본사에서 등장하는 최초의 국가라고 지칭되지 않는다.《삼국지》'위지왜인전'에 등장하는 히미코 여왕 기록 이후 약 150년간 중국 역사서에서 왜의 기록이 자취를 완전히 감추어, 야마타이 국의 위치조차 확실치 않기 때문이다. 이러한 불확실성 덕분에 일본사에 등장하는 최초의 국가는 야요이 시대 다음의 고분 시대에서 나타난다.

DIGEST 5

일본 고대사를 푸는 열쇠, 한반도
—수수께끼의 초중기 고분 시대(4~7세기)

그때 세계는 –
280년 | 중국, 진의 통일
313년 | 로마, 크리스트교 공인

일본이 언제 어떤 과정을 거쳐 통일국가가 되었는지는 확실하지 않다. 통일국가가 형성되었을 것으로 여겨지는 4~5세기의 문헌 자료는 너무나 부족해 수수께끼로 덮여 있다. 다만 3세기 말부터 이곳저곳에 등장한 거대 고분만 덩그러니 남아 사라진 150년간의 일본 역사를 말하고 있을 뿐이다. 고분 시대라는 명칭은 이 시기에 거대한 고분이 많이 만들어졌기 때문에 붙은 이름이다.

고분 건설은 민중을 동원하는 공사로, 수장 권력의 절대성을 보여 준다. 거대한 고분의 존재로 보아 일본의 통일국가는 4~5세기에 형성되었을 것으로 추정된다. 그리고 야마토大和를 중심으로 한 기내畿內(나라, 교토, 오사카) 지방에 고분이 집중된 것으로 미루어, 야마토 지방(현 나라지역)을 중심으로 일본의 통일 정권이 형성되었으리라 여겨진다. 이를 야마토 정권이라 부른다.

일본이 고대국가를 형성하는 4, 5세기는 안개에 가려져 있다. 통일국가에 대한 견해도 각양각색이다. 진실은 하나일 터인데 논의가 무성한 것은 그만

I 원시와 고대 **31**

닌토쿠 대왕릉. 닌토쿠 대왕릉에서 나온 환두대도와 청동 거울은 백제 무령왕릉에서 출토된 것과 매우 흡사하여, 같은 거푸집에서 찍어 냈다고 할 정도이다.

큼 자료의 부재로 일본의 통일국가 성립 시기를 규명하기가 어렵기 때문이다. 임나일본부설도 이 중의 하나다. 임나일본부설에 따르면 야마토 정권은 4세기 전반에 서부 일본을 통일했고, 4세기 말부터 200여 년간 한반도의 임나(가야) 지방을 지배했다. 고대에 일본이 한반도를 지배했다는 이 설은 일제강점기에 일본의 우리나라 지배를 역사적이고 운명적인 것으로 합리화하는 데 이용되었다. 현재 임나일본부설은 신빙성이 부족하여 일본인 연구자에게서도 외면당한다. 그러나 얼마 전까지도 버젓이 일본의 중고등학교 교과서에 실렸음은 물론이고, 서양의 일본사 개설에 거의 기재되어 있었다. 아직도 일본 내 우익을 비롯한 많은 일본인에게 이 설은 하나의 상象으로 존재한다.

4~5세기 일본의 상황을 분명하게 규명할 수는 없지만 고분의 매장 방식과 부장품의 성격에 의해 어느 정도 수수께끼를 풀 수 있다. 일본의 고분 시

대는 3세기 말에서 4세기 초 시작되어 7세기까지의 약 400년간이다. 이 시기를 전기(4세기~4세기 말), 중기(4세기 말~5세기 말), 후기(5세기 말~7세기)의 세 시기로 나누는데, 특히 후기를 아스카 시대라고도 한다.

결론부터 말하자면 고분 문화도 한반도 사람의 이주로 형성되었다. 정확하게 어떤 집단이 언제 이주했다고 말할 수는 없지만 한반도계 사람의 이주에 의해 일본의 4~5세기가 채워지고 야마토 정권이라는 통일 정권이 이룩되었다는 것만큼은 분명하다. 그 증거는 고

닌토쿠 대왕릉에서 출토된 환두대도.

분의 부장품에서 드러난다. 고분 시대 중기 이후의 고분에서 발굴되는 금은·금동 장신구, 말머리 가리개 등은 가야 고분에서 나온 것들과 그 형태와 제작 기법이 완전히 일치한다. 오사카 평야의 닌토쿠 천황릉仁德 天皇陵(다이센 고분)에서 나온 환두대도와 청동 거울은 백제 무령왕릉에서 출토된 것들과 아주 닮았다. 특히 청동 거울은 크기와 모양이 거의 비슷하여 일본 NHK 방송에서는 같은 거푸집에서 찍어낸 것이라 발표할 정도였다.

이외에도 그 유사성을 말해주는 증거는 무수히 많다. 한반도에서 일본 열도로 문화가 전파되었고, 문화만 전파된 것이 아니라 그 문화를 가진 사람이 이주했던 것이다. 가야와 백제 어느 왕의 후손이 바로 야마토 정권의 일본 왕이라고 단정할 수는 없지만 지배 계층 간에 불가분의 긴밀한 관계가 있었음을 추정케 한다.

한반도의 4세기는 고구려가 낙랑군을 멸망시키고 고구려, 백제, 신라, 가야가 격렬한 항쟁 속에서 패권을 다투던 긴장의 세기였다. 물론 한반도에서 소수의 병력이나 주민들이 비조직적으로 진출하고, 전파 시기도 일정하지

않았다. 이러한 정치적 파고 앞에서 일본으로의 이주 행렬은 더욱 격렬해졌다고 추정할 수 있다. 특히 4세기 말과 5세기 말, 두 차례에 걸쳐 대규모 인구 이동이 있었을 것이다. 4세기 말에 고구려군이 신라의 지원을 받아 가야를 공격했고 이때 낙동강 유역에 살던 가야 유민이 일본으로 대거 이주했다고 추측된다. 5세기 말의 이주는 한성 백제의 멸망과 관련된 것이다. 고구려 장수왕이 한성 백제를 공격하여 개로왕을 죽이자 백제는 공주를 새 도읍으로 삼아 국가 재건을 노렸지만 왕위를 둘러싼 정쟁으로 정세가 불안했다. 이때 한성 함락으로 삶의 터전을 잃은 백제인과 권력 다툼에서 밀려난 세력이 일본으로의 이주를 택했을 것으로 보인다. 그래서 일본 고분에서 가야·백제와의 강한 유사성이 보이는 것이다.

오사카 대학의 고하마 모토츠쿠小浜基次 교수는 일본의 모든 마을을 대상으로 1949년부터 1953년까지 5만 6,000여 명의 두개골 형태를 조사한 결과 현대 일본인의 원류가 아이누인(조몬인의 후예)과 한반도인이라는 사실을 밝혀냈다.

또한 일본 도쿄 대학의 하니하라 가즈오 교수는 컴퓨터 시뮬레이션을 통해 7세기경 조몬인 직계 자손과 이주민 계통의 인구비가 1:9.6이라는 결론을 얻어냈다. 하니하라 교수의 추정치에 의하면 고분 시대의 일본, 특히 통일 국가의 본거지인 긴키 지방에 상상할 수 없을 정도로 많은 이주자가 있었고 이들은 한반도인이라는 것이다. 하니하라는 고하마의 연구 결과를 더욱 과학적으로 입증하여 일본인은 단일 민족이 아니고 소수의 원주민과 다수의 한반도 이주민 혼혈로 이루어졌다는 사실을 발표하여 일본 학계에 큰 충격을 준 것이다. 더 나아가 미국 캘리포니아 대학의 제러드 다이아몬드 교수는 "일본인의 뿌리는 한국"이라고 단정했다.

이처럼 야요이 시대에 시작한 한반도인의 이주는 고분 시대에 이르러 절정에 달했다. 신개척지를 찾아, 핍박을 피하고 자유를 얻기 위해, 혹은 국가적 후원 하에 일본으로의 이주는 계속되었다. 야요이 시대에는 한반도 남부에 살던 사람이 그 주류였고 이후에는 가야인, 백제인으로 대체되었다.

이주민은 일본 서부 지역을 중심으로 여기저기 집단을 이루어 정착했다.

긴키 지방 등 서부 일본의 주요 평야 지대에는 이주민 비율이 80~90%에 달할 정도였다. 이주민 집단 간의 경쟁도 치열했을 것이다. 부족 간 통합 과정을 거치면서 거대한 고분을 축조할 정도의 대수장으로 성장했다. 이들 대수장들이 대왕을 중심으로 연합 세력, 즉 야마토 정권을 형성했다. 여기서 대왕은 우리가 알고 있는 천황으로, 후일 대왕의 명칭이 천황으로 바뀌게 된다.

한반도를 빼놓고는 일본 고대사를 말할 수 없다. 그만큼 일본 고대사에서 한반도의 비중은 절대적이었다. 하지만 일본이 한반도의 영향으로 발전했다고 해서 오늘날의 관점으로 한국의 식민지였다거나 한국이 정복했던 것이라는 식으로 말할 수는 없다. 일본의 고대는 한반도인이 일본 열도라는 다른 환경 안에서 적응하며 만든 새로운 세계라는 것을 명심해야 한다. '귤이 바다를 건너면 탱자가 된다'는 말이 있다. 한반도인이 가져간 조선 문화는 일본 열도에 정착하면서 조선과는 아주 다른 성격의 사회와 문화가 되었다.

DIGEST 6

일본사 최초의 통일국가, 야마토 정권
― 호족 연합정권과 대왕(천황)의 등장(4세기)

> 그때 세계는 ―
> 375년 | 게르만 민족 대이동
> 476년 | 서로마제국 멸망

고분 시대는 일본의 통일 권력이 형성되고 발전한 시대다. 4세기 중엽 고분은 규슈 북부에서 중부 지방까지 확대되었는데 특히 야마토를 중심으로 한 긴키 지방에 거대한 고분이 집중적으로 만들어졌다. 이로 미루어 4세기 전반에 야마토와 그 주변 호족이 연합하여 이른바 야마토 정권을 만들고, 점차 규슈 북부에서 혼슈本洲 중부에 이르는 지역의 수장과도 정치적 연합을 추진해 나간 것으로 보인다. 이것을 야마토 정권이라 부르는 것이다.

야마토는 지금의 나라현으로 긴키 지방에 있다. 통일 정권이 성립된 이후 대왕이 본거지를 야마토로 옮겼기 때문에 야마토 정권 또는 야마토 조정이라 부른다. 우리는 야마토 정권을 일본사에 등장하는 최초의 국가로 생각할 수 있다. 야마토 정권의 대왕 후손이 오늘날의 일본 천황이다. 이 대왕은 우리나라로 치자면 단군 임금과 같은 존재로 볼 수 있다.

앞에서 언급했던 닌토쿠 대왕릉도 이 시기에 만들어졌다. 길이가 무려 486m나 되는 이 고분은 세계에서 가장 큰 고분으로 알려져 있는데, 하루에

대왕과 일장기. 일장기는 천황의 조상신 아마테라스 오미카미(태양신)을 상징한다.

2,000명의 인원을 동원하더라도 15년 8개월이 걸렸으리라 추정된다. 야마토 정권이 닌토쿠 대왕릉을 만들 정도의 강력한 지배 세력으로 발전한 것이다.

5세기 말에서 6세기에 걸쳐 야마토 정권은 점차로 지방지배를 강화해 나갔다. 이러한 야마토 중앙정권에 대하여 지방의 대호족, 기비노오미吉備臣, 쓰쿠시노키미筑紫君, 게누노키미毛野君 등은 지속적으로 저항하였다. 그 중에서도 쓰쿠시노키미 이와이磐井는 규슈九州의 세력을 결집해서 신라와도 연결을 꾀하여 야마토 정권과 2년 이상이나 싸울 만큼 강성했다. 그렇지만 야마토 정권은 결국 이들 호족을 무력으로 제압하여 지배하에 놓고 유력한 호족에게는 구니노미야쓰코國造 신분을 주어 중앙으로 편입시켰다.

한편 한반도에서는 고구려·백제·신라가 서로 항쟁을 계속하고 있었고, 6세기에 들어서면 신라가 현저하게 대두하고 역으로 백제는 수세에 몰리게 되었다. 그 때문에 백제는 중국의 남조에 적극적으로 외교활동을 펴는 한편 야마토 정권과도 친교를 맺어 신라의 공세를 견제하려고 했다. 이러한 동아시아의 정치적 긴장 속에서 야마토 정권의 대백제 관계는 깊어지고 백제문화가 유입되는 계기가 되었다.
　이처럼 야마토 정권은 발전해갔지만, 아직 국가의 초기 단계로 각 지역의 호족에게 강력한 통제권을 발휘할 정도는 아니었다. 야마토 정권이 발전하여 지방 지배를 강화하고 6세기 전반 일본 열도의 주요 지역을 지배했을 때에도 그리 강력하지는 않았다. 야마토 정권은 유력 호족의 연합으로 성립된 정권이다. 자연히 야마토 정권의 수장인 대왕의 권위는 약했고, 각 지역 호족의 힘과 독자성은 오랫동안 유지되었다.

DIGEST 7

씨성 제도와 제정일치사회
―야마토 정권의 사회(4~7세기 중엽쯤)

그때 세계는 -
511년 | 인도, 굽타 왕조 멸망
527년 | 유스티니아누스 법전 편찬

　야마토 정권은 소가蘇我 씨, 모노노베物部 씨, 오토모大伴 씨, 나카토미中臣 씨 등 유력한 호족이 막대한 사유지와 사유민을 소유하고 조정에서 직무를 분담하는 연합 정권의 형태였다. 이 호족들은 세습적으로 조정의 직무를 분담했다.
　일본에서는 씨氏를 '우지'라 부르는데 우지氏는 야마토 정권 중심부 유력 호족의 혈연 집단을 말한다. 우지의 성원은 공동의 수호신이자 조상신인 씨신氏神(우지가미)을 모시는 제사를 중심으로 결합했다. 우지의 최고 통솔자氏上(우지노카미)는 씨신의 직계 자손으로 여겨져, 씨신에게 제사를 올리는 제사장 역할을 한다. 우지의 구성원은 '우지비토氏人'라 불렀다. 우지氏는 혈연집단 씨족이라 이해하면 쉽다. 그렇지만 지배계급을 우지라 불렀지, 피지배계급을 우지라 하지 않는다. 우지의 수장인 우지노카미氏上, 구성원 우지비토氏人 등은 모두 지배계급이다. 지배계급 우지氏의 지배하에는 가키베部曲라 하는 농민이 있고, 우지의 명을 따서 '무슨 무슨 베部'라 하였다. 지배

I 원시와 고대 **39**

삼륜산. 야마토 지방에 있는 높이 500m의 얕은 산으로 예전에는 신이 머무는 신성한 땅으로 여겨졌다.

계급 우지氏들 가운데 유력 우지는 농민部民이나 노예 등 피지배 계층과 막대한 사유지를 거느리면서 거의 독립적으로 자신의 영역을 통치했다.

야마토 정권은 크고 작은 우지가 모여 형성되었다. 대왕은 그 가운데 가장 대표적인 우지로, 아마테라스 오미카미天照大神(태양의 신)를 씨신氏神으로 모셨다. 우지가미가 가부장과 제사장의 역할을 겸했던 것처럼 대왕도 여러 우지의 제사장이자 수장이었다.

야마토 정권은 우지를 지배하기 위하여 지위를 나타내는 성姓(가바네)을 하사했다. 성은 서열이 엄격하게 정해져 있으며 그 서열과 일은 세습되었다. 예를 들면, 국가 재정을 담당하던 소가 씨의 성은 '오미臣'였고, 군사를 담당하던 모노노베 씨의 성은 '무라지連'였다. 직무가 자손에게 대대로 세습된 것이다. 이와 같이 우지氏의 조직을 기초로 하고 가베네姓에 의해 서열화한 신분질서를 씨성 제도라 하고, 씨성 제도에 의해 규정된 야마토 정권의 귀족을 씨성 귀족이라 한다.

야마토 정권은 호족들의 씨성에 따라 중앙과 지방 지배자가 정해졌다. 중앙의 조정은 오키미(대왕, 후에 천황)를 정점으로 하고, 오미臣·무라지連의 성姓(가바네)을 가진 우지 가운데 유력자가 오오미大臣·오무라지大連에 임명되어 정권의 중핵을 차지하였다. 정권의 경비와 제사 등 다양한 직무는 도모노미야츠코伴造가 담당했는데, 도모노미야츠코는 도모伴라고 하는 세습적인 직업집단과 도모베品部라 하는 부민部民을 이끌고 정권에 봉사하였다. 유력한 우지氏일수록 많은 사유민과 사유지를 소유할 수 있었다.

한편 왕실도 도모베를 소유하였다. 이외에도 지방호족이 지배하는 농민의 일부를 고시로子代·나시로名代라 하여 직속의 부민으로 삼고, 또 국가의 직할령 미야케屯倉을 전국에 설치하여 지방호족에게 관리시켰다. 씨성 제도는 645년 대화개신 때, 폐지되어 우지가 소유하던 사유지와 사유민은 조정의 것, 즉 공지공민公地公民이 되었다. 그러나 형식만 사유지에서 국가소유인 공지공민으로 바뀌었을 뿐 씨성 귀족은 그대로 문민귀족이 되었다.

대왕과 씨성 귀족은 일본 역사에서 최초로 등장하는 국가의 지배자이다. 이 일본 최초의 지배계급은 현재까지도 사라지지 않고 존속하고 있다. 대왕의 힘이 약하고 우지로 표현되는 호족 세력이 강고하게 세습되는 야마토 정권은 우리나라의 삼국시대 초기를 연상케 한다. 우리의 삼국시대 초기도 지방 유력 세력의 힘이 강고하고 중앙 정부는 이들을 연맹체적으로 다스렸다.

그러나 일본은 나름의 독특한 제정일치적인 성격이 강하게 나타난다. 우지의 수장인 우지노카미氏上는 바로 우지가 모시는 조상신의 직계자손이다. 우지노카미는 정치의 수장이기도 했지만, 제사장의 역할이 중요했다. 대왕도 많은 우지들의 우두머리이면서 제사장이었다. 이로 미루어 볼 때 대왕의 권위는 신앙의 우위, 즉 조상신인 아마테라스 오미카미의 신성함과 우월한 사제라는 지위에 의해 보장되었다.

즉 야마토 국가는 아마테라스계 수장이 그 신의 영험을 통해 전국을 수호했고, 이보다 작은 우지의 수장들은 다소 약한 지역적인 우지가미氏神의 힘을 통해 그 지방을 수호할 것을 다짐하면서 지배권을 장악했다.

국가의 정치적 권위는 무력으로 쟁취한 것이건 오랜 기간의 사회적 위신을 통해서 획득한 것이건 결국은 신앙에 의해 확인을 받았다. 따라서 일본

고총고분. 삼륜산에서 보면 고총고분이 보인다. 사진 중앙에 숲처럼 보이는 것이 경행(景行)천황릉이다. 전방후원분의 전형적인 것으로 강력한 권력자가 당시 토목기술을 동원해서 만든 것이다.

에서 정치 집단의 통합 과정은 강력한 군사력에 의해서 뿐 아니라 신앙의 권위로도 중요하게 작용했다. 군사력과 신앙을 바탕으로 정복과 타협을 병행하면서 서서히 집단의 통합을 이루어 냈다.

이처럼 야마토 국가 일본인들이 정치제도를 처음으로 전개시키고 나름대로 대륙과는 다른 문화적 동질성을 분명하게 했던 것은 중국으로부터 비교적 격리되어 있었던 초기 몇 세기 동안의 일이었다. 뒤이어 계속되는 수세기 동안 중국 문명의 강력한 영향력에도 불구하고 야마토 국가에 의해 제도화된 정치적·사회적 조직의 형태가 갖고 있는 기본적 특징은 비교적 흐트러지지 않은 채 남았다. 뿐만 아니라 상층의 가족 조직이 움직이는 우지 제도와 특히 조정자 제사장으로서 유력 가족의 연합체를 지배하는 야마토 정권의 통치 형태는 근대에 이르기까지 일본의 정치 양식의 특색으로 남았다.

DIGEST 8

고대국가를 위한 첫걸음, 쇼토쿠 태자
― 아스카 시대(593~622년)

그때 세계는 -
589년 | 수, 중국 통일(~618년)
610년 | 고구려, 살수대첩

중앙집권적 고대국가는 매우 발전된 체제이다. 우선 통치 범위가 대단히 넓어진다. 자연히 넓은 영토를 다스리기 위해 토지제도와 조세제도 등이 발달한다. 그리고 모든 호족을 설득하기 위해서 불교와 같은 사상, 고등 종교가 발달한다. 고대국가로의 이행은 비약적인 발전을 의미한다. 하지만 이는 쉽지 않은 일이었다. 유력 호족의 세습 권력을 제한하여 중앙집권 체제를 만들어야 하며, 이를 위한 여러 제도를 창출해야 한다. 게다가 제도를 현실에 뿌리내리도록 만들어야 한다. 왕권 강화는 대단히 어려웠지만 살아남기 위해서는 반드시 필요했다. 우리나라의 경우에도 고구려, 백제, 신라 모두 왕권 강화에 전력을 기울여 발전된 정치 체제를 이룩했다. 그러나 가야는 중앙집권적 국가로 성장하지 못해 멸망의 길을 걸어야만 했다.

일본도 대륙처럼 선진 체제로 도약하기 위해서는 왕권을 강화하고, 중앙집권적 국가를 만드는 것이 필요했다. 이러한 최초의 노력이 쇼토쿠聖德 태자에 의해 이루어졌다. 쇼토쿠 태자가 왕권 강화를 위해 노력하던 시기를

I 원시와 고대 **43**

쇼토쿠 태자(가운데). 선진 문물을 받아들여 왕권강화를 시도함으로써 일본 고대사의 기틀을 확립했다.

아스카飛鳥 시대라 한다. 현재 일본의 1만엔 권 지폐에는 근대 사상가 후쿠자와 유키치福澤諭吉의 얼굴이 새겨져 있지만, 그 전에는 쇼토쿠 태자의 얼굴이 들어 있었다. 그만큼 왕권 강화를 향한 첫걸음은 일본 역사에서 중대한 사건이었다.

우리나라 삼국시대의 고구려, 신라, 백제는 왕권을 강화하고 중앙집권으로 나아가는 과정에서 불교를 받아들였다. 불교는 왕이 곧 부처, 즉 진리를 다 깨우친 사람이라 해석했다. 불교가 융성해지면서 거대한 사원이 건축되고 불교 예술이 발달했다. 불교의 논리와 장엄한 사원은 왕에게 새로운 권위를 보장해 주었던 것이다.

552년, 드디어 백제로부터 일본으로 불교가 전해졌다. 불교가 전해지면서 불교 수용을 둘러싼 대립이 우지들 사이에서 일어났다. 불교를 수용하려는 측은 친백제계인 소가 씨蘇我氏였으며 반대하는 측은 모노노베 씨物部氏였다. 모노노베 씨는 일본 고유의 신을 섬겨야만 하며, 외국의 신(부처)을 숭배하면 전염병이나 기근 등이 일어난다고 주장했다.

불교 수용을 둘러싼 대립은 신앙적이고 이데올로기적인 측면도 있지만 그보다는 불교를 수용함으로써 야기되는 통치 방식을 둘러싸고 일어난 권력 투쟁이었다. 불교는 선진문물을 배경으로 한 새로운 통치 방식을 상징하는 것이어서 당시의 질서 속에서 강력한 권력을 행사하던 호족들에게는 심각한 위협이 되었다. 더구나 백제에서 온 불교는 친백제계 세력의 본격적인 확장을 뜻하므로 다양한 세력의 혼합을 토대로 역학 관계의 균형을 유지해

쇼토쿠 태자가 그려진 옛 1만엔 권 지폐.

온 호족들에게는 최대의 위기가 되었다.

불교를 둘러싼 권력 투쟁은 30여 년에 걸쳐 일어났으며 최후에는 피비린내 나는 전쟁으로 이어졌다. 이 투쟁에서 불교를 수용하고자 했던 소가 씨가 최후의 승리자가 되었다. 소가 씨는 자기 집안의 황녀를 스이코推古 대왕으로 내세우고, 사위인 쇼토쿠 태자에게 섭정을 맡겼다.

쇼토쿠 태자가 섭정을 담당했던 스이코 대왕 시대를 전후한 100년간이 아스카 시대다. 당시 수도가 야마토의 아스카 지방에 있었기 때문에 이와 같은 명칭이 붙은 것이다. 특히 쇼토쿠 태자는 593년에 섭정을 시작하여 622년에 서거할 때까지 약 30년간 일본 고대사의 기틀을 확립했다.

태자는 새로운 종교의 기능과 역할을 충분히 인식하여 불교를 적극적으로 육성했다. 그렇다고 하여 일본 고유의 신, 즉 대왕이나 씨성 귀족의 조상신을 부정한 것은 아니었다. 오히려 고유한 신앙을 강조하기까지 했다. 대왕을 존재케 하는 권위의 원천이었기 때문이다.

그러나 샤머니즘과 깊은 관련을 맺었던 고유 신앙인 신도神道는 강력한 중앙집권 국가를 꿈꾸는 왕권에는 부족한 점이 있었다. 이 부족함을 훌륭히 메워 준 것은 불교였다. 불교의 사원과 예술품, 고등 종교의 복잡하고 장엄한 의식은 왕권의 권위를 한껏 높여주었다.

조정이 건립한 절인 관사에는 대왕과 조정의 귀족만 들어갈 수 있었다. 일반 백성이 들어가 부처의 가르침을 듣고 불상에 참배하는 일은 허락되지 않았다. 당시는 대왕도 판자나 띠로 지붕을 엮은 조잡한 건물에 살았고 백성은 마루도 없는 움막집에서 살았다. 그러한 시대에 백성은 상상을 초월하는 규모의 사원을 보면서, 거대한 건축물을 세울 수 있던 지배자의 권세와 그곳에 모셔진 새로운 신에 대해 두려움을 갖게 되었다. 태자는 불교의 이러한 역할을 잘 알고 있었다. 태자는 '불교 흥륭의 조'를 공포하여 불교를 적극 육성하고 앞장서서 불교 문화를 건설하고자 했다.

쇼토쿠 태자는 603년 '관위 12계冠位十二階'를 제정했다. 관위 12계는 개인의 재능과 공적에 따라 지위를 정하고 그 상징으로 관冠을 수여하는 제도다. 관의 수여는 일대에 한정하고 있다. 관위 제도는 호족의 서열이 세습적으로 이루어지는 씨성 제도의 폐해를 방지하기 위한 조치였다. 동아시아의 우수한 문화를 몸에 익힌 도래인을 등용하기 위한 것이기도 했다.

이듬해에 태자는 '17조 헌법十七條憲法'을 만들었다고 전해진다. 17조 헌법은 호족(우지)들에게 내리는 정치적·도덕적 훈계 형식을 띤 강령에 해당하는 것으로, 대왕 중심의 국가를 만들기 위해 제정되었다고 한다. 헌법 제1조에서 태자는 '화和를 귀하게 여긴다'라고 제시했는데, 이것은 여러 우지의 세력 다툼을 경고한 것이다. 불교를 존숭하며 대왕에게 복종할 것도 강조한다. 제12조에는 '한 국가에는 2명의 군주가 없고, 백성에게는 2명의 주인이 없으며, 전 국토의 주민은 왕을 주인으로 삼는다'라는 내용이 나온다. 이처럼 관위 12계와 17조 헌법은 호족을 관료로 조직화하여 대왕을 정점으로 하는 국가 체제를 정비하고자 만들어진 것이다.

쇼토쿠 태자는 이제 문화 수입의 경로를 바꾸려고 했다. 먼저 5세기 이래 중단되었던 중국과의 직접 문물 교류에 나섰다. 최초로 중국에 공식으로 사절을 파견하여 중국과 정치·경제·문화 교류의 길을 열었던 것이다. 그동안은 백제를 거쳐 선진문물을 받아들였지만 이제부터는 원산지인 중국에서 문화를 직수입하려고 마음먹은 것이다. 물론 그렇다고 해서 백제와의 관계를 소홀히 한 것은 아니었다.

견수사遣隋使를 수나라에 다섯 차례 파견하여 중국의 제도, 법률, 학문, 기술 등을 배워 오도록 했다. 607년 수나라로 파견된 견수사 오노노 이모코小野妹子가 수나라 황실에 건넨 국서에는 '해 뜨는 곳의 천자가 국서를 해 지는 곳의 천자에게 보내니 별일 없는지' 라는 내용이 담겨 있어 수 양제의 격노를 불러일으켰는데, 왜국을 나라로 인정하지 않던 수나라로부터 문전박대를 당해 황제를 알현도 하지 못했던 것으로 알려져 있다. 수나라는 당시 고구려 토벌을 꾀하였던 터라 울분을 억눌렀다고 한다. 태자는 중국을 상대로 적극적인 외교를 펴면서 대등한 관계를 지향한 것이다. 이때 수나라를 방문했던 견수사 가운데 일부는 후일 다이카 개신大化改新으로 시작되는 국정 개혁의 주역으로 신정권의 국정에 큰 역할을 했다.

쇼토쿠 태자의 정치적 노력은 일본 고대국가 형성의 기틀을 마련해 주었다. 그러나 정작 그가 지향했던 대왕 중심의 국가 체제는 완성되지 못했다. 씨성 귀족을 제압하여 관료로 만들고 대왕을 정점으로 하는 왕권 국가를 만들기에는 쇼토쿠 태자의 힘과 시간은 충분하지 않았다. 쇼토쿠 태자는 고대국가로 나아가는 귀중한 첫걸음을 놓았다. 특히 불교를 대대적으로 수용하면서 아스카 문화를 만들어 새로운 시대를 위한 물꼬를 텄다. 그 과정에서 보여준 쇼토쿠 태자의 학문적 견식, 탁월한 능력은 지폐 1만엔 권의 모델이 되기에 충분하다고 여겨진다.

DIGEST 9

일본 최고의 수준, 아스카 문화
—백제인이 만든 문화(593~622년)

그때 세계는 -
610년 | 마호메트, 이슬람 교 창시
618년 | 당 건국(~907년)

'아스카'라는 이름은 한반도에서 일본으로 건너간 사람들이 당도한 땅을 '안숙女宿'이라고 부른 데서 유래한다. 한반도 남쪽 끝 해안에서 출발하여 오랜 항해와 모험 끝에 정착할 만한 땅을 찾은 안도감을 느낀 한반도인들은 편안히 도착했다는 뜻으로 안숙이라는 이름을 붙였고, 안숙이라는 말이 시간이 지나면서 아스카라는 말로 변한 것이다.

권력 투쟁에서 승리한 소가 우마코는 587년 백제에 사절을 보내 사원을 건축하려 하니 승려와 건축 기술자를 파견해 달라고 요청했다. 당시 일본은 고구려, 백제, 신라 삼국의 도움을 고루 받았지만 아스카 문화는 유독 백제를 중심으로 이루어졌다. 백제는 다음 해에 혜총 등 승려와 목수, 화공, 기와 굽는 기술자 등을 일본에 보냈다. 당시로서는 최고의 기술을 지닌 사람들이 일본에 파견된 것이다. 한반도에서 건너온 사람들이 절을 지을 때면 이미 일본에 이주해 있던 한반도인의 2, 3세 후손이 백제의 선진 기술을 배우기 위해 몰려들었다.

법륭사. 법륭사를 두 시간 정도 돌아다니고 나면 편안해진다. 법륭사는 자연을 닮았다.

일본 최초의 절인 법흥사飛鳥寺(아스카지)는 이렇게 탄생했다. 당시 법흥사를 지키던 승려는 백제의 혜총과 고구려의 혜자였는데 혜자는 쇼토쿠 태자의 스승이었다.

쇼토쿠 태자는 사천왕사四天王寺, 법륭사法隆寺 등 7개의 절을 세웠다. 우지들도 다투어 자신의 조상신을 모신 절인 우지데라氏寺를 세웠다. 624년 쇼토쿠 태자가 30년 집권하는 동안 사원이 46개 세워졌고, 거주하는 승려는 816명, 비구니는 569명이나 되었다. 불교 관계 기술자들뿐만 아니라 역박사, 의박사, 악인 등 수많은 사람이 백제를 중심으로 하여 한반도에서 들어왔다.

607년 쇼토쿠 태자에 의해 창건된 법륭사는 일본의 첫째가는 국보로 일본인이 가장 자랑하는 절이다. 일본에서는 최초로 1993년 12월 유네스코 세계문화유산으로 등록된 세계적 불교 문화의 보고로서, 현존하는 세계에서 가장 오래된 목조 건축물로 알려진 본당이 있다. 670년 화재로 완전히 파괴되었으나 708년 재건되었으며, 무려 269점이나 되는 귀중한 고대 미술

광륭사에 있는 미륵보살반가사유상(좌)과 대불(우).

품을 소장하고 있기도 하다.

　법륭사는 한반도 도래인, 즉 고구려, 백제, 신라에서 건너간 목공예의 거장들이 창건했다. 법륭사 안에 세워진 5층탑과 금당은 기와지붕의 휘어진 곡선이 한반도의 건축양식과 동일하다.

　고구려의 담징이 그린 그림으로 유명한 금당 벽화는 우리나라의 석굴암, 중국의 운강석불과 더불어 동양의 3대 예술품으로 인정받고 있다. 금당 벽화는 관능적이고 풍요로운 아름다움이 특징인 아잔타 벽화의 기법을 계승하고 있지만, 그것과는 달리 깨끗한 아름다움을 풍긴다. 대보장전에 있는 백제관음상은 백제 불사가 만들었다고 전해진다. 지금은 누구나 잘 감상할 수 있도록 커다란 유리 상자 안에 전시해 놓았다. 동양의 비너스라 이름 붙여질 만큼, 210cm의 청아한 높이와 우아한 자태가 아름답다. 그 앞에 서면 온화하고 은은한 미소가 일품이다.

　아스카 시대 문화유산의 백미는 광륭사에 있는 미륵보살반가사유상으로 일본의 국보 1호로 지정되어 있을 만큼 일본인의 자부심이 담긴 유물이다.

부여를 닮은 아스카. 일본에서 차를 타고 가다가 돌연 한국과 비슷한 풍광을 만나게 되는데, 아스카가 부여를 닮았다고 한 말은 과장이 아니다.

그런데 이 유물의 재질이 우리나라에서만 자라는 소나무 적송赤松임이 판명되면서 일본 사학계에 큰 충격을 주었다. 실제로 이 불상은 우리나라 국립중앙박물관이 소장하고 있는 금동미륵보살반가사유상과 쌍둥이처럼 닮았다. 두 불상의 재질은 다르지만 한반도에서 미륵보살 제작이 절정에 달한 7세기 초, 입신의 경지에 이른 한 예술가의 솜씨로 만들어졌을 것으로 추정된다.

아스카 문화는 백제를 중심으로 이룩된 문화로서, 한국 문화가 그대로 담겨져 있다 해도 지나치지 않다. 아스카 문화는 일본 문화 가운데 최고의 문화로 평가받고 있다. 불상과 사원들을 통해 저절로 무릎이 꿇어지는 성스러움의 세계를 발견하면서, 충격을 받게 된다. 도대체 저런 작품을 만든 사람들은 어떤 내면을 지녔었을까? 그러한 인간을 길러낸 한반도 지역은 대체 어떤 풍토였을까? 우리가 태어난 곳, 우리를 키워 준 곳, 너무도 익숙한 세계여서 제대로 눈길을 보내지 않았던 곳. 그 한국 문화의 뿌리를 아스카 문화에서 발견하게 된다. 그리고 아스카 문화는 한국 문화를 진심으로 존경하게 만드는 힘을 갖고 있다.

　아스카 문화는 찬란했다. 대왕의 거처라 할지라도 널빤지로 만든 지붕을 풀로 이은 정도였던 당시 일본 건축 문화의 수준으로는 상상도 할 수 없는 장대하고 화려한 사원이 지어지고 예술품이 만들어졌다. 백제를 중심으로 한 한반도에서 대거 이주한 기술자와 예술가들에 의해 아스카 문화는 찬란한 꽃을 피웠다. 아예 한반도에서 이식되었다는 표현이 알맞을 정도이다. 일본은 불교를 받아들이고 이에 따라오는 선진문명을 흡수하면서 큰 세계로 나아갈 수 있었다. 아스카 문화는 일본이 성숙한 고대국가로 발전해가는 과정에서 반드시 지켜야 할 단계를 채워 주었다. 일본은 화려하고 다양한 문화를 쌓으며, 동아시아 국제무대로 진입해갔다.

DIGEST 10

다이카 개신과 백제 구원군 파견
―중앙집권 국가의 시도와 정체(645~663년)

그때 세계는 –
645년 | 고구려, 양만춘, 당의 1차 침입군 격멸
647년 | 신라, 첨성대 건립

쇼토쿠 태자의 정치는 문화적인 면에서 찬란하게 꽃을 피웠지만 정치적인 면에서 왕권 강화를 선언하는 첫걸음에 불과했다. 그마저도 쇼토쿠 태자가 죽은 후 소가 씨와 태자 일족 사이의 불화로 혼란에 빠졌다. 결국 소가 씨는 태자의 일족을 죽이고 권력을 독점했다. 특히 소가 씨의 마지막 집권자인 이루카入鹿는 경박한 성품으로 도리에 벗어난 짓을 저지르면서까지 전횡을 일삼아 다른 호족의 반감을 샀다. 중앙집권 국가를 만들려는 시도는 중단되었다.

게다가 당시 동아시아의 정세는 긴박하게 돌아가고 있었다. 618년에는 중국의 수나라가 무너지고 당나라가 등장했다. 멸망하기 전 고구려에 침입했던 수나라는 을지문덕에게 당한 패배를 씻지 못하고 휘청대며 당나라에 무너졌고, 당나라는 율령 체제를 도입해 강대한 중앙집권 국가를 이룩했다. 당나라의 출현으로 동아시아는 새롭게 재편되었다. 당나라는 동아시아의 종주권을 확립하기 위해 고구려 공격 계획을 세우고 신라를 끌어들였다. 이

I 원시와 고대 53

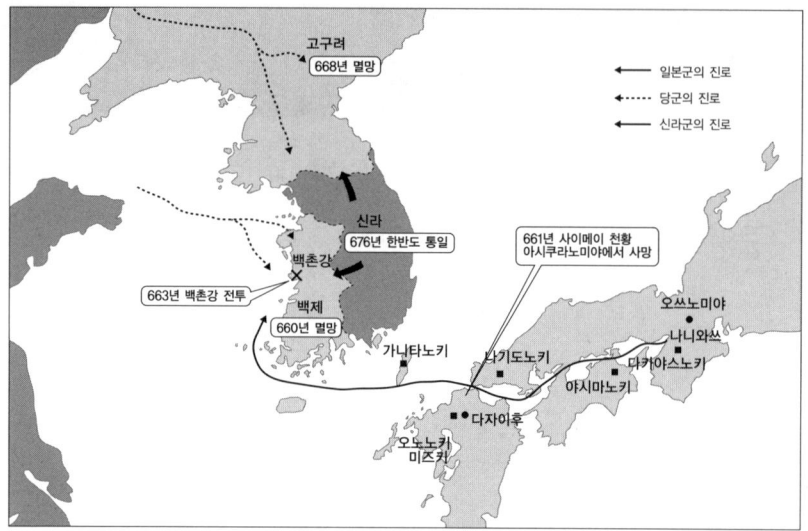

백촌강(금강) 전투. 일본은 2만 7천 명의 백제구원군을 파견하여 나당연합군과 금강에서 싸웠지만 대패하였다. 이 전쟁의 패배로 일본 조정은 나당 연합군의 침입이 있을 것으로 예상하고 방어태세에 들어갔다.

러한 동아시아의 정세는 견수사, 견당사로 파견되어 동아시아의 정세를 직접 체험한 유학생과 학승이 속속 귀국하면서 일본에 전해졌다.

 예측할 수 없는 국제 정세 속에서 일본의 앞날은 불안했다. 이에 대비하기 위해서라도 중앙집권 국가를 성립해야 한다는 목소리가 터져 나왔지만 개혁은 중단되고 권력을 잡고 있는 소가 씨의 전횡은 계속되었다.

 이에 나카노오에中大兄 왕자와 나카도미노 가마타리中臣鎌足가 주도하여 소가 씨의 세력을 제거하고 새로운 정부를 세우게 되었다. 나카노오에는 아버지가 죠메이舒明 대왕, 어머니는 고교쿠皇極 대왕인 황족이었고, 나카도미노 가마타리는 씨성 귀족이었다. 소가 씨의 세력을 몰아낸 이들은 대왕을 중심으로 한 강력한 중앙집권 국가를 건설하기 위해 645년 고토쿠孝德 대왕을 세우고 나카노오에가 왕자의 자리에 올라 국정 개혁을 추진했다. 새로운 개혁 방침은 당나라의 율령 기구를 본뜬 것으로, 씨성 사회의 세습적이고 귀족적인 조직을 개혁하여 중앙 정부로 권력을 집중하는 것이었다. 이를 다이카 개신大化改新이라 한다.

그러나 개혁이 시행되기도 전에 한반도로부터 일본의 운명을 결정지을 청천벽력 같은 국제적 사건이 일어나면서 내정 개혁은 일단 정체되었다. 바로 그 청천벽력과 같은 사건은 백제의 멸망이었다. 660년, 백제가 나당연합군의 공격으로 멸망한 것이다. 이 소식은 백제를 살리고자 무력 저항을 하던 백제의 귀족 귀실복신鬼室福信이 일본에 구원을 요청하면서 알려지게 되었다. 백제가 멸망한 지 3개월이 지난 660년 10월이었다. 백제의 멸망은 백제와 밀접한 관련을 맺으며 살아가던 일본에게 직접적인 위협이 되었다. 일본의 운명은 매우 불안했다.

절박했던 일본의 사이메이齊明 대왕은 환갑이 지난 나이를 무릅쓰고 12월 하순 엄동설한에 길을 떠났다. 대왕은 다이카 개신의 주역인 나카노오에 왕자와 나카도미노 가마타리 등을 모두 데리고 세토내해를 건너 규슈에 도착했다. 규슈는 한반도로 가는 가장 빠르고 손쉬운 지역으로, 백제 구원군을 파견한다거나 하는 급박한 정세에 대응하기 위한 최적의 장소였다. 규슈에 임시 정청(정부)이 설치되고 각종 대책이 논의되었다. 그러나 다음 해인 661년 7월, 백제 구원의 꿈을 이루지 못한 채 사이메이 대왕은 갑자기 세상을 떴다.

나카노오에 왕자는 즉위를 미루고 상복을 입은 채 백제 지원군 편성을 지휘하여 661년 9월에 5,000여 명의 1차 백제 구원군이 출발하고, 다음 해인 662년에 2만 7,000여 명에 이르는 2차 구원군이 백제를 향해 출발했다. 그러나 이들은 663년 8월 백촌강(금강, 혹은 동진강이라는 설도 있음) 하구에서 당의 수군과 대결하여 참패했다. 중국 역사서 《자치통감資治通鑑》에는 '연기와 불꽃이 가득했고, 강물이 새빨갛게 물들었다'고 기록되어 있다. 그 후 구원군의 향방이 어떠했는지는 기록을 찾을 수 없다.

백제가 멸망했다는 소식을 듣자 정부를 규슈로 옮기고, 대왕의 죽음에도 아랑곳하지 않고 왕자가 상복을 걸친 채 서둘러 백제에 구원군을 보내는 일본 조정의 모습은 예사로워 보이지 않는다. 일본은 왜 그렇게 서둘러 대군을 모아 백제 구원을 위해 떠났을까?

당나라의 13만 대군이 황해를 건너 백제를 멸망시켰다는 사실은 일본 열

다이카 개신의 무대, 아스카.

도도 신라와 당나라 연합군의 군사적 작전 범위 내에 들어갔음을 의미한다. 그러나 일본의 적극적인 대응은 군사적 위협에 대한 반응이라는 설명만으로는 부족하다. 백제와 일본의 특별한 관계에 주목해야 한다. 《일본서기》에는 663년 9월 백제 부흥군의 최후 거점인 주유성마저 무너지자 다음과 같은 탄식을 기록하고 있다.

> 주유가 항복했으니 이를 어찌할 것인가? 백제의 이름이 오늘로 끊어졌다. 이제 조상의 분묘가 있는 곳을 어찌 갈 수 있겠는가?

백제에 있는 조상의 묘에 갈 수 없음을 탄식하는 이러한 기록은 양국 지배층의 떼려야 뗄 수 없는 관계를 엿볼 수 있는 대목이다. 일본과 백제와의 혈연관계가 언제 누구로부터 시작되었는지를 증명하기에는 사료가 매우 부족하다. 그러나 두 나라 왕실이 혈연적으로 밀접한 관계였을 것이라는 정황은 많은 부분에서 찾아볼 수 있다. 일례로 일본 정부는 백제 유민 70여 명에게 정부의 요직을 주었다. 아무리 가까운 관계의 나라라도 외국 피난민에게 요직을 준 예는 거의 없다. 또 당시 단순하기 짝이 없었던 정부 조직에서 70여 명이라는 관직의 숫자는 굉장한 비중인데, 이로 미루어 양국 지배계층의 언어가 별다른 불편 없이 소통되는 정도였다고 추정하기도 한다.

DIGEST 11

고대국가의 급속한 성립
— 덴무 · 지토 · 몬무 천황 시기(672~710년)

그때 세계는 -
661년 | 이슬람 제국, 옴미아드 조 성립(~750년)
676년 | 신라, 삼국통일

 백촌강 전투에서 크게 패배하고 백제의 부흥 운동이 실패로 돌아가자 일본 조정에는 큰 파문이 일었다. 신라와 당나라가 침입하지 않을까 하는 두려움도 엄습했다. 패배 후 3, 4년 동안 일본은 침공에 대한 대비로 분주했다. 쓰시마 섬, 이키 섬, 쓰쿠시 등 한반도와 가까운 곳에 봉화대를 세우고 성벽을 쌓았으며 야마토에도 새로운 성을 구축했다.
 667년, 긴장이 고조된 사이 나카노오에 왕자는 아스카에서 오미近江로 왕도를 옮기고 덴지天智 천황으로 즉위했다. 새 천황은 당과 신라에 사신을 파견하는 등 불안한 국제 관계를 개선하는 데에 힘을 기울였다. 한편으로는 그동안 중단되었던 국내 체제 정비에 힘을 기울였다. 667년에는 최초의 율령인 오미령近江令을 제정하고 670년에는 최초의 호적 경오년적庚午年籍을 작성했다.
 덴지 대왕이 죽은 후, 왕위를 둘러싼 싸움이 벌어진 끝에 그의 동생인 오아마 왕자가 덴무天武 천황으로 즉위했다. 이 권력 다툼으로 다이카 개신 이

북규슈에 있는 다자이후 유적지. 663년 나당연합군과 백촌강 전투에서 패배한 후, 크게 위기의식을 느껴 세운 다자이후는 한반도에서 쳐들어오는 요로인 북규슈에 방어를 위해 세운 정부청사이다.

래 고관의 대부분이 몰락했기 때문에 천황의 권력과 권위는 크게 강화되었다. 덴무 천황은 각 부분의 개혁을 진행했으며, 지토持統·몬무文武 천황이 뒤를 이어 중앙집권적인 국가 체제를 공고히 정비했다. 이 시기에 들어 비로소 왜라는 이름 대신 '일본'이라는 말이 사용되고, 대왕을 대신하여 신격화된 '천황'이라는 칭호가 쓰이기 시작했다.

덴무·지토·몬무 천황이 재위하던 672년부터 710년까지는 천황 중심의 국가 체제가 완성되는 시기이며 천황이 강대한 권력을 갖고 정무를 직접 통제하던 시기이다. 야마토를 중심으로 한 수장에 불과했던 대왕이 우지들을 관료로 전환시키며 권력의 정점에 서게 되었다. 일본 최초로 왕권 국가가 탄생한 것이다.

왕권 강화는 쉬운 길이 아니며, 오랜 시간을 필요로 한다. 왕권 강화란 호족의 세력을 억누르고 모든 권한을 왕에게 집중시켜야 되기 때문에 많은 어려움이 있다. 일본은 아스카 시대, 다이카 개신으로 왕권 강화를 위한 노력을 경주하였지만, 대왕 중심의 국가 체제는 채 완성되지 못했다. 이에 반해

I 원시와 고대

약사사의 동탑. 고대국가를 성립한 덴무 · 지토 · 몬무 천황시기는 활력에 찬 청신한 문화가 번성하였다. 약사사는 당시 문화를 대표한다.

672~710년까지의 국가 체제 확립은 대단히 급속한 것이었다.

일본에서 등장한 최초의 국가였던 만큼 아직 일본은 제정일치 사회의 낙후한 단계에 머물러 있었으며, 호족 세력 우지는 강고했다.

더구나 일본의 지리적 환경은 중앙집권을 하기에는 대단히 적합하지 않았다. 일본은 높고 험준한 산지로 각 지방이 서로 분리되어 있다. 이런 고립된 한 지방에서 다른 지방으로 가려면 높고 험준한 산 고개를 넘어가든지, 그렇지 않으면 가파른 곳을 돌아서 위험한 해안 길을 가야만 한다. 하천은 대부분 얕고 배로 갈 수 없기 때문에 교통편으로 이용할 수 없다. 배를 타고 갈 수 있는 대하천과 광대한 평야가 있는 중국과 완만한 노년기 지형이 있는 우리나라와는 너무도 대조를 이룬다. 일본의 지형은 지역 간의 상호교통을 어렵게 하여 중앙에서 통제하기가 대단히 어려웠다. 일본은 여러 면에서 강력한 중앙집권적 왕권 통제에는 매우 불리한 조건이었다.

그런데도 어떻게 왕권 강화가 급속하게 이루어질 수 있었을까? 바로 나당 연합군이 침입할지도 모른다는 위기의식이 작용했기 때문이다. 일본이 파견한 백제 구원군이 백촌강 전투에서 대패하자 일본은 당나라 군사가 일본 열도로 침공하지 않을까 하는 두려움에 휩싸이게 되었다. 무언가 개혁을 하지 않으면 살아남을 수 없다는 위기의식에 휩싸였다. 일본은 세습적 호족 세력이 강고하게 잔존하는 낡은 체제로서는 급변하는 동아시아 질서 속에서 살아남을 수 없다고 인식했다. 중국의 당나라는 물론 백제를 멸망시키고 한반도를 통일한 신라 역시 중앙집권적 국가 체제를 이미 확립하고 버티고 있었다. 이민족이 언제 침공할지 모르는 급박한 상황에서, 전쟁에 승리하려면 권력이 하나로 집중되야 효율적이다. 당과 신라가 이룩한 선진 체제로 전환하는 것이 살 길이었다. 외국의 침략을 막는 것이 우선순위가 되었다. 일본은 생존의 우선순위를 위해 모든 불리하고 열악한 조건을 극복하고 중앙집권화를 향한 큰 걸음을 내딛고 만다. 그렇게 하여 672~710년 천황제 국가는 탄생했다.

DIGEST 12

일본이 탄생하다
—중앙집권의 일본적 변용(7세기 후반)

그때 세계는 -
704년 | 신라, 김대문, 《고승전》, 《화왕세기》 저술
751년 | 카롤링거 왕조(~987년)

　동아시아 정세의 강한 영향력 하에 일본에도 중국 당나라 법인 율령을 기본법으로 하는 천황 중심의 고대국가, 율령국가가 탄생했다. 이제 천황은 호족 또는 유력 우지氏 연합체의 수장이 아니라, 강력한 정치권력을 장악한 최고의 정치적 수장이 되었다. 일본 국토를 창조한 아마테라스 오미카미天照大神(태양신)의 자손으로, 신의 대리자이며 제사장으로서 종교적 군주의 권위도 계속 지녔다.
　이것은 한국, 중국과 다른 점이다. 종교적 군주는 부족 연맹체 정도의 통합을 이루었을 제정일치 시대, 신의 대리인으로서 하늘과 교감하는 능력이 정치에 중요한 역할을 했을 시기의 통치자의 모습이다. 중국은 은나라, 한국은 고조선과 삼국시대 초기에 나타난다. 그러나 중국과 한국은 오랫동안 왕권 강화 과정을 거치면서, 제정이 분리되고 세속적 정치 군주가 되었다. 다만 왕은 하늘과 신을 종교와 사상 등에서 폭넓게 차용하여 왕의 권위를 강화시켰을 뿐이지, 신의 직접 혈통을 지닌 자로서의 권위가 아니었다.

이세신궁. 천황이 아마테라스 오미카미에게 받았다는 3종의 신기 가운데 거울이 안치되어 있다. 울창한 나무, 단순한 회목 건물이 어우러지면서 신성한 분위기를 자아내며, 가장 일본적인 곳으로 느껴진다.

일본은 최초의 국가랄 수 있는 야마토 정권 이래, 대왕(천황)의 권위가 조상신 아마테라스 오미카미의 신성함을 빌어, 우월한 사제라는 지위에 의해 보장되는 제정일치적 성격이 강하게 남아 있었다. 이러한 상태에서 중앙집권적 왕권 국가를 이룩했기 때문에 천황은 신의 혈통을 지닌, 신의 대리자로서 신정적 성격이 그대로 지속되었다.

통치조직으로는 중앙에 태정관太政官, 신기관神祇官 2관을 두었고, 지방에는 전국을 국國, 군郡, 리里의 단위로 편성했다. 태정관은 일반 국정을 수행하는 흔한 기관이지만, 신기관은 일본만의 특유한 기관이다. 신기관은 천황의 조상신과 그 밖의 신들을 제사하고 신사를 관리하는 일을 맡았다. 궁전의 신도 의식을 맡은 기관이 일반 행정의 최고 기관과 어깨를 나란히 하여 만들어진 것이다. 그만큼 신들에 대한 제사는 일본 정치에서 중요했음을 나타낸다.

왕권 국가의 가장 기본적·물적 토대는 토지제도와 조세제도였다. 이것

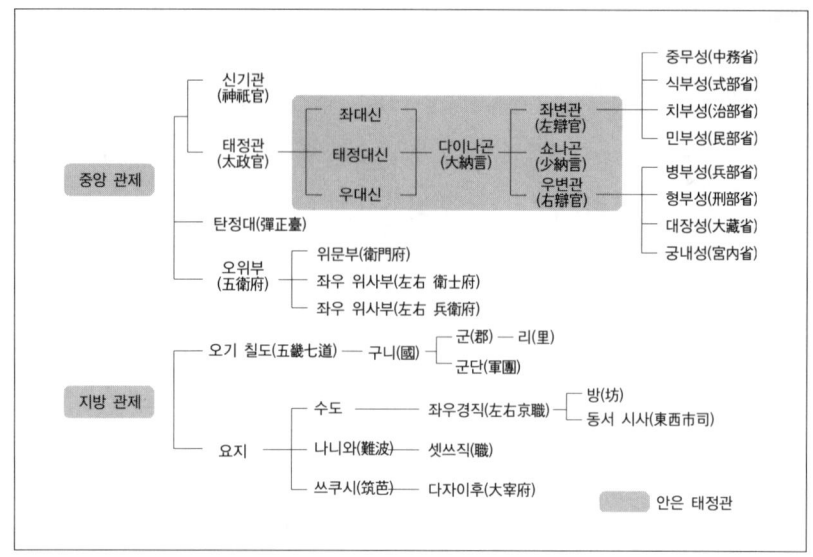

율령관제표.

도 당의 균전법을 모범으로 했다. 우선 이전에 씨성 귀족(호족)에게 사적으로 귀속되어 있던 토지와 인민을 국가 소유로 했다私地私民 → 公地公民. 그리고 국가는 인민에게 토지를 수여한다. 인민은 토지를 국가로부터 받는 대신 수확의 3%와 특산물 등을 바쳐서 국가 재정을 담당하며, 병사로 징발되어 군사의 의무를 하게 된다. 이처럼 율령제는 농민이 국가의 토지 수여에 의해 최저한의 생활을 보장받는 대신, 국가 운용에 필요한 세금과 병역을 제공함으로써 유지되었다.

토지와 인민을 국가에게 바쳤던 씨성 귀족은 그대로 천황제 하의 관료가 되어, 특권적 지위가 인정되었다. 그들은 이전에 가졌던 가계家系를 그대로 갖고 천황 조정을 중심으로 한 문민 귀족이 되었다. 각 관료는 각각 그 지위에 맞는 위계를 가진 집안에서 채용되었고, 그 지위는 세습되었다. 당연히 과거 제도는 채택되지 않았다. 시험의 결과와 능력에 따라 관리를 등용하는 방식은 세습적이고 귀족적인 일본과는 전혀 맞지 않았기 때문이다. 과거 제도는 왕권의 강화와 더불어 발전하기 때문에 일본에서 시험에 의한 인재 발탁은 이후에도 이루어지지 않았다. 시험이란 것이 제도화된 것은 근대 이후의 일이다. 자연히 일본은 직업이나 지위 등을 시험에 의해 발탁한다는 것이 대단히 낯선 제도였고, 대대로 세습하는 것이 자연스러운 전통이었다.

일본의 율령국가는 천황을 정점으로 하는 중앙집권 국가의 모습을 띠고 있지만, 과거 제도가 채택되지 않을 정도로 이전 야마토 국가의 세습적이고 귀족적인 모습을 강하게 지니고 있었다. 그리고 천황은 전 국토와 인민을 소유한 최고의 권력자임과 동시에 아마테라스의 후손으로서 인간으로 나타난 신이라는 관념을 그대로 유지했다. 즉 일본의 율령국가는 이전 씨성제의 유제를 집요하게 남기면서 중앙집권적 통일 권력을 수립한 것이다. 이처럼 이민족 침입에 대한 위기의식이 급속히 중앙집권적 국가 체제로 나아가게 만들었지만, 많은 한계점을 지니고 있었다.

DIGEST 13

국가토지 소유제의 붕괴와 정쟁의 격화
―중앙집권 국가의 급속한 동요, 나라 시대(710~794년)

그때 세계는 -
755년 | 당, 안·사의 난(~763년)
768년 | 신라, 충담사 〈찬기파랑가〉, 〈안민가〉 지음

　율령제가 시작되면서 이제는 수도가 천황의 절대적 권위의 상징이며, 정치·문화의 중심지여야 했다. 헤이조쿄平城京를 조영하여 나라奈良의 땅으로 도읍을 옮긴 710년부터 794년까지 80여 년간을 나라 시대라 한다. 헤이조쿄는 당의 장안성을 모방하여 장안성의 4분의 1 크기로 구획된 거대한 도시였다. 이전의 일본 수도는 유력 호족 중의 제1인자 천황의 거주지 정도라는 의미밖에 없었다. 북쪽 중앙에는 천황의 주거와 조정의 건물이 세워지고, 중심 지역에는 기와를 덮은 귀족의 저택이나 대사원이 늘어서 있어 비로소 중앙집권 국가의 도읍다운 위용을 자랑하게 되었다. 도읍을 옮긴 일본은 천황의 권위를 높이고 국가의 정통성을 대내외에 과시하기 위해 비로소 '천황天皇' 호칭을 공식화하고 국호를 '일본日本'으로 바꿨다.
　중앙집권 제도를 만든 지 얼마 안 되어, 나라 시대에 이미 율령제의 가장 기본적인 토대인 국가 토지 소유제가 무너지기 시작했다. 농민은 국가로부터 토지를 받았다고는 하지만, 국가에 바쳐야 하는 세역이 너무도 과중하여

도망하는 자까지 나왔다.

743년, 국가는 인구 증가 등으로 백성들에게 나누어 줄 토지가 부족하게 되자, 이를 타개하고자 개간한 토지에 대해 영구 사유를 허락하게 되었다. 모든 토지를 국가 소유로 한다는 원칙을 국가 스스로 무너뜨리게 된 것이다. 그러자 재력이 있는 귀족과 사원은 다투어 토지를 개간하여 광대한 사유지를 소유하게 되었는데, 이러한 귀족, 사원 등의 사유지를 장원이라 한다. 사유지가 각지에 나타나자 국가 세역의 부담을 견디지 못한 농민 중에는 장원으로 도망

헤이조궁(위)과 장안성(아래). 헤이조궁은 중앙집권국가의 위용을 과시하기 위해 당의 장안성을 모방하여 건설한 계획도시이다.

하는 자가 속출했다. 농민의 도망으로 군사의 의무를 담당할 사람마저 부족하게 되었다.

율령제는 인민이 토지를 국가로부터 수여받는 대신, 국가에 필요한 재정과 군사의 의무를 하는 것을 기본으로 한다. 그럼으로써 비로소 왕은 토지와 인민을 지배할 수 있다. 그런데 국가, 즉 왕이 토지와 인민을 소유한다는 공지공민公地公民이 나라 시대에 이미 동요하고, 붕괴되기 시작했다.

율령제의 물적 토대가 흔들리는 한편 정치적으로는 지배층 내부에서도 정쟁이 끊이질 않았다. 일본의 왕권 국가는 야마토 정권 이래의 세습적이고 귀족적인 모습을 강하게 유지한 상태에서 이루어진, 불완전한 것이었다. 그래서 막 국가의 모습을 갖추고 출발하는 시점부터 권력을 둘러싼 귀족의 투쟁이 나라 정부를 흔들었다. 귀족의 세력을 약화시켜야 천황권은 진정으로 강해질 수 있었다. 그러기에는 당시 일본의 왕권 강화의 역사는 너무도 짧았다. 오히려 피비린내 나는 정쟁 가운데 후지와라 씨는 다른 귀족을 압도하고

강력한 귀족으로 성장해나갔다.

정국이 불안정하고, 질병·기근·전란이 겹치자 쇼무聖武 천황은 부처의 힘을 빌려 사회 동요를 막아보려는 시도까지 했다. 나라에 여행가면 세계에서 가장 크다는 동대사의 대불을 꼭 보게 되는데, 동대사와 대불은 쇼무 천황이 재해를 막고 국가의 평안을 구하고자 만든 것이다. 그러나 쇼무 천황의 기대와 달리 정국의 불안은 더해갔다. 오히려 호국 불교로서 불교가 비호되면서 승려까지 권력 투쟁에 가담하게 되었다. 급기야 처녀 천황 쇼토쿠稱德 천황의 애인으로 신임을 받은 승려 도쿄道鏡가 최고 지위까지 오르고 천황의 자리까지 넘보는 사태까지 발생했다.

동대사의 대불. 재해를 막고 국가의 평안을 구하고자 쇼무 천황은 세계에서 가장 큰 불상을 만들었다. 하지만 천황 권력을 안정시키기에는 역부족이었다.

이처럼 나라 시대는 국가 토지 제도가 붕괴되면서 민생이 파산하고, 귀족의 정쟁이 가열되면서 왕권이 흔들렸다. 강력한 중앙집권 국가를 수립하고자 했던 급격하고 짧은 시도는 좌절되고 말았다. 일본의 중앙집권적 왕권 국가는 열악한 조건에서 무리한 출발이었다. 즉, 왕권 국가는 세습적이고 귀족적인 모습을 강하게 각인시키는 등 많은 한계점을 지닌 채 출발했다. 진정한 왕권 강화를 위해서는 채워야 할 내용이 많았고, 더 많은 시간이 필요했다.

일본에서는 어째서 그렇게도 빨리 중앙집권적 왕권국가 체제가 무너졌을까? 무엇보다 귀족세력의 힘이 너무 강대했다. 겨우 천황 아래 호족(씨성 귀족)들을 문민 귀족으로 편성시키기는 했지만, 제압되기는커녕 여전히 왕권을 좌지우지할 수 있을 정도로 강력했다. 일본의 지리적 환경도 중앙집권과는 전혀 맞지 않았다. 더구나 배를 타고 들어오는 문명이란 속도가 느리며, 보통은 희박하고 분절된 형태와 내용으로 들어오기 때문에 왕권 강화를 지탱하기 위한 사상과 제도 등의 본질과 핵심을 온전히 이해하기 어려웠다. 이처럼 일본의 여러 내부 환경은 중앙집권적 왕권 강화를 발전시키기에 불리하고 열악했다.

왕권 강화가 그토록 빨리 무너진 데에는 보다 본질적인 요인이 있다. 인간은 아무리 악조건이라 해도, 생존을 위해 필요하다면 필사적으로 그것을 극복하려 한다. 그러지 않으면 파멸하기 때문이다. 일본은 애초 악조건을 무릅쓰고 중앙집권 체제를 발전시켜야만 하는 절박함이 없었지만, 중앙집권 국가를 건설하고자 나선 데에는 나당연합군의 침입이라는 바깥으로부터의 절박한 위기의식이 있었다. 그러나 이내 이민족 침입의 위험성은 사라졌고, 외부의 위협이 없는 상태로 되돌아갔다. 이제는 왕권 강화를 위해 필사적인 노력을 기울일 필요가 없게 된 것이다.

이처럼 일본의 내부 환경은 중앙집권적 왕권 강화를 발전시키기에 여러모로 불리하고 열악했으며, 외부로부터 부여되던 동기도 곧 사라져 중앙집권 제도는 바로 무너지게 된 것이다.

이 부분에서, 일본이 우리나라와 얼마나 다른 역사적 환경을 갖고 있는지 절실히 느끼게 된다. 거대한 중국 옆 한반도는 중국이 침입할 수도 있다는 가능성을 늘 껴안고 살았다. 중국이 만든 정치 체제, 사상, 문화는 아무리 어려워도 어떻게 해서든지 소화하여 정착시켜야만 했다. 한국은 필사적으로 중국의 문명을 배워 불교 · 유교 · 정치체제 등 문명의 본질과 정수를 습득했다. 왕권 강화도 그러했다. 권력이 분산되는 것은 몰락을 의미했다. 삼국 모두 왕권 강화에 전력을 기울였으며, 성공했다.

일본은 달랐다. 일본은 바다 한가운데에 고립된 남태평양 섬과 달리, 적당한 거리에 자리 잡고 있어서 선진 문화의 자극을 받을 수 있었다. 그렇지만 바다의 장벽으로 외국 침략의 위험이 거의 없었기 때문에 일본은 한국처럼 무리를 해서라도 필사적으로 대륙의 문물을 수용할 필요가 없었다. 자신의 환경에 맞지 않으면 버리고, 적합한 부분만 취사선택했다. 이러한 연장선상에서 왕권 강화도 이해해야 한다. 왕권 강화가 실패하게 되는 요소로 열도라는 일본의 지리적 위치를 고려해야 한다. 그리고 왕권 강화의 실패는 일본이 동아시아 문명권에서 독특한 문화를 갖게 되는 기본적인 배경이 되었다. 이렇게 나라 시대에 왕권 국가를 위한 최초의 시도이자 최후의 시도가 무너지면서, 어지러운 정세 속에서 간무桓武 천황은 명문 귀족이나 사원의 세력을 약화시키고 흔들리는 정치 체제를 쇄신하고자 794년 수도를 나라에서 헤이안平安(지금의 교토)으로 옮기게 된다.

DIGEST 14

덴표문화, 대륙문화의 왕성한 섭취
—나라 시대의 문화(729~749년)

그때 세계는 -
787년 | 동로마, 니케아 공의회(성상문제 분쟁 정지)
800년 | 카롤루스 대제, 서로마제국 부활

  8세기 나라 시대에는 비록 중앙집권적 제도는 무너져내리고 있었지만, 한편으로는 예전에는 볼 수 없었던 화려한 문화가 헤이조쿄平城京를 중심으로 꽃을 피웠다. 이 시대의 문화를 쇼무 천황 때 연호인 덴표天平를 따서 '덴표문화'라고 부른다. 덴표문화는 당시 견당사遣唐使·견신라사遣新羅使가 자주 파견되어 국제적 색채가 짙은 문화였다.

  국가 체제의 정비에 따라서 국사 편찬에도 착수했다. 712년에《고사기古事記》를, 720년에는《일본서기日本書紀》를 편찬했다. 일본은 새로운 국가였으므로 통일신라와 당 등 주변 나라와 대등함을 내세우기 위해서는 체계와 위신을 갖춘 역사책이 필요했다. 신생국에 걸맞는 화려한 역사의 창조가 필요했던 것이다. 이런 목적으로《고사기》와《일본서기》를 편찬했다. 이 두 책은 천황의 선조에 대한 이야기를 주된 내용으로 한다. 천황은 일본 국토를 만든 아마테라스 오미카미(태양신, 천조대신)의 후손이며, 초대 천황인 진무 천황은 기원전 660년에 즉위하여 이후 천황들은 한 번도 단절됨이 없이 '만세

I 원시와 고대 **71**

정창원에 보관되어 있는 수하미인도(樹下美人圖).

일계萬世一系의 황통皇統' 임을 서술한다. 그리고 수많은 신을 천황의 신 아래로 서열화했다. 이렇게 함으로써 천황의 권위와 지배는 신들의 시대부터 약속된 것이며, 천황은 하늘의 자손이라는 신화를 강조했다. 이처럼 《고사기》와 《일본서기》가 천황 중심, 일본 중심으로 창작되었기 때문에 왜곡된 부분이 많다. 그런데도 두 역사책은, 한국에서의 《삼국사기》나 《삼국유사》 경우와는 비교도 할 수 없을 만큼 일본 사회에 지금까지도 영향력을 미친다.

한시문漢詩文을 짓는 것은 귀족의 교양으로서 이전보다 더욱 중시되었다. 그러나 당시의 귀족들이 한문학을 학문과 문학으로 깊이 이해한 것은 아니었다. 오우미노 미후네淡海三船, 이소노카미노 야카쓰구石上宅嗣 등은 문인으로서 유명하다. 《가이후소懷風藻》는 덴지天智 천황 이래의 황족·귀족·승려 등의 작품을 모은 일본에 현존하는 최고의 한시집이다. 이 한시집도 한시 흉내를 내는 정도의 수준을 보여주고 있다.

고대 귀족이 일본문화에 크게 이바지한 것 가운데 하나는 5세기부터 한자의 음과 뜻을 활용해 일본어 표기 방법을 발달시킨 것이다. 이 표기법을 구사하여 나온 것이 《만엽집万葉集》 20권이다. 이것이 뒤에 순수한 일본어 표음문자(가나)의 모태가 되었다. 이것은 이 시대까지의 작품 약 4500수를 모은 노래집으로 천황, 귀족에서부터 변경수비대인 사카모리防人, 지방의 농민의 노래에 이르기까지 다양하게 수록되었다. 노래의 소재는 세상살이 각 방면에 걸쳐 있지만 주로 연애와 자연 풍경을 노래했다. 《만엽집万葉集》

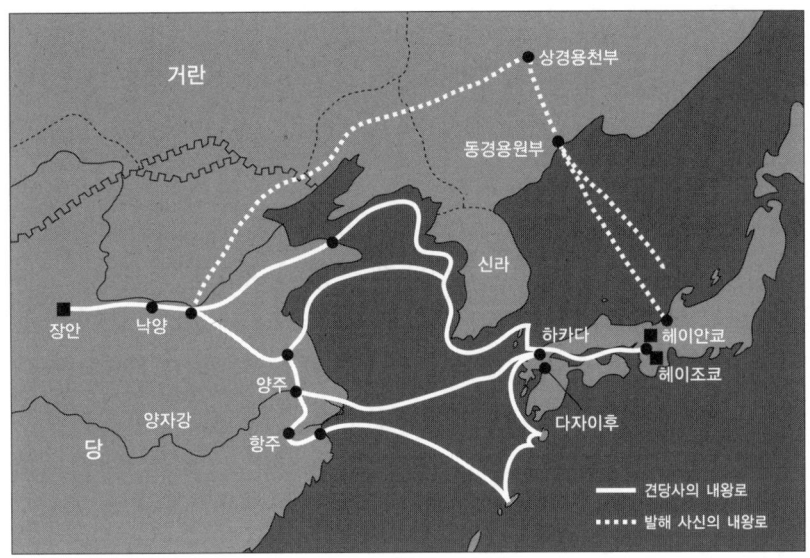

견당사의 항로.

처럼 국민 모든 계층의 감정과 생활과 사상을 생생히 표현한 노래가 집대성된 것은 전무후무한 일이다.

덴표문화를 상징적으로 대표하는 것이 정창원正倉院의 보물이다. 정창원은 도다이지(동대사)의 부속창고로 쇼무 천황 사후에 그 부인인 고묘光明 황후가 헌납한 쇼무 천황의 유품을 중심으로 나라 시대의 보물이 소장되어 있다. 정창원의 보물은 동서 문화의 보고라 말해질 정도로 국제적이다. 신라, 발해, 당의 물건뿐만 아니라 동로마, 이슬람, 인도, 동남아시아 지역의 물건도 소장하고 있다. 서방세계의 물건은 중국 당을 통해 신라 상인들의 손을 거쳐 수입된 것이다.

당시 신라와 일본의 교류가 활발했기 때문에 신라의 물건이 많이 남아 있다. 신라의 공방에서 만든 생활용품, 공예품, 문방사우 등 매우 다양하다. 신라에서 구입한 물품의 종류가 구체적으로 '매신라물해買新羅物解'라는 문서에 나와 있는데, 이 문서는 일본에 들어 온 신라물건을 사기 위해 일본의 관인, 귀족들이 물품의 종류와 가격을 적어 관청에 올린 문서이다.

이 문서에 적혀 있는 물품의 종류를 살펴보면 각종 금속공예, 모직 및 가죽제품, 불교 관련 물건, 약품, 향료, 염료 등 다양하다. 신라에서 생산되지 않는 약품이나 향료, 염료와 같은 물품은 신라 상인의 중개무역을 통해 들어온 것이다.

나라 시대는 '견당사遣唐使'란 이름으로 여섯 차례나 당에 사절단을 파견했다. 견당사는 대사大使 이하 관인의 외교사절과 유학생·학문승 등으로 구성되어 보통 500~600명이 네 척의 배에 나누어 타게 된다. 견당사의 도항은 항해와 조선 기술이 미숙한 당시로서는 매우 위험한 항로였다. 네 척 모두 무사히 왕복할 수 있었던 적은 단 한 번뿐이었을 정도였다. 일본은 이 시대에 목숨을 걸고 항해를 했고 수많은 위험을 무릅쓰고 당의 문물을 배우려 했다.

나라 시대는 한반도와의 관계에서 벗어나 당과 활발한 관계를 맺으며 비로소 독자적인 일본 문화가 탄생하고 일본 민족이 형성되기 시작했다. 나라 시대는 중국풍일수록 고대 귀족에게 환영받았다. '대당국大唐國'은 그들 머리에서 조금도 떠나지 않았다. 그들은 이것에 심취하여 당의 것이라면 무엇이든 재빨리 수입했고, 그럼으로써 일본도 당에 못지않은 문명국임을 보이려고 했다. 덴표문화는 대륙문화의 왕성한 섭취 속에서 형성된 문화라 할 수 있다.

DIGEST 15

장원의 발달과 중앙집권의 와해
— 천년의 수도로 도읍, 헤이안 시대(8~12세기)

그때 세계는 -
802년 | 아루키누스, 〈신앙 삼위일체론〉 완성
870년 | 메르센 조약

헤이안은 나라의 헤이조쿄平城京와 마찬가지로 당나라 장안을 모방하여 만들어진 계획도시이다. 현재의 교토이며, 12세기 말 가마쿠라鎌倉 막부가 설치되기 전까지 400년 동안을 헤이안 시대라 한다. 헤이안은 이후에도 1868년 도쿄東京가 새 수도로 선포·천도되는 메이지 시대 직전까지 1천여 년 동안 일본의 공식적인 수도였다. 1천 년 동안 일본의 왕실이 자리 잡았고 문화·경제의 중심지로서의 역할을 했다.

헤이안으로 수도를 옮긴 간무 천황은 여러 개혁 조치를 취했지만, 율령제가 해체되는 것을 막을 수는 없었다. 국가가 토지를 나누어 준 기록이 902년을 끝으로 더 이상 볼 수 없게 되어 공지공민제는 역사 속으로 사라졌다. 반면 장원, 즉 귀족, 사원, 유력 농민들의 사유지는 늘어났다. 이를 자세히 살펴보면 다음과 같다.

초기 장원의 대부분은 장원영주가 주변의 농민을 고용하거나 혹은 노비와 부랑인을 사역시켜 개간한 전지田地가 중심이었다. 개간한 땅은 일본농

I 원시와 고대 **75**

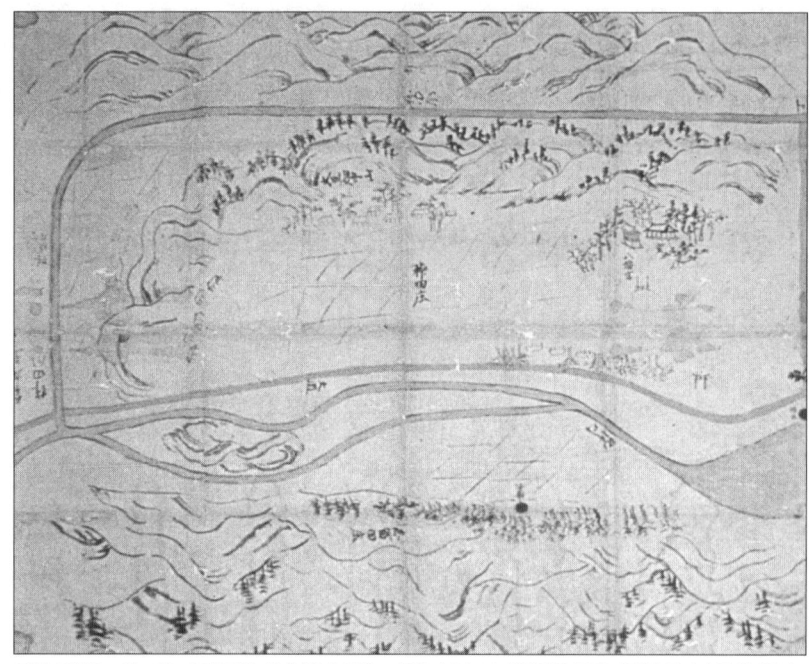
당시 장원을 그린 그림. 초기 장원 대부분은 농민을 고용하거나 노비, 부랑인을 통해 개간한 전지가 중심이었다.

민의 손으로 개발되는 경우도 있었으나 개간을 하는 데에는 막대한 비용과 노동력이 필요하였고, 대개는 그 부담능력을 가지고 있는 귀족이나 사찰의 손으로 행해졌다. 황실 자신도 그 개간에 참여하여 장원을 소유하였다. 이렇게 해서 생긴 장원은 처음에는 국가에 세금을 바치는 의무가 있었다. 그런데 10세기경부터 유력한 귀족들과 사원은 정치 권력을 이용하여 자신들의 장원에서는 조세를 내지 않아도 되는 권한인 불수조권不輸租權을 인정받고, 국사國司의 관리가 장원에 들어가는 것을 거부하는 불입권不入權까지 얻는 일이 많았다. 공민으로서 과중한 조세 부담을 견딜 수 없어 부랑인이 된 농민들의 대다수는 이러한 장원의 장민莊民으로 흡수되었다.

한편 유력한 재지在地호족 중에는 주변의 산야와 황무지를 개발하여 대토지 소유자가 된 자도 많았다. 이를 개발영주라고 한다. 이 지방의 개발영주는 유력한 중앙의 사원과 귀족처럼 세금을 내지 않고 관리가 장원에 들어오

9세기 서민을 그린 그림.

지 못하도록 하는 불수조 불입권을 얻어낼 수 있는 힘을 갖지 못했다. 종종 관청의 관리, 국사의 간섭을 받아야만 했다. 국사는 원래 율령국가 초기 당시에는 행정·재판·군사·경찰권을 갖은 중앙에서 국에 파견한 행정관이었다. 장원이 발달하면서 국사는 자신이 부임한 지역을 단순한 징세의 대상으로 간주하고 개발영주에 대해 간섭을 했던 것이다. 이에 개발영주들은 국사의 압박에 대항하고 자기의 권익을 확보하기 위해 중앙의 유력한 귀족과 사원에 기진寄進하고 자신은 그 장원의 장관莊官으로서 실질적인 권익을 확보하였다. 이 때 기진받아 영주가 된 자를 영가領家라 한다. 이 때 만약 기진받아 영주가 된 영가가 자기의 장원을 보호하기에 충분할 만큼 유력하지 못할 경우 그 영가는 자신보다 훨씬 강한 법적 보호자에게 기진하였다. 영가로부터 기진을 받은 이 강한 법적 보호자를 본가本家라 한다. 본가는 최고 중앙의 권력자이며 대부분은 후지와라 씨 등 권세가이거나 혹은 황실이었다. 이렇게 해서 많은 토지가 유력한 귀족과 사원으로 집중하였다.

이렇게 해서 원래 기진한 자는 대체로 현지에서 장원을 관리하는 장관莊官

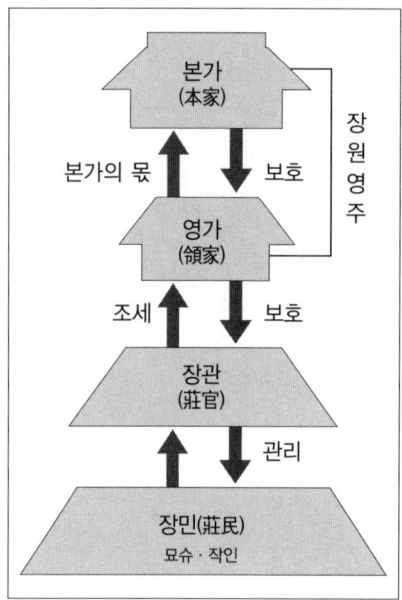

기진지계 장원의 구조. 장원을 기부 받은 귀족이나 사원·신사를 '영가' 또는 '본가'라 한다. 영가 또는 본가는 장원을 보호해 주는 대신 매년 일정한 공조를 거두었다. 또 권세를 이용해서 조세가 면제되는 불수권의 특권을 획득했다. 이것을 '기진지계 장원'이라 한다.

이 되어 장원 영주에게 매년 일정량의 연공年貢을 바치고 그 지위를 보장받았다. 또한 본가, 영가의 권세를 이용해서 조세가 면제되는 불수권과 지방관인 국사의 출입을 거부하는 불입권의 특권을 가지게 되었다. 그리하여 같은 토지에 경작자, 장관, 영가, 본가라는 몇 겹의 법적 권리가 생기게 되었다. 이 권리는 세습되었다. 이것을 '기진지계 장원寄進地系莊園'이라 한다. 10~12세기 무렵 성립한 장원은 대부분 기진지계 장원이었다.

이렇게 하여 황족도, 귀족도, 사원도 장원 확대에 나서게 되었다. 불수조不輸租의 장원이 증가함에 따라 국가가 거둬들이는 조세田租는 크게 감소하였다. 이에 정부는 장원정리령을 내리는 등 장원 억제책을 취했으나 성과는 거두지 못하였다. 국가가 토지를 나누어 준 기록이 902년을 끝으로 더 이상 볼 수 없게 되어 공지공민제는 역사 속으로 사라졌다. 면세특권을 누리면서 공권력의 개입도 거부할 수 있는 장원의 확대는 국가 기강을 무너뜨렸다. 왕권에 의한 중앙집권제의 기본이 무너진 것이다.

DIGEST 16

귀족 후지와라 씨의 정치
―일본문화의 전성(10~11세기)

그때 세계는 -
875년 | 중국, 황소의 난
900년 | 견훤, 후백제 건국

국가가 토지를 나누어 준 기록이 902년을 끝으로 더 이상 볼 수 없게 되어 공지공민제는 역사 속으로 사라졌다. 반면 장원, 즉 귀족, 사원, 유력 농민들의 사유지는 늘어났다. 면세특권을 누리면서 공권력의 개입도 거부할 수 있는 장원의 확대는 국가 기강을 무너뜨렸다. 왕권에 의한 중앙집권제의 기본이 무너진 것이다. 중앙집권의 붕괴에 따라 천황권은 약화되고 귀족이 득세하게 되었다.

나라 시대에 이미 강력한 귀족으로 성장했던 후지와라 씨는 천황의 외척으로서 천황가에 버금가는 강대한 귀족의 지위를 차지했다. 858년 후지와라 씨는 자신의 외손자를 천황으로 즉위시키고 섭정이 되었다. 황족이 아닌 신분으로는 최초로 섭정이 된 것이다. 884년에는 관백이 되어 다시 권력을 잡았다.

특히 969년 이후 천황은 모두 후지와라 씨 딸이 낳은 황자가 즉위했고, 외조부인 후지와라 씨는 거듭하여 섭정과 관백이 되었다. 969년 이후 천황

평등원(보도인). 후지와라 가문의 후원에 의해 세워진 사원으로 우아하고 귀족적이다. 후지와라 시기는 일본적 문화가 형성되었다.

은 이름뿐이었으며 모든 정치는 섭정과 관백에 의해 이루어졌다. 이처럼 외척인 후지와라 씨는 천황이 어리면 섭정, 천황이 장성하면 관백이 되어 11세기 말까지 권력을 독점했다. 969년부터 100년에 가까운 시기의 정치를 섭정과 관백의 첫 글자를 따서 섭관정치라 하며, 이 시대를 후지와라 시대藤原時代라고도 한다.

후지와라 씨의 권력이 확립된 후 한때 후지와라 씨 내부에서 대립이 일어났지만, 이윽고 수습되어 11세기 전반의 후지와라노 미치나가藤原道長와 그 아들 후지와라노 요리미치藤原賴通 시대에 후지와라 씨는 전성기를 맞이하였다. 미치나가는 네 명의 딸을 황후와 황태자비로 들여보내 권세는 타의 추종을 불허했다. 미치나가가 지었다고 하는 다음의 노래의 한 구절은 정점의 지위에 오른 인물의 감정을 표현하고 있다.

'생각컨대 온 세상은 실로 나의 세상이다. 보름달 속에 흠마저 한 점 없도다.'

그의 아들 요리미치는 고이치죠後一條에서 고스자쿠後朱雀 · 고레이제이後冷

泉에 이르는 3대 천황의 외척으로서 약 50년에 걸쳐 섭정·관백의 지위를 독점하였다. 섭관가는 관리의 임면권을 장악하고 정부의 요직을 그 일가에서 독점하여 막대한 수입을 얻었으며 게다가 전국의 지방영주로부터 광대한 장원을 기진받아 최고의 권문으로서 영화를 누렸다. 후지와라 씨 최고 권력자의 가정관리기관이 사실상 국가의 정부가 되었다. 반면 천황의 조정은 단순한 의례적인 장소가 되었다. 중앙집권국가는 천황이 중앙과 지방의 관료를 지휘하여 강력하게 전국을 통치하는 정치체제였다. 그런데 그 정점에 선

후지와라노 미치나가 저택과 그 풍경. 후지와라 씨가 정치의 실권을 장악하던 시대에 귀족들은 막강한 재력을 바탕으로 정원이 있는 저택에서 살았다. 정원에는 연못이 있고, 연못 가운데 섬을 만들어 음악을 연주하고 뱃놀이를 하기도 했다.

천황의 권력을 섭정·관백이 대부분 장악하게 되어 율령정치는 중앙에서도 붕괴하기 시작하였다. 또 지방에서도 중앙의 정치가 거의 행사되지 못한 채 그 지배가 국사國司에게 위임되었고 치안도 지방 무사단의 힘에 의존하지 않을 수 없는 상황이 되어 갔다.

　나라 시대는 천황권이 불안하기는 했지만, 그래도 당나라의 문물을 받아들이며 새로운 시대를 열고자 하는 열정이 살아 있던 시기였다. 그러나 섭관정치 시기는 정치가 후지와라 가문의 사적인 것으로 변질되고 무기력해져갔다. 섭관가를 비롯한 귀족은 거두어들인 부로 호사스런 저택이나 별장을 겸한 화려한 사원을 짓고, 밤낮으로 연회와 행락을 일삼았다.

　정치가 쇠퇴한 후지와라 시기에 문화는 대단한 번영을 누렸다. 중국 문화의 표본을 다루면서도 일본 고대 요소와 자연스럽게 융합시켜 일본적인 문화가 이 시기에 나타난 것이다. 귀족 계급은 정치로부터 벗어나 문화에 탐

닉했고 일본적 성격이 짙은 질 높은 차원의 문화를 창출했다. 일본적인 궁전 건물 양식이 만들어졌고, 그림도 일본의 풍경이나 풍속을 사실적으로 묘사했으며, 화풍도 일본화의 원류인 야마토에大和繪라는 독자적인 영역이 성립되었다. 9세기 말, 일본 가나 표기법이 창안되면서 문학도 크게 발달했다. 일본적인 정취와 사랑을 작품의 주제로 많이 다루었는데, 가나로 쓴 시집《고금와카집古今和歌集》, 산문《겐지모노가타리源氏物語》가 대표적이다.

DIGEST 17

일본적 감수성의 원천,
가나로 쓴 최초의 시집
― 고금와카집(905년)

그때 세계는 –
902년 | 중국, 5대 10국의 시대(~979년)
918년 | 왕건, 고려 건국

'미의식'은 자연히 그 땅의 풍토를 반영한다. 일본의 미 역시 후지산과 벚꽃의 일본 풍토 속에서 형성되었다. 섬세함, 일본의 고대 귀족 문화의 전통은 역사 안에서 강인하게 지속되어 오늘날까지 일본의 감수성과 미의식의 큰 뿌리가 되었다. 《고금와카집古今和歌集》은 현재 일본적 감수성의 원천 속으로 우리를 이끌어준다.

《고금와카집》은 헤이안 시대인 904년 천황의 명령으로 와카和歌 1,100수를 모아 만든 시집이다. 와카는 31문자를 5-7-5, 7-7의 음절에 맞추어 일본어로 짓는 단시이다. 천황의 명령을 의미하는 한자가 칙찬勅撰인데, 《고금와카집》은 천황의 명령으로 만들어진 책이라는 의미로 칙찬집이라고도 한다. 칙찬집이란 국가가 인정하는 공적인 문학을 나타낸다.

일본 가나로 이루어진 와카가 이때부터 공식적인 문학으로 인정받게 되었다. 와카 이전에는 한문으로 된 시문이 공적인 문학이었다. 가나가 발명되면서 한자보다 훨씬 자유롭게 생각을 표현할 수 있게 되었고, 가나로 쓰

I 원시와 고대 **83**

일본의 미. 일본의 미에는 절도 있고 정교한 인공미가 느껴진다. 와카의 단순하고 섬세한 조형미와 닮았다.

인 와카는 화려한 궁중 생활에서 남녀 간에 사적으로 교환되는 문답가로서 사교의 도구가 되었으며 의사 전달의 수단이 되었다. 일본적인 것에 대한 자각이 발전하면서 와카가 공적인 문학으로 격상된 것이다.

《고금와카집》의 서문에서는 노래의 주제와 소재를 사계절, 연심, 애상 등으로 분류해 이에 대한 와카만 짓도록 했다. 와카를 읊은 다음 우열을 정하는 놀이歌合(우타 아와세)가 성행하면서 와카 쓰기 시합은 귀족문화의 중요한 제도가 되었다. 와카 쓰기 시합에서 노래의 우열을 판단하려면 객관적 기준이 필요했기에 가론歌論도 발달했는데, 일정한 가풍歌風이 중시되었다. 이렇게 와카는 주제와 소재에 엄격한 유형과 정형이 만들어졌다. 즉 사랑과 이별, 자연의 아름다움이나 계절과 같은 제한된 제재를 대상으로 했고, 전쟁이나 육체적 고통, 죽음, 추한 것, 비천한 것은 모두 피했다.

《고금와카집》에서 주로 표현한 주제는 사계절과 사랑이었다. 사계절부에서는 사계절의 시초인 입춘을 알리는 와카에서 시작하여 사계절을 마감하는 와카로 마무리한다. 시간의 추이에 따라 와카를 배치함으로써 사계의 계절감을 명확히 나타내고 있는 것이다. 사랑의 부에서도 사랑이 싹트는 단계에서 시작하여 사랑의 성취와 파탄, 그리고 종말을 노래하는 와카로 끝난다. 사랑의 성장·변모라는 시간의 흐름을 의식해 와카를 배치함으로써 한 편의 사랑 이야기가 만들어진다. 이처럼 와카집에 어떤 형식을 주었는데, 이것은 후대의 와카집에 계승되면서 하나의 유형이 되었다.

계절에 대한 부가 전체 20부 중에서 6부를 차지할 만큼 계절은 노래에서 중시되었다. 계절을 소재로 삼는 경우, 사랑이나 인생을 계절에 관련지어 읊는 것이 보통이었다. 《고금와카집》에서도 '벚꽃이여, 흩날려 하늘을 가려주오. 늙음이 찾아온다는 길을 모르도록'이라는 시가 있다. 이 시에서는 자신의 늙음을 감추기 위해 화려한 벚꽃이 사용된 것이다.

그렇지만 《고금와카집》에서 자연을 세상과 관련지어 노래한 경우는 아주 드물며, 대개 세상사와는 무관하게 계절감 그 자체를 독립적으로 노래했다. 《고금와카집》의 찬자이기도 한 기노 쓰라유키紀貫之는 다음과 같이 봄을 노래한다.

> 소매 적시며 손으로 뜬 저 물이 얼어 있는 것을
> 입춘인 오늘 바람이 녹이고 있을까.

위의 시는 겨울에서 봄이 오는 시간의 흐름을 물의 변화로 비유적으로 표현한다. 물이 과거, 현재, 미래로 연결된다. '손으로 뜬 물'은 과거이고, '물이 얼어 있는 것'은 현재이며, '바람이 녹이고 있을까'는 미래이다. 아주 미세한 부분에서 시간의 흐름을 물의 변화로 노래한다. 봄을 다른 어떤 것과 연결하지 않고 계절 그 자체를 노래한 것이다. 쓰라유키는 이외에도 교토의 봄, 교토의 꽃, 봄비, 봄안개, 단풍과 가을바람, 벚꽃, 매화, 황매화나무, 꾀꼬리, 소쩍새 등 자연을 섬세하게 노래했다. 각 계절의 화조풍월花鳥風月을 '내가 슬플 때, 꽃도 슬퍼 보이고' 하는 식으로 인간을 위주로 하여 느끼지 않았다. 자연 하나 하나가 지니는 아름다움을 그대로 느끼고 표현한 것이다. 이것이 일본적 계절감이자 자연이며, 일본적 사랑인 것이다.

《고금와카집》에 나타나는 계절감은 한국의 정서와 상당히 다르다. 와카의 세계를 가만히 따라가 보면, 아주 작은 것에 주목하면서 극도로 예민한 것이 섬세함 이상이다. 지친 듯하며 유약한 듯한 일본인의 이런 감각은, 우리에게는 새롭기도 하고 격렬하지 않은 잔잔한 미적 파장을 느끼게 한다.

사랑에 대한 묘사 역시 계절감에서 보여준 것과 통한다. 사랑 또한 상대에 대한 능동적이고 구체적인 관심보다는, 사람이 찾아옴으로 해서 근심하는 상태를 그리고 있다. 동침과 관련되는 노래가 거의 없다. 예외적으로 동침을 묘사할 때에도 '동침하다', '감싸 안다'는 등의 말은 피하고 아주 간접적인 표현이 쓰였다.

《고금와카집》이 보여준 독특한 미적 세계는 헤이안 시대 귀족의 일상과도 밀접하게 연결되어 있다. 중앙집권 제도의 붕괴로 중앙 귀족으로부터 권력도 떠났으며, 군사력은 전적으로 사무라이에 의존했기에 점검해야 할 무력도 지니고 있지 못했다. 어찌 보면 헤이안 시대 귀족은 사회의 기생자가 되어 거두어들인 재물로 호사스런 저택이나 화려한 사원을 짓고 살았다. 화려하고 세련되었지만, 자신들이 누리고 있는 영화는 불안정했다. 그들은 민중들의 땀의 세계와는 거의 단절되어 지극히 폐쇄적인 세계에서 일상을 영위했다. 귀족의 이 같은 폐쇄적인 생활이 《고금와카집》에서 보이는 사랑과 계절을 그리게 만든 배경이었을 것이다.

그렇지만 귀족은 국한된 세계 속에서 놀라우리만치 문화적 능력을 성숙시켰다. 귀족은 와카를 짓는 데에 거의 매일 거의 모든 시간을 쏟아붓곤 했다. 정치에서 벗어나 여유로운 시간을 문화를 탐닉하는 데에 쏟았다. 귀족은 극히 한 방향으로 치우치기는 했지만, 섬세한 감각을 다듬어서 세련된 문화를 만들었다.

오늘날에도 일본 드라마나 문학 작품을 보면, 섬약하리만치 민감한 감수성으로 자연을 포착하는 것이나 사랑을 마치 감각적 미학을 보는 듯이 그리는 것을 보게 된다. 드라마나 문학 작품을 통해 쉽게 발견할 수 있다. 《고금와카집》에서 일본적 감수성의 원천을 발견할 수 있다.

DIGEST 18

궁녀가 쓴 감미로운 우울의 세계
—일본최고의 걸작, 겐지모노가타리(11세기)

그때 세계는 -
1018년 | 고려, 강감찬, 거란의 3차침입을 귀주대첩으로 격퇴
1037년 | 셀주크 투르크 제국 건국(~1157년)

《고금와카집》이 공적인 문학이며 시의 세계였다면,《겐지모노가타리源氏物語》는 와카집보다 훨씬 자유롭게 쓰인 산문 문학이다. 이 역시 일본 가나로 쓰였으며, 궁녀가 작가로 등장하면서 전성기를 이루었다. 궁녀는《고금와카집》이 만들어 낸 미학적 질서를 받아들이면서 자신의 감각을 연마하고 미묘한 세부에 집중했다. 그리고 귀족의 생활을 그렸다.《겐지모노가타리》는 궁녀 문학의 정점으로서, 헤이안 시대인 11세기 초 궁녀 무라사키 시키부紫式部에 의해 만들어진 작품이다.

전부 54권으로 70년간을 다루는 대장편 소설로서 천황의 잘 생긴 아들이며 학문, 무술, 음악에 두루 능통한 이상적이고 매력적인 인물인 히카루 겐지光源氏의 사랑 이야기이다. 히카루 겐지는 수많은 여성과 사랑을 나누는데, 많은 여자와 교섭하는 이야기가 거의 독립된 단편 소설처럼 되어 있다. 마지막 13첩은 겐지가 죽은 뒤 자식과 주변 인물의 사랑 이야기이다. 겐지의 연인으로는 미녀, 추녀, 사랑스런 여자, 똑똑한 여자, 귀신이 되어 나타

겐지모노가타리를 그린 두루마리 그림.

나는 원한의 여자, 환갑을 맞은 할머니까지 나오며 자기의 의붓어머니와도 불륜을 저질러 아들을 낳는 이야기도 있다.

《겐지모노가타리》는 주인공 겐지가 수많은 여성과 만나고 헤어지면서 겪게 되는 심리를 뛰어난 솜씨로 그리고 있다. 각 장면은 나타났다가 사라지는 여성과의 사랑 이야기가 아주 감각적으로 묘사되어 있어서, 그 자체로 아름다움을 느끼게 해준다. 또한 계절 변화의 탁월한 예민함이 유감없이 나타나 있다. 《고금와카집》의 전통이 여기에도 그대로 이어지고 있는 것이다. 사건과 인물의 감정이 거의 계절 변화와 긴밀하게 얽혀 표현되고 있다.

겐지는 카사노바처럼 이 여자, 저 여자를 넘나들기는 하지만, 한 여자에게 자신의 마음을 두고 있다. 어릴 때 어머니를 여읜 겐지는 항상 마음속에 어머니의 환영을 그리워한다. 어머니를 닮은 여인에게 가장 강한 사랑을 느끼는 것도 이 때문이다. 의붓어머니 후지쓰보도 죽은 어머니를 닮았기 때문에 연모하게 되고, 겐지가 여러 부인 중에서 무라사키노우에紫の上를 가장 사랑한 것도 후지쓰보, 즉 의붓어머니를 생각나게 했기 때문이다. 겐지는 무라사키가 후지쓰보를 닮았기 때문에 반하여, 어릴 때부터 데려와 키워 부인으로 삼고, 죽을 때까지 함께한다. 어떻게 보면 소설 전편에 걸쳐 어머니를 닮은 하나의 상象을 겐지는 좇고 있는 것이다.

그렇다고 해서 하나의 사랑에만 집착하는 것은 아니다. 더구나 하나의 사랑만 처절하게 찾고 있지는 않다. 오히려 수많은 여성과의 사랑이 다채롭게 그대로 빛나며 매력을 발한다. 어머니를 닮은 후지쓰보나 무라사키에 대한

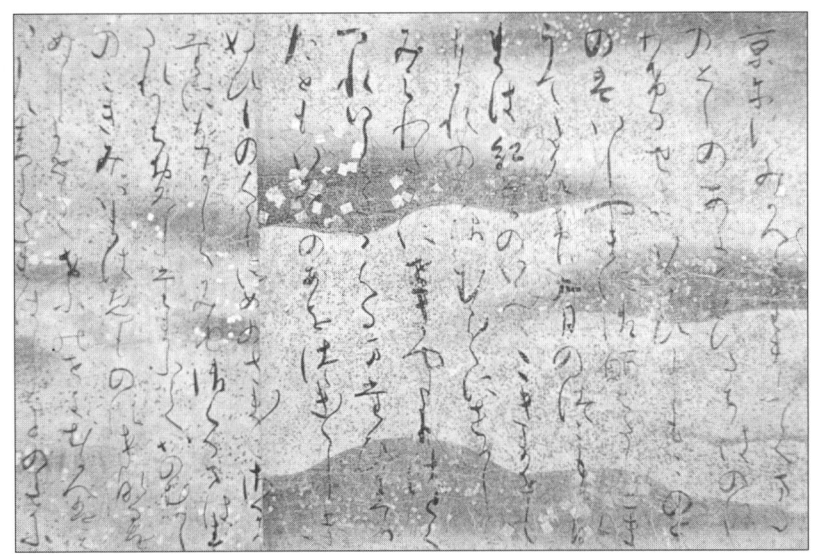
겐지모노가타리의 내용을 쓴 글씨.

사랑이 작품 전편에 걸쳐 일관되게 흐르고 있기는 하지만, 그것이 다른 모든 사랑을 압도할 만큼 강렬하지는 않다. 그저 인생의 흐름 속에 녹아서 흘러 보내고 있다.

  작품에서는 불륜의 사랑이 낳는 괴로움도 묘사한다. 죽은 어머니를 꼭 닮아 연모에 빠져, 번민 끝에 결국 아들까지 낳게 되는 의붓어머니와의 관계가 그렇다. 금단의 사랑이 주는 겐지의 괴로움과 번뇌를 표현한다. 소설 속에 또 하나의 불륜이 나오는데, 겐지의 아내 온나산노미야女三の宮의 이야기이다. 온나산노미야는 자신을 사모해오던 가시와기栢木와 간통하여 아들까지 낳게 된다. 가시와기가 간통에 대한 죄책감으로 병을 앓다 죽어버리자, 겐지의 아내 온나산노미야도 출가해 버린다. 이처럼 겐지나 그의 아내에게서 보듯이 작품 속에서 불륜에 빠져 겪어야 하는 인간적인 괴로움을 표현하고 있다.

  그러나 간통과 밀통, 불륜이 주는 도덕적 괴로움의 과정을 그다지 밀도 있게 그리고 있지는 않다. 아니 희박하다는 편이 옳을 것이다. 오히려 남녀

간 사랑의 정념이 순간순간 자연스럽게 표출되어 있다. 수많은 여자와 만나고 헤어지는 그 순간만의 특수한 장면과 심리와 느낌이 서정적이며 감각적으로 그려지고 있다. 그 순간들은 달콤하면서 유쾌하지만, 전체적으로는 인생의 긴 흐름 속의 한 부분임을 느끼게 해 준다. 그래서 어떠한 사랑도 인생처럼 흘러가는 것이구나 하는 운명과 무상감, 그리고 인간의 조건을 떠올리게 한다. 온나산노미야의 출가라든지, 가시와기의 죽음 역시 죄책감이라기보다 인생의 허무함이 더 짙게 배어난다. 그렇다고 해서 운명의 처절함이나 못 견딜 만큼의 허무함은 아니다. '감미로운 우울과 향수', 그것이 《겐지모노가타리》가 자아내는 향취이다.

일본의 불륜은 남녀 사이의 불꽃같은 본능을 압도할 도덕적 번뇌가 결여되어 있다. 그러기에 그 사랑은 처절하지도 영원하지도 않다. 남녀교접의 아름다움은 그 순간에 찬란하게 빛난다. 그리고 이내 사라지는 순간의 미학이다. '사랑' 안에서는 시간의 흐름에 따라 모든 것이 변하고 생명체도 사라지고 마는 허무함이 표현된다. 그러나 처음부터 허무함을 껴안고 처절히 투쟁한 것이 아니기 때문에 인생의 덧없음이 음악처럼 흐르는 것이다. 《겐지모노가타리》는 이러한 일본적인 정서를 탁월하게 묘사한 걸작이다. '감미로운 우울과 향수'에 녹아져 있는 사랑 말이다.

DIGEST 19

일본불교의 성립, 신도의 신들과의 결합
―나라 · 헤이안 시대(8, 9세기)

그때 세계는 -
919년 | 독일, 작센 왕조 성립
958년 | 고려, 과거제 실시

　불교는 6세기 중엽 일본에 도입되어, 쇼토쿠 태자의 아스카 문화를 꽃피웠다. 애초에 불교는 대륙의 선진 문물을 운반하는 통로로서 지배 계급으로부터 크게 환영받았다. 당시 일본의 수준으로서는 상상할 수도 없던 대사원이 건축되고 탁월한 예술품이 만들어졌는데, 일본의 지배 계급은 이를 감탄의 눈으로 바라보며 그것들이 자신의 권위를 높여줄 수 있다고 믿었다.
　그러나 불교 철학의 심오함은 거의 이해할 수 없었다. 아스카 시대 일본에서 단 한 사람, 쇼토쿠 태자만 불교 철학을 알았다고 하는 말은 그렇게 과장이 아닐 것이다.
　불교가 들어오기 전, 모든 지역이 그러하듯이 일본에도 원시 신앙이 있었다. 일본은 바다, 큰 강, 바람, 천둥 등이나 지역의 토지신과 조상신(씨족의 수호신)을 가미神로서 숭배했다. 이처럼 자연 현상, 동식물, 조상신 등의 신령한 힘을 경배하며 의례를 통해 재앙을 물리치는 원시 신앙에 가까운 것이 신도이다.

하치만 신사. 동대사 불상 건축을 순조롭게 이루기 위해 하치만 신에게 도움을 구하여 규슈의 절 안에 하치만 신사를 건립했다.

불교는 이러한 신앙의 입장에서 이해되어 일본이 신앙하는 다양한 신 중의 하나, 마법적 힘을 지닌 신으로 해석되었다. 사원은 불교의 철학과는 무관하게 씨족의 조상신을 제사하기 위한 장소로서 천황과 귀족에게 받아들여졌다.

나라 시대에 이르러서는 쇼무 천황이 세계에서 제일 크다는 동대사의 대불을 만드는 등 불교가 최성기를 맞는다. 그렇다고 신도로부터 불교가 독립한 것은 아니었다. 불교가 신도의 체계 안에서 굳건히 자리를 차지했다는 편이 옳은 해석일 것이다. 이처럼 불교가 신도와 융합된 것을 '신불습합神佛 習合'이라 한다. 신불습합은 일본의 불교를 가장 잘 설명할 수 있는 용어이다.

쇼무 천황은 동대사에 거대한 불상을 조영하여, 자신을 이 비로자나불의 노예라고 지칭하며 부처의 측량할 수 없는 공덕으로 국가를 만들고자 했다. 또 동대사 대불 개안식에는 멀리 인도에서 승려를 초청할 정도로 대단한 불교적 행사를 열었다. 그런데 이러한 불교적 행위는 일본의 신들에게 도움을 청한 후 신탁에 의해 행해졌다. 애초 불상 건축 계획은 이세신궁에 모신 신

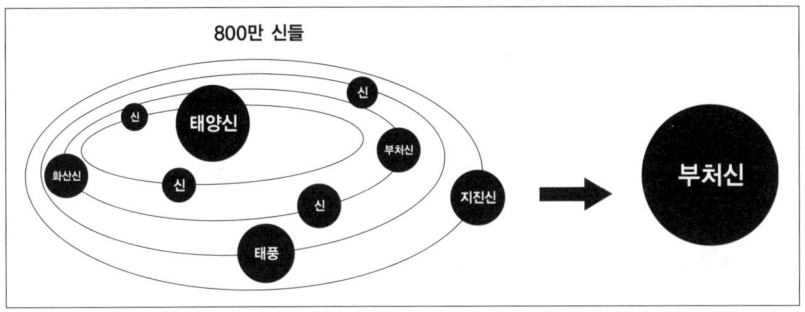
일본의 수많은 신. 부처도 여러 신 중의 하나일 뿐이다.

도의 최고 신인 태양신 아마테라스 오미카미에게 아뢰었다. 규슈 우사 지방의 신이자 군신軍神인 하치만八幡 신에게 도움을 구하여, 규슈의 사원 안에 하치만 신사를 건립하기까지 했다.

동대사 대불 개안은 불교가 신도 속에서 융합하여 존재하는 '신불습합'의 중요한 계기가 되었다. 이후 유명한 신사에서는 신궁사를 짓고, 사원에서는 토지의 수호신을 모시는 것이 자연스러워졌다. 신사와 사원은 구분하기 어려울 정도로 하나가 되었다.

신불습합은 더욱 진행되어 10세기, 헤이안 시대 중기에는 일본의 신과 불佛(부처)을 직접 관련짓는 본지수적설本地垂迹設이 나오게 되었다. 부처는 근본 실체本地(본지)이며, 신도의 신들은 부처의 화신垂迹(수적)이라는 설이다. 즉 '인도의 부처와 보살이 일본에 흔적을 남겨서 대신 나타난 것이 일본의 신들'이라 하여, 신도의 체계 안으로 불교를 포섭했다. 이론적으로는 일본의 신들에게 모두 불교의 본지불이 있었다고 전제하지만, 구체적으로는 일본에 존재하는 수많은 신 가운데 유력한 신들, 즉 정치 권력자의 조상신이나 영험하다고 믿는 신에게 구체적으로 본지불이 정해졌다. 천황의 조상신 아마테라스 오미카미는 최고 부처인 비로사나불이 본지불로 정해졌으며, 이세의 신은 노사나불을 본지불로 삼았다.

본지수적설은 신도가 강한 일본의 풍토 속에서 불교가 생존할 수 있는 유력한 길이었다. 본지수적설은 전국으로 퍼져나갔고, 이후 신사에서는 너무도 자연스럽게 신궁사, 별당사를 지어 본체인 부처를 모시게 되었다. 신사에 모셔지는 신으로 신불습합된 신이 속속 등장했고, 인도의 신이 일본의 신과 하나가 되어 모셔지기도 했다.

　본지수적설은 신불습합과 더불어 일본 불교의 특색을 가장 잘 설명해주는 단어이다. 본지수적설은 '진정한 깨달음, 해탈을 향해 나아간다' 는 불교의 본질에서 한참 비켜나 있다. 일본에서는 불교를 신도처럼 주술적인 종교의 하나로 바라보면서, 불교를 새로운 신으로 만들어 버린 것이다. 오늘날에도 일본의 절에 가보면 사원 건축물은 불교 그대로이지만, 사원 경내에는 신도 계통의 일본 신, 불교 계통의 신이 사이좋게 진좌하고 있어 신불의 백화점이라 해도 지나친 말이 아니다.

DIGEST 20

주술화된 일본 고대 불교
—천태종과 진언종(9세기)

그때 세계는 –
960년 | 송 건국(북송, ~1127년)
987년 | 중세 프랑스, 카페 왕조 성립

    천태종과 진언종은 새로운 국가 불교로 발전한 헤이안 시대의 대표적인 불교이다. 사이쵸最澄(767~822)가 당나라에 가서 천태교학을 배우고 다수의 경전을 가지고 일본에 귀국하여 히에이比叡 산 꼭대기에 연력사延曆寺를 세워 천태종을 창시했다. 사이쵸는 중국에서 최신의 불교 교학을 갖고 온 학승으로서 조정과 귀족의 환영을 받았다. 그리고 히에이 산 연력사는 나쁜 귀신의 무리를 진압하는 수도 헤이안의 영적 수호자로서 국가로부터 특별히 중시되었다.
    원래 천태종은 중국에서 법화경을 최고의 진리로 하여 정리된 이론 체계로 대단히 형이상학적이며 철저히 관념 중심의 철학이다. 중국에서의 천태종은 정신을 집중하여 실상을 직관하는 선의 수행을 가르쳤다. 그래서 어떤 구체적인 신을 숭배하여 질병 등의 재앙을 물리친다고 하는 신도적 세계와는 어울릴 수 없는 교리였다.
    사이쵸는 형이상학적인 천태교학을 배운 일본 불교계의 큰 인물이었지

진언종의 본산, 동사(東寺)의 전경.

만, 신도의 신을 부정하지 않았다. 오히려 천태 불교의 신과 신도의 신을 과감하게 습합시켜 신도를 천태종 속으로 융합하였다. 히에이 산은 히에이 신日吉神이 사는 산이라 하여 옛부터 산악 신앙의 영산으로 일컬어진 산이었다. 사이쵸는 히에이 신이 살고 있는 영산이라는 점을 의심하지 않았고, 그는 산속에 신사 히에이 대사日吉大社를 짓고 히에이 신을 모셨다. 이러한 신불습합으로 인해 히에이 산 연력사는 나쁜 귀신의 무리를 진압하는, 수도 헤이안의 영적 수호자로서 국가로부터 특별히 중시되었던 것이다.

사이쵸 이후 일본의 천태종은 더욱 밀교적 의식이 강조되어 조정과 귀족을 위한 가지기도가 중요한 위치를 차지하게 되었다. 동시에 융통성을 발휘하여 신도는 물론 모든 불교 종파를 통합하기도 하고, 천태종이 지닌 형이상학을 발전시켜 불교적 이론을 만들어 내기도 했다. 그리고 히에이 산의 천태종은 정치·경제적으로는 물론, 사무라이 시대에 이르러서는 군사적으로도 강대한 세력으로 남기도 했다.

헤이안 시대의 대표적 종파인 진언종도 교리는 약간 달라도 천태종의 모

습과 크게 다르지 않다. 진언종은
당나라에서 밀교를 배우고 귀국한
구카이空海(773~835)가 세운 종파
이다. 구카이는 사이쵸와 함께 견
당사 배를 타고 당에 간 동시대 사
람이다. 밀교는 대일불大日佛을 우
주 근본 부처로 삼아, 모든 부처와
보살과 신은 대일불에서 나온 것
으로 여긴다.

밀교에서는 주술적인 가지기도
가 중요한 요소를 차지한다. 가지
기도는 재앙을 물리치고 이익을
줄 수 있는 증익增益, 적을 넘어뜨
리는 조복調伏 등을 목적으로 행해

종교의 영웅으로 전해지는 구카이 대사.

진다. 구카이는 당나라 밀교의 대가 혜과惠果(746~805)의 후계자로 선정될
만큼 뛰어났으며, 2년 동안의 수련 끝에 다수의 경전과 밀교에 필요한 도상
圖像과 법구를 가지고 귀국한다. 귀국 후, 고야高野 산에 밀교 도량을 여는데,
고야 산은 산악 수행의 영산으로 여겨지던 산이었다.

진언밀교는 우주 만물이 본질적으로 대일불과 다를 바 없는 존재라 여긴
다. 즉 모든 인간은 손으로 합장을 하고 입으로 진언眞言을 외우며 마음으로
깊은 진리를 보면, 성불할 수 있다고 보는 것이다.

이러한 철학적 세계관에 입각하여 인간이 일정한 방법으로 자신을 초월
적 존재로 움직인다면, 신과 영이 감응해서 인간에게 응해 온다는 것이다.
그래서 밀교에서는 신과 영과 감응하기 위한 수법, 의례가 발달한다. 가지
기도는 이러한 밀교의 세계관에 따라 신과 영에 감응하여 재앙을 물리치고
이익을 불러오며 적을 넘어뜨리는 방법이다. 구카이는 자주 가지기도를 수
행하면서 비를 오게 하거나 반란을 안정시키는 등 효험을 나타내곤 했다.

당시 일본 사람들은 진언밀교의 철학적 개념을 이해하지 못했지만, 신도

적 환경에 익숙했기 때문에 진언밀교의 주술적 영험력이나 장엄한 의례 수법은 대단한 인기를 끌었다. 진언밀교에서는 신도적 의례와는 비교도 안 될 정도로 눈부시게 독특한 법구나 장식이 사용되었다. 이런 장식을 이용하여 재앙과 질병을 물리치거나 적을 넘어뜨리는 영험력은 당시 조정과 귀족의 정신을 빼놓을 정도였다. 구카이에게는 수많은 신화와 전설이 전해지며 일본에서 가장 유명한 종교적인 영웅으로 남아 있다.

　헤이안 시대는 진언종이 널리 퍼지고 천태종이 밀교화함에 따라 밀교의 신은 현세 이익을 주는 신으로 신봉되었으며, 불교는 현세적 원망에 치중하는 주술 조직처럼 되었다. 그러면서도 형이상학적 요소는 버려지지 않고 그대로 보존되어 대륙의 교학을 흉내 냈다. 불교 철학은 주술과 절대로 결합할 수 없는데도, 전혀 개의치 않고 사이좋게 공존하며 연구되었다. 불교계는 국가로부터 막대한 토지를 부여받고, 이를 확대코자 노력하는 사업가이기도 했다.

DIGEST 21

상황의 정치와 무사
—원정의 시작(1086년)

그때 세계는 -
1066년 | 노르망디 공 윌리엄, 영국 정복
1067년 | 송, 왕안석 변법

　후지와라 씨는 150년간 권세를 누렸지만, 자신의 딸을 후비로 만들어도 황태자가 태어나지 않는 일이 계속되었다. 그 때문에 1068년 후지와라 씨와 외척 관계가 전혀 없는 고산죠後三條 천황이 즉위하면서 후지와라 씨의 권세에 제동이 걸렸다. 천황은 섭관정치의 그늘에서 벗어나 천황가의 권위를 회복하기 위해 정치 쇄신을 꾀했다.

　고산죠 천황의 뒤를 이은 시라카와白河 천황도 부왕의 유지를 계승하여 친정을 실시해 천황권 강화에 노력했다. 그러나 차기 천황이 혹시라도 후지와라 씨와 관계를 맺게 되면 이러한 노력도 수포로 돌아갈 것이므로, 황위를 재빨리 아들에게 양위하고 자신은 상황上皇이 되었다. 상황의 궁전院에 원청을 설치하여 정치를 실시하니 이것을 원정院政이라 한다. 원정은 이후 100년간 계속되었다.

　원정이 후지와라가의 독점을 누르고 천황가의 권위를 회복하고자 했다고 하지만, 원정은 중앙집권적 왕권 국가로 돌아간 것이 아니었다. 천황가가

상황(원)의 권력을 보여주는 그림.

권력 전면에 나왔다는 외피만 갖고 있을 뿐, 실제 내용은 섭관가의 귀족 정치 시대와 다를 것이 없었다. 정부는 장원을 정리하여 국가의 영토를 확대하고자 했지만 그렇게 할 수 없었다. 오히려 상황이 앞장서서 장원 확보에 나섰으며 실제로 섭관가를 능가하는 장원을 소유했다. 후지와라 씨가 천황을 상징으로 삼아 섭정과 관백으로 실권을 휘두른 것처럼, 상황도 천황의 후견인으로서 그러한 지배형태를 취했던 것이다. 심지어 상황이 여러 명일 때도 있었다. 자연히 상황과 천황 사이에 세력 확장을 위한 분쟁이 자주 일어났고 내란으로 발전하기까지 했다.

왕권 강화의 기초는 엄격하고 안정적인 양위이다. 살아서 양위를 하는 전통이 고쳐지지 않았다는 것은 그만큼 왕권 강화의 기초도 이룩하지 못했음을 나타낸다.

원정하에서 천황은 형식적인 존재에 지나지 않았으나, 원의 권력은 천황의 아버지라는 점에 하나의 근거를 두고 있는 것이므로 천황의 지위를 둘러싸고 원정의 전제적 주권자인 상황과 다른 상황 혹은 천황과의 대립은 불가피한 것이었다. 이 얽히고 얽힌 싸움에서 상황과 천황이 사용한 무력이 무사단, 즉 다이라 씨平氏(헤이시)와 미나모토 씨源氏(겐지)의 무사단이었다. 좀 복잡해보여도 이 과정을 자세히 살펴보자.

시라카와白河 상황은 처음에 겐지源氏를 이용했지만, 후에는 이가伊賀·이세伊勢 지방에 기반을 구축하고 있던 다이라 씨인 다이라노 마사모리平正盛를 등용하였다. 다이라 씨平氏 세력이 비약적으로 발

무사들.

전한 것은 다이라노 기요모리(다이라노 마사모리의 아들) 때였다. 원정이 시작되면서 천황의 발언력은 약화되고 상황과 천황의 대립이 생겨나면서, 이러한 과정에서 황위를 둘러싸고 도바鳥羽 법황·고시라카와後白河 천황과 스토쿠崇德 상황이 대립하였다. 1156년 도바 법황이 사망하자 천황 측에는 후지와라노 타다미치藤原忠通와 미나모토노 요시토모源義朝·다이라노 기요모리平清盛 등이 가담하고, 상황 측에는 후지와라노 요리나가藤原賴長와 미나모토노 타메요시源爲義·다이라노 타다마사平忠正 등이 가세하여 싸웠으나 천황 측의 승리로 끝났다.

황실, 섭관가, 무장 모두 부자 형제를 죽이는 권력투쟁에서 천황 측이 승리하였다는 사실은 천황이나 관백의 승리라기보다도 무사계급의 황족 귀족 계급에 대한 승리의 첫 단계였다는 것을 말해준다. 황위를 둘러싼 싸움에서 승리한 고시라카와 천황은 상황이 되어 원정을 시작하고, 다이라노 기요모리는 고시라카와 상황의 총신 후지와라노 미치노리와 결합하여 권력을 휘둘렀다.

이에 은상恩賞에 불만을 품은 전공이 적었던 미나모토노 요시토모는 미치노리와 대립하고 있던 후지와라노 노부요리와 결합하여 기요모리와 미치노리를 타도하려 했다. 미나모토노 요시토모源義朝는 1159년(平治1년)에 군사를 일으켜 다이라노 기요모리와 가까운 후지와라노 미치노리藤原通憲를 살해했지만, 기요모리의 반격을 받아 살해당하였고 난은 평정되었다. 이를 헤이지平治의 난이라고 한다. 이 난에서 중앙귀족의 권력투쟁은 무사의 무력에 의

원정시대의 미술. 토끼, 개구리, 원숭이 등을 의인화해서 그린 조수인물희화.

해서만 해결될 수 있음이 명백해졌다. 이 사건 이후 무가의 동량으로서의 다이라노 기요모리平清盛의 지위와 권력은 급속히 증대하였다.

　헤이안 시대 이후 중앙집권 체제가 붕괴되면서 중앙 정부는 지방과 농촌 지역에서 법과 질서를 유지할 능력을 상실해갔다. 자연히 지방의 유력자는 자신의 생명과 토지를 지키기 위해 스스로 무장할 수밖에 없었다. 무사는 이렇게 발생한 것이다. 이들 무사는 점차 상호 연결되어 주종 관계를 맺으면서 무사단으로 성장해갔다. 이 무사단 가운데 간무 헤이시桓武平氏와 세이와 겐지清和源氏가 우두머리, 즉 동량이 되었다.

　이들은 섭관 정치 시기나 원정 시기에 유일한 군사 집단이었다. 섭관이나 상황, 천황은 장원은 소유했지만 자신들의 무력은 없었다. 내란이나 권력 투쟁이 일어나면, 이들 무사를 동원하여 해결했다. 처음에 무사들은 황실에 이용당하고 사랑받는 데에 만족했으나, 점차 실력에 걸맞은 지위를 노리게 되었다. 특히 황위 계승을 둘러싼 권력 투쟁이 일어났을 때, 무사 계급의 힘에 의해 황위가 결정될 정도로 성장해갔다. 상황의 원정시대 무가의 동량 다이라노 기요모리는 이러한 배경속에서 권력의 핵으로 등장한 것이다.

흔히 일본을 무사 사회였다고 말한다. 무사를 일컫는 사무라이는 우리에게 아주 낯설고 독특한 일본 문화를 대표한다. 그러나 실상 사무라이는 왕권 국가의 실패 결과 발생한 것이다.

DIGEST 22

일본고대, 열도가 주는 자유로움
—고대사(6~11세기)

그때 세계는 -
1077년 | 카노사의 굴욕
1087년 | 고려, 흥왕사에서 1차대장경(초조대장경) 완성

    지금까지 우리는 일본의 구석기 시대부터 헤이안 시대 원정에 이르기까지 원시와 고대라는 긴 여정을 거쳐 왔다. 일본은 아스카 시대, 다이카 개신을 거치면서 중국 문물을 받아들여 겉으로는 천황제 중앙집권 국가의 모습을 갖추었지만, 결국 왕권 강화는 실패로 돌아갔다. 일본은 왕권 강화의 짧은 노력 끝에, 일본적인 환경에 맞지 않는 중앙집권을 내던져 버렸다. 헤이안 시대 이후 일본은 환경이 원하는 대로, 자기식대로 살아나가게 되었다.
    이는 우리나라가 왕권 강화를 위해 기울였던 필사적인 노력과는 너무도 대비되는 현상이다. 중국 대륙이 발전시킨 선진 정치 체제, 중앙집권적 왕권 강화를 성공시키지 않고서는 우리나라는 살아남을 수 없었다. 설사 어떠한 난관이 있더라도, 환경에 맞지 않는다고 대충 중단해도 되는 그러한 문제가 아니었다. 외침의 위험성이 없어 여유로운 섬나라 일본과는 극명한 차이를 이루는 부분이다.
    높고 험한 산지로 각 지방이 분리되어 있어서 중앙집권을 하기에는 불리

마츠리의 나라, 일본. 신사에서는 자연, 인간 등 수많은 신을 모시며, 마츠리를 통해 신과 대면한다.

한 지리적 환경, 과거 제도도 채택되지 않을 만큼 강력한 귀족 세력의 존재, 배를 타고 들어오는 문명이 갖고 있는 한계성. 일본은 이러한 난관을 극복할 절박성이 없었다. 중앙집권 체제는 일본으로서는 적합하지 않았다. 왕권 강화의 실패와 사무라이의 등장, 열도가 주는 비교적 여유로운 환경을 배경으로 동아시아와는 다른 특징을 지닌 나라가 되었다.

또 하나 주술적 군주로서 천황의 존속의 문제가 있었다. 역사의 초창기 정치 지도자는 주술적 의례를 잘 행하는 것이 가장 큰 임무였다. 4세기 일본에서 등장하는 야마토 정권의 대왕(후에 천황)은 신에게 제사를 집행하는 제사왕이었고, 주술적이었다. 중앙집권적 왕권 국가의 노력이 이루어질 때에도, 천황은 사제장적 성격이 그대로 계승되었다. 짧은 기간 동안 천황은 세속적 군주로서 권력을 행사했으나, 곧 중단되었다. 헤이안 시대 이후 천황은 줄곧 주술성이 강한 군주로 남았다.

헤이안 시대 천황은 매일 새벽에 일어나서 목욕재계를 한 다음 신배를 올리는 주술을 반드시 했다. 또 햇곡식을 수확하고 나서는 아마테라스 오미카

I 원시와 고대 **105**

하다카 마츠리. 일본 각지에는 훈도시만 걸친 벌거벗은 남자들이 벌이는 마츠리가 있다. 태어난 모습 그대로 청정한 상태에서 신과 만나려는 마음을 담는다.

미에게 햇곡식으로 빚은 밥과 술을 바치고 국가의 안녕과 풍년을 기원하는 추수감사제를 거대하게 집전했다. 이러한 주술적 행사를 거행하는 신성군주이니만큼, 그 생활도 특이했다. 헤이안 시대에 천황의 생활을 《담해譚海》라는 책에서 다음과 같이 묘사한다.

> 천황은 재위 기간 동안 침이나 뜸 등을 뜰 수가 없다. 또 옥체에는 쇠붙이를 대서는 안 되기 때문에 머리나 손톱 발톱이 자라면 궁녀가 이로 잘라 끊어 드리게 되어있다. 먹는 것에도 정해진 것이 있어 그 외의 것은 바칠 수가 없다.

이 외에도 아마테라스 오미카미로부터 받아 천황가 대대로 물려 내려온다는 3종의 신기가 있다. 그 보물은 옥, 검, 거울로서 천황가의 신성을 상징하는 것이다. 천황은 반드시 이 검과 함께 자야 했기 때문에 비妃와 동침할 때는 침전으로 불러들이든가, 혹은 몸소 다른 궁으로 갈 경우라면 낮의 정사가 보통이었다. 3종의 신기는 일종의 주술 도구로서, 이것을 잃어버리면 이미 천황은 천황일 수 없는 것이다. 이 3종의 신기는 현재에도 귀중하게 보관되고 있다.

이러한 천황은 마치 '전설의 고향'에 나올 법한 장면처럼 생각될지도 모른다. 그러나 그냥 그런 단순한 옛날이야기가 아니다. 천황이 주술적 군주로 남은 데에는 일본이 왕권 강화에 실패한 것과 깊은 연관이 있다. 왕권 강화가 성공하면 주술적 군주만으로는 광대한 영토를 감당할 수 없다. 통치자 역시 사제장적 성격을 순화·극복하여 이성화된 강력한 세속적 정치 권력자로 발전되어야 하는 것이다. 한국과 중국이 왕권 강화 이후 왕이 강력한 정치 권력자로 성장한 것처럼 말이다.

그러나 일본은 중앙집권 체제가 급속히 무너져 내리면서, 이러한 발전이 중단되었다. 천황은 후지와라와 같은 귀족에 의해 조종되어 이름뿐인 상징으로 존재했다. 원정 시대에 다시 천황가가 후지와라 씨로부터 권력을 되찾았다 해도, 이것은 왕권의 복구가 아니라 일종의 귀족으로서의 천황이었다.

왕권 강화 실패의 결과, 천황은 세속적인 정치 권력자로 발전하지 못하고 수많은 일본의 신 가운데 최고의 신, 아마테라스 오미카미에게 제사를 지낼 수 있는 주술적 제사왕으로 남게 되었던 것이다.

일본 열도는 바다 한가운데 동떨어진 남태평양 섬들과 달리 적당한 거리에 자리 잡고 있어서 선진문화의 자극을 받을 수 있었다. 그러면서도 바다라는 장벽으로 외부로부터의 위협이 거의 없었기 때문에 일본은 한국처럼 필사적으로 대륙 문물 수용에 나설 필요가 없었다. 자신의 환경에 따라 적합한 부분만 취사선택했다. 사상과 종교도 한국처럼 본질과 정수를 이해하지 않고 필요한 것만 선택했다.

이러한 연장선상에서 왕권 강화도 이해해야 한다. 왕권 강화를 쉽게 포기한 것도 섬나라라는 일본의 지리적 위치 때문에 가능했다. 그리고 왕권 강화의 실패는 일본을 동아시아 문명권에서 이탈하여 독특한 문화를 갖게 되는 기본적인 배경의 하나가 되었다.

II. 중세 사무라이 사회

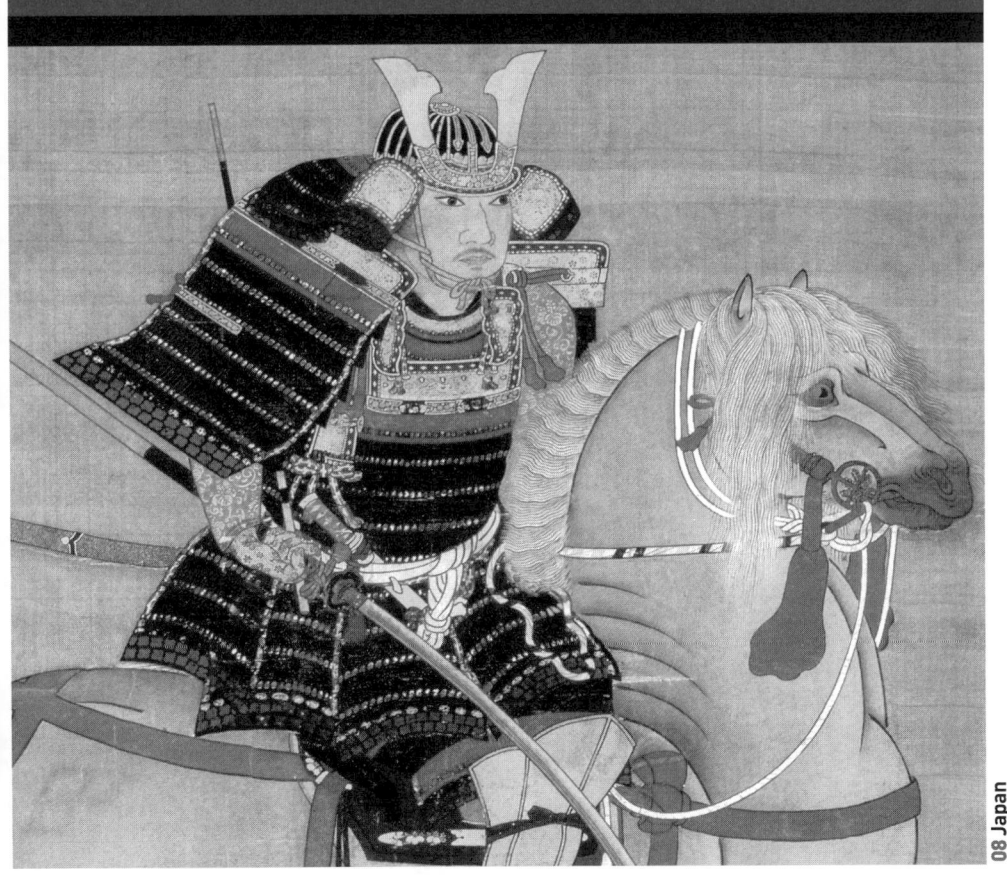

무사 헤이시 정권의 성립과 멸망
―중세의 시작(1156~1185년)

그때 세계는 -
1096년 | 십자군 운동(~1270년)
1115년 | 여진, 금 건국(~1234년)
1135년 | 고려, 묘청의 난

헤이안 시대 이후 중앙집권 체제가 붕괴되면서 지방과 농촌 지역에서 법과 질서를 유지할 수 없게 되었다. 이렇게 되자 지방의 유력자들은 자신의 생명과 토지를 지키기 위해 스스로 무장할 수밖에 없었다.

사무라이는 이처럼 중앙집권의 와해, 즉 왕권 강화의 실패와 더불어 발생했다. 이들 사무라이는 점차 상호 연결되면서 무사단으로 성장해갔으며, 그 가운데 간무 헤이시桓武平氏(다이라 가문)와 세이와 겐지淸和源氏(미나모토 가문)는 몇 개의 무사단을 통솔하는 우두머리, 즉 동량棟梁이 되었다. 다이라 씨平氏와 미나모토 씨源氏는 중앙의 천황족에서 탈락하여 지방에 정착한 경우이다. 이들은 천황가의 후손이라는 고귀한 신분으로 인해 사무라이의 신망을 얻었고, 동량이 될 수 있었다.

사무라이는 섭관 시기나 원정 시기에 유일한 군사 집단이었다. 섭관이나 상황, 천황은 장원을 소유했지만 자신들의 무력은 없었다. 그래서 내란이나 권력 투쟁이 일어나면, 중앙 귀족은 이들 사무라이를 동원하여 해결했다.

이쓰쿠시마 신사와 마츠리의 모습. 1164년 다이라노 기요모리는 일족의 번영을 기원하며 이쓰쿠시마 신사에 화려한 장식의 경전을 봉납했다. 현재 유네스코세계유산으로 등록되어 있다.

처음에 사무라이는 큰 세력이 아니었다. 그렇지만 차츰 중앙의 권력 투쟁이 사무라이의 무력에 의해서 좌우되었고, 급기야 12세기에는 사무라이의 힘에 의해 황위 계승이 결정될 정도로 성장했다.

즉 12세기 중엽, 교토에서 천황권 계승을 둘러싸고 상황과 천황이 대립하자, 귀족도 두 패로 갈라져 내란으로 발전했다. 천황 측에는 무사단 미나모토노 요시토모源義朝, 다이라노 기요모리平淸盛 등을 끌어들였다. 상황 측에는 귀족 후지와라노 요리나가藤原賴長가 가담하고, 무사단 미나모토노 다메요시源爲義, 다이라노 다다마사平忠正 등이 가세하였다. 이 싸움에서 고시라카와 천황 측이 승리하였다.

이 천황 측과 상황 측의 싸움을 호겐保元의 난이라 하며, 이 사건은 고대가 종식되고 중세가 시작된 시점이라 일반적으로 말해진다. 중앙은 싸울 군사력을 갖고 있지 못했고, 중앙에서 상황과 천황 측은 무사단인 다이라 가문과 미나모토 가문에게 지원을 요청했던 것이다. 중앙의 상황, 천황, 귀족의 싸움이었지만, 무사의 무력에 의해서만 해결할 수 있음이 명백해졌다.

바다위에 떠 있는 이쓰쿠시마 신사. 이쓰쿠시마 신사는 총 21채의 건물이 있으며 각 건물들은 붉은 칠을 한 회랑으로 연결되어 있는데, 신사 건물 전체가 도리이와 마찬가지로 바닷물에 잠겨 있다. 물에 잠긴 신사에 붉은 해가 지는 모습은 자연의 아름다움과 인간의 창조물이 조화를 이룬 최고의 장면이다.

이제 천황귀족의 시대인 고대가 종식되고 새로운 세력 무사의 시대가 시작된 것이다.

천황 측의 승리로 끝나긴 했지만, 은상恩賞을 둘러싸고 겐지 무사단 수장 源氏(미나모토노 요시토모)과 헤이시 무사단 수장平氏(다이라노 기요모리)의 대립이 표면화되었다. 은상에 불만을 품은 미나모토노 요시토모源義朝는 1159년에 군사를 일으켰지만, 최후로 미나모토 가문을 제압하고 다이라 가문의 다이라노 기요모리平淸盛가 권력을 독점하게 되었다. 바로 반세기쯤 전까지도 귀족에게서 비천한 촌놈이라고 인간대우를 받지 못했던 무사의 수령이 조정을 탈취한 것 자체가 새로운 시대가 왔음을 보여주고 있었다. 그러나 다이라노 기요모리는 권력의 형태나 경제적 기반으로 보아도 섭관가나 원의 정권과 근본적으로 차이가 없었다. 동량 다이라노 기요모리는 사무라이의 힘을 배경으로 권력을 장악했는데도, 후지와라 가문을 흉내 내면서 천황의 외조부가 되어 전제정치를 하는 등 귀족 파벌의 지도자처럼 행동했다. 다이라 가문은 '다이라 씨가 아닌 자는 사람이 아니다' 라고 호언하면서, 사치와 나태에 빠졌다. 다이라노 기요모리는 이미 부패하였던 낡은 조정의 기구를 장악한 후에 스스로도 부패해져 새로운 국가기구를 창조할 수 없었다.

다이라 정권은 무사들의 이익을 대변하지 않고 귀족정권화되어 감에 따라서, 무사계급의 지지를 점차 잃어갔다. 게다가 권력을 빼앗긴 귀족과 상황, 사원 세력이 반발하게 되었다. 귀족들의 반감을 사는 가운데 1177년 법황의 근신들이 다이라 정권의 타도를 꾀했다가 실패한 사건이 일어나자, 다이라 정권은 고시라카와後白河 법황을 유폐시키고 무력에 의한 강압정치를 시작하였다. 이는 겐지源氏에게 새로운 기회를 제공했다.

1180년, 미나모토노 요리마사源賴政는 유폐된 법황의 황자 모치히토왕以仁王을 받들어 거병하였으나, 거병은 실패하고 요리마사는 패사하였다. 그러나 모치히토왕이 내린 헤이시平氏 토벌의 지령은 각지에 있던 겐지源氏에게 전해졌다. 이즈伊豆에 유배되어 있던 미나모토노 요리토모源賴朝와 시나노信濃의 기소木曾에 숨어 지내던 미나모토노 요시나카源義仲 등 각지의 겐지源氏가 연이어 거병하고 사원세력도 다이라 정권을 타도하는 데에 가담하였다. 미나모토노 요리토모는 그의 장인 호조 토키마사北條時政의 원조를 받아 거병하여 헤이시平氏의 군대를 격파하였다. 그 후 미나모토노 요리토모는 가마쿠라에 머물면서 동국의 지반을 공고히 하였다. 다이라노 기요모리平淸盛는 재기를 위해 노력했으나 1181년에 병사하였다.

한편 미나모토노 요시나카源義仲는 1183년 호쿠리쿠北陸 지방으로부터 병력을 동원하여 헤이시平氏 일문을 교토京都로부터 쫓아내었다. 그러나 요시나카는 고시라카와 법황과 대립했기 때문에 법황은 미나모토노 요리토모源賴朝에게 도카이東海·도산東山 지역의 지배권을 인정하고 요시나카의 토벌을 명했다. 미나모토노 요리토모는 동생인 노리요리範賴·요시쓰네義經를 상경시켜 요시나카를 토벌시켰다. 나아가 이들은 헤이시平氏 일문을 공격해 멸망시켰다. 결국 5년 동안의 전쟁 끝에 미나모토 군이 다이라 군을 물리치고, 막판에 같은 일족인 요시나카를 제압하여 최후의 권력을 얻었다.

DIGEST 24

최초의 무사정권, 가마쿠라 막부
― 미나모토노 요리토모, 정이대장군이 되다(1192년)

그때 세계는 -
1167년 | 영국, 옥스퍼드 대학 세움
1147~1149년 | 프랑스 · 신성로마제국, 제2차 십자군

다이라 군을 물리친 미나모토노 요리토모源賴朝는 섣불리 귀족 흉내를 내다가 사무라이의 지지를 상실한 다이라 가문의 전철을 밟지 않고자 노력했다. 그래서 독특한 사무라이 조직을 통해 전국을 다스릴 장치를 마련했는데, 이것이 가마쿠라 막부鎌倉 幕府이다. 교토에서 멀리 떨어진 가마쿠라에 기반을 두고 있던 요리토모는 이곳에 막부를 세운 것이다. 가마쿠라는 지금의 도쿄와는 한 시간쯤 걸리는 가까운 곳에 위치해 있다.

요리토모는 거병 이후 자신의 휘하에 모인 사무라이와 주종 관계를 맺어 이들을 고케닌御家人으로 삼았다. 주종 관계란 우선 주군 입장에서 설명하면, 주군인 요리토모는 사무라이가 갖고 있던 영지의 소유를 승인한다. 그 대가로 종자인 사무라이는 평시에는 교토나 가마쿠라의 경비를 담당하고 전시에는 전투에 참여하는 관계를 말한다. 만약 전쟁이 일어나 종자가 전투에 참여했다면, 주군은 그 대가로 은상恩賞을 주어야 한다. 주종 관계는 700년간 사무라이 사회의 기초를 이루는 관계였다. 가마쿠라 막부는 쇼군과 고

케닌이 토지를 매개로 하여 맺어진 주종관계를 근간으로 하고 있는데, 이러한 지배관계의 구조를 봉건제도라고 한다.

부하인 고케닌의 통제를 위해 1180년에 사무라이도코로侍所를 설치하고 일반정무를 수행하기 위해 구몬조公文所〔후에 政所(만도코로), 1184〕와 고케닌의 소송을 처리하기 위한 기관으로서 몬츄죠問注所를 설치하였다. 또한 조정에 기소의秦를 두어 막부의 의향이 조정내부에 반영되도록 하였다.

미나모토노 요리토모. 미나모토는 일본 역사상 처음으로 사무라이 정부를 세웠다.

성립초기의 막부는 고케닌을 통제하기 위한 요리토모의 사적 통치기관으로 그 지배의 범위는 고케닌의 소령所領(땅)에 한정되어 있었다. 그래서 요리토모는 다이라 씨가 멸망한 1185년에 조정의 승인을 받아 국國마다 슈고守護, 각국의 장원과 국아령國衙領에 지토地頭를 두었다. 슈고에는 관동 출신의 고케닌 중 유력자가 임명되었고, 세습되는 경우가 많았다. 슈고는 평소에는 관내의 고케닌을 지휘하여 치안유지와 경찰권을 행사하고 전시에는 고케닌을 이끌고 전투에 참가하였다. 지토地頭도 고케닌 가운데 임명하여 장원·국아령에 설치되었다. 지토는 연공을 징수해 장원영주에게 보내고, 토지를 관리하며, 치안유지에 임하였다. 지토는 일정의 토지를 하사받는 것 외에 관리하는 토지의 수확 일부를 병량미로서 취할 수 있는 권리를 부여받았다. 그 때문에 장원영주인 귀족·사원·신사는 지토의 설치에 강하게 반발하여 처음에는 헤이시平氏로부터 몰수한 토지와 모반인의 토지에만 설치할 수밖에 없었다.

또한 지방조직으로는 교토에 교토슈고京都守護, 규슈九州에 친제이부교鎭西奉行를 두었다. 미나모토노 요리토모源賴朝는 1190년에 우근위대장右近衛大將

II 중세 사무라이 사회 **115**

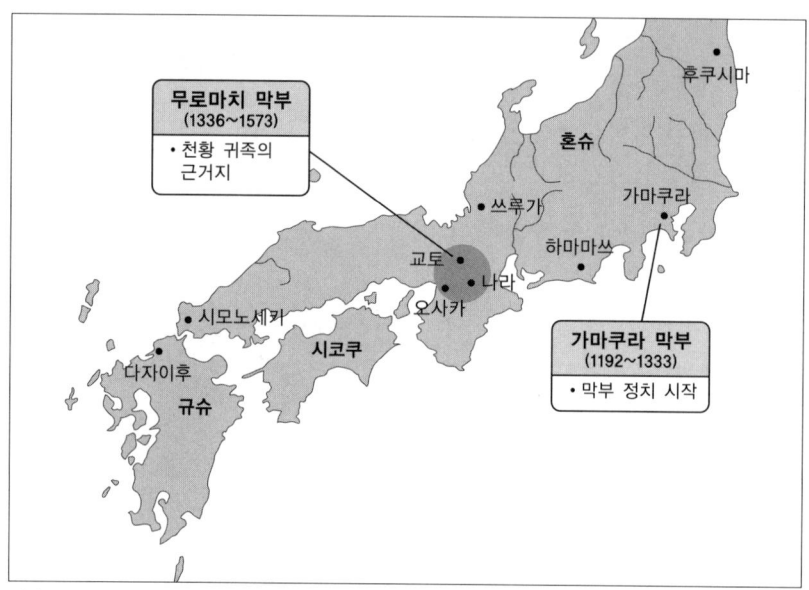

가마쿠라 막부는 무로마치 막부와 달리 서쪽의 교토에서 멀리 동쪽에 자리하고 있다. 그만큼 가마쿠라 시대에는 교토의 천황과 귀족의 힘이 강했기 때문이다. 가마쿠라는 오늘날의 도쿄의 바로 옆에 있다.

에 임명되고, 1192년에는 정이대장군征夷大將軍이 되어 명실공히 무가정권으로서의 가마쿠라 막부가 성립되었다.

막부의 사적 주종 관계가 국가의 공적 지배 조직으로 기능하고, 막부가 지방도 통제할 수 있게 된 것이다. 물론 가마쿠라 막부가 국가 전체를 통치하는 기구로는 발전하지 못했다. 즉 경제적으로는 다이라 씨平氏로부터 몰수한 장원과 관동지방에 있는 막부직할지와 고케닌의 영지에 한정되었다. 교토에서는 변함없이 원정이 행해지고 있었고, 교토조정에서도 막부에 반대하는 세력이 강했다. 또 막부가 설치한 슈고, 지토에 대한 국사나 장원영주의 반발도 아직 뿌리 깊게 남아 있었다. 가마쿠라 막부는 전국을 조정과 막부가 이원적으로 지배하는 불완전한 권력이었다. 그렇지만 교토 조정에서 독립하여 사무라이의 독자적인 정권이 성립된 것은 획기적인 일이었다.

호조 씨의 대두, 그리고 무사와 농민
―처가로 옮아간 막부의 실권(1219~1324년)

그때 세계는 -
1196년 | 고려, 최충헌, 이의민을 죽이고 최씨 정권 세움
1198년 | 고려, 노비 만적의 난

요리토모가 죽은 후, 막부의 내부에서는 주도권을 둘러싼 싸움으로 유력한 고케닌이 연이어 몰락하고 요리토모의 처가인 호조北條 씨가 실권을 장악하였다. 1199년에 미나모토노 요리토모源賴朝가 사망하자 장자인 미나모토노 요리이에源賴家가 장군의 지위를 계승하지만, 그는 고케닌들을 통솔할 만한 능력이 부족하였다. 요리이에는 장인인 히키 요시카즈比企能員와 측근자를 중용하고 요리토모 이래의 고케닌 세력을 억압하려고 했다. 이에 요리이에 장군의 어머니이기도 한 호조 마사코北條政子는 그의 부친인 호조 토키마사北條時政와 함께 장군 요리이에의 독재를 중지시키고 토키마사時政와 그의 아들 요시토키義時를 비롯한 유력 고케닌 13인의 합의제에 의해 정치를 행하도록 하였다. 호조 씨는 권력을 독점할 계획으로 1203년에 히키 요시카즈를 멸망시키고 요리이에를 이즈伊頭의 슈젠지修禪寺로 유폐시켰다. 그리고 장군의 동생인 미나모토노 사네토모賴實朝를 3대 장군으로 추대한 후 요리이에를 모살시켰다.

II 중세 사무라이 사회 **117**

무사의 저택. 승려 잇펜이 방문한 무사의 저택 모습이다.

호조 요시토키北條義時는 그의 누이인 마사코와 협력하여 호조 씨의 권력 확립에 박차를 가하여 1213년에 사무라이도코로侍所의 장관別當이었던 와다 요시모리和田義盛를 멸망시키고 그 직을 겸하였다. 또 1219년에는 요리이에의 아들 구교公曉를 부추겨서 장군 사네모토를 살해하였다. 여기에서 겐지源氏의 정통은 겨우 3대 27년으로 끝나고 막부의 실권은 호조 씨北條氏가 싯켄執權으로서 장악하게 되었다. 그리고 미나모토노 요리토모源賴朝와 혈연관계가 있는 구조 요리쓰네九條賴經를 교토로부터 맞이하여 명목적인 장군으로 삼았다. 이후 장군의 존폐는 호조 씨의 의사에 따라 결정되었다.

가마쿠라 시대의 무사들은 평소 장원이나 국아령이 있는 농촌에 거주하면서 지토나 장관직을 맡고 있었다. 그들은 자기 집 주위에 호를 파거나 흙으로 벽을 쌓고, 문 위에는 초소를 설치하고 방패나 화살 등 무기를 준비하여 비상시에 대비했다. 무사 일족은 조상 대대로 전래되어 온 영지를 지키고, 종가의 적자를 총령으로 삼고 그의 통제를 받았다. 영지는 여자에게도 분할·상속되었으며 총령은 군사 지휘·제사·토지 등을 통괄해가면서 일족의 구성원과 막부를 연결했다.

무사의 영지 중에서 저택 주위에 있는 논과 밭은 예속농민들이 경작하도록 했고, 그 밖의 다른 경작지는 농민들에게 소작시켜 수확물을 거두어들이는 한편, 부역으로 여러 가지 노동을 시켰다. 당시 부역은 농민들에게는 큰 부담이 되었다. 이러한 와중에서도 농민은 끊임없이 새로운 토지의 개간과 농업기술의 개량을 통해 생산력을 향상시켰다. 우마牛馬를 경작에 이용하였고 초목으로 퇴비를 만들어 토질을 높였다. 또 기나이畿內 주변과 서일본 각지에서는 보리의 이모작도 행해졌다.

호조 씨 시대에는 우경(牛耕)하는 서민의 모습을 흔히 볼 수 있다(위). 연공미를 수송하는 그림이다(아래).

농업생산력의 증대는 수공업과 상업의 발달을 가져왔다. 수공업자는 처음에 장원 영주의 주문에 따라 주물, 도기 등의 생산에 종사했으나 농업생산의 향상에 의해 농민의 수요가 증대하여 철제농구와 솥, 냄비 등 생활용품도 생산하였다. 농업·수공업의 발달에 따라서 상업도 활발해져 농산물과 수공업 제품의 교환을 위해 장원내 교통의 요지와 사원·신사의 문전에 시장이 열리고 점차 정기시의 형태로 발전해 갔다.

DIGEST 26

막부의 전국통치와 천황
─조큐의 난(1221년)

그때 세계는 -
1206년 | 몽골, 테무진, 나이만 부를 멸하고 '칭기즈 칸'이라 칭함
1215년 | 영국, 마그나 카르타(대헌장) 제정

막부 내부의 항쟁이 계속되는 중에 교토京都의 조정에서는 권력을 회복하기 위해 막부타도를 계획하고 있었다. 고토바後鳥羽 상황은 막부타도의 중심에 있었다. 고토바 상황은 북면北面의 무사 외에 새로이 서면西面의 무사를 두는 등 무력을 증강하였다. 3대 장군인 미나모토노 사네모토源實朝가 살해되어 겐지源氏가 단절된 것을 호기로 삼아, 고토바 상황은 1221년 호조 요시토키北條義時 토벌을 제국의 무사들에게 명했다. 고토바 상황은 명령이 한 번 내려지면 제국의 무사는 급히 몰려올 것이고, 가마쿠라에서도 이에 호응할 유력자가 반드시 속출할 것이라고 기대하고 있었다. 상황의 명령에 무사들이 일사분란하게 복종한다는 생각은 과거 천황제 권위에 대한 환영에 불과했다. 그렇게 천황제의 권위가 무너져 내렸음에도 불구하고, 무사들이 천황에 칼을 들이대는 것까지는 주저하였고, 쉬운 일은 아니었다. 상황의 명령은 가마쿠라 막부에 동요를 야기시켰다. 막부의 창시자 미나모토노 요리토모의 부인이자 요시토키의 누나인 마사코는 무사들의 동요를 잠재우고 무

사를 확실히 막부 측으로 돌려놓았다. 일본사에서 손꼽히는 여걸 마사코는 다음과 같은 유명한 연설을 했다.

고토바 상황. 무사들을 이끌고 조큐의 난을 일으켰으나, 실패 후 유배되었다.

"돌아가신 요리토모께서 조정의 적을 정벌하여 막부를 세운 후, 여러분들이 받은 은혜는 산보다 높고 바다보다 깊다 할 것입니다. ……명예를 소중히 여기는 사람은 상황편에 가담한 간신과 무사를 쳐 죽여 3대의 쇼군이 다져온 막부를 지키세요. 단 상황편에 서고 싶은 사람은 지금 즉시 가마쿠라를 떠나십시오."

마사코의 단호하면서도 깊은 신뢰에 호소한, 상황과 싸우면서도 천황을 적으로 돌리지 않고 요리토모가 천황의 적을 정벌했음을 상기시킨 말은 명연설이었다. 부하 무사 고케닌御家人의 결속은 견고하였고, 19만 대군을 형성하면서 1개월도 채 안 되는 기간에 상황上皇군을 격파하고 교토를 점령하였다. 이때가 1221년 조큐3년이었으므로, 조큐承久의 난이라고 한다.

이 난 이후에 고토바를 비롯한 세 상황이 유배되고 천황은 폐위되었다. 막부는 황위 계승에도 개입하는 한편, 새로이 로쿠하라탄다이六波羅探題를 두어 조정의 감시와 교토내외의 경비 등을 담당케 하고, 또 서국西國의 통괄을 맡겼다. 그리고 상황 편에 섰던 귀족이나 사무라이의 영지 3,000개소를 몰수하여 공을 세운 사무라이를 각지의 지토로 임명했다. 이상의 전후처리를 통해 기내畿內, 서국西國의 장원莊園, 공령公領에도 막부의 힘이 미치게 되고, 이제 조정과 막부라는 이원적 지배구조는 종말을 고하고 막부가 실질적

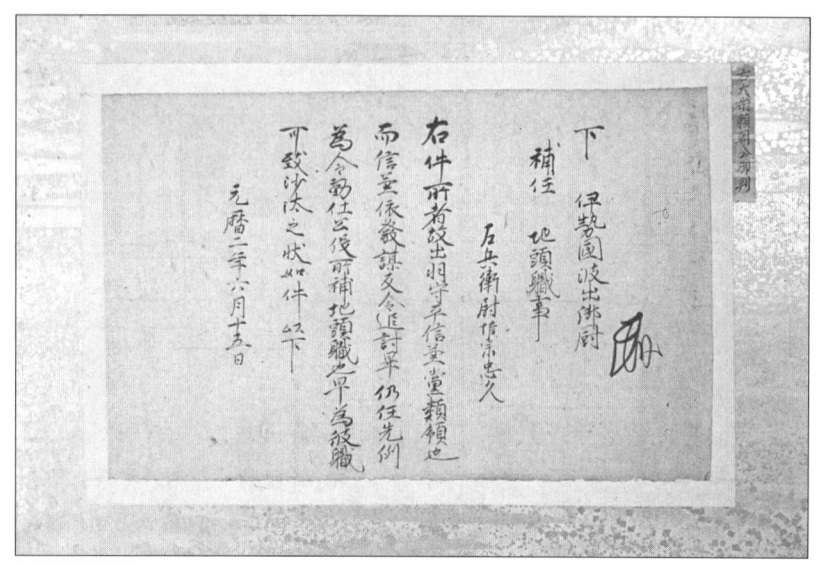

당시 지토임명장.

인 일본 열도의 지배자가 되었다.

호조 씨 일족은 집권集權 자리를 세습하면서 가마쿠라 시대의 정권을 계속 장악했다. 호조 요시토키北條泰時는 일족의 유력자에게 집권을 보좌하는 렌쇼連署를 맡기고 정치의 공정성을 유지하기 위해 중요 정무와 재판에 관여하는 합의기관으로서 효조슈評定衆도 설치하여 정국을 합의제로 운영했다. 1232년 법전인 고세이바이시키모쿠御成敗式,貞永式目 51개조를 제정하였다. 이 법전은 무가 사회 최초의 법전으로, 고케닌끼리 혹은 고케닌과 장원 영주 사이의 분쟁을 공평히 재판하는 기준을 설정한 것이다. 고케닌에 의한 고케닌을 위한 정치가 안정되면서 막부의 지배력은 착실히 자리를 잡아갔다.

이 난에서 승리한 호조 가문의 권력은 교토 조정에 대해 압도적인 우위를 차지하게 되었다. 위에서 말한 것처럼 반란을 일으켰던 상황은 유배시키고 천황은 폐위시켰지만, 다른 천황이 대를 이었고 천황가는 계속되었다. 호조 가문은 천황 정부에 대한 감시를 본격적으로 하여 황위 계승자 결정권을 장악했지만, 천황가 자체를 멸절시키지는 않았다.

그렇다면 어째서 호조 가문은 상황을 죽여 천황가의 대를 끊어 버리지 않았을까? 그것은 호조 가문이, 전국의 토지와 인민을 직접 지배하는 왕이 아니라 주종 관계를 통해서 권력을 장악했기 때문이다. 그만큼 권력의 기반이 취약했으며, 황실 및 귀족과 대사원의 장원 지배를 단번에 뿌리 뽑을 수는 없었다. 더구나 오랫동안 내려오는 천황가의 혈통을 끊는다는 것은 발상조차 하기 어려웠다. 오히려 중요한 토벌이 있을 때마다 상황의 허락을 구했고, 슈고나 지토地頭의 설치도 조정의 허가를 받고 행할 정도로 천황의 권위를 빌어 자신의 권위를 얻고 행동을 정당화하고자 했던 것이다. 게다가 천황은 큰 권력을 가진 것은 아니었지만, 일본국의 수호신 아마테라스 오미카미의 후손이라는 혈통의 카리스마를 지니고 있었던 것이다.

DIGEST 27

전투자로서 사무라이의 세계
— 충성과 무용(12~15세기)

그때 세계는 -
1219년 | 고려, 거란 침입을 강동성에서 격퇴
1219~1224년 | 몽고, 칭기즈 칸의 서정(西征)

주종 관계는 700년간 사무라이 사회의 기초를 이루는 관계였으며, 귀족과 천황이 다스리던 고대에는 전혀 경험하지 못했던 세계이다. 주종관계는 주군이 종자의 토지를 보호해주거나 나누어주며, 대신 종자는 주군에게 군사적·경제적 충성을 바치는 관계이다. 주종 관계를 통해서 자신의 영토나 경제력, 명예가 보존될 수 있었다. 주종 관계는 군사적 충성을 매개로 하며, 최종적으로 전투의 승리가 중요한 역할을 한다. 이러한 주종 관계는 막부의 쇼군과 다이묘, 다이묘와 가신들의 관계인 것이며, 하층 사무라이에서부터 쇼군에 이르기까지 사무라이 사회의 기본적인 인적 결합 관계였다. 따라서 사무라이 사회는 충성과 무용이 다른 모든 것보다 우위를 차지한다.

주군과 종자와의 관계는 일방적인 관계가 아니다. 종자 사무라이는 전장에서 용감하게 싸우고 반드시 그 대가를 요구했다. 어느 한쪽이 뭔가를 주거나 충성을 바쳤음에도 그 대가가 없을 때는 문제가 생기는 것이다. 전투에 싸운 보상이 부족하다고 생각하면, 종자는 주인에게 항의하고 이반하는

야부사메. 말 타고 표적을 맞추는 무사들의 놀이이다.

경우도 많았다. 절박한 경우 주인을 배반하는 변절도 다반사였다. 몽고의 침입 때도 사무라이가 가마쿠라 막부를 위해서 싸웠지만 전쟁의 성격이 외침인 탓에 전리품 없어 보상을 받지 못하자 충성을 바치던 사무라이가 이반하여 가마쿠라 막부를 멸망에 이르게 했다. 조선 침략에 실패한 히데요시 정권도 역시 보상을 할 수 없게 되자, 용감히 싸웠던 사무라이가 등을 돌리게 되어 몰락했다. 특히 전국시대는 힘에 의해 정확히 주고받지 않을 경우, 주종 관계는 여지없이 깨졌다.

주종 관계는 정확한 계산에 따라 서로 주고받는 관계이므로 계산이 맞지 않으면 배반과 변절이 쉽게 일어났다. 실제로 사무라이 사회의 가치인 충성에는 계산에 의한 실리가 기본적으로 전제되어 있다. 용감함, 무용 역시 경제적 이득과 밀접히 관련되어 있다. 무용의 공적에 따라 전리품이 배분되며, 무용이 큰 용사에게는 은상恩賞으로 막대한 소유 영지가 주어졌다. 사무라이 사회에서는 지위고하를 막론하고 부와 명예의 영화를 누리는 길은 전투에서의 승리이기 때문에, 승리를 위한 무훈은 그만큼 중요했다. 임진왜란

미야모토 무사시를 그린 그림. 일본에는 천하무적이 되기 위해 전국을 방랑한 미야모토 무사시와 같은 사무라이의 이야기가 고전으로 전해진다.

때에 왜병이 처음에는 조선인의 목을 보내다가, 수가 많아지자 코를 베어 썩지 않도록 소금에 절여 보낸 것도 무훈을 증명하기 위한 방법이었다.

이처럼 충성과 무용이 대개 실리에 의해 계산된 것이었지만, 나름의 사무라이적인 도덕성이 동시에 있었다. 사무라이는 훌륭한 말馬, 찬란한 색채의 갑옷과 날카로운 검에 대해 대단한 자부심도 있었다. 스파르타식의 엄격한 생활을 신조로 하고 있어서 질박함·검소함·엄격함을 존중했다.

한번 싸움터에 나가면 주인과 부하, 즉 같은 집단은 상상도 할 수 없는 간난신고艱難辛苦를 겪으면서 생사 운명을 함께 하므로 주종 결합은 종종 이해관계를 초월한 엄숙한 경지에 이른다. 주군을 포함한 연대, 즉 집단에 대한 충성심이 자연스럽게 형성되는 것이다. 14세기 군기문학 〈태평기〉에는 다음과 같은 대목이 있다.

부모보다 더한 정분은 기가 맞는 형제애이다. 다년에 걸친 주종간의 연분은 자식에게도 뒤지지 않는 그리움이다. 금수라도 그런 마음은 모두 있다.

일본의 사무라이 사회는 '충성심'이라는 사회적인 결합과 유대가 가족적인 관계보다 우위를 차지한다. 많은 군기문학에서는 자식을 죽이면서까지 연대와 집단을 지킨 사람을, 가족의 정에 이끌려서 연대로부터 도망치려 했던 사람보다 훨씬 더 긍정적으로 묘사한다. 연대적 운명을 같이하는 것이 강조되고 있는 것이다.

주군과 집단에 대한 충성심은 사회를 유지하고 일족의 번영을 꾀하는 데에 필요하기 때문에 찬미되고 중시되고 교육되었으며, 일본 사무라이 사회의 가장 중요한 가치로서 발전했다.

DIGEST 28

죽음의 미학, 할복과 벚꽃
— 사무라이 사회 (12~15세기)

그때 세계는 -
1231년 | 고려, 몽고의 제1차 침입
1241년 | 한자동맹 성립

죽음은 최고의 충성을 표현하는 용감함의 극치로 사무라이 사회에서 각광받았다. 원래 사무라이 사회의 많은 부분이 전쟁터였던 만큼 죽음은 아주 낯익은 세계였다. 전투가 시작되면 민가에 불을 지르고, 필요에 따라 집을 부수고 약탈하는 것이 전투의 상례였다. 전쟁터에는 온갖 죽음의 모습이 존재했다. 전투에서 앞장서 달려 나가 싸우다가 전사하는 모습, 이름도 없이 죽어가는 무명 병사의 흔한 죽음⋯⋯. 만약 장수가 적군에게 잡히게 되거나 무명 병사처럼 싸움에서 밀려 죽음을 당하게 되면 최고의 불명예요, 수치가 되었다. 그래서 장수들은 불명예를 피해 자해를 했다. 적의 화살을 맞고 죽어가던 대장의 모습을 14세기 군기문학 〈태평기〉에는 다음과 같이 묘사한다.

화살에 맞아 이제는 더 못 견디겠다고 느꼈는지 칼을 왼손으로 옮겨 쥐고 스스로 목을 잘라, 자른 목을 깊은 구덩이 속에 감추고 그 위에 가로 누워 쓰러졌다.

대장이 큰 무훈을 세우지 못하고 적의 화살로 죽게 되자 시시하게 전사했다는 불명예를 막고자, 최후의 순간까지 자신의 얼굴을 감추려는 집념을 나타낸 것이다. 적의 손에 죽임을 당하는 어느 장수는 '붉은 물감을 부어놓은 듯 큰 눈을 번쩍 뜨고 무섭게 노려보면서' 목이 잘리고 죽어갔음에도 그 부릅뜬 눈이 감기지 않았음을 실감나게 그리고 있다. 이외에도 수많은 죽음의 모습이 전쟁터에 있었고, 죽음은 사무라이에게 일상적인 삶이었다.

단숨에 꽃잎이 지는 모습이 주군에게 미련없이 목숨을 바친다는 상징으로 여겨지는 벚꽃.

위험과 살육이 난무하는 곳이기에 사무라이 사회는 '죽음을 가벼이 여기고, 그 누구라도 전사해 이름을 후손에 남기기'를 미화하고 권장한다. 집단과 함께 죽는다는 의식도 발전한다. 패전이 명백해졌을 때, 패자인 사무라이가 손에 손을 잡고 바다에 들어가 몰사하는 장면은 군기문학 속에 자주 나온다. 더구나 패전에 임한 사무라이가 '칼을 빼어 갑옷 깃을 자르고, 칼 손잡이 부근까지 배에 찔러 세우고, 자신의 편이 죽은 그 자리에 간신히 오자마자 쓰러져 창자를 다 내놓고 죽었다'는 장면도 묘사된다.

할복은, 죽음이 최고의 무용으로서 권장되고 죽음까지도 주군과 함께 한다는 충성이 강조되는 가운데 탄생했다. 배를 갈라서 자살하는 할복은 오랜 고통으로 죽음을 지연시키는 지극히 끔찍한 방법이다. 임금이 있는 곳을 향해 예를 갖춰 부복하고 사약을 받는 문치주의의 조선과는 대조되는 현상이다. '할복으로 끔찍하게 죽어 원령이 되어서라도 적을 괴롭혀 이기겠다'는 것이다. 사무라이는 최후의 일념까지도 주군에게 바치겠다는 생각이었다.

당시 원한에 차서 죽으면 원령이 되어 이 세상에 불행을 가져올 수 있다는 원령 의식이 강했다. 할복은 원령으로나마 복수를 다짐하는 집념의 죽음이었다. 그리고 초인적인 용기와 기력이 필요한 죽음이었다. 따라서 할복은 최고의 찬사를 받게 되고, 가마쿠라 시대 이후 명예를 표현하는 수단으로, 주군에 대한 단심의 표현으로 관습화되었다.

벚꽃 또한 사무라이의 사랑을 받았다. 한 번의 바람결에도 단숨에 꽃잎이 지는 모습이 주군에게 미련 없이 목숨을 바친다는 상징으로 여겨졌기 때문이다.

무수히 많은 전쟁터의 죽음이 삶의 일부인 사회에서, 더구나 용맹스런 죽음이 경제적 실익을 가져오고 존경받게 되는 사무라이 사회에서, 죽음은 독특한 것이 된다. 사무라이에게 죽음은 예술의 대상이 되고 미학으로까지 발전했다. 많은 군기문학은 이를 다루고 있다.

이 죽음의 미학을 앗빠레あっぱれ(장렬하고 용감한 행동)의 처참미, 비장미라 한다. 이 처참미, 비장미가 도대체 어떤 것인지 〈헤이케 모노가타리〉의 주인공 다이라 기요모리平淸盛가 죽음을 앞두고 한 행동을 통해서 느껴보자.

다이라 기요모리는 사무라이 시대를 개관할 때, 사무라이의 힘을 바탕으로 권력을 잡았음에도 불구하고, 사무라이의 이익을 돌보지 않고 천황의 외척으로서 귀족 행세를 하는 등 실정을 하고 결국 가마쿠라를 세우는 미나모토 가문에게 패배했다. 그래서 다이라 가문은 죄가 많은 것으로 이 작품에서 그려지고 있다. 다이라 기요모리는 미나모토 가문에게 패배가 완연해지고 더군다나 고열로 상상할 수 없는 처참한 병고에 시달리면서도, 기백을 토하면서 미나모토의 목을 베라는 명령을 유언으로 남기고 죽어간다. 다이라 기요모리는 몰락이 분명한데도 그 몰락을 거부하고 있는 것이다. '자명한 몰락'이라는 피할 수 없는 운명 앞에서도, 그 운명과 어떻게든 싸워 이기려 한다. 그래서 운명을 이기려는 생명력이 너무도 왕성하여 그의 무모함이나 잘못을 압도해 버린다. 그 순간 처절한 감동을 느끼게 된다. 다이라의 투지에 찬 유언으로 인해, 다이라 가문은 살아남을 수 있는 길을 두 번씩이나 버리고 미나모토에게 끝까지 대항하다가 일가 전체가 장렬한 최후를 마치게 된다.

　이것이 일본 사무라이가 발견한 앗빠레의 처참미, 비장미인 것이다. 패배와 죽음 앞에 직면한 비참한 순간인데도, 주인공에게 어떠한 도덕적 잘못이 있다 하더라도, 너무도 당당히 최후를 맞이한다. 때문에 다른 모든 것은 사라지고 죽음 그 자체가 주는 비장하고 처참한 아름다움만 남게 되는 것이다.

DIGEST 29

전환의 시대, 민중불교의 탄생
― 가마쿠라 시대의 신불교(12, 13세기)

그때 세계는 −
1265년 | 영국, 의회 시작
1270년 | 고려, 삼별초의 난

　가마쿠라 시대를 전후한 시기는 사회의 주도권이 천황·귀족 계급에서 사무라이 계급으로 넘어가는 대전환기였다. 다행히 교토의 조정과 귀족은 생존하긴 했지만, 많은 권력을 사무라이 정권에 넘길 수밖에 없었다. 조정과 귀족은 사라져 가는 자신의 권력을 비탄에 젖어 바라보며, 불안 속에서 현실의 영화를 바람처럼 붙들고 있었다. 백성들도 참혹한 전란을 겪는 동안 익숙한 것들이 무너지면서, 방향 감각을 상실한 채 인생의 가장 밑바닥에서 신음하고 있었다. 많은 사람들은 정녕 불운한 시대를 맞이했다고 생각했다. 불법에서 말하는 '말법의 시기'라는 의식이 일본 사회 속에 급속도로 퍼져 나갔다.
　바로 혼란과 혼돈, 불안과 좌절이 팽배한 전환의 시기에 새로운 불교적 복음이 탄생했다. 이들 새로운 불교를 '가마쿠라 신불교'라 한다. 신불교 가운데 가장 먼저 호넨法然(1133~1212)이 나왔다. 호넨은 기존의 천태종 연력사에서 수학했다. 당시 천태종에 속한 대부분의 중은 권력자를 위해 가지

가마쿠라 신불교의 거장인 호넨이 설법하는 모습.

기도로 나날을 보냈고, 혼란을 틈타 승병으로 무장하여 세력 확장을 꾀하기도 했다. 이런 와중에서도 호넨은 오로지 진리를 추구하여 염불만으로 구원을 받을 수 있다는 전수염불專修念佛 신앙에 도달했다. 호넨은 42세가 되던 1175년에 천태종과 절연하고 정토종을 창시했다.

호넨은 가난한 사람은 가난한 대로, 어리석은 사람은 어리석은 대로, 사무라이는 사무라이대로, 농민은 농민대로, 심지어는 악인조차도 누구나 일상생활에서 염불하면 구원받을 수 있다고 설교했다. 지고한 마음으로 염불을 하는 것 이외에는 어떤 것도 필요 없다고 역설했다. 여기엔 장엄한 사원이나 의식, 수도장, 승직, 그리고 번잡하기만 한 교학 등은 아무 의미가 없었다. 호넨의 쉬우면서도 분명한 가르침은 남녀노소, 지위고하를 막론하고 많은 사람들에게 감동을 주었다. 호넨의 문하에는 황족, 공가 귀족뿐 아니라 사무라이, 그리고 유녀와 같은 최하층 사람까지 모든 계층이 모여들었다.

그러나 호넨의 가르침이 널리 수용되면서, '염불 이외에 어떠한 기존의 권위를 인정하지 않는다'는 그의 철저한 생각이 반발에 부딪혔다. 호넨의 철저한 가르침에 긴장하고 있던 기성 불교 측은 드디어 호넨을 거세게 비난하고 나섰다. 결국 권위의 훼손을 우려한 막부 권력까지 나서서 호넨에게 탄압을 가하게 되었다. 계속되는 탄압 속에서도 염불을 중단하지 않자, 호넨의 나이 75세에 제자 8명과 함께 유배되었다. 호넨은 유배되는 순간에도 "죽을죄라도 염불을 그칠 수는 없다"고 하면서 바닷가 마을의 유녀에게도 염불을 권했다고 한다. 호넨은 죽는 순간까지 염불 부흥에 앞장서다가 80세에 타계했다.

호넨에게서 보이는 정신의 불꽃은 그의 제자 신란新鸞(1173~1262)에게서 더욱 치열하게 타올랐다. 정토종은 신란을 통해서 한층 심화되었다. 일본 불교사에서 신란을 넘어서는 사람은 없다고까지 한다. 신란도 호넨과 마찬가지로 히에이 산 연력사(천태종)에 9세에 들어가 20년간 수학했다. 신란은 날로 퇴폐해져 가는 천태종에 실망하여 히에이 산을 떠나 호넨의 제자가 되었다. 신란은 스승 호넨에게 절대적 신뢰를 보내며 염불에 전념하지만, 전수 염불 탄압으로 노스승을 잃고 승려 신분을 박탈당한 채 유배되었다. 비록 신분은 빼앗겼으나, 4년의 힘든 유배 생활 동안에도 염불 신앙을 심화해 갔다.

이후 동국東國의 농촌에서 자신도 농민이 되어 일하며 가난한 농민들과 함께 20년을 보냈다. 신란은 농민과 함께 밑바닥 인생을 살면서 호넨의 가르침을 뛰어넘는 독자적인 가르침을 펼쳐 나갔다.

그는 동국에 사는 동안 빈궁한 백성이 아미타불의 구원을 간절히 원하면서도 무거운 연공에 쫓기어 잠잘 시간도 없이 일해야 하는 것을 목격했다. 백성은 수만 편에 달하는 염불을 외울 힘도 시간도 없는 것이다. 무지와 빈궁의 밑바닥에 묶여 있어 살기 위해서라면 수렵과 어업처럼 불교에서 말하는 살생도 할 수밖에 없었다. 신란은 이처럼 가난에 찌든 사람들, 살기 위해 살생을 할 수밖에 없는 사람들이야말로 구원받아야 할 대상임을 확신하게 되었다.

이런 각성은 스승 호넨의 사상으로는 한계를 느끼게 되었다. 스승의 사상은 모든 인간의 구원을 말하긴 했다. 그렇지만 수만 편의 염불을 외워야 한다고 한다. 신란은 장문의 염불을 외우라고 강조하는 스승 호넨의 사상은

가마쿠라의 대불. 불교가 민중에게 전파되면서 높이가 13m나 되는 거대한 불상이 만들어졌다.

완벽하지 못하다고 느꼈다. 생의 가장 밑바닥에서 직접 살며, 인간의 죄성은 인간 스스로의 힘으로는 도저히 극복할 수 없음을 깨달았다. 구원은 절대적으로 부처의 힘에 의해서만 이루어질 수 있다는 '절대 타력'의 신앙에 도달했다. 그래서 염불의 횟수는 중요하지 않다. 아미타불의 염불을 단 한 번만이라도 진실하게 말한다면 구원받을 수 있다. 이렇게 하여 신란은 절대 타력에 의해 구원받을 수 있다는 정토진종의 개조開祖가 되었다.

이러한 입장에서 기존의 사원 체제를 격렬히 비난했다. 아미타불 하나만의 신앙을 끝까지 밀고 나가, 다른 여러 신이나 영을 부정하고 염불 이외의 행위를 일체 인정하지 않았다. 아미타 신앙에 대단히 엄격하여, 자신의 교의에서 벗어나 밀교나 가지기도 같은 것과 결합하려던 아들과 부자의 연을 끊을 정도였다.

신란의 교의에 따르면 결혼 여부는 중요하지 않다. 스스로 결혼도 하고 통상적인 세속 생활도 했다. 가난한 생활 가운데서도 58세의 만년에 책을 저술했다. 신란은 자신의 생애를 돌아보며 죄가 많은 인생이었음을 고백하

일본 최고의 승려 신란. 신란은 현재 일본 최고의 승려로 추앙받는다. 살아서 하나의 절도 세우지 못했고 새로운 종교도 만들 의사가 없었지만, 그의 화상을 모신 본원사를 중심으로 오늘날 가장 많은 신자를 가진 정토진종이 발전하였다.

였고, 90년의 생애를 마쳤다.

정토교의 호넨과 신란에 이어 13세기 중엽, 니치렌日蓮(1222~1282)이 나타난다. 니치렌은 법화경을 믿고 법화경의 제목을 외면 구원 받을 수 있다고 설교하며 일련종日蓮宗을 열었다. 니치렌은 정치도 법화경의 가르침에 따르지 않으면 멸망할 것이라 하며, 법화경을 따르지 않는 막부 측을 격렬히 비난했다. 그로 인해 유배를 당하면서도 조금도 굴복하지 않았다.

이러한 생각은 호국 불교적인 요소가 강하다. 특히 신도의 신들을 법화경의 본존으로 삼은 점은 내면의 철저함을 지향한 호넨과 신란에 비해 후퇴한 것이었다. 그러나 유배를 당하면서도 굴하지 않고, 정치보다도 종교를 우위에 둔 것은 국가에 예속하여 봉사하던 이전의 불교에서는 찾아볼 수 없는 것이었다.

이밖에도 도겐道元(1200~1253)은 오로지 좌선을 통해서만 깨달음을 얻을 수 있다는 선종을 설파하고 조동종曹洞宗의 개조가 되었다. 도겐은 막부와 같은 세속의 권위를 일체 부정하고, 절에 틀어박혀 깊이 사색하면서 제자를 양성했다.

DIGEST 30

몽골의 일본 침공
―일본을 구해낸 가미카제(1268~1281년)

그때 세계는 –
1285년 | 고려, 일연, 《삼국유사》 지음
1299년 | 오스만 제국 성립
1299년 | 마르코 폴로, 《동방견문록》 지음

　열도인 일본은 역사상 두 번의 외침을 겪었는데, 바로 몽고의 침입과 1945년 미국의 점령이다.
　13세기 초 몽골 고원의 유목민족인 칭기즈 칸이 출현하여 몽골과 그 주변의 여러 부족을 정복하고 서아시아·남러시아를 원정하는 등 급속히 세력을 확대해 나갔다. 나아가 그 후계자들은 금金을 멸망시키고 송을 남방으로 압박하며 아시아의 대부분을 정복하고 유럽에까지 원정하여 세계사상 유례없는 대제국을 건설하였다. 칭기즈 칸의 손자 쿠빌라이는 중국을 지배하기 위해 수도를 대도大都(북경)로 옮기고 1271년에 국호를 원元으로 칭하면서 아시아의 대부분을 지배하게 되었다.
　원은 일본을 정복하려는 의도로 1268년부터 고려를 통해 3차례에 걸쳐 일본에 사신을 파견했다. 이에 싯켄이었던 호조 토키무네北條時宗는 사신을 추방하고 1271년에는 몽골의 침공에 대비하여 국내의 고케닌御家人(막부와 주종관계를 맺은 무사)들에게 북규슈의 하카타만博多灣을 중심으로 한 해안방위

II 중세 사무라이 사회 **137**

몽골의 일본 침공을 그린 그림. 일본은 역사상 두 번의 외침을 겪었는데, 몽고의 침입과 미국의 점령이었다.

를 명하였다. 당시 일본은 조큐承久의 난 이후 50년이 지나 많은 고케닌들은 전쟁의 경험을 갖지 않았고 경제적으로도 어려운 상황에 있었다.

쿠빌라이는 고려를 일본 침공의 전진 기지로 삼아 1274년, 고려군 5,600명을 포함한 3만여의 병력과 900여 척의 병선으로 쓰시마·이키壹岐를 침공하고 북규슈 하카타만博多灣에 상륙하였다. 일본 측은 이를 맞아 싸웠지만 이들의 집단전법과 화약을 사용한 새로운 병기 때문에 고전했다. 한때 다자이후大宰府의 미즈키水城 일대까지 후퇴했다. 그런데 날이 밝은 이튿날 하카타만에 정박해 있던 원군의 병선이 흔적도 없이 사라졌다. 밤사이에 몰아친 폭풍우 때문에 많은 병선이 바다에 침몰하고 원정군은 고려로 퇴각하였던 것이다. 당시 사람들은 이것을 신의 가호에 의한 기적이라고 생각하였다.

일본 측에서는 다시 원군의 재침에 대비해서 규슈의 고케닌들으로 하여금 하카타만 연안에 해안선을 따라 석축의 방벽을 쌓았고 수군도 보강했다. 그리고 교대로 규슈 북부의 요지를 경비하도록 하는 이국경고번역異國警固番役을 정비하고, 막부의 고케닌이 아닌 자들도 동원하여 북규슈의 요지와 나가토長門 연안을 방비시켰다.

드디어 1279년에 남송을 멸망시킨 원은 일본원정을 계획하여 1281년 고려의 동로군 4만 명, 중국 본토의 강남군 10만 명 총 14만의 대병력을 4,400여 척의 배에 나누어 싣고 북규슈에 2차 침공을 단행하였다. 일본군은 석벽에 의지하며 약 2개월에 걸쳐 공방전을 계속했는데, 원군이 본토상륙을 눈앞에 둔 상황에서 대폭풍을 만나 괴멸적인 타격을 입고 퇴각하고 말았다.

막부는 거듭된 몽고의 침입을 때마침 불어온 대형 태풍 덕분에 막아낼 수 있었다. 일본을 구해낸 이 태풍을 '가미카제神風'라 불렀으며, 이후 일본은 신의 보호를 받는 신국神國이라는 불패 신앙이 탄생하였다. 20세기 세계대전에서 육탄으로 승리하려 했던 가미카제 특공대라는 이름은 바로 몽고의 침입을 물리치게 했던 가미카제에서 유래한다. 몽고군을 물리치긴 했지만, 사무라이는 막대한 경제적 타격을 입었다.

DIGEST 31

무사들의 궁핍, 고다이고 천황의 반란
―가마쿠라 막부의 멸망(1333년)

그때 세계는 -
1304년 | 고려, 안향, 국학에 대성전 세움
1309년 | 아비뇽 유수(~ 1377년)
1339년 | 백년전쟁(~ 1453년)
1347년 | 유럽에 흑사병 유행(~ 1351년)

막부는 몽골의 침입이라는 비상사태에 대비하기 위해서 본래 막부의 지배밖에 있었던 공령公領·장원으로부터 병사와 군용물자를 징발할 수 있는 권한을 조정으로부터 획득하는 등 그 지배력을 일시적으로 확대시켰다.

이에 막부권력의 기초를 이루던 고케닌 제도는 크게 동요하였다. 이미 분할상속으로 고케닌들의 영지는 세분화되었고 화폐경제의 발전에 따라 성장한 상인과 금융업자에게 저당 잡히거나 영지를 처분하는 자도 나타났다. 게다가 방어전쟁에 들어간 전비는 자가부담이었기 때문에 고케닌들은 더욱 궁핍해졌다.

사무라이 정권 시기에는 전쟁이 일어나면 사무라이는 막대한 전비를 스스로 마련해 출전했다가 이기면 전리품으로 은상恩賞을 받는 식이었다. 그런데 몽고의 경우 빼앗은 토지가 없어서 사무라이는 생계가 막막해졌다. 군공이 있었던 고케닌들은 은상을 기대했지만, 빼앗은 토지가 없었기 때문에 기대에 미치지 못하였다. 이것은 고케닌들에 대한 배반이었고 그들의 불만

일본인들에게 충신의 대명사와 같은 존재로 여겨지는 구스노키 마사시게와 그의 갑옷.

은 커져만 갔다.

막부의 권력기반은 고케닌의 군사력과 경제력이었다. 고케닌의 궁핍과 몰락은 막부정치의 동요를 초래하였다. 이에 막부는 고케닌을 구제하기 위해 1297년 덕정령德政令을 공포하였다. 막부는 고케닌의 토지매매·저당을 금지하고 고케닌이 매각·저당잡힌 토지는 무상으로 원주인에게 돌려주게 하였으며 고케닌이 빌린 금전관계의 소송은 받아들이지 않기로 했다. 이것에 의해 고케닌은 일시적으로 구제를 받았으나 이후 고케닌에게 돈을 빌려주는 사람이 없어져 도리어 생활은 어려워져 갔다. 이제 고케닌의 몰락은 막을 수가 없었다.

지방에서는 실력을 갖춘 무사들이 도당을 조직하여 장원에 침입하고 연공을 약탈하는 등 치안을 문란케 하였다. 이들은 '악당惡黨'이라 불리어졌으며, 막부는 그 소탕을 명했지만 슈고守護와 고케닌들 중에는 도리어 악당을 그들의 영내에 숨겨 자가세력의 확대에 이용하는 자도 나타났다. 악당은 각지에 출몰하여 사회불안은 가중되었다.

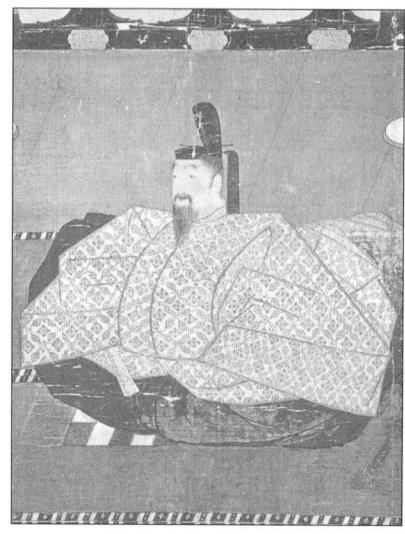

고다이고 천황(좌)과 유배지 오키섬(우). 고다이고 천황은 일본사에서 보기 드물게 불굴의 인물이었으나 시대를 보는 눈이 없었다. 유배지 오키섬에서 탈출하여 막부를 타도하고자 했다.

이러한 정치·사회적 동요를 타개하기 위해 호조 씨北條氏는 전제정치를 강화하여 중앙에서 뿐만 아니라 지방의 요직도 호조 씨 일문이 독점하였다. 호조 씨의 전제정치가 강화됨에 유력 고케닌과 막부내부에도 이에 대한 반감이 높아지고 호조 씨는 점차 고립되어 갔다.

한편 호조 씨의 전제정치에 의해 반막부의 분위기가 확산되는 가운데, 무력했던 조정의 세력은 상대적으로 강화되는 결과가 되었다. 당시 조정은 고사가後嵯峨 법황이 사망한 후, 고부카쿠사後深草 천황의 자손인 지명원통持明院統과 가메야마龜山 천황의 자손인 대각사통大覺寺統으로 나뉘어 서로 황위를 둘러싸고 대립하고 있었다. 막부는 양통의 대립을 이용하면서 황위계승에 간섭하여 막부의 발언력을 강화하고 두 개의 계통이 교대로 황위에 오르도록 조정하였다.

고다이고 천황은 대각사통으로, 황위에 오르자 조정의 정치쇄신을 꾀하였다. 우선 원정을 폐지하고 천황친정을 부활하고 그 위에 기록소記錄所를 재흥시켜 인재를 등용하는 등 의욕적으로 정책을 추진하였다. 그리고 막부가 쇠퇴하고 문란해지자, 이 기회를 틈타 막부타도를 계획하였다. 그렇지만 1324년 막부타도 계획이 누설되어 계획에 가담했던 공경公卿들은 막부에 의해 체포당하였다. 이러한 좌절에도 불구하고 천황은 더욱 대규모의 막부타도 계획을 세웠다. 그러나 1331년에 또 발각되어 천황은 체포되어 오키隱岐섬으로 유배되고, 막부는 지명원통의 고곤光嚴 천황을 즉위시켰다.

이듬해 1332년, 체포된 고다이고 천황의 황자 모리요시 친왕護良親王은 반막부세력의 결집에 주력하였다. 막부에 불만을 갖는 무사세력들이 모리요시 왕자와 천황의 호소에 응하여 각지에서 거병하였다. 이 가운데 당시 악당惡黨이라 불리우고 현재 일본인들에게 충신의 대명사와 같은 존재, 구스노키 마사시게楠木正成가 있었다. 가와치河內지방 구스노키 마사시게는 산악지대에 성을 쌓고 농성하면서 막부의 토벌군을 괴롭혔다. 이후에도 구스노키 마사시게는 1336년 아시카가 다카우지足利高氏의 군대와 싸워 전사하며, 그의 두 아들 역시 천황의 왕조인 남조군의 장수로 끝까지 남아 충성을 다 바쳤다. 그는 일본역사상 충신을 대표하는 존재로, 그의 동상이 현재 천황이 살고 있는 에도성 앞의 광장에 세워져 있다.

이렇듯 막부타도의 거병이 전국적으로 일어나고 있는 가운데, 1333년 고다이고 천황은 유배지인 오키섬에서 탈출했다. 막부는 전황의 불리함을 타개하기 위해, 유력한 고케닌인 아시카가 다카우지를 대장으로 삼아 대규모 토벌대를 교토로 올려보냈다. 그렇지만 아시카가 다카우지는 대세가 불리하다고 판단해 막부를 배반하고 막부의 주요 조직인 교토의 로쿠하라六波羅를 점령했다. 한편 간토지방의 호족이면서 유력한 고케닌이었던 닛타 요시사다新田義貞도 막부타도를 외치며 군대를 일으켜 가마쿠라를 공격했다. 이때, 아시카가 다카우지는 자신의 아들을 이 가마쿠라 공격에 참가시켰다. 닛타를 중심으로 한 공격군은 가마쿠라를 점령하고 가마쿠라 막부의 마지막 집권인 호조 다카토키를 포함한 일족을 자살하게 만들었다. 최초로 무사가 세운 정부, 가마쿠라 막부는 미나모토가 막부를 창건한 이래 약 150년의 시간이 지난 1333년에 멸망하였다.

DIGEST 32

불안정한 무로마치 막부
― 남북조시대, 요시미쓰 장군의 등장 (1392년)

> 그때 세계는 -
> 1369년 | 티무르 제국 성립
> 1392년 | 조선 건국 (~ 1897년)

　가마쿠라가 멸망하자 고다이고 천황은 교토로 돌아와 막부가 세운 고곤光嚴 천황을 폐하고 천황 친정의 신정치를 시작하였다. 이듬해 연호를 겐무建武로 고쳤기 때문에 이를 '겐무의 신정'이라고 한다. 신정부는 정치기구로서 중앙에 일반정무를 담당하는 기록소記錄所, 소령에 관한 소송을 취급하는 잡소결단소, 교토경비를 담당하는 무자소武者所 등을 설치하고 공가公家(천황과 귀족)와 무가武家의 쌍방으로부터 그 관인을 임명하였다. 지방의 국國에는 국사國司와 슈고守護를 동시에 설치하여 공적이 있는 공가와 무사를 등용하였다.

　그러나 신정부는 공가 중심으로 기울어지고 더구나 막부타도에 가담한 무사들이 기대하고 있었던 토지문제의 처리도 순조롭지 않았다. 은상은 귀족과 사원, 신사에게 후했고 무사들에게는 상대적으로 박하였다. 게다가 영토에 대한 소유권을 인정받기 위해서는 천황의 허가를 받아야 했고, 이는 대혼란을 초래했다. 또 천황의 거처인 대내리大內裏 조영계획을 세워 그 비용을 각국의 지토地頭에게 할당시켰다. 이러한 신정부의 조치에 무사들의 불만은 높아갔다. 또 장원 영주가 신정부의 권위를 배경으로 가마쿠라 시대보다도 연공을 늘리기도 하고 여러 가지 과역을 부과하였기 때문에 농민들의 불만도 커져갔다.

이러한 천황의 직접정치에 반발하고 있던 무사들의 마음을 읽고, 사무라이 정권을 재건하고자 한 인물이 아시카가 다카우지足利尊氏였다. 그는 1335년에 호조 토키유키北條時行의 난을 진압하기 위해 가마쿠라에 내려가 그곳에 체재하

무로마치 막부를 세운 아시카가 다카우지.

면서 고다이고 천황의 신정부에 불만을 품은 무사를 모아, 천황의 친위대 닛타 요시사다新田義貞를 토벌한다는 명목으로 반기를 들었다. 1336년 아시카가 씨足利氏는 교토로 진격했으나 일단 패하여 규슈九州로 퇴각했다가, 다시 세력을 규합하여 미나토가와湊川의 전투에서 천황 측 군대를 격파하고 교토를 완전히 제압하였다.

고다이고 천황의 신정부는 3년 만에 붕괴하고 말았다. 천황과 조정의 권력 부활은 시대착오였던 것이다. 그렇지만 이에 굴하지 않고 고다이고 천황은 요시노吉野 지방으로 도망쳐 황위의 정통을 주장했는데, 이것을 '남조南朝'라 부른다. 이후 아시카가가 교토에서 천황을 세웠는데, 이를 '북조北朝'라 한다. 이때도 아시카가가 직접 천황이 되는 것이 아니라, 천황가 혈통에서 자신이 선택한 자를 천황으로 세운 것이다. 그리고 아시카가는 천황으로부터 쇼군으로 임명되고 나서, 무로마치室町 막부를 열었다. 아시카가가 세운 천황의 북조(교토)와 고다이고 천황의 남조(요시노)가 대립, 병존하는 남

II 중세 사무라이 사회 **145**

남북조 시대를 합체한 장군 아시카가 요시미쓰. 무로마치 시대에서 가장 성공한 통치자로 유명한 금각사를 지었다.

북조 시대가 60여 년간 지속되었다. 1336년부터 16세기 후반까지를 무로마치 막부시대라 한다. 여기에는 남북조 시대와 전란의 전국시대 100년이 포함되어 있다. 아시카가 쇼군의 저택이 교토의 무로마치에 있었기 때문에 이름을 따서 부른 것이다.

한편, 1339년 요시노에 있던 고다이고 천황이 병으로 사망하자, 남조의 세력은 급속히 쇠퇴했다. 북조 측도 아시카가 가문 일족들끼리, 또는 주종관계에 있는 무사들 사이에 계속하여 분쟁이 발생하였다.

구체적으로 분쟁을 살펴보면, 우선 아시카가 다카우지足利尊氏의 동생 다다요시直義와 모로나오高師直가 대립하고 각국의 슈고와 중앙관료도 여기에 휘말려 막부는 분열하고 싸움은 장기화되었다. 다다요시는 자신의 입장을 유리하게 하기 위해 남조 측에 투항하였고 남조도 이틈을 노려 한때 교토를 회복하기도 했으나 다다요시는 형 다카우지에게 독살당하여 쟁란은 누그러졌다. 이와 같이 남조 측의 열세에도 불구하고 내란은 종식되지 않고 더욱 복잡해져가는 가운데, 남북조 통일의 길이 제3대 장군인 아시카가 요시미쓰足利義滿에 의해 이루어졌다. 기내지방에서 남조 측의 쇠퇴가 결정적이 되었고 막부는 규슈에서 남조 측의 부대를 격파하여 평정하면서 전국을 군사적으로 지배하게 되었다. 이렇게 아시카가 정권은 손자인 요시미쓰 때에 이르러 겨우 안정되었다.

1392년 요시미쓰 쇼군은 남조 측에 화해할 것을 청했다. 남조의 천황은 이 신청을 받아들여, 교토로 돌아와 천황을 상징하는 세 가지 물건, 즉 3종의 신기神器를 북조의 천황에게 양도했다. 이리하여 남북조 양조의 합체가 이루어져, 약 60년 동안에 걸친 내란은 마침내 막을 내렸다.

　무로마치 막부는 남북조 전쟁 가운데 슈고 다이묘와의 연합 정권으로 이루어졌기 때문에 처음부터 기반이 취약했다. 무로마치 막부는 쇼군 요시미쓰 시기 동안이 그나마 슈고 다이묘를 누른 안정된 기간이었고, 바로 전국시대를 맞이했을 정도로 전체적으로 불안정한 정권이었다. 무로마치 막부 이후에, 천황의 교토 조정은 막부에게 거의 모든 권한을 빼앗기고 약간의 장원만 소유하게 되었다.

DIGEST 33

시대의 강자 슈고 다이묘, 그리고 막부조직
—무로마치 시대(1368~1441년)

그때 세계는 –
1368년 | 중국, 명 건국(~1644년)
1392년 | 조선 건국(~1897년)

가마쿠라 막부가 싯켄의 전제정치였던 것과 달리 무로마치 막부는 슈고守護 다이묘大名와의 연합 정권으로 이루어졌다. 무로마치 시대는 남북조를 통일한 3대 쇼군 아시카가 요시미쓰를 제외하면 쇼군의 힘은 약했고, 부하 무사인 슈고 다이묘의 힘은 강했다. 무로마치 시대의 강자 슈고 다이묘가 어떻게 성장했는지 고찰해 보자.

혼란은 새로운 힘을 출현시킨다. 남북조가 싸우는 혼란의 60년은 새로운 강자, 일개 하나의 관직인 슈고가 영토를 지배하는 슈고 다이묘로 성장하는 시기였다.

원래 슈고守護는 가마쿠라 시대에 만들어진 관직으로서 모반·살인자를 체포할 수 있는 권한을 위임받은 지방관으로, 자신의 관할 아래에 있는 지토, 고케닌과는 사적 주종관계를 맺지 않았다. 그런데 남북조 시대에 이르러 전란이 빈번해지자, 막부는 내란에서 싸워 이기기 위해 여러 슈고들을 자기편으로 끌어들이고자 슈고의 권한을 강화하였다. 특히 1352년 다카우

무로마치 시대의 주역, 슈고 다이묘.

지가 도입한 반제령半濟令은 슈고의 성장에 결정적 역할을 했다. 반제령이란 본래 장원 영주에게 납부해야 할 연공 가운데 군량미라는 명목으로 그 절반을 슈고에게 주고, 슈고가 이를 다시 지방 무사에게 분급하는 제도였다. 이는 슈고를 막부편으로 끌어들이기 위해 시행된 것으로, 전쟁이 치열한 교토 부근 3개국에 한해 1년 동안 한정해서 실시한 제도였지만, 점차 전국으로 확대되어 영속적인 것으로 바뀌어갔다. 이렇게 슈고들의 권한이 강화되자 장원과 공령公領의 연공징수를 슈고들이 떠맡는 이른바 슈고우케守護請가 널리 행해지게 되었다.

슈고가 이러한 권한을 이용하여 국내의 지배를 강화해 갈 때, 선진지역 농촌에서는 고쿠진國人이라 불리는 무사들이 활발하게 활동하였다. 고쿠진은 부유한 농민들 중에서 성장하여 중소 규모의 무사단을 이룩한 자들이다. 슈고는 이들 고쿠진 무사들에게 공령이나 장원에서 나오는 수익을 은상으로 나누어 주면서 점차 자신들의 사적 가신단으로 편성하여 영국領國 전체를 지배해나갔다.

이렇게 슈고가 강력해지는 가운데, 일부 유력한 슈고는 자신의 강화된 권한을 바탕으로 무로마치 막부에 도전하기 시작했다. 야마나 씨山名氏는 일족을 합쳐 11개국의 슈고직을 갖고 있었고, 오우치 씨大內氏는 6개국의 슈고직을 겸하고 있었다. 특히 야마나 씨는 일본 전국 토지의 6분의 1을 장악하고 있었다. 이러한 슈고를 가마쿠라 시대의 본래 슈고와 구별하여 슈고 다이묘守護大名라 부른다. 이들은 지방무사와 주종관계를 맺고 영주화되어 갔다. 슈고 다이묘의 영국領國은 세습되고 막부도 용이하게 슈고를 해임할 수 없었다. 이러한 슈고 다이묘가 만들어 낸 지배체제를 슈고영국제守護領國制라고 한다.
　한편으로 슈고 다이묘는 재지영주의 저항을 받는 일도 있어國人一揆(고쿠진잇키) 그 존립을 위해서는 장군의 권위와 막부라고 하는 정치조직을 필요로 하였고 그 주위에 결집하지 않으면 안 되었다. 장군도 직할 군사력을 확보하기 위해서는 슈고 다이묘의 힘을 빌리지 않을 수 없었다. 장군과 슈고 다이묘는 때로는 대립하는 일도 있었지만 결정적으로는 분리하기가 어려웠다. 무로마치 막부는 유력 슈고 다이묘의 타협으로 이루어진 연합 정권이라 할 수 있다. 무로마치 시대의 강자는 슈고 다이묘였던 것이다.
　막부의 통치기구는 요시미쓰 시기에 가마쿠라 막부를 모방하여 정비되었다. 그러나 쇼군을 보좌하는 관령管領은 아시카가 씨 일족의 유력한 슈고인 호소카와 씨細川氏, 시바 씨斯波氏, 하타케야마 씨畠山氏가 교대로 취임했다. 이들을 삼관령三管領이라 한다. 관령은 쇼군의 명령을 받아 이를 각국의 슈고에게 전달했다. 막부의 중앙관청 중에는 교토내외의 경비와 형사재판을 관장하는 시소侍所가 가장 중요했다. 그 장관所司은 대체로 야마나山名, 아카마쓰赤松, 잇시키一色, 교고쿠京極의 유력 슈고가 교대로 임명되었다. 이들을 사직四職이라고 한다.

DIGEST 34

농민봉기, 잇키의 시대
—서민의 대두(15세기)

그때 세계는 –
1412년 | 로마 교회, 후스 파문
1428년 | 프랑스, 잔 다르크 출현
1443년 | 조선, 훈민정음 반포

가마쿠라 시대의 말기 긴키 지방과 그 주변부에 만들어진 새로운 형태의 농촌은 남북조의 쟁란 속에서 점차 뚜렷한 모습을 드러내며 각 지방으로 퍼져갔다. 새로운 농촌의 특징은 농민 스스로가 만들어 낸 자립적·자치적 촌락으로서 이를 소惣 혹은 소손惣村이라 부른다. 당시 장원은 공통된 이해관계를 갖고 있는 여러 마을이 복수의 장원영주에게 분할지배되는 경우가 종종 있어서, 입회지를 이용하고 농업용수를 분배할 때에 공동으로 행동하기 어려워 농민들은 많은 불편을 겪었다.

생산력의 향상과 더불어서 지위를 향상시켜 왔던 농민들은 이러한 경작상의 필요나 영주 또는 지토地頭의 부당한 요구에 대항하기 위해, 또는 전란기의 약탈과 상해에 대한 방지를 위해 점차 단결을 강화해 왔다. 이러한 소惣(자치촌락) 백성들의 단결을 촉진시킨 계기가 된 것이 남북조의 내란이다. 또 슈고 다이묘들도 여러 마을을 통합해 지배하는 것이 편리하였으므로 이를 인정하는 방향으로 나아갔다.

II 중세 사무라이 사회 **151**

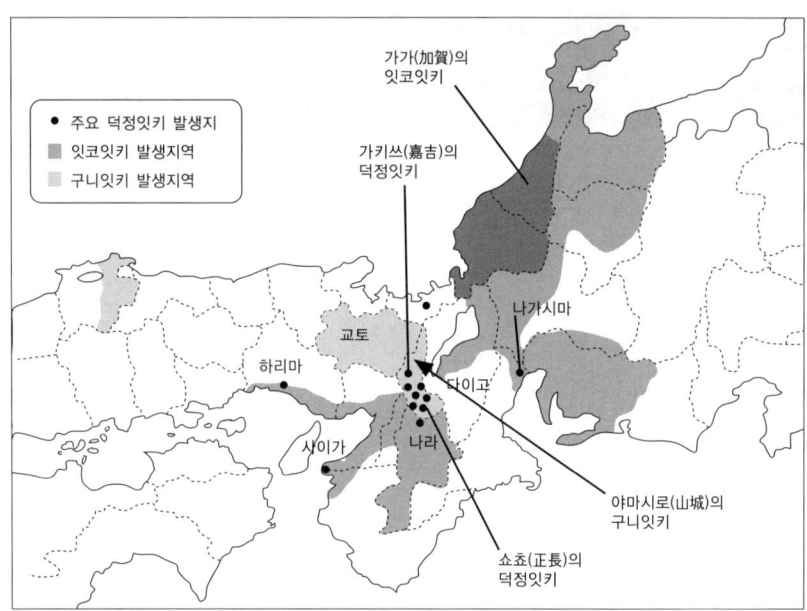

중세 잇키 발생지역. 특히 교토를 중심으로 긴키(近畿) 지방에 집중되어 있다. 1428년 농민봉기(쓰치잇키)는 수만의 농민봉기대가 교토를 점거하고 주변지역으로 퍼져나가면서 무로마치 막부에 덕정령 반포를 요구했다. 막부는 이에 굴복했다.

    소의 결합은 반드시 하나의 마을만이 아니라 지리적인 조건이나 그 밖의 이유에서 더욱 넓은 지역의 마을이 향鄕으로서 결합하는 경우도 많았다. 이러한 촌락 결합을 향촌제鄕村制라 한다.

    소惣의 지도자는 '지자무라이地侍' 등으로 불리는 무사적인 성격을 띤 상층농민들이었다. 그들 가운데에서 반토番頭 · 사타닌沙汰人 · 오토나長 등으로 불리는 마을의 유지들이 선발되었고, 소는 이들을 중심으로 한 요리아이寄合라는 회의에 의해 운영되었다.

    요리아이(마을회의)는 마을을 수호하는 신사의 제사를 행하고, 공유재산의 관리, 용수의 관리, 질서유지, 마을의 방위, 도로수리 등 마을의 운영에 관한 많은 사안을 결정했다. 만약 이러한 규약을 어기는 경우에는 요리아이에 출석하지 못하게 하거나 벌금을 과하는 등의 제재를 가했으며, 경우에 따라서는 마을에서 추방하기도 하였다.

소는 영주의 대관을 대신해서 연공을 납입하는 데까지 성장한다. 연공은 개개의 농민이 영주에게 납입하는 대신에 소가 책임을 지고 연공을 바치는 제도가 시행되었다. 이리하여 마을은 사회적·경제적으로는 물론 정치적으로도 하나의 단위로 행동하게 되었다. 소의 결합은 생산력의 발전이 현저하였던 기나이畿內, 도카이東海, 호쿠리쿠北陸 지방에서 활발하게 전개되었는데, 이러한 농민들의 성장이 마침내는 영주의 불법에 대한 격렬한 저항운동으로 전개되어 갔다.

소로서 결합한 농민은 강한 연대의식을 갖고 불법을 저지르는 장관의 파면을 요구했고, 수해와 가뭄의 피해가 심하면 연공의 감면을 요구했다. 나아가 요구를 관철하기 위해 잇키一揆를 결성하거나 집단으로 고소하기도 하고 도망을 치기도 했다.

1428년 쓰치잇키土一揆가 발생하여 본격적인 잇키의 시대가 열렸다. 쓰치잇키란 결속체인 잇키가 농민들의 봉기로 발전한 경우인데, 실제로는 농민 이외에 토호, 운송업자 등도 참가하여 구성원이 매우 복잡했다. 또한 쓰치잇키는 막부에게 채무파기, 매각한 토지의 반환 등의 덕정령德政令을 반포해 줄 것을 요구했기 때문에 '덕정잇키'라고도 한다.

1428년 교토일대에서 발생한 농민봉기(쓰치잇키)는 채무파기를 강요한 일본 최초의 대규모 농민 봉기였다. 그 과정을 살펴보면, 1428년 8월 오미(시가현)의 운송업자가 덕정德政(채무파기 등)을 요구하여 봉기하고, 이어 교토 근교의 농민결합인 소손을 토대로 농민봉기(쓰치잇키)가 덕정을 요구하며 교토의 양조장과 고리대금업자 등을 습격해서 전당물과 차용증을 탈취했다. 이 덕정을 요구하는 농민봉기(쓰치잇키)의 기세는 즉각 긴키지방과 그 주변으로 번져가 각지에서 완력으로 채무를 파기하고 매각지를 회수하는 등의 사태가 벌어졌다. 이어 1441년에는 수만 명의 농민봉기(쓰치잇키)가 교토를 점령해 덕정을 요구하였고, 이를 진압하는 데 실패한 막부도 농민봉기세력의 요구대로 덕정령을 발포하지 않을 수 없었다.

일본에서 일어난 농민 봉기건수는 16세기 말까지 대략 50건 이상 확인되는데, 그 대부분이 15세기에 집중되어 있다. 지역적으로 교토, 나라가 압도

농민봉기(쓰치잇키)의 기념비. 쓰치잇키는 막부에게 덕정령(德政令: 채무파기, 매각한 토지의 반환)의 반포를 요구했기 때문에 '덕정잇키'라고도 한다. 사진은 1428년에 일어난 일본 최초 쓰치잇키에 관한 내용이 쓰여진 기념비이다.

적으로 많다. 이렇게 15세기에 농민봉기가 빈번하게 발생한 이유는 농촌의 궁핍 때문이었다. 무로마치 시대에 두 차례에 걸쳐 대기근이 엄습했고, 기근에 지친 유민이 잇키 구성원의 압도적 다수를 차지했다. 또 기근 이외에도 당시 기나이 지역에서 화폐경제가 발달하여 고리대 자본이 농촌에까지 침투하자, 토지를 저당 잡힌 백성들이 생활의 곤궁이 극심했기 때문이기도 했다.

한편 막부는 이러한 빈번히 발생하는 농민봉기에 대한 대책에 고심하였고 덕정령을 발포하지 않을 수 없었다. 그러나 다른 한편으로 막부는 덕정령에 의해 부채를 파기해주면서, 채무자에게는 일정의 수수료를 취하고 혹은 채권자로부터는 수수료를 받고 덕정령을 면제해 주기도 했다. 이렇게 막부는 덕정을 이용해서 수입을 챙기는 행위도 서슴지 않았다. 이리하여 사회는 더욱 문란해지고 재정도 혼란에 빠져 막부의 권위는 점차 실추되어 갔다.

DIGEST 35

하극상의 전국시대 서막
― 오닌의 난(1467~1477년)

그때 세계는 -
1453년 | 조선, 수양대군, 계유정란 일으킴
1453년 | 동로마제국 멸망

1464년 오닌應仁의 난은 하극상의 전국시대를 여는 서막이었다. 무로마치 시대 가장 강력한 쇼군이었던 요시미쓰가 죽은 후, 슈고 다이묘의 힘은 쇼군의 힘을 능가하기 시작했다. 오닌의 난은 쇼군의 후계자를 둘러싸고 슈고 다이묘들의 대립이 얽히면서 11년간이나 지속된 내란이다. 오닌의 난의 직접원인은 쇼군 집안의 후계자 문제, 쇼군을 보좌하는 관령이며, 당대 최대의 슈고 다이묘인 시바斯波·하타케야마畠山라는 두 집안의 다툼문제였다.

쇼군인 아시카가 요시마사足利義政는 29살이 되어도 아들이 없었기 때문에 동생인 아시카가 요시미義視를 후계자로 정하고 관령인 호소카와 가쓰모토細川勝元를 후견자로 삼았다. 그런데 그 다음 해에 부인 히노 도미코에게서 아들인 아시카가 요시히사足利義尙가 태어났다. 아들 아시카가 요시히사를 쇼군으로 만들고 싶었던 도미코는 당대 실력자 야마나 소젠山名宗全을 후견자로 삼았다. 그리하여 동생 요시미와 가쓰모토, 아들 요시히사와 소젠 사이에 격렬한 권력투쟁이 일어났다.

II 중세 사무라이 사회 **155**

1464년 오닌의 난. 장군가문, 관령가문, 집안, 슈고 다이묘들이 동군과 서군으로 나뉘어 전국적인 규모의 내란이 되었다. 하극상의 전국시대를 여는 서막이 되었다.

당시 무가사회에서는 여러 자식에게 물려주는 분할상속이 적장자에게만 물려주는 단독상속으로 옮겨가고 있었다. 따라서 후계자가 되면 일족의 모든 지휘권과 영지를 상속받을 수 있게 되어 상속권은 그야말로 일생을 좌우하는 큰 문제였다. 이 상속권 분쟁은 단지 쇼군 집안, 관령 집안에만 있었던 것이 아니라 지방의 여러 슈고 다이묘나 유력한 무사들의 가문 내에서도 일어나고 있었다. 따라서 중앙에서 발생한 분쟁이 야마나·호소카와의 대립을 유발하고, 결국 전국적인 규모의 내란으로 번져 버렸다.

1467년 양측의 충돌을 계기로 본격적인 전투가 벌어졌다. 호소카와 가쓰모토가 이끄는 동군은 24개국 16만 명, 야마나 소젠의 서군이 20개국 9만 명의 군사를 동원했다. 전력상으로는 동군이 유리해 보였지만, 2만 명의 오우치 씨가 새로 서군에 가담함으로써 승패는 쉽게 판가름 나지 않았다. 주요 전쟁터인 교토는 불태워져 황폐화되었으며, 전란은 점차 지방으로 파급되었다.

쇼군 아시카가 요시마사는 처음에는 전쟁을 중지할 것을 명했지만, 결국

장군 아시카가 요시마사는 전국적인 내란인 오닌의 난이 일어나자 전쟁을 중지할 것을 명했지만, 결국 포기하고 매일같이 연회로 세월을 보냈다.

포기하고 매일같이 연회로 세월을 보냈다. 1473년 양군의 수뇌인 가쓰모토와 야마나 소젠이 잇달아 사망하자 전란은 마침내 진정되기 시작하고, 여러 장수가 병력을 거두어서 자신의 영토로 귀국하면서, 1477년 전쟁은 흐지부지 종결되고 말았다.

11년에 걸친 전쟁으로 많은 변화가 나타났다. 교토는 황폐해지고 무로마치 막부의 건물이나 상국사相國寺 등 대사찰, 공가公家(천황과 귀족)와 무가武家의 저택은 재로 변했을 뿐 아니라 사원과 공가公家의 중요한 보물이나 기록 같은 것도 소실되고 말았다. 무엇보다 막부의 실질적인 지배력이 미치는 곳이 기내 일부지역으로 국한되어 무로마치 막부는 전국적인 정권으로서의 기능을 사실상 상실했다.

쇼군의 권위가 추락하자 이에 의존하여 생활하던 중앙의 유력귀족, 사원 세력도 크게 약화되었다. 많은 슈고 다이묘들은 자신들의 영지로 내려갔고, 더 이상 쇼군의 통제를 받으려 하지 않았다. 그러나 슈고 다이묘들도 상속을 둘러싼 내분이 거듭되면서 몰락해갔다. 슈고 다이묘들은 자신의 영지를 지방에서 대신 다스려온 슈고다이守護代 등 유력 가신들에게 지위를 빼앗기는 일이 비일비재했다. 쇼군이나 슈고 다이묘 또는 슈고다이와 같은 유력한 무사들을 위시하여 고쿠진國人이라 불리던 토호에 이르기까지 무가사회에는 아랫사람이 윗사람을 넘보는 하극상의 풍조가 만연했다.

과거 슈고 다이묘의 세력이 쇼군을 능가하는 경우도 있었지만, 이제는 그보다 더 하층인 지방 토호 고쿠진國人들이 하극상의 주역이 되었다. 오닌의 난이 장기화된 것도 아랫사람들이 윗사람의 명령에 따르지 않고 자기 능력으로 신분 상승을 꾀하는 하극상의 세력 다툼을 계속하였기 때문이었다. 예를 들면, 시바 씨의 영국領國 중의 하나인 에치젠越前國은 오닌의 난이 전개되는 동안에, 가신인 아사쿠라朝倉 씨가 시바 씨를 쫓아내고 슈고가 되어 지배하게 된다. 하타케야마 씨의 영국領國 중의 하나인 야마시로山城국의 고쿠진들은 농민들을 거느리고 하타케야마 씨 병력을 몰아내었다. 그리고 8년간이나 고쿠진들은 다이묘를 두지 않고 자치를 행하였다. 이것을 야마시로 고쿠에서 일어난 농민들의 봉기 즉, '야마시로의 구니잇키山城國一揆'라 한다. 슈고 다이묘들은 자기 세력을 강화시킬 좋은 기회라고 생각하고 오닌의 난에 참가했지만, 오히려 고쿠진이나 가신들에게 쫓겨나거나 세력을 침식당하고 있었던 것이다.

오닌의 난 결과 막부의 권위는 완전히 땅에 떨어지고 하위자가 상위자를 압도하고 지위를 역전시키는 하극상의 풍조가 만연하였다. 막부의 실권은 관령인 호소카와 씨에게 돌아갔고, 호소카와 씨에게로 간 그 실권은 곧바로 가신인 미요시 나가요시三好長慶에게, 또 미요시 씨의 실권은 그 가신인 마쓰나가 히사히데松永久秀에게로 넘어갔다. 지방에서도 슈고다이가 슈고에 대신하여 실권을 잡고 땅을 지닌 무사와 농민은 폭동을 일으키는 등 하극상의 풍조는 사회 각층에 미치어 이후 전국戰國시대라고 하는 1세기간의 쟁란 시대를 맞이하게 되었다.

DIGEST 36

새로운 강자 전국 다이묘
― 약육강식의 전국시대(1491~1565년)

그때 세계는 -
1492년 | 콜럼버스, 아메리카 대륙 발견
1498년 | 조선, 연산군의 무오사화

전국시대는 오닌의 난 이후 약 100년 동안 이어진 약육강식의 하극상 시대였지만, 새로운 실력자가 나타나 구질서와 구체제가 붕괴되고 새로운 것이 탄생하는 용광로와 같은 시기이기도 했다. 오닌의 난 이후, 장군의 권력이나 권위는 완전히 땅에 떨어져 버렸다. 무로마치 쇼군들은 한 사람도 교토에서 편안한 일생을 마친 사람이 없을 정도로 쇼군 집안은 몰락해 갔다.

아시카가 요시마사足利義政의 아들로 제9대 장군이 된 아시카가 요시히사足利義尙는 교토와 가장 가까운 오미국近江國에서 세력을 크게 떨쳐 막부의 명령에 순순히 따르지 않는 롯카쿠를 정벌하여 막부의 권위를 세상에 과시하고자 출진하였으나 그 싸움이 미처 성공하기도 전 25세 젊은 나이로 진중에 죽고 말았다. 요시히사의 이 같은 죽음은 그 뒤를 이은 장군들과 비교해 보면 오히려 행복한 것이었다. 요시히사의 뒤를 이어 제10대 장군이 된 아시카가 요시타네足利義稙는 호소카와 마사모토細川政元에 의해 장군의 자리에서 쫓겨났다가 한 차례 복귀하였으나, 또 다시 부하 다카쿠니에게 축출되어 아

II 중세 사무라이 사회 **159**

전국 다이묘 오토모 요시시게(大友義鎭). 규슈지역에서 활약했다. 전국 다이묘는 토지와 농민을 직접 장악하고 무력과 경제력을 갖춘 일본 사무라이 역사상 가장 강력한 봉건영주였다.

와阿波의 벽촌에서 일생을 마쳤다. 11대 장군 요시즈미義澄는 장군이 되었지만, 축출되었고, 그 후 오미로 도망쳐 그 곳에서 32세의 생애를 마쳤다. 12대 장군 요시하루義晴도 오미로 추방되어 그 고장의 유력자에게 몸을 의탁하며 전전하다가 병사하고 말았다. 13대 장군 요시테루義輝는 대낮에 습격을 받아 관통상을 입고 불타는 막부 처소에서 비참한 최후를 마쳤다. 14대 장군 요시히데義榮는 아와에서 마쓰나가에게 영입되어 장군이 되었으나, 재위 1년도 채 안 되어 요시테루의 동생 요시아키義昭를 장군으로 추대하고 교토로 들어온 오다 노부나가織田信長에게 추방되어 병사하였다. 15대 장군 요시아키는 노부나가의 옹립으로 장군이 되었으나, 그 후 노부나가와 대립하다 추방되어 유력한 다이묘를 찾아 제국을 편력하였다. 마침내 히데요시의 부하가 되었다가 오사카에서 죽었다.

이처럼 오닌의 난 후의 장군은 모두 장군으로서 권위를 상실하고 유력한 다이묘나 세력을 가진 무장들에 의해 옹립되었다가 추방당하는 비운을 맞았다. 장군가의 몰락과 함께 장군을 보좌하여 막부 내부에서 세력을 과시했던 관령가에도 몰락의 그림자가 드리우기 시작하였다. 시바, 하타케야마, 호소카와 3관령가 가운데 상속 문제를 둘러싼 분쟁을 일으켜 오닌의 난의 기폭제가 되었던 시바, 하타케야마 두 가문은 이미 막부 내에서 세력이 약화되어 있었다. 한편 호소카와 씨는 종가를 중심으로 잘 단결하고 있었으나 호소카와 씨 역시 내분이 일어나 가신인 미요시 나가요시三好長慶에게 실권을 빼앗겼고, 미요시 씨 또한 부하인 마쓰나가 히사히데松永久秀에게로 넘어갔다. 지방에서도 슈고다이守護代(슈고 다이묘의 관리)가 슈고 다이묘에 대신하여 실권을 잡았다. 지방에서 성장한 토호도 현지에 밀착하여 실력을 축적하였으며 그 실력이 슈고 다이묘를 능가하는 자도 생겨났다.

즉 쟁란의 시대를 거치면서 막부와 관련 없이 스스로 힘을 키워 슈고 다이묘를 쓰러뜨리고 지역을 독자적으로 지배하는 세력이 나타났는데, 이것이 바로 전국 다이묘이다. 전국 다이묘는 '강도질은 사무라이의 습성이다'라는 식으로 목숨을 건 영토 싸움 속에서 성장해 갔다. 서로 타인의 영지를 빼앗고, 어제는 갑과 동맹하여 을을 무너뜨리더니 오늘은 병과 손을 잡고 갑을 무너뜨리는 식이었다. 때로는 기습하거나 속임수를 써서 세력을 쌓아 올리고, 자식에게 피살되는 골육상잔도 드문 일이 아니었다. 그러나 자신이 사용한 것과 똑같은 수단으로 언제 누구에게서 당할지 몰라 조금도 마음을 놓지 못했다.

전국 다이묘들은 처음에는 슈고 다이묘처럼 영국領國의 일부분을 직할할 뿐 다른 부분은 토착 소영주에게 영유토록 했다. 다만 그 소영주를 종속시켜 군역 등의 의무를 지게 했다. 그러나 점차 영내 소영주들의 독립성을 빼앗아 가신으로 삼고 그 영지를 자신의 직할령으로 했다. 전국 다이묘는 토지와 농민을 직접 장악하고 무력과 경제력을 갖춘, 일본 사무라이 역사상 가장 강력한 봉건 영주였다. 전국 다이묘들은 만에 하나 자신의 영내에 혼란이 일어난다면 나라를 잃는다는 사실을 경험상 알고 있었기 때문에 영내 통치에 온 힘을 기울였다. 일단 영내가 안정되면 무력이 미치는 한 많은 영지를 확보하기 위해 동맹과 배반이 다반사로 일어나고 전쟁이 그칠 날이 없었다.

다이묘들 간의 정략결혼이 풍조였고, 누이나 딸을 유력 다이묘에 출가시켰다가도 불필요하거나 방해가 될 때에는 강제 이혼을 시키거나 남편과 함께 죽여버리는 것이 다반사였다. 전국시대 이후 일본에서는 여자가 하나의 물건처럼 흥정의 대상이며 하찮은 존재로 전락되고 이것이 일본의 전통이 된 것이다. 전국시대를 통하여 잔존하고 있던 장원은 완전몰락하고, 막부의 보호 아래 약간의 장원 수입에 의지하고 있던 황실과 공가도 매우 쇠약해졌다. 천황의 즉위식도 비용이 없어서 하기 어려웠다. 또 황실에서는 첫눈이 내릴 때, 첫눈맞이 연회를 벌이는 관례가 있었는데, 고나라 천황은 첫눈 내리는 날에 술이 없어서 눈 구경만으로 끝났다고 한다. 천황도 이 정도였으니, 일반 귀족의 궁핍은 말할 것도 없었다.

DIGEST 37

대표적 전국 다이묘
— 호조 소운과 다케다 신겐(14~15세기)

그때 세계는 -
1455년 | 영국, 장미전쟁(~1485년)
1474년 | 조선, 《경국대전》 반포

전국 다이묘는 '강도질은 사무라이의 습성이다'라는 식으로 목숨을 건 영토 싸움 속에서 성장해 갔다. 서로 타인의 영지를 빼앗고, 어제는 갑과 동맹하여 을을 무너뜨리더니 오늘은 병과 손을 잡고 갑을 무너뜨리는 식이었다. 전국 다이묘 호조 소운과 다게다 신겐을 통해 전국시대를 살펴보자.

서쪽 지방의 야마구치山口와 함께, 동쪽 지방의 오다와라小田原를 본거지로 하여 간토지방을 제패한 사람이 호조 소운北條早雲이다. 호조 소운은 고호조 씨後北條氏(가마쿠라시대 호조 씨와 관련이 없으며, 이를 구분하기 위해 고호조 씨라 부름)가 100년 동안 발전하도록 기초를 세운 사람으로, 하극상으로 전국 다이묘가 된 대표적 인물이다. 고호조 씨의 거성居城인 오다와라성은 사가미相模 평야의 서쪽에 있는데, 남으로 바다를 면했기 때문에 육지와 바다의 보급로 역할을 하고 있었다. 이 성은 호조 소운의 사후 4대에 걸쳐 크게 확장되어 오사카성과 견줄 만한 크고 견고한 성이 되었다. 호조 소운의 사후, 자손들은 간토지방의 8개국을 제압할 정도로 발전하였으나, 도요토미 히데요시

II 중세 사무라이 사회 **163**

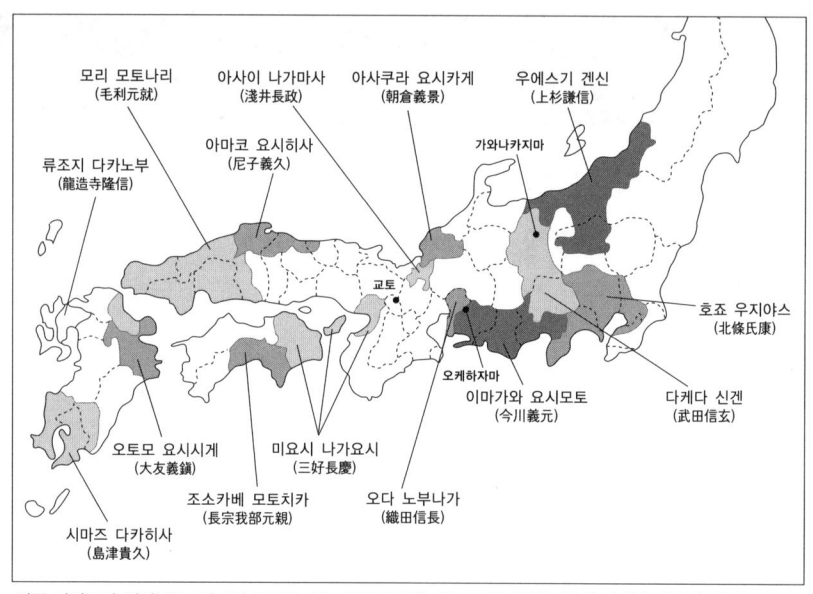

전국 다이묘의 세력분포. 지금의 도쿄가 있는 관동지방에 호조 소운, 중부지방에 다케다 신겐이 있다. 관서지방의 교토 주변지역에 입성해야 열도의 패자가 될 수 있다.

豊臣秀吉에 의해 멸망당했다.

다케다 신겐武田信玄은 뛰어난 전략가로 유명하다. 다케다 씨는 고호조 씨와는 달리, 가이甲斐(현재의 야마나시현) 지방의 슈고 집안 출신이다. 가이지방은 남쪽의 이마가와今川氏, 호조 씨와 경계를 이루고 있었기 때문에 우선 이들의 공격에 대비해야만 하였다. 그래서 다케다 신겐의 아버지인 다케다 노부도라武田信虎는 딸을 이마가와 요시모토今川義元와 결혼시켜서 이마가와, 다케다의 연합을 구성한 뒤에 고호조 씨를 견제하는 형태로 남쪽을 방어하였다. 그 위에 시나노信濃(현재 나가노현)에 진출하고자 하였지만, 스와 씨訪氏와 전투에서 패배하자 또 딸을 스와 씨에 시집보내어 화해하게 된다.

그런데 다케다 노부도라는 바로 자신의 장남인 다케다 신겐에 의해 쫓겨난다. 당시 다케다 신겐의 나이는 21살로, 그는 스와 씨를 비롯한 주변의 여러 적들을 물리치고 세력을 강화했다. 다케다 신겐은 지략이 뛰어난 사람이었을 뿐만 아니라, 전략을 세우는 데 감정을 개입시키지 않는 냉혹한 일면

전국 다이묘 호조 소운(좌)과 다케다 신겐(우). 다케다 신겐의 전술·전략은 군국주의 시대 일본에게까지 지대한 영향을 주었다.

도 지닌 무장이기도 했다.

다케다 신겐은 부하들의 조직이나 평상시의 훈련에도 주의를 기울여, 전쟁 중의 도박이나 약탈행위를 엄격히 단속하였다. 이를 위해 부하들이 지켜야 할 규칙을 만들었는데, 그 규칙은 〈신겐가법信玄家法〉, 〈갑주법도甲州法度〉 등으로 불리는 55개 조로 되어 있다.

다케다 신겐이 잘 쓰던 전법 중에 '구루마車가카리'라는 것이 있는데, 이는 적의 정면을 향해 계속 새로운 병력으로 공격하는 방법으로 많은 적이 이를 크게 두려워했다. 혼란스러운 전쟁터에서 가장 위험한 정면공격을 잇따라 감행하기란 무척 어렵다. 이를 위해서 다케다 신겐은 평상시 훈련뿐만 아니라 일상생활에서도 규율을 지켜 강한 팀워크를 만들었다. 다케다 부대는 진중에 '풍림화산風林火山'이라는 군기를 걸었는데, 이는 '달릴 때에는 바람처럼, 조용히 해야 할 때는 수풀과 같이, 공격할 때에는 불처럼, 움직이지 않을 때는 산과 같이하라'는 의미를 담고 있다. 명령이 내려지면 한 몸이 되어서 행동하는 다케다 신겐 부하들의 규율을 잘 나타내고 있다. 신겐의 전술과 전략은 군국주의시대 일본군에 지대한 영향을 미쳤다.

왜구와 동아시아
— 명과 조선과의 관계(14~16세기)

그때 세계는 -
15세기 | 영국, 인클로저 운동 성함
15세기 | 이탈리아, 르네상스 전성기

14~16세기 한반도나 중국 대륙 연안을 습격한 일본의 해적 집단을 '왜구'라 한다. 배에 하치만 대보살八幡大菩薩의 깃발을 달았으므로 이들이 타고 다니던 배를 '바한선八幡船'이라 불렀다.

왜구의 근거지는 규슈의 마쓰우라松浦·쓰시마對馬·이키壹岐·세토내해瀬戸內海의 여러 섬 등 식량사정이 어려운 지역이었다. 14세기 중엽부터 왜구는 고려에 침입하여 쌀과 인민을 약탈하고 중국대륙에까지 행동범위를 넓혔다. 조선을 건국한 이성계도, 명을 세운 주원장도 왜구의 대책에 고심하여 무력으로 대항하고 일본에 사절을 보내 왜구의 통제를 요구하였다.

왜구를 막기 위하여 명이 일본과 행한 무역이 감합勘合무역이었다. 일본은 명나라 신하의 예를 갖추는 조공의 형태를 취했고, 이는 제3대 장군 아시카가 요시미쓰足利義滿 장군부터 시작되었다. 1404년부터 시작된 감합무역은 1410년까지 여섯 차례 교역선이 파견되었다. 그러나 아시카가 요시미쓰의 아들 요시모치足利義持가 장군이 되자, 그는 명에 조공을 바치는 것을

상륙하고 있는 왜구들. 왜구는 소규모인 경우는 1~척, 대규모인 경우에는 50척에서 200척, 500척까지 거느린 대선단도 있었다.

싫어했기에 이 무역을 중단시켰다. 하지만 막부의 재정이 궁핍해져 무역을 할 수 밖에 없게 되면서, 제6대 장군인 아시카가 요시노리足利義教는 1432년에 명과 무역을 재개하였다. 감합무역의 규정도 이 때 개정되었고 10년에 한 번, 선박은 세 척, 승무원은 300명으로 하여 감합부를 통해 무역하게 되었다. 1547년까지 11차례 걸쳐 감합선이 파견되었다.

감합선은 명의 닝보寧波에서 입국허가를 받고 수도인 베이징에서 교역을 하였다. 일본에서 주로 수출한 것은 구리, 유황, 금, 도검, 부채, 칠기 등이었고, 수입한 것은 동전, 생사, 견직물 등이었는데, 가장 많은 이익을 남긴 것은 생사로서 4~5배, 때로는 20배의 이익을 올렸다.

이렇게 하여 개시된 명과의 무역은 조공무역의 형식이었지만, 관세는 없었고 체제비와 그 외의 경비까지 명이 부담했기 때문에 그만큼 이익은 컸다. 명과의 무역에서 사무역선은 왜구와 구별하기 위하여 명으로부터 교부받은 '감합부勘合府'라 불리우는 도항증명서를 지참하였다.

무역의 실권은 처음에는 막부가 장악하면서 막부가 직영하는 선단을 중

왜구의 모습.

심으로 이루어졌다. 다이묘나 사원과 신사神社의 배도 참가할 수 있었지만, 오닌의 난 이후에는 호소카와細川 씨·오우치大內 양씨의 손으로 넘어갔다. 호소카와 씨와 결탁한 사카이堺 상인, 오우치 씨와 결탁한 하카타博多 상인들만 무역에 종사하게 되었다. 그러던 중, 1523년 오우치 씨와 호소카와 씨의 승무원들이 중국의 닝보에서 경영권을 둘러싸고 싸움이 벌어져 쌍방의 파견선이 충돌하였다. 그 결과 명은 무역을 일시 금지시켰으나 곧 무역은 재개되었고, 오우치 씨가 명과의 무역을 독점하게 되었다. 이후 1551년 오우치 씨가 멸망할 때까지 감합무역은 계속되었다.

　조선에서는 왜구의 근거지를 쓰시마라고 생각했기 때문에 1419년에 대군을 이끌고 쓰시마를 공격하였다. 그러나 조선에서는 왜구의 근거지를 소탕하는 게 목적이었기 때문에 무역은 계속되었다. 조선과의 무역은 대명무역과는 달리 일본 측에서 많은 사람들이 참가하였다. 장군가와 유력 다이묘, 서국西國과 규슈의 실력자인 오우치大內·오토모大友·무나카타宗像 씨, 쓰시마의 소씨宗氏 외에도 중소영주층 농어민까지 참가하였다.

　다만 대조선무역은 제한을 받아 조선 측은 통교상대를 장군 이외에는 쓰시마의 소씨宗氏로 일원화하였다. 조선국왕은 '도서圖書'라고 하는 동인銅印을 주어 이를 갖는 자를 정식 통교자로 인정했다. 일본에서 수출한 물품은 동·유황과 남해산의 염료·향료 등이었고 조선에서 수출한 물품은 목면과 대장경 등이었다.

교역이 행해진 3포〔진해의 내이포(乃而浦), 부산포, 울산의 염포(鹽浦)〕에는 많은 일본인이 거주했고 또 밀무역의 온상이 되었다. 그 때문에 조선에서는 이것의 통제를 강화했는데 이에 불만을 품은 거류민이 1510년에 소씨宗氏의 지원을 받아 폭동을 일으켰다. 그 후 조선과 소씨宗氏는 화의를 맺었지만 이 난을 계기로 무역은 쇠퇴해갔다.

DIGEST 39

일본적 미의식의 형성
—사비, 와비, 유현(1339~1489년)

그때 세계는 -
1479년 | 에스파냐 왕국 성립
1485년 | 영국, 튜더왕조 시작

최초의 사무라이 정권인 가마쿠라 시대에는 아직 교토의 조정 권력이 여전히 지속되던 만큼 문화에 대한 귀족의 지배력은 강력했다. 가마쿠라 막부가 점차 군사적으로 귀족 계급을 압도했지만, 세련된 귀족 문화 앞에서는 무릎을 꿇었다.

무로마치 시대에 들어 조정 권력은 괴멸되어 가고, 각 지방의 사무라이 세력이 거대하게 성장하면서 막부도 강력한 중앙 정권이 되지는 못했다. 다만 막부는 강력한 지방 사무라이 세력의 연합 정권에 지나지 않았으며, 그나마도 잠깐이었다. 바로 하극상의 풍조가 극에 달하는 쟁란의 시대, 곧 전국시대로 돌입한다.

무로마치 시대는 혼란되고 불안정한 시기였지만, 민중들이 현저히 대두하는 시기였다. 그만큼 일본 문화사상 가장 풍요하고 창조적인 시기의 하나였다. 무로마치 시대는 오늘날까지 일본인에게 가장 찬미 받고 있는 심미적 가치를 형성한 시대이다. 우리는 일본 음식 스시壽司를 먹으면서, 대나무 장

대덕사 대선원정원. 선종의 심원한 멋을 표현하고 있다.

식에 나뭇잎과 어울려 나오는 깔끔한 일본 음식을 보면서, 왠지 우리의 비빔밥과는 다른 독특한 미를 느낀다. 바로 오늘날 자연스럽게 일본의 일상생활에 스며들어 있는, 일본 미라고 부를 수 있는 것이 무로마치 시대에 본격적으로 형성되었던 것이다.

선종은 무로마치 문화를 이루는 데에 결정적인 역할을 했다. 무로마치 시대를 통틀어 선불교 문화 시대라고 특징지을 수 있을 정도이다. 인도의 지극히 이성적이고 철학적이며 복잡한 불교 교리를, 도가적으로 간결하게 풀어 중국화한 불교가 선종이다. 불성은 오직 마음에 있기 때문에 모든 형식과 지식을 부정했다. 진리에 도달하는 방법으로 좌선을 통한 깊은 명상을 강조했다.

선종은 가마쿠라 시대 일본에 처음으로 전해져서 막부의 후원을 얻어 발전했으며, 무로마치 시대에 와서도 막부의 두터운 후원 아래 마치 막부의 공식기관처럼 되었다. 선종은 중국과 교류하기 위한 통로로서, 막부는 선승들을 보호하고 후원했다. 불교적 각성을 얻기 위해 엄격한 수행을 강조한 점은

은각사. 사실적인 것보다 심적이고 상징적인 것을 표현하고 있다.

행동하는 강한 인간상을 추구하던 사무라이에게 매력을 주었다.

　일본에서 선종은 하나의 종교로 말하기 어렵다. 선종은 윤리 강령으로서, 그리고 상급 사무라이의 지위를 위한 문화로서 일본사회에 수용되었다. 선사의 선승들은 당대의 주요한 학자, 작가, 미술가로 활약했으며 쇼군의 취향을 주도했다. 선종에서 강조되는 철학이 그대로 무로마치 시대의 문화에 녹아 들어갔다. 무로마치 문화에 끼친 선종의 영향을 말로써 표현하기는 쉽지 않다. 다만 모든 형식과 지식을 부정하고 문자로 표현할 수 없는 직관을 강조하던 선종이었던 만큼 직관적인 간접성을 나타낸다는 점은 분명하다. 큰 것보다는 작은 것, 사실적인 것보다는 심적이고 상징적인 것, 복잡한 것보다는 단조로운 것, 그리고 새롭고 완전한 것보다는 낡고 이지러진 것을 더 좋아하고 표현하고자 했다. 이러한 미의식을 유현幽玄(깊고 그윽함의 극치), 와비侘び(간소하고 차분한 아취), 사비寂(한적한 정서)라고 한다.

　무로마치 문화는 선종이 중요한 역할을 했지만, 그것만으로는 설명할 수 없는 중요한 요소가 들어 있다. 정원, 다도, 노(가면극)에서 보이듯이 무로마치 문화에는 고도의 형식과 조형미가 나타난다는 점이다. 이것은 일본의 고대로부터 지녀온 고유한 미적 전통이라 할 수 있다. 《고금와카집》에서도 살펴본 것처럼 고대 이래 일본이 발달시켜 온 미적 감수성, 곧 고도의 형식과 유형미가 그대로 무로마치 문화 속에도 투영되어 있는 것이다.

DIGEST 40

정원, 다도, 노, 꽃꽂이
—무로마치 문화(1339~1489년)

그때 세계는 -
1498년 | 마스코 다 가마, 인도 항로 발견
1500년 | 티무르 제국 멸망

    이 시대 일본의 대표적 문화재는 금각사, 은각사, 그리고 각종 정원일 것이다.
    금각사는 말 그대로 누각이 금박으로 덮여 있어서 붙여진 이름이다. 금각사는 원래 남북조 쟁란을 종식시킨, 무로마치 시대 가운데 가장 성공적인 통치자였던 3대 쇼군 아시카가 요시미쓰足利義滿가 1397년에 은퇴 후 별장용으로 지은 것이다. 요시미쓰는 성공적인 통치자답게 교토의 기타야마北山에 금각을 짓고, 아시아 곳곳으로부터 미술품을 수집하며, 무용과 연극 공연으로 활기차고 사치스러운 연회를 열었다. 14세기 말 요시미쓰에 의해 주도된 이 문화를 기타야마 문화라 부를 정도로, 무로마치 문화의 절정이라 할 수 있다.
    용안사龍安寺는 규모가 작고 돌과 흰 모래로만 이루어져 있다. 왼쪽에서 오른쪽으로 놓인 15개의 돌은 2개, 3개씩 무리지어 얕게 패인 흰 모래 위에 있는데, 돌은 섬을 뜻하고 모래는 바다를 뜻한다. 15개의 돌은 어느 쪽에서

II 중세 사무라이 사회 **173**

금각사. 사치스러운 귀족문화에 대한 사무라이의 동경이 농후하게 나타난다.

보아도 한꺼번에 보이지 않고 위치에 따라 바위의 개수나 모습이 제각각 달라 보이도록 배치되어 있다. 광대한 자연을 좁은 공간에 상징적으로 압축해 놓았다는 점에서는 자연과의 합일을 주창하는 선종의 정신과 합치된다. 어쩌면 치밀하게 계산된 돌의 위치처럼, 조형과 형식을 중요시한 듯한 노력은 일본의 전통에 바짝 더 닿아있음을 느낀다.

금각사가 성공적인 통치자 쇼군 아시카가 요시미쓰 시기의 것이라면, 은각사(1482)는 전국시대에 들어서 막부의 쇠퇴기를 살았던 쇼군 아시카가 요시마사足利義政의 것이다. 금각사를 의식해 건물에 은을 입히려 했으나 은이 없어서 하지 못했다는 일화가 전해진다.

쇼군 요시마사는 자신의 권력이 전국 다이묘에 의해 잠식당하는 것을 피부로 느끼면서 살았고, 그 자신도 심신이 약한 사람이었다고 한다. 요시마사는 자신의 권력이 사라져 가는 것을 안타까워하며, 시대의 절망을 보상받으려는 듯 승려와 미술가를 주위에 불러 모아 고도로 세련된 미술을 발전시켰다. 은각사는 그 산물이라 할 수 있다. 은각사는 무로마치 시대의 모든 예술

노의 공연. 관객은 노 연기가 주는 압축적인 표현을 스스로 해독하면서 즐거움을 느낀다.

속에서 찾아내고자 했던, 신비적이고 내성적인 성격을 잘 표현해내고 있다.

다도는 차를 음미하는 자체를 즐기고 차 마시는 예법이 만들어지면서 간소하고 차분한 멋, '와비 차'로 발전되었다. 값비싸고 풍성하고 화려한 것보다는 버려지고 불완전하고 흠이 있는 것, 무언가 부족한 데에서 나오는 아름다움을 가치 있게 여긴 것이다. 다기는 처음 중국제를 쓰다가 나중에 일본제를 쓰게 되었지만, 서늘한 아름다움이 서린 고려다기를 최고로 여겼다. 당시 다인은 한적한 곳에 소박하고 자그마한 초가지붕의 다실을 짓고, 차 끓는 소리를 들으며 와비의 아름다움을 즐겼다.

꽃꽂이는 원래 꽃병에 꽃을 꽂아 부처를 공양하는 의례였는데, 무로마치 시대에 사무라이나 귀족의 집안을 장식하는 데에 애용되면서 예술적으로 발전했다. 꽃꽂이는 정교하게 배치하고 가공하여 아름다움을 만들어내는 것이다. 이것 역시 꽃에 어떤 종류의 형식을 주어 아름답다고 생각한 것이다.

노能는 가면 음악극으로 이 당시의 독창적인 문화 산물이다. 노는 신사에서 신을 즐겁게 하기 위해 공양물로 바치던, 소박한 형식의 가극에 연원을 두고 있다. 무로마치 시대에 와서 간아미와 그 아들 제아미에 의해 예술로 완성되었다. 이들 부자는 나라에 본거지를 두고 절이나 신사에서 공연하던 유랑집단을 이끌었는데, 요시미쓰 장군의 강력한 후원으로 노를 크게 발전시켰다. 가면을 쓰고 화려한 의상을 입은 악사들이 와카和歌 등의 곡에 맞추어 노래하고 춤추는 것이 노이다. 아주 느린 음악에 맞추어 상징적인 춤을 추는데, 유현幽玄(깊고 그윽함)하게 연기하는 데에 특징이 있다. 인간의 희로애락을 그려내는 주인공은 시공을 초월하여 현실과 신·영혼의 세계를 넘나든다. 그리고 인간의 고뇌와 이상을 유장한 노래와 춤으로 전개한다. 노의 지루함에 재미를 더하기 위해 교겐狂言이라는 것을 삽입했다. '미친 사람의 말'이라는 의미의 교겐이 중간에 들어가 삶의 일상사를 풍자하며 웃음을 선사한다.

그런데 노와 교겐은 줄거리보다는 양식미를 음미하는 데에 초점이 놓인다. 예를 들어 교겐의 경우, '운다'는 장면의 경우 상황에 따라 여러 가지로 연기하는 것이 아니라, 우는 모습의 공통점을 찾아내어 그 핵심을 하나의 패턴으로 만들고 이를 고정시킨다. 즉 실제로 울음소리를 내지 않고 '에헤 에헤 에헤에헤'라고 발음하며, 손을 눈 근처에 대고 머리를 약간 숙이며 어깨를 내리는 연기를 한다. 우는 장면뿐 아니라 각 장면에서 양식화된 연기가 있다. 노는 연기의 양식성이 주는 압축적인 표현을 스스로 해독하는 데에서 즐거움을 느끼게 한다. 배우는 상징적이고 압축적인 표현을 얼마만큼 고도로 숙련하여 체득했느냐에 따라 평가된다.

Ⅲ. 근세사회로의 이동

DIGEST 41

기독교와 조총의 전래
―유럽의 일본 진출(1543~1620년)

그때 세계는 -
1517년 | 루터의 종교개혁
1543년 | 코페르니쿠스, 지동설 발표

15세기 중엽에서 16세기 초는 유럽인에 의한 지리상 발견의 시대였다. 스페인·포르투갈은 일찍부터 절대주의 국가를 형성하여 중상주의 정책하에서 식민지 획득을 위해 해외로 진출하였다. 스페인은 15세기 말에 발견한 아메리카 대륙에 힘을 쏟았고, 포르투갈은 인도항로를 개척하였으며 나아가 중국의 마카오를 점령하고 아시아지역과 밀무역을 시작하였다. 그 때 동아시아의 해역에서는 왜구의 활동이 활발하였다. 포르투갈은 이 왜구와 무역하면서 교역의 범위를 북으로 뻗어 나갔다.

1543년 포르투갈 인을 태운 배 한 척이 명나라 닝보寧波로 가던 도중 폭풍우 때문에 규슈의 남단에 위치한 다네가시마種子島에 도착하였다. 일본에 온 최초의 유럽인이었다. 이 때 영주인 다네가시마 토키타카種子島時堯는 포르투갈 인이 소지하고 있던 서양식 철포, 즉 조총의 위력에 놀라, 그 제조법을 가신에게 배우게 하였다. 그 후 조총은 전국 다이묘들에게 퍼져나갔다. 그뿐만 아니라 사카이堺와 오미近江지방이 조총의 생산지로 번영하게 된다. 전

남만인이 일본에 온 광경을 그린 그림. 15~16세기 스페인과 포르투갈 등 서양문화가 유입되는데, 이를 '남만문화'라 한다. 특히 선교사들과 남만무역에 의해 천문학·의학·항해술·지리학 등 실용적인 지식이 유입되었다.

국 다이묘는 일본 열도에서 무력을 다투고 패자가 되고자 치열한 경쟁을 벌이고 있었고, 이들은 앞다투어 신병기를 갖추게 되었다. 종래의 기마중심 전법에 변화가 왔고, 방어가 주된 목적이었던 성의 구조도 철포전에 적합한 형태로 변화하기 시작했다.

이후 포르투갈선은 규슈의 히라토平戶·나가사키長崎 등지에 내항하여 다이묘와 무역을 행하였다. 1584년에는 스페인 사람이 히라토에 내항하였다. 당시 일본에서는 포르투갈·스페인 사람을 남만인南蠻人이라 불렀기 때문에 그들과의 무역을 남만무역이라 하였다. 남만무역에는 교토·사카이·하카타의 상인들도 많이 참여하였다. 포르투갈은 명나라의 생사와 견직물을 일본으로 들여오고, 그 대가로 일본의 은을 손에 넣어 막대한 이윤을 얻는 등 중계무역도 했다. 일본은 은 이외에도 도검, 해산물, 칠기 등을 수출하였고, 포르투갈은 철포·화약, 남방산의 피혁·향료 등을 팔았다.

당시 유럽에서는 신교의 종교개혁운동이 일어난 시기였다. 가톨릭은 신

1549년 일본 포교를 위해 선교사 자비에르가 가고시마에 와서 기독교를 전파하였다.

교의 비판에 자극받아 가톨릭의 개혁단체로서 예수회가 결성되어 아시아의 포교에 힘을 쏟고 있었다. 1549년 일본 포교를 목적으로 예수회 선교사 프란시스코 자비에르가 가고시마鹿兒島에 와서 처음으로 기독교(천주교)를 전파하였다. 자비에르는 포교 허가를 위해 일본의 중심인 교토에 들어갔지만 목적을 달성하지 못하고, 변방이라 할 수 있는 쥬고쿠中國·규슈九州 각지에 다이묘인 오우치 요시타카大內義隆·오토모 요시시게大友義鎭 등의 보호를 받아 포교를 시작했다.

그 후 많은 선교사가 도래하였다. 그들은 포교뿐만 아니라 사회사업에도 힘을 쏟아 인심을 얻었다. 《일본사》의 저자로 지금까지도 유명한 루이스 프로이스도 이 때 선교사로 온 인물이다. 기독교는 다이묘들의 무역을 통한 이익을 고려하여 그들을 보호했기 때문에 단기간에 신자가 증가하였고 다이묘 중에는 신자가 되는 자도 나왔다. 그 중에서도 규슈의 오토모 요시시게大友義鎭·오무라 스미타나大村純忠·아리마 하루노부有馬晴信는 예수회 선교사 바리냐니의 권유로 1582년에 4명의 소년사절을 로마교황에게 파견하기도 했다. 이들 사절단은 리스본을 거쳐 로마에 도착하였고, 교황 그레고리 13세를 만난 후 1590년에 리스본으로 귀국하였다.

기독교는 처음에 규슈에서 퍼졌지만 이윽고 기내畿內의 교토에도 들어왔다. 특히 오다 노부나가織田信長는 불교와의 대항관계와 남만문화(유럽에서 전래된 신문화)에 대한 관심으로부터 기독교를 보호했기 때문에 1582년경에는 신자수가 규슈에서만 12만 명이 넘었고, 기내지방에는 2만5천여 명에 이르렀다고 한다. 또한 각지에 교회당과 학교, 병원 등이 세워지게 되었다.

포르투갈을 비롯한 유럽인들이 일본을 왕래하면서, 일본 근세사회 초기에는 이국정서의 문화가 개화하였다. 1591년 선교사이며 《일본사》의 저자이기도 한 루이스 프로이스는 "교토에는 포르투갈풍의 의복과 물건을 갖고 있지 않은 사람은 사람 취급을 받지 못할 정도였다. 많은 다이묘들이 서양식 외투, 서양식 모자, 셔츠, 바지 등을 몸에 걸치고 있었다"라고 말했다. 또 "도요토미 히데요시도 계란과 소고기를 먹고, 포르투갈풍 복장을 즐겨한다"라고 기록하고 있다. 히데요시는 이후 기독교 포교 금지령을 내린 장본인이지만, 처음에는 서양문화에 대해 큰 호기심을 가지고 있었다. 또한 어학연구, 교육, 출판 등을 통해 기독교문화가 꽃을 피웠다. 그러나 기독교는 인간성을 강하게 주장하며 봉건지배에 정면으로 대결하는 종교였기 때문에 후에 강력한 탄압을 받게 된다.

DIGEST 42

오다 노부나가의 등장
—전국통일의 가닥(1559~1582년)

그때 세계는 -
1559년 | 조선, 황해도의 민란(임꺽정의 난)
1562년 | 프랑스, 위그노 전쟁(~1598년)
1581년 | 네덜란드, 독립 선언

　전국시대 100여 년의 혼란을 종식시킨 사람이 오다 노부나가織田信長, 도요토미 히데요시豊臣秀吉, 도쿠가와 이에야스德川家康 세 사람이다. 일본사에서는 드문 영웅으로 각각 다른 성격을 갖고 있다.
　세 사람을 상징적으로 비교하는 이야기가 있다. 좀처럼 울지 않는 새를 울게 하라고 한다면, 오다 노부나가는 새에게 울라고 명령을 한 다음 그래도 울지 않으면 그 자리에서 칼로 목을 베어버리고, 도요토미 히데요시는 온갖 방법을 써서 울도록 만들고, 도쿠가와 이에야스는 울 때까지 기다린다는 것이다. 이 일화에서처럼 오다 노부나가는 불같은 성격으로 난마처럼 뒤엉킨 전국시대에서 통일의 가닥을 잡았다.
　오다 노부나가는 천하통일로 가는 핵심지인, 교토에 입성하는 데에 성공하였다. 그는 오와리尾張의 슈고다이守護代의 일족이었는데, 강한 경제력을 기반으로 대두하여 1560년 오케하자마桶狭間 전투에서 대군을 이끌고 교토로 향하고 있던 스루가駿河의 이마가와 요시모토今川義元를 격파하고, 미카와

三河의 도쿠가와 이에야스와 동맹을 맺어 세력을 뻗어 나갔다. 이어 오와리를 통일하고 미노美濃의 사이토 씨齊藤氏를 멸망시키고, 1568년에는 아시카가 요시아키足利義昭를 앞세우면서 교토로 들어가 그를 장군으로 옹립하였다.

무로마치 막부의 15대 장군이 된 요시아키는 노부나가의 권세를 시기하여 반대세력을 조직하기 시작하였다. 이에 노부나가는 요시아키 측에 가담한 오미近江의 아자이淺井, 에치젠越前의 아사쿠라朝倉 양씨의 군대를 격파하였다. 또 많은 승병을 동원하여 저항한 엔랴쿠지延曆寺를 불태워 마침내 1573년 노부나가는 요시아키를 교토로부터 추방함으로써 무로마치 막부는 멸망하였다.

오다 노부나가는 불같은 성격으로 전국시대 통일의 가닥을 잡았지만, 패업을 이루기 직전 부하에게 암살당한다.

1575년에는 철포대를 이용하여 미카와三河 나가시노長篠 전투에서 다케다 신겐武田信玄의 아들 가쓰요리武田勝頼를 격파하여 이제까지의 전술을 변화시켰다. 나가시노 전투는 밀집 대형을 이룬 오다, 도쿠가와 연합군의 보병대가 다케다군의 기마대를 괴멸시킨 전투로 유명하다. 이 전투에서 오다군은 뎃포鐵砲라 하는 화승총으로 무장했다. 장애물을 설치하고 약 3천여 명의 뎃포 부대를 배치하여 다케다군의 기마대를 조준 사격하는 전술을 구사하였다. 오다 노부나가가 뎃포 부대로 대승리한 이후, 당시 다이묘의 병제와 전술이 획기적으로 전환된다.

오다 노부나가는 대사원, 신사세력이나 다이묘들의 경우 압도적으로 우세한 병력을 갖고 신중하게 준비하여 단숨에 결전하여 적들을 쓰러뜨렸다. 하지만 넓은 지역에 걸쳐서 남녀민중이 단결한 농민봉기세력 잇코잇키一向

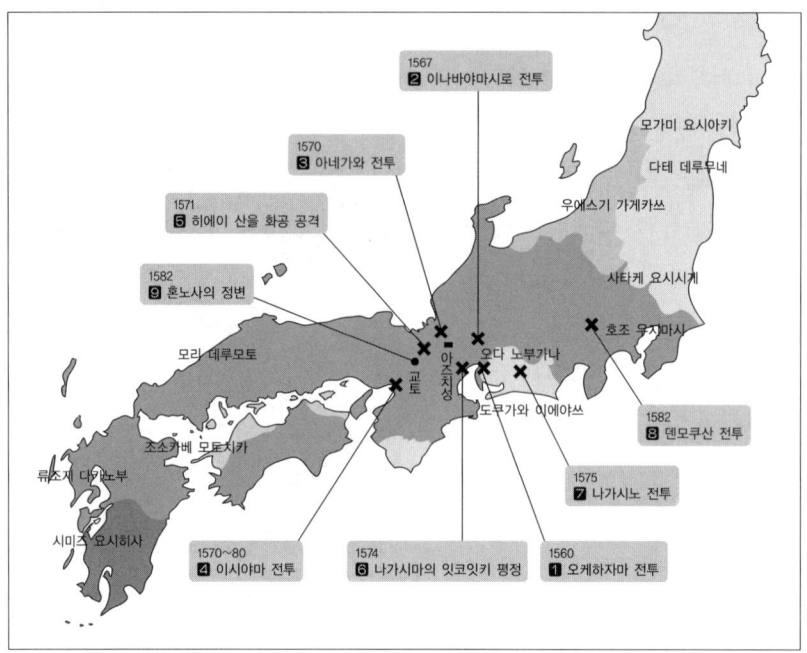

오다 노부나가의 전국통일 과정. 오다 노부나가는 천하통일로 가는 핵심지인 교토에 입성하는 데에 성공하였다.

一揆는 평정하기 어려웠다. 본원사本願寺의 문주 겐뇨가 1570년 전국의 문도들에게 노부나가에게 대항할 것을 명한 이후, 노부나가와 잇코잇키의 지루한 싸움이 지속되었다. 드디어 1574년 이세 나가시마의 잇코잇키를, 1575년에 에치젠의 잇코잇키를 평정하고 1580년 이시야마 본원사를 굴복시켰다. 1574년 잇코잇키의 경우, 남녀노소를 가리지 않고 몇 만 명을 칼로 베거나 불에 태워 무참히 살해하고 거짓으로 강화한 뒤에 토벌하는 방법으로 겨우 이를 평정했다. 이로써 1세기에 걸쳐 존속한 가장 강력한 적, 잇코잇키 세력이 와해되었다.

한편 오다 노부나가는 중세의 질서를 부정하고 새로운 지배질서를 창출하고자 했다. 무사와 상공인의 도시 집주를 추진하여 근세적 도시를 창출했고(병농분리와 조카마치 건설), 영주에게는 토지의 생산량을 신고하도록 하여 토지의 지배자, 경작자, 경작 면적, 생산량을 정확히 파악하고자 했다.

나가시노 전투. 오다·도쿠가와 연합군이 조총부대를 편성하고 교대로 사격하여 가케다의 기마군단을 격파했다.

1576년부터는 교통의 요지 오미近江 지역에 거대한 아즈치성安土城을 건설하기 시작했다. 오다 노부나가는 많은 노동력과 기술자를 동원하여 웅장한 천수각을 중심으로 하는 성을 건설하여, 이곳을 통일 사업의 거점으로 삼았다.

1582년 노부나가는 일본의 중앙부를 거의 제압하고 전국통일을 목전에 두고 있었다. 이때 쥬고쿠中國 지방의 강적 모리 테루토모毛利輝元를 지원하기 위해 출정했는데, 그 도중 교토의 본능사本能寺에서 가신인 아케치 미츠히데明智光秀의 배신으로 통일사업을 이루지 못한 채 죽음을 당하였다.

DIGEST 43

도요토미 히데요시의 전국통일
—아즈치 · 모모야마시대(1582~1598년)

그때 세계는 -
1588년 | 영국, 에스파냐 무적함대 격파
1598년 | 프랑스, 낭트 칙령 발표
1600년 | 인도, 영국이 동인도회사 설립

    오다 노부나가가 통일의 대업을 이루지 못하고 쓰러진 후, 천하의 실권을 장악한 자가 도요토미 히데요시였다. 그는 오와리尾張 빈농의 아들로 태어나 처음에 하급무사로서 노부나가를 섬기다가 전공을 세워 오미近江 나가하마長浜의 성주가 되었으며, 이윽고 모리 씨毛利氏를 공격하는 총대장이 되고 하리마播磨 등 수 개국을 영유하기에 이르렀다.

    오다 노부나가가 사망하였을 때, 도요토미 히데요시는 빗추備中의 다카마츠성高松城에서 모리군을 공격하고 있었다. 오다 노부나가가 사망했다는 소식을 듣자마자, 도요토미 히데요시는 즉시 강화를 맺은 후, 군대를 이끌고 회군하여 교토의 서쪽 야마자키山崎 싸움에서 오다 노부나가를 죽인 아케치 미츠히데明智光秀를 격파하고 노부나가의 유업을 계승하여 천하통일의 발판을 마련하였다. 이어 1583년에는 노부나가의 중신인 시바타 카즈이에紫田勝家를 멸망시키고, 노부나가의 3남 노부타카信孝를 자살케 하였다. 그 해 오사카 이시야마石山에 웅장한 오사카성大阪城을 구축하여 전국제패의 본거지

도요토미 히데요시. 도요토미의 최대공적은 전국적인 검지를 강행하여 농민지배와 수취체제를 수립하여 전국 지배의 기초를 확립한 것이었다.

로 삼았다. 1584년에는 노부나가의 차남 노부카츠信雄, 그 동맹자인 도쿠가와 이에야스德川家康와 고마키小牧, 나가쿠테長久手에서 싸웠으나, 이들과 화의하고 마침내 굴복시켰다. 1585년에는 관백關白이 되고 이듬해에는 태정대신太政大臣이 되어 최고의 관직에 올랐다. 이어 조정으로부터 도요토미豊臣의 성을 받아 도요토미 히데요시豊臣秀吉가 되었다.

전국 통일 과정에서 히데요시는 영주들이 저항, 귀순, 협력하는 정도에 따라서 정벌하기도 하고 영지의 일부를 삭감하거나 또는 옛 영지를 그대로 영유하도록 했다. 히데요시는 몰수한 영지 가운데 일부는 자신의 직할령으로 삼았지만, 대부분 협력자나 공을 세운 부하에게 나누어 주었다.

히데요시는 자신의 심복 다이묘나 혈연들을 전국 요지에 배치하여 새로 복속한 다이묘를 견제토록 했다. 또한 기회가 있을 때마다 다이묘의 영지를 바꾸어 경계해야 할 다이묘는 되도록 먼 곳으로 옮기게 하였다. 영지의 교체는 다이묘들에게 히데요시의 권력을 깨닫게 하는 수단이기도 했다. 이렇

경작지조사에 사용된 도구. 경작지 조사(검지)의 관건은 경지의 정확한 수확량을 측정하는 것이다. 도요토미 히데요시의 명을 받아 검지할 때 사용된 도구(되와 자).

게 히데요시는 직할지를 확대하여 기내지방 및 대도시, 지방의 요지를 보유했다. 히데요시는 봉건영주의 왕과 다름없었다. 직할지는 쌀 생산고石高(석고)가 약 200만 석으로 이키, 쓰시마를 뺀 당시 전일본의 생산고 1,850만석의 1/10 이상을 독점했다. 그 직할지는 기내지방 등 경제적으로 가장 발달한 지방에 집중되어 있었다. 당시 가장 좋은 금은 광산을 독점하고 교토, 오사카와 같은 가장 중요한 상업과 무역의 중심도시도 직할했다. 이 정도의 경제적 기반이 있었기 때문에 히데요시는 다른 다이묘를 압도할 만큼의 직속군대를 가질 수 있었다.

히데요시가 전국지배의 체제를 확립하기 위해 추진한 기본 정책이 경작지 조사檢地(검지)와 무기몰수였다. 철저한 경작지 조사에 의해 전국 토지에 등급을 매기고, 그것에 기초하여 생산고를 산출하고 그 생산고에 따라 연공을 결정하였다. 각급 경지의 연공부과 기준이 되는 수확량을 모두 쌀로 환산하여 석고를 제정하고 석고를 계산하는 도구도 전국적으로 일정하게 하

오사카성. 1583년 도요토미 히데요시는 수운이 편리한 우에마치 대지(上町臺地)에 천하 쟁탈의 거점을 마련하기 위해 오사카성을 축성했다.

였다. 연공은 일률적으로 전체수확량의 2/3를 납부하는 것을 원칙으로 하되 논의 연공은 금납金納을 인정했다.

연공부담자를 검지장에 등록하여 촌락마다 작성하였다. 검지에 의해 촌락의 생산고가 확정되면, 촌락의 크기는 쌀의 생산량인 석고로 표시되고, 다이묘령도 생산량의 단위인 석고로 표시되었다. 석고는 농민에게 연공 부담의 기준이 되며, 다이묘에게는 군역 부담의 기준이 되었다. 검지의 결과, 종래 하나의 토지에 몇 사람이 중복하여 경작권과 수확권을 갖고 있던 복잡한 관계가 정리되어 하나의 경작지에 한 명의 경작인이 있는 원칙이 정해졌다.

도요토미는 장원제적인 지배관계의 흔적을 최종적으로 불식하고 전국적인 검지를 강행함에 따라 통일적인 농민지배와 공조수취체제를 수립했다.

또한 히데요시는 민중의 무장도 금지하고 무기를 몰수하였다. 무기몰수는 전국적으로 시행되어 백성, 조닌町人에게서 칼, 창, 화살, 조총 등 모든 무기류를 몰수했다. 그리고 무사는 하층 무사라 해도 농민이나 상공업자가 되는 것을 금지하고 이들을 촌락으로부터 분리하여 성 아래의 도시城下町(조카마치)에 거주하도록 했다. 이렇게 사·농·공·상의 신분, 직업, 주소의 구별이 정해져 고정되었고, 또한 병농분리의 원칙도 확립되었다. 병농분리를 완성하고 무사를 도시城下町(조카마치)에 집주시켜 신분질서를 확립한 것이다. 히데요시는 통일 권력의 사회 체제를 정비했다.

도요토미 히데요시의 영토욕은 끝이 없었다. 그는 전국평정의 대업이 진행됨에 따라 유구, 대만, 필리핀까지 정복하고 조선과 명나라까지 복속시키려고 꿈꾸었다. 남방원정은 공상으로 끝났지만 명왕조 정복계획은 전국통일 직후부터 구체화되었다. 히데요시는 우선 명으로의 통로인 조선의 복속을 요구했지만 거부되었기 때문에 1592년 4월 조선원정을 개시했다. 처음에는 연전연승하여 선봉이 부산에 상륙한 뒤에 한 달도 안 되어 수도 한성을 점령하고 뒤이어 평양도 공략하였다. 너무도 쉽게 한성을 점령했다는 보고를 받은 히데요시는 조선 전체는 물론 명도 점령하는 것은 시간문제라 생각했다. 중국대륙을 점령한 후, 중국을 기반으로 하여 동남아시아 지역과 인도 지역까지 지배하려는 꿈을 꾸고 있었다.

그러나 이순신에게 해군이 전멸당하고 제해권을 빼앗기면서 전선은 교착상태에 빠지게 되었다. 일본군은 식량의 현지약탈도 불가능해지고 병사자가 속출해 1593년 강화교섭이 시작되면서 사실상의 정전이 이루어졌다.

협정에 따라 일단 휴전이 성립되었으나, 1597년 히데요시는 재출병하였다. 1차 때와 달리 고전하였고, 이듬해 히데요시가 병사함에 따라 일본군은 철수하고 전쟁은 종결되었다. 임진왜란에서 실패함으로써 그의 시대는 끝나고, 천하는 끈질기게 기다려온 도쿠가와 이에야스에게 돌아가게 되었다.

에도 막부의 성립
―도쿠가와 이에야스(1598~1616년)

그때 세계는 –
1613년 | 조선, 광해군, 영창대군을 강화에 보냄(계유옥사)
1616년 | 후금(청) 건국

도요토미 히데요시 사후 도요토미 정권은 급속히 쇠퇴하였다. 게다가 히데요시의 아들 히데요리秀賴는 아직 어린아이였다. 이러한 정세하에서 히데요리를 대신하여 정무를 장악한 자가 도쿠가와 이에야스德川家康다. 이에야스는 미카와三河의 호족이었는데, 오다 노부나가와 동맹해서 도카이東海 지방에 세력을 뻗쳤다.

1590년에는 히데요시를 도와 오다와라小田原의 호조 씨北條氏를 멸망시킨 후 간토(관동)의 6개국을 하사받았다. 이에야스는 도카이에서 간토로 이주하여 약 250만 석의 다이묘로서 에도에 본거지를 두고 이윽고 도요토미 정권의 5다이로의 우두머리가 되었다. 특히 이에야스는 조선출병을 하지 않았기 때문에 그 세력은 온존하였으며 히데요시 이후 최고의 실력자가 되었다.

그러나 이에야스의 대두에 대항하여 5봉행奉行의 한사람인 이시다 미쓰나리石田三成를 중심으로 하는 세력은 이에야스의 지배권 확대에 불만을 품고, 고니시 유키나가小西行長, 모리 테루모토毛利輝元, 시마즈 요시히로島津義弘와

III 근세사회로의 이동 **191**

에도성. 에도는 지금의 도쿄로, 본래 파도가 몰아치고 김을 채취하는 개펄에 불과했는데 도쿠가와 이에야스에 의해 계획도시로 거듭나게 된다. 도쿄는 천황이 기거하는 교토에 비하면 17세기 도쿠가와 시대에 등장한 신흥 도시라 할 수 있다. 에도시대의 수도는 장군이 살고 있는 도쿄(에도)가 아니라 천황이 살고 있는 교토였다.

더불어 이에야스를 타도하려고 하였다(서군). 이에 대해 이에야스는 후쿠시마 마사노리福島正則, 가토 기요마사加藤清正, 구로다 나가마사黒田長政와 동맹하였다(동군). 1600년 양자는 미노美濃의 세키가하라關ヶ原 전투에서 격돌하였으나, 이에야스 측이 승리하여 패권을 장악하였다. 이 세키가하라 전투에서 승리한 후, 서군에 가담한 다이묘들의 영지 440만 석을 몰수하고, 모리 테루모토를 120만 석에서 30만 석으로 감봉했다. 이렇게 하여 얻은 토지를 동군의 다이묘들에게 증봉하거나 자신의 가신들에게 주어 후다이 다이묘普代大名(세키가하라 전투 전부터 충성한 다이묘) 28명을 새로 세웠다. 그리고 이에야스는 도카이도와 나카센도 등 전국의 주요 도로를 정비·장악하고 교토, 후시미, 사카이, 나가사키 등 주요 도시와 항구를 직할지로 삼았다. 그와 동시에 오모리, 이쿠노, 도사, 이즈 등의 주요 금은광을 장악, 화폐 주조권을 장악하여 전국적인 경제기반을 확보했다.

이에야스는 1603년 정이대장군에 임명되고 에도에 막부를 개창하였다.

도조궁. 도쿠가와 이에야스의 신사.

이후 260여 년간에 걸친 에도시대가 열리게 된다. 이어서 1614~15년에는 도요토미 씨豊臣氏 세력의 보루인 오사카성을 공격하여 도요토미를 멸망시키고, 도쿠가와 씨에 의한 전국지배를 확립하였다.

오사카 전투 직후 1616년 이에야스는 다이묘가 거주하는 본성을 제외한 모든 성을 파괴하라는 일국일성령一國一城令을 내렸다. 이 명령은 막부에 대항할 수 있는 다이묘들의 군사적 거점을 제거하기 위한 것이었으나, 각지의 성을 거점으로 다이묘에게 저항하려는 무사세력을 약화시키는 효과도 있어 다이묘의 권력 강화에도 도움이 되었다.

1603년 수도가 본격적으로 건설되었다. 이에야스는 에도江戶 시가를 크게 확장하여 300개의 도시町(마치)를 새로 만들고, 1606~1607년에는 5층의 천수각天守閣을 가진 장대한 에도성을 쌓았다. 이 대토목공사에는 전국의 다이묘들이 동원되었다.

모든 방면에서 막부의 기초를 굳힌 이에야스는 도요토미가豊臣家를 멸하고 다이묘, 천황, 사원 통제의 큰 윤곽을 잡은 다음 해(1616) 병으로 죽었다.

그의 유지에 따라 천황은 죽은 이에야스에게 '도쇼다이곤겐東照大權現'이라는 신호神號를 내렸다. 사람이 죽은 뒤에 곧바로 이를 신으로 여기는 일은 히데요시가 처음이었으나, 이에야스는 도요토미가를 멸하고 즉시 조정으로 하여금 그의 신호를 취소케 했었다. 그러나 자신이 죽은 뒤에는 신이 되어 250년에 걸쳐 막부의 권위를 뒷받침하였다.

DIGEST 45

쇼군과 다이묘
―막번체제(1619~1714년)

그때 세계는 -
1618년 | 독일, 30년 전쟁(~1648년)
1623년 | 조선, 인조반정

　막부의 장군과 지방의 번주藩主인 다이묘大名가 주종관계를 맺어 토지와 인민을 지배하는 체제를 막번幕藩체제라고 한다. 막번체제는 조세를 부담하는 농민을 기초로 하고, 사농공상 등의 엄격한 신분제에 의해 질서화되었다. 장군은 형식적으로는 천황으로부터 임명되지만, 실제는 일본의 지배자였다. 장군의 권력은 역대 막부의 장군과 비교가 되지도 않을 정도로 강력하였고 토지, 인민에 대한 전제적 지배권을 갖고 있었다.
　막부의 조직은 막부정치가 전개되어 가는 과정에서 점차 갖추어져 3대 장군인 이에미쓰 시대까지는 거의 정비되었다. 막부기구 중에서 최고직은 다이로大老였는데, 그것은 임시직이었고, 통상은 로쥬老中가 정무의 중심이었다. 와카도시요리若年寄는 로쥬의 보좌역이고, 오메쓰케大目付는 다이묘의 감독과 에도성의 사무를 담당하였으며, 메쓰케目付는 장군의 직속가신의 감독을 관장하였다. 그 밖에 사사봉행寺社奉行·마치봉행町奉行·감정봉행勘定奉行 3봉행이 있어 일반정무를 분담하였다.

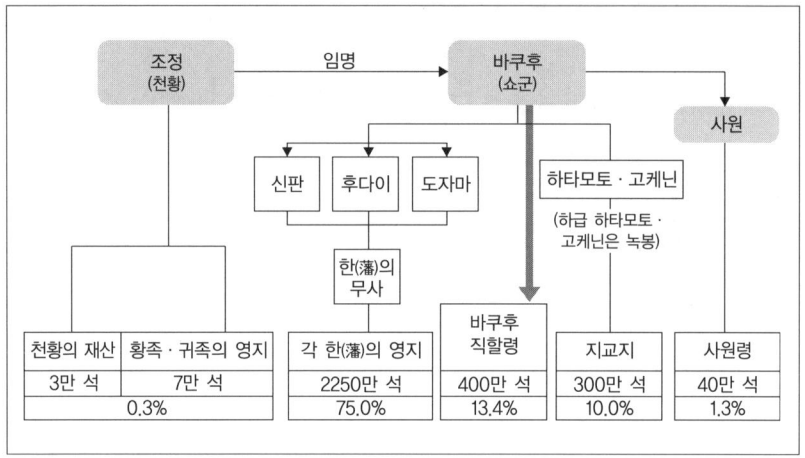

막번체제의 구조와 석고량(쌀생산량).

　막부 군사력의 중심은 장군직속의 가신인 하타모토旗本, 고케닌御家人이었다. 영지는 모두 1만 석 미만이지만, 장군을 직접 알현할 수 있는 자를 하타모토, 그렇지 못한 자를 고케닌이라고 한다. 막부는 직속의 무력으로서 그들 가신을 포함하여 5, 6만 명을 동원할 수 있는 체제였다. 전시에는 다이묘들에게 석고石高에 따라 군역이 부과되었으며, 일정수의 병마도 공출시켰다.

　장군으로부터 1만 석 이상의 영지를 받은 자를 '다이묘'라 하고, 다이묘가 지배하는 영역과 지배 기구를 '번藩(한)'이라 한다. 다이묘에는 도쿠가와 씨德川氏 일족인 신판親藩, 처음부터 도쿠가와 씨의 가신이 된 후다이普代, 세키가하라 전투 전후에 가신이 된 도자마外樣의 3종류가 있다. 막부는 다이묘를 통제하기 위해 그 배치에 신중을 기하여 신판, 후다이 다이묘를 관동關東과 전국의 요지에 두고, 유력한 도자마 다이묘는 에도로부터 먼 지역에 배치하였다. 막부의 요직에는 후다이 다이묘를 임명하고 도자마 다이묘는 정치에 참여시키지 않았다.

　막부는 1615년에 1국에는 1성만 보유하라는 영을 내려 다이묘의 거성 이외의 모든 성을 파괴시켜 군사력을 약화시켰다. 또 이해 다이묘 통제의 기본법인 무가제법도武家諸法度를 공포하여 다이묘들이 지켜야 할 법을 제시했다.

에도시대 다이묘의 행렬을 재현하고 있다.

도쿠가와 이에미쓰德川家光 때에 강화된 참근교대제는 유효한 다이묘 통제책이었다. 이에 따라 다이묘는 1년 교대로 자신의 영지와 에도를 번갈아 거주하게 되고 처자는 인질로서 에도에 상주하게 되었다. 이러한 이중생활과 왕복 경비는 다이묘에게 큰 부담이 되었다.

막부는 조정을 무력화시키는 데에도 주력하였다. 1615년 금중병공가제법도禁中竝公家諸法度를 제정하여 천황, 공가의 정치활동을 규제하고 천황에게는 학문을 제일로 하도록 했다. 한편 교토쇼시다이京都所司代를 설치하여 조정, 공가를 감찰시켜 다이묘가 조정에 접근하지 못하도록 감시시켰다. 황실영지는 약 3만 석으로 상황, 공가 등의 영지를 더해도 12~13만 석에 불과했다.

사원에 대해서도 사원을 통제하고 막부의 일원적 지배하에 두려고 했다. 게다가 기독교를 금지시키기 위해 누구나 사원의 신도가 되도록 강제했다. 이에 따라 사원은 막부의 보호를 받아 민중지배를 위한 행정의 말단기관으로 조직되었다.

에도 시대를 막번幕藩체제라 부르는데, 막번이란 쇼군의 통치 기구인 막부와 다이묘의 영지인 번을 합쳐 부르는 말이다. 번은 17세기 말에 240개에 달했다. 막부는 자신의 직할지만을 통치하고, 번에 대해서는 간섭을 하지 않고 다이묘의 자치에 맡겼다.

그러나 도쿠가와 막부는 역대 사무라이 정권 가운데서 군사력과 경제력이 가장 강력했으며 물샐틈없이 다이묘를 통제했다. 전국 쌀 생산량의 1/4을 생산할 수 있는 토지를 소유하고 오사카, 교토, 나가사키 등 중요 상공업도시와 광산을 직할했으며, 군사력 또한 막강하여 30가家 정도의 다이묘 연합군이라 해도 쉽게 제압할 수 있을 정도였다. 게다가 다이묘는 처자를 에도에 살게 하고 1년마다 에도와 영지를 오가며 생활해야 하는 참근교대제도를 비롯하여 다이묘를 통제하는 법령을 완전히 정비했다. 천황가에는 영지를 주는 한편 천황과 궁정 귀족의 행동을 세세한 규정으로 통제했다.

이러한 거대한 규모에서 나오는 가공할 만한 경제력과 군사력, 그리고 완벽한 제도의 정비로 인하여 막부에 도전할 수 있는 세력은 당시 어디에도 없었다. 걸핏하면 다이묘들끼리 군사를 이끌고 싸우는 일도 없어졌다. 500년 만에 일본 열도에 평화가 찾아온 것이다. 에도 막부는 서양의 침입에 대한 대응으로 1868년 메이지유신이 들어서기까지 265년을 지속했다.

신분제도와 농민지배
—에도막부의 사회(1582~1867년)

그때 세계는 -
1628년 | 영국, 권리청원 제출
1633년 | 조선, '척화의 소' 내림

　도쿠가와 시대의 사회는 사농공상이라고 하는 엄격한 신분제도와 가부장을 중심으로 하는 가족제도가 기반이 되었다. 무사는 지배계층인 최상위층으로, 전 인구의 1할을 차지하고 있고 갖가지 특권을 누렸다. 에도시대 일반 서민은 원칙적으로 성姓을 사용할 수 없었기 때문에 이름만 불리었는데, 무사는 지배계급으로서 성을 사용할 수 있는 특권이 부여되었다. 또 무사가 농민이나 상공인의 무례함에 의해 명예가 손상되었을 때, 그들을 살상할 수 있는 권리인 기리스테고멘切捨御免의 특권을 갖고 있었다. 또 무사들은 두 개의 도검을 패용할 수 있는 대도帶刀의 특권도 있었다. 기리스테고멘의 특권은 서민에게 무사는 공경의 대상이며, 무사에게는 매사 공순해야 한다는 것을 법률적으로 의무지운 강력한 법이었다. 무사의 특권은 서민에 비하여 우월한 무사의 사회적 지위를 확립하는 데 결정적 제도였다.

　무사는 원칙적으로 쇼군·다이묘·하타모토를 정점으로 하는 가신단에 소속되어 있었는데, 상급무사와 하급무사로 구분되어 상급무사와 하급무사

III 근세사회로의 이동 **199**

신분에 따른 의복과 식사 장면을 상징적으로 그렸다.

와의 신분 구별은 매우 엄격하였다. 무사는 영주로부터 지행지知行地·봉록을 받고, 이를 세습했지만, 주군에 대해서는 강한 충성이 요구되었다.

농민은 연공 부담자로서 중요한 존재였기 때문에 표면적으로는 무사에 다음가는 신분이었으나 통제는 엄격하고 세부담이 과중하여 생활은 궁핍하였다. 농민의 인구는 에도시대 2,600만 내지 2,700만 명으로, 전 인구의 80%에 달했다.

도시에 사는 상인·직인은 조닌町人이라 부르고, 전 인구의 약 7%를 차지하고 있었다. 조닌은 신분으로서는 농민 아래에 있었지만, 통제는 오히려 농민보다 덜하였다. 잡세로서 부과된 운죠킨運上金(영업세), 묘가킨冥加金(영업활동에 대해 공인·보호받는 대신에 막부에 바치는 헌금, 개인이나 동업조합이 납부)도 농민의 부담에 비해 가벼웠다.

사농공상의 밑에는 에타穢多·히닌非人이라는 천민이 있었다. 에타는 주로 피혁 제품을 생산하는 사람들이었고, 히닌은 주로 시체를 처리하거나 걸식하는 사람들이었다. 천민은 일반 민가와 동떨어진 장소에 거주하였는데, 그 지역을 부락이라 했다. 이처럼 에도시대는 엄격한 신분제가 시행되었다.

근세의 촌락村은 도요토미 정권 이후 도쿠가와 정권에 계승된 병농분리 정책과 토지조사에 의해 형성되었다. 무라는 백성의 가옥이 모여 있는 집락을 포함하는 넓은 영역으로 구성되며 몇 개의 자연 집락을 합친 50~60호 정도 규모였다. 무라는 농업 생산의 단위이면서 행정 단위였다.

촌락에는 전답, 택지를 소유하고 토지대장에 기재되어 연공을 납입하는 본백성과 본백성에게서 전지를 빌려 소작하는 소작인水呑百姓(미즈노미뱌큐쇼) 등이 있었다. 촌락공동체는 본백성이 중심이 되어 운영되었다. 본백성은 연공과 부역 업무를 원활히 하기 위해 대표자를 선발했다. 이들을 무라카다 3역村方三役이라 한다. 본백성의 지도자, 무라카다 3역은 나누시名主, 구미가시라組頭, 햐쿠쇼다이百姓代로 이루어져 있었다.

촌민은 5인조(고닌구미)라는 조직에 편성되었다. 나누시名主와 예속 농민을 제외한 모든 농민은 5~6집을 한 조로 묶어 5인조를 결성하고, 구미가시라의 명령에 의해 각 조별로 책임을 분담하였다. 영주 권력은 연공이 체납된다든지 범죄자가 발생하였을 경우에 5인조에게 연대 책임을 지웠다.

백성이 부담하는 세금은 수확량을 기준으로 매겨져, 쌀로 납부하는 것이 원칙이었다. 보통 전답에 대한 세액은 수확량의 40~50%에 이르렀다. 이외에도 다양한 명목으로 과세가 부과되었기 때문에 농민의 생활은 궁핍했다.

막부와 각 번은 농민으로부터 확실히 조세를 확보하기 위해 다양한 제한을 가했다. 토지를 기초로 한 봉건 경제였기 때문에 토지의 처분이 가장 엄중하였다. 1643년에는 경작지를 영구히 매매할 수 없도록 하는 영구매매금지령田畑永代賣買禁止令을 공포하였다. 1649년에는 농민의 경작관계로부터 의식주, 부부관계에 이르기까지 세부적으로 규정하여 제한하였다. 1673년에는 분할상속에 의해 전답이 나누어지는 것을 막기 위한 법령도 공포했다. 막부가 경작지가 분할되지 않도록 한 이 제도는 본백성이 영세농화되는 것을 막기 위함이었다. 이 모두 본백성에게서 연공을 확실하게 확보하기 위해서였다.

이렇게 엄격히 제한을 받음에 따라 촌민은 상호 협력하여 촌락생활을 영

에도의 서민들.

위해 나갔다. 공동체조직을 만들어 모내기, 추수 등 공동작업을 했다. 촌락이 공동체로서 결속한 결과 구속력이 강해지고 촌락의 결정사항을 위반한 자는 무라하치부村八分라 하여 화재나 장례를 제외하고는 협력하지 못하도록 제재를 하였다.

쇄국과 시마바라의 기독교도 반란
― 기독교 금압과 쇄국(1587~1641년)

그때 세계는 -
1642년 | 영국, 청교도 혁명
1644년 | 명 멸망, 청, 중국통일

도쿠가와 이에야스는 도요토미 히데요시와 같이 기독교를 인정하지 않는 입장을 취했지만, 무역은 보호·장려했기 때문에 그 포교를 묵인해 왔다. 그 결과 1549년부터 1644년까지 일본인 75만 명이 개종하였다. 신 앞에 만인의 평등, 독립된 인격, 인권의식, 자아의식과 같은 주장은 일본에서는 아주 새로운 신념이었고, 이 같은 주장이 일본의 기독교인에게 충분히 이해되지는 않았다. 하지만 개종자들은 일신교라는 신개념을 토대로 신앙생활을 했고, 새로운 인간관을 희미하게나마 갖게 되었다.

그러나 신 앞에서 평등을 설파하는 기독교의 교리는 일본의 봉건적 신분제를 부정하는 것이었다. 기독교의 일신교적인 성격은 기성종교와 대립하였고 일부다처제의 금지, 할복의 금지 등은 봉건도덕과 모순되었다. 기독교 신도가 증가하면서 보인 단결력은 막부의 두려움을 불러일으켰다. 또 새롭게 내항한 신교국 영국인, 네덜란드인은 구교 가톨릭국인 스페인, 포르투갈이 포교한 후 일본을 정복한 의도가 있다고 밀고했다. 게다가 막부는 개종

히라도(平戸). 1550년에서 1641년까지 포르투갈 · 네덜란드 · 영국 등과의 무역항으로서 해외문화와 접촉한 곳이다. 예수회 소속의 자비에르 신부가 기독교 포교를 시작한 곳이다.

한 규슈의 다이묘들이 무역의 이익으로 경제적 · 군사적으로 강대해지는 것을 두려워했다. 또 도쿠가와 이에야스는 자신의 측근에도 기독교도가 있는 것을 발견하고, 크게 놀라 두려워하며 자신의 직할령에 기독교를 금지시켰다. 이듬해에는 전국적으로 교회당의 파괴, 선교사의 추방, 신도에의 개종을 강요하고 개종하지 않은 신도는 해외로 추방하였다.

막부는 1616년 유럽인의 거주 · 무역의 기항지를 히라도平戸, 나가사키長崎의 두 항으로 제한하였다. 이어서 1624년에는 선교사의 활동에 가장 깊이 관련하고 있던 스페인 선박의 내항을 금지하고, 1633년에는 막부의 허락을 받은 선박 이외의 일본선의 해외도항을 금지시켰다. 게다가 1635년에는 일본인의 해외도항과 재외 일본인의 귀국을 전면적으로 금지시켰다. 또 이제까지 제한하지 않았던 중국선의 내항도 나가사키의 한 곳으로 제한하고 이듬해에는 포르투갈 인을 나가사키항내에 축조한 인공섬인 데지마出島로 이주시켰다.

이러한 막부의 쇄국정책 과정에서 1637년 규슈의 시마바라島原·아마쿠사天草 지방에서 기독교도를 중심으로 하는 반란(시마바라의 난)이 일어났다.

시마바라, 아마쿠사 두 지방의 영주가 기독교도를 심하게 탄압하고 중세를 부과하는 등 압정을 행했고 견딜 수 없게 된 시마바라의 민중이 무장봉기했다. 뒤이어 아마쿠사 인민도 일어났다. 민중이 아마쿠사와 시마바라 대부분을 점령했지만, 막부에서 토벌을 위한 대군을 파견하자 두 지역의 3만 7천여 명이 시마바라의 남단에서 바다를 등지고 있는 폐성인 하라성에 진을 치고 저항하였다. 성안의 높은 곳에는 나무십자가가 세워지고 성벽에는 십자가나 성상을 그린 깃발이 내걸렸다. 봉기한 사람들 중에는 기독교도뿐만 아니라 불교도 많이 있었다. 1639년 2월 28일 반란 지도자 모두가 전사하고 성은 함락되었다.

후미에. 신자인지 아닌지를 판별하기 위해 예수가 그려진 성화상을 밟게 했다.

이 난에 의해 막부의 기독교에 대한 경계심이 한층 강해져 1639년에는 포르투갈선의 내항을 전면 금지하였고, 대일무역의 주력이었던 포르투갈이 일본을 떠나게 되었다. 1641년에는 유럽인으로서는 유일하게 남은 네덜란드 인을 히라도 상관에서 나가사키와 데지마出島로 옮기고 일본인과의 교류를 금지하였으며 나가사키 봉행長崎奉行의 엄격한 감시를 받게 하였다. 이로써 쇄국은 완성되었다.

국내적으로는 기독교도인가를 확인하기 위해 사람들에게 마리아, 예수 등이 새겨져 있거나 그려져 있는 성화상을 짓밟아보게 하는 후미에繪踏를 실시하고, 기독교 관련 서적의 수입을 금지하였다. 이후 나가사키에는 네덜란드선과 중국선만이 내항하게 되고, 해외의 사정은 네덜란드의 선박이 입항할 즈음에 네덜란드 상관장商館長이 막부에 제출하는 풍설서와 중국선이 가져다주는 정보에 의해 알 수 있을 뿐이었다. 나가사키 외에 쓰시마번을 통한 조선무역, 사쓰마번을 통한 류큐무역, 홋카이도의 마쓰마에번을 통해 아이누와 무역이 존재하게 되었다. 나가사키를 포함한 이들 4개 지역이 근세 일본의 대외 관계에서 창구의 역할을 담당하게 되었다.

이러한 쇄국정책에 의해 국내의 상품유통은 제한받고 농업을 기본으로 하는 자연경제가 유지되어 막번체제는 오랫동안 유지될 수 있었다. 국내적으로 평화의 시대가 계속되고 산업이 발달하여 국민문화의 형성도 보였다. 그러나 쇄국으로 인해 일본은 세계의 정세로부터 고립하고 정체되는 경향을 보였다. 쇼군이나 천황을 초월하는 높은 가치, 인간평등 관념은 봉건체제와 쇄국에 의해 방해를 받았다.

히라도 섬 북서쪽에 위치한 이키쓰키 섬의 기독교인들 사이에는 다음과 같은 '쌩 쥬앙의 노래'가 도쿠가와 시대 250년 동안 전승되어 내려오고 있다.

    참배하세 참배하세
    천국의 전당에 참배하세
    천국의 전당은 말하네
    넓은 전당은 말하네
    넓고 좁은 것은 우리 마음속에 있다고

막부정치의 문치화
― 쓰나요시·이에노부 장군시대(1680~1716년)

그때 세계는 -
1688년 | 영국, 명예혁명
1689년 | 조선, 김만중, 〈구운몽〉, 〈사씨남정기〉 지음
1689년 | 청·러간 네르친스크 조약

도쿠가와 이에야스로부터 도쿠가와 이에미쓰에 이르는 3대는 막부의 창업기이고, 그 정치경향은 무력을 제일로 하는 무단주의였다. 3대 장군 이에미쓰까지는 전쟁에 대한 군사지휘권을 이용하여 모든 다이묘를 무력으로 지배한 것이다. 무단주의는 100년에 걸친 전국난세를 돌파하여 강력한 통치권을 구축하는 창업기에 필요했다.

그러나 4대 장군 이에쓰나家綱의 시대가 되면, 문치주의가 정치의 전면에 나타나게 된다. 창업이 아니라 수성守城의 평화로운 시대에는 무단정치만으로 통치하는 데에 한계가 있었다. 이미 막번체제가 정비되어 무력에 의한 막부 전복의 위험은 없어졌다. 또한 막부 창업기에 행한 개혁, 감봉 등에 의해 많은 주군을 잃은 무사, 낭인浪人이 발생했다. 이들로 인해 심각한 사회 불안을 초래했다. 게다가 상품경제의 발달에 의한 무사의 경제적 빈곤과 농민의 반항에 직면하여 막부는 무단주의적 정치를 바꾸어 법률, 제도를 정비하여 사회질서를 유지하고 막부의 권위를 높이려고 했다.

III 근세사회로의 이동 **207**

문치정치를 한 정치가 도쿠가와 쓰나요시(좌)와 아라이 하쿠세키(우).

1663년에 성인이 된 장군 이에쓰나는 무가제법도武家諸法度를 발령하며 순사殉死의 금지를 명하였다. 순사는 주군의 뒤를 따라 할복하는 것이다. 이에 쓰나는 순사를 불의하고 무익한 것으로 부정하고, 주군의 뒤를 따라 할복하는 자가 있다면 주군의 훈계가 부족한 것으로 해당 군주는 물론 그 자식도 도리와 법에 따르지 않는 것이라 하면서 금지를 지시했다. 이전 센다이仙台 다이묘 다테 마사무네伊達政宗가 사망했을 때는 측근 20명이 순사했으며, 구마모토번熊本藩의 호소카와 타다토시細川忠利의 사망 때에는 19명의 가신이 순사했다.

1680년 5대 장군 쓰나요시綱吉는 홋타 마사토시堀田正俊를 대로大老로 임명하여 정치에 참여시키고 막부정치의 일신을 꾀하였다. 또 유학의 진흥을 위하여 기노시타 준안木下順庵 등의 유학자를 기용하고, 하야시 노부아쓰林信篤를 대학두大學頭에 임명하여 교육을 진흥시키는 등 학문의 장려에도 힘을 기울였다. 장군의 학문과 문화에 대한 정신은 여러 다이묘에게 영향을 미쳐 학문을 좋아하고 장려하는 다이묘들이 이 시대에 배출되었다.

한편 쓰나요시는 실정도 있었다. 신앙심이 두터웠던 쓰나요시는 대사원을 조영하는 데에 거액의 비용을 지출했고, 효자로 이름난 쓰나요시는 자신의 어머니가 존경하고 신뢰한 승려들을 위하여 사원을 건립하기도 하여 막부의 재정은 어려워져 갔다. 그래서 막부는 금은 화폐를 순도가 낮게 다시 주조하여 그 차입금으로 막부의 재정위기를 타개하려고 했다. 그 결과 막부는 많은 이익을 얻었지만, 그 때문에 경제가 혼란해졌고, 물가의 급등을 초래하여 일반무사와 서민의 생활이 위협을 받게 되었다.

게다가 극단적인 동물애호령을 강요하여 무사, 서민층의 원성을 사게 되었다. 유교와 불교를 정치 이념으로 했던 쓰나요시는 살아있는 짐승, 특히 개와 조수류에 대한 보호를 명하였고 위반하는 자에 대해서는 엄격히 처벌하였다. 개의 호적을 작성하고 개가 죽었을 경우에는 사망 신고를 하도록 했다. 개를 죽였을 경우에는 엄벌에 처해졌다. 에도에 개가 늘어나게 되자 에도의 여러 곳에 40여만 평의 개 수용소를 건설하고 5만 마리에 가까운 개를 수용하였다. 농민들에게는 쌀을 함부로 먹지 말라고 지도하였지만, 개에게는 쌀이 배급되었고, 개의 먹이를 조달하기 위해 특별세를 부과했다. 심지어 개들의 싸움에는 물을 뿌려 상처를 입히지 않도록 하라는 법령이 내려져 있었음에도 불구하고 싸우고 있는 개들을 떨어뜨리려다 상처를 입혔다는 이유로 하치조지마八丈島는 유배당한 사례는 유명하다.

도쿠가와 쓰나요시는 문치정치를 정착시키고 막부의 권위를 확립하는 데에 성공하였으나, 대사원을 건립하고 제도와 의례를 정비하는 데 지출을 많이 하였기 때문에 막부의 재정은 이 시대에 거의 고갈되었다.

1709년 쓰나요시 사망 이후 6대 장군 이에노부家宣와 7대 장군 이에쓰구家繼 시대에 정치를 담당했던 인물이 아라이 하쿠세키新井白石였다. 주자학자 기노시타 준안木下順庵의 문하인 그는 이에노부의 장군 취임과 동시에 등용되어 정치고문이 되었다. 그는 전대의 폐단을 고치고 유교의 덕치주의를 이상으로 삼아 문치정치를 실행하였다. 문치주의는 아라이 하쿠세키에 의하여 현실적인 정치이념으로 정착하였다.

또 이에노부 시대는 이전시대元祿(겐로쿠)의 화폐를 재주조하여 금의 함유

율을 높여서 고품질로 되돌렸다. 이를 위해 금은의 해외유출을 방지하기 위해 1715년 나가사키 무역을 제한하였다. 그러나 새로운 화폐와 이전 화폐의 교환 비율을 무리하게 결정함으로, 금융시장이 불안정해졌고 경제도 혼란스러워져 화폐 개주의 목적을 달성하지 못하였다. 또 막부의 의식, 전례를 정돈하여 장군의 권위를 높이고 조정과 막부 간의 융화를 꾀했으며, 경비의 절약을 위해 조선통신사의 대우를 간소화하였다.

이와 같이 하쿠세키의 유교적 문치정치는 어느 면에서 막부의 정치를 쇄신하는 효과가 있었다. 그러나 그의 정치는 이상주의에 치우쳐 사회실정에 맞지 않는 것도 적지 않았다. 그의 정책은 막부정치의 동요를 근본적으로 고치지는 못한 채 1716년 도쿠가와 요시무네德川吉宗에 의해 퇴출당하였다.

DIGEST 49

평화시대의 무사도,
47인 사무라이의 충신들
—아코성 주군의 복수사건(1704년)

그때 세계는 −
1694년 | 조선, 노론에 의한 남인 몰락(갑술사옥)
1701년 | 프로이센 왕국 성립

　에도시대에 들어와 평화가 오래 되고 전투의 실전경험이 있는 세대가 사라지면서, 무술연마는 실제적 전투능력이 아니라 무사적 기질을 창조하기 위한 행동지침으로 권장되었다. 더불어 충실·복종·근엄·질박 등이 강조되었다.

　그러나 무사도가 평화의 시기에 맞게 잘 다듬어지기는 했지만, 전쟁이 일어나던 사회체제나 윤리체계에 부합하는 것이었지, 평화와 질서가 자리잡은 복잡한 사회와 정치구조의 정신윤리로서는 부족했다. 막부는 통치자로서 인민과 무사를 다스리기 위해 보다 폭넓은 이데올로기가 필요했고, 주자학을 받아들이게 된다. 이에 따라 전쟁터에서 무사들의 삶을 생생하게 반영하면서 이룩된 무사의 도덕은 유교적 색채를 띠게 되었다.

　무사계급의 모든 성원은 가족이나 주군, 사회에 대해 의무감을 갖도록, 그리고 신분에 따른 의무에 맞추어 살아가야 한다는 교육을 받게 된다. 그래서 오늘날 우리가 알고 있는 '의리'와 '수치羞恥'라는 관념이 발달하였다.

Ⅲ 근세사회로의 이동

1704년 실제 일어난 47명 사무라이의 복수를 그린 추신구라(忠臣藏, 충신장). 일본인에게 가장 사랑받는 고전작품이다.

유교는 주군에게서 입은 은혜를 갚기 위해서는 배반하지 않고 충성해야 한다는 근거, '의리'의 관념을 제공했다. 또한 의무감에서 나오는 어떤 심心의 상태랄지 행동하게 하는 힘인 추행력推行力을 발달시켰다. 일본인은 자기의 특정한 의무를 다하지 못하는 치욕을 면하기 위해 열심히 노력해야 하고, 사회가 자기에게 기대하는 만큼 그 보다 더하지는 못할 망정 기대하는 만큼의 일을 성취해서 명예를 얻어야 했다. 에도 막부시대 유학의 수용에 의해 의리와 수치, 예민한 의무감, 명예의식이 전란의 시대보다 훨씬 보편적 성격을 지니게 되었다. 이것은 무사뿐만 아니라 모든 계급에게 파급되었으며, 오늘의 일본사회에서도 여전히 가장 중요한 가치로서 발견된다.

여기서 의무감, 명예의식, 의리, 수치를 느끼는 대상은 주군이지만, 더 넓게 말하면 사회라고 할 수 있다. 다시 말하면 나의 외부에서 존재하는 집단이지, 진리는 아니다. 에도시대 1704년에 실제 일어났던 47인의 사무라이가 주군의 원수를 갚는 복수사건을 보면, 에도시대 발전시켰던 의리 등의 관념이 무엇인지 이해할 수 있다.

1704년 에도시대에 아코성의 성주 아사노 나가노리는 참근교대제도에 따라 자신의 성을 떠나 쇼군이 사는 에도에 기거하고 있었다. 아사노는 막부고관인 기라 요시나카의 지휘 아래서 일하고 있었으나, 기라와의 의견 충돌로 싸움 끝에 기라에게 상처를 입히게 되었다. 그리고 당시의 법도에 따라 성안에서 칼을 뽑은 무사는 자결하라는 엄명을 받고, 억울하게 세상을 떠난다. 에도시대는 무사들의 과잉된 전투정신을 억누르기 위해 성 안에서 칼을 뽑는 것을 금하고 있었고, 칼을 뽑을 경우 할복하도록 법으로 규정되어 있었다.

오이시 구라노스케를 비롯한 아사노의 부하들은 주군을 잃고 일자리도 없는 낭인이 되었다. 하지만 주군의 복수를 맹세한 뒤 때를 기다리며 흩어져 살며 가난과 외로움을 견디면서 복수의 날을 기다린다. 구라노스케는 주색에 빠진 폐인처럼 생활하여 감시의 눈을 피했고, 다른 부하들도 역경을 견디면서 때를 기다렸다. 드디어 약속했던 날 주군을 죽게 한 기라의 목을 베어 주군의 무덤 앞에 바치고 향을 피운다. 그리고 나서 47인의 사무라이들 역시 막부의 할복하라는 명령을 받고 모두 할복하였다.

47인의 사무라이 이야기는 당시 에도시대 사람들에게 엄청난 감동을 이끌었고, 실제로 막부 관료조차도 그들의 의리를 칭찬하며 구명을 주장했을 정도로 여파가 대단했다. 1704년이라면 전란의 시대가 끝난 지 100여 년이 지났고, 실제로 당시 사람들은 전투의 경험이 전무한 채로, 전란의 시대를 살았던 무사들의 생생한 이야기를 말로만 듣던 시기였다. 이러한 시기에 47인의 사무라이들이 정의감으로 단결하여 온갖 고난을 이겨내며 뜻을 이루는 강렬한 충의가, 에도사람들의 온갖 감수성을 자극시켰던 것이다. 이것은 '추신구라忠臣藏(충신장)'라는 이름으로 작품화되어 1748년 초연 당시부터 공전의 대인기를 누렸고, 지금까지도 공연만 하면 언제라도 대성황을 이루기 때문에 극단 기사회생의 특효약이라 불리울 정도이다. 모진 어려움 속에서도 47명이 함께 이루어내는 강렬한 의리가 일본인의 마음을 촉촉히 적시게 하는 것이다. 다 아는 이야기이지만, 그 감동을 기대하면서 극장에 가는 것이다.

여기서 일본인들의 충의와 의리는 주군과 신하 사이의 약속에 집중되어 있다. 주군이 얼마나 옳은지 그른지에 대하여 많은 관심을 기울이지 않는다. 에도시대 유학의 수용을 통해서 발전시켰던 의무감, 명예의식, 의리, 수치라는 관념은 보편적인 진리이기보다 집단 속에서 존재하는 윤리였다. 일본의 석학 마루야마 마사오丸山眞男의 말처럼 일본의 정치가나 경제인들은 자신의 회사, 국가와 같은 집단을 위해 죽어간 사람은 많지만, 진리와 정의로 충만하여 죽어간 사람은 거의 없을지도 모른다.

DIGEST 50

죠카마치의 번영과
도시민의 생활
—도시와 상업의 발달(17세기 중·후반)

그때 세계는 -
1651년 | 조선, 윤선도, 〈어부사시사〉를 지음
1651년 | 영국, 크롬웰의 항해조례

　에도시대에 접어들어 수많은 도시가 형성되었다. 쇼군과 다이묘의 거성에 형성된 계획도시인 조카마치城下町를 비롯하여 역참도시, 광산도시, 항구도시 등 다양한 성격의 도시들이 존재했다. 조카마치는 전국시대 이래 다이묘의 거성 주위에 무사와 상공업자가 밀집하여 정치, 군사, 경제의 중심을 이루어왔기 때문에 각지에 번영하였다. 이 가운데 삼도三都로 불리워지는 에도, 오사카, 교토는 도쿠가와 시대를 대표하는 3대 도시였다.

　쇼군이 거주하는 에도는 최대의 조카마치로서 18세기 초에 인구가 약 100만으로 당시의 세계 최대도시였다. 무엇보다 에도는 50만 명에 이를 것으로 추산되는 무사와 그 가족들이 생활하였는데, 이들은 절대적인 소비층이었다. 신흥도시 에도는 점차 정치·군사·경제상 가장 중요한 도시가 되어, 일본 최대 소비도시로서 번영을 누렸다.

　천하의 부엌이라 불리워지는 오사카大阪는 전국적인 상업 중심지로 가장 번영했다. 오사카에는 번이 세금으로 거두어들인 쌀과 특산품을 저장하는

당시 상업의 발전을 그린 그림.

창고가 100채나 있었다. 전국의 주요 상품이 오사카에 집하된 후, 에도를 비롯한 각지로 보내졌다. 17세기 말 오사카 인구는 34만 5천 명이었다.

교토는 천황가와 공가公家, 유서 깊은 사원의 본산과 전통 있는 신사가 다수 집중된 도시였다. 이에 따라 견직물, 미술공예 등 전통산업이 발달하였고, 사원과 신사에 참배하기 위해 전국에서 모여든 사람들은 교토에서 생산된 제품들을 사서 돌아갔다. 교토의 인구는 17세기 말 40만에 달하였다.

지방에서는 조카마치가 번영을 누렸다. 조카마치는 영주가 거주하는 성곽, 무사 거주지, 사원과 신사, 도시민의 거주지로 구분되어 있었다. 소비층이 집중되어 수공업자와 상인이 모여들어 상품유통의 중심지가 되었다.

상업의 발달로 상인은 도매상問屋(도이야), 중개인仲買(나카가이) 소매상小賣(고우리)으로 분화하였다. 도매상, 중개인 가운데 나카마仲間라고 하는 동업조합을 조직하여 영업을 독점하고 이익을 챙기는 자도 나타났다. 막부는 처음에 일부의 업종을 제외하고는 동업조합을 인정하지 않았지만, 18세기 초 상공업의 통제와 물가정책을 위해 영업세를 부담하는 조건으로 상인과 직

상인의 생활.

인의 동업조합仲間(나카마)를 공인하고 영업의 독점권을 허락하기 시작했다. 이렇게 인정된 영업 독점권을 가진 동업조합을 가부나카마株仲間라고 한다.

　에도, 오사카의 대소비지에는 조닌町人(상인)이 매입한 상품, 번들이 농민들로부터 징수한 연공미와 특산물이 대량으로 집적되었으며, 각종 주요 상품을 전문으로 취급하는 시장이 발달하였다. 거액의 이익을 챙긴 호상들은 무사들에게 연공미를 담보로 고리로 대부해 주기도 하여 무사의 경제생활을 지배하게 되었다. 이들 최상층 대상인 가운데 일부는 재력이 다이묘를 능가하기도 했고, 이들 중에서는 무사들의 특권인 성姓과 칼차는 것帶刀을 허용받고 호사스러운 생활을 하는 자가 나타나기도 했다. 그러나 조닌의 대부분은 직인, 도제, 자영상인과 그 고용인들이었으며, 행상인이나 날품팔이 노동자들이었다.

　거대상인이 거액의 금전을 막부, 제번에 빌려주어 재정적으로 그들을 제압하는 위력을 가지고 있었던 것처럼 보이지만, 실상 지배자에 저항하는 힘은 약했다. 막부는 1681년 에도의 호상 이시카와 로쿠베石川六兵衛를 짓밟고,

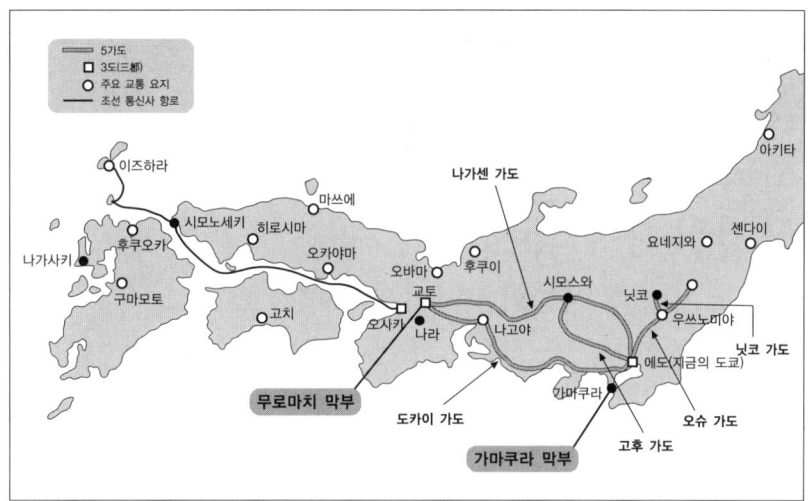

에도시대 도시와 교통의 발달모습. 에도시대에 비로소 도쿄가 개발되어 중심도시가 되었다.

단지 신분에 벗어난 사치를 한다는 이유로 그 재산을 몰수한 경우도 있었다. 막부에 짓밟히거나 대명에 대한 채권을 박탈당해 파산한 호상은 수십 가에 달한다.

조닌의 정치세력은 약하여 상공업을 자유롭게 발전시킬 수 없었다. 에도나 기타 도시는 물론이고, 상인의 도시 오사카나 교토에서조차도 시민의 자치권이 전혀 없었다. 막부의 직할도시에서는 무사들이 입법, 사법, 행정, 경찰의 전권을 장악했고, 조닌은 도시의 정치에 대해 아무런 발언권도 없었다.

17세기 말 상업과 금융업이 발달하면서 많은 신흥상인들이 출현하였다. 이들 신흥 상인들은 주로 포목업, 목재업, 양조업, 금융업에 종사하여 막대한 부를 축적한다. 이 시기에 출현한 대표적 신흥 상인 가문으로는 미쓰이三井, 고노이케鴻池, 스미토모住友 등을 들 수 있다. 오늘날에도 미쓰이와 스미토모는 건재하여 일본을 대표하는 기업으로 존재하고 있다.

Ⅲ 근세사회로의 이동 **217**

DIGEST 51

인간의 본능을 대담하게 긍정한 조닌 문화
— 에도시대 상인문화(17세기 말~18세기 초)

그때 세계는 -
1701년 | 조선, 장희빈 사사
1701년 | 스페인 계승전쟁(~1714년)

　겐로쿠 시대元祿時代라고 하는 17세기 말에서 18세기 초, 막부 정치가 안정되고 전국 각지에 눈부신 경제 발전이 이루어지면서 도시가 성장했다. 조닌町人(상인)은 막대한 부를 축적하며 경제적인 주도권을 장악할 정도로 성장했다. 조닌은 대부분 읽고 쓸 수 있었고, 이런 능력은 문화를 향유할 수 있는 기본적인 소양이 되었다. 그렇지만 조닌은 당시 에도시대의 신분 질서, 즉 사농공상 가운데 최하위에 위치하여 도시의 자치권을 갖지 못했고 사무라이의 정치적 지배와 간섭에 무력했다.
　에도시대는 비로소 서민이 경제적·사회적으로 성장하면서 문화 창조와 보급의 중요한 담당자로 역사의 전면에 나서게 된 시대이다. 에도시대 이전에는 많은 문화가 서민 문화에 연원을 두고 있었다 하더라도, 지배 계급인 사무라이의 후원 아래 세련되게 다듬어졌고 문화의 소비자 역시 사무라이와 귀족이었다. 그러나 에도시대에 들어 비로소 처음으로 서민이 창조하고 유행시키고 소비하는 시대, 조닌이 시대 문화를 전면적으로 이끄는 시대가

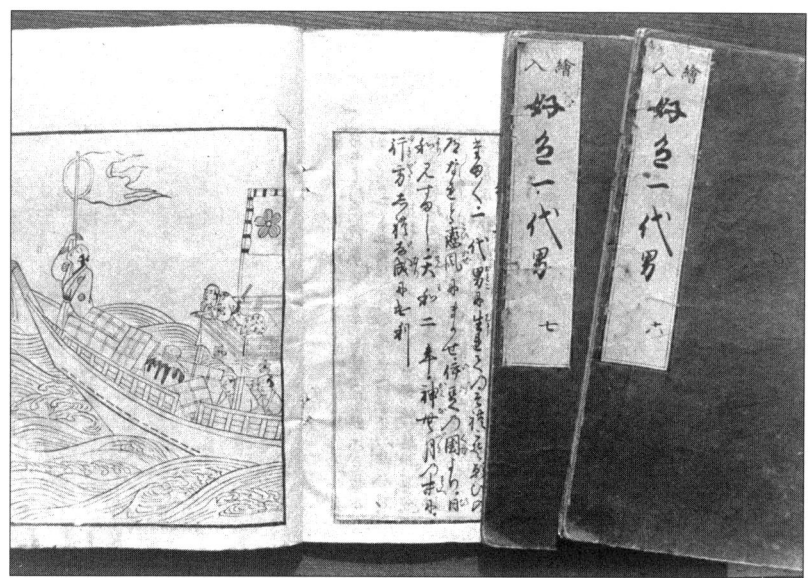

호색일대남. 주인공 요노스케가 7세부터 60세까지 3,742명의 여자, 725명의 남자와 겪은 성적 경험을 사실적으로 그린 작품이다.

찾아온 것이다.

조닌 문화는 처음에는 17세기 말에서 18세기 초 교토와 오사카를 중심으로 소설, 하이쿠俳句(일본의 단시), 가부키歌舞伎, 인형극, 우키요에浮世繪 등의 분야에서 창조 활동의 절정을 이루었다. 이후 19세기 초·중반에 이르러 에도를 중심으로 도시민의 응집된 문화가 나타난다. 전자의 문화, 즉 교토와 오사카를 중심으로 한 조닌 문화를 '겐로쿠 문화'라 부르고, 후자의 문화, 즉 에도를 중심으로 한 문화를 '분카분세이 문화文化文政文化'라 부른다.

여기서도 확인할 수 있는 것은 천황과 귀족이 사는 교토가 여전히 문화의 중심지 자리를 빼앗기지 않고 건재한다는 사실이다. 교토 옆에 자리 잡은 오사카는 이 시대에 전국적인 상업 중심지로 번성했다.

조닌 문화를 '우키요浮世'라 표현하는데, 우키요라는 단어는 '덧없는 세상에서 현실을 즐기자'라는 의미를 담고 있다. 조닌 문화는 우키요라고 하는 철저히 세속적인 문화였던 만큼 향락적인 관능의 세계였고, 유흥가의 유

조선통신사가 일본에 갔을 때의 모습. 멀리 후지산이 보이며, 앞의 행렬에는 청도(淸道)라고 쓴 깃발이 보인다.

녀들은 조닌 문화에서 주로 다루는 중심인물이었다.

교토의 시마바라島原와 기온祗園, 오사카의 신마치新町, 에도의 요시하라吉原는 에도시대의 3대 유곽지로서 불야성을 이루며 번성했다. 전국의 도시와 역참에서도 매춘 환락가가 일본 역사상 전에 없던 번영을 누렸다. 에도의 요시하라의 유녀 수는 3000명이나 되었다고 한다. 목욕탕, 음식점, 극장, 찻집 등 다양한 곳에서 매춘이 이루어졌으며, 여러 매춘의 형태가 유행처럼 지나가고 새로운 흥미를 위해 다시 창조되곤 했다.

유락가는 당시 매우 엄격하고 숨 막히는 사회에서 벗어나 무거운 의무를 잊고 휴식하며 즐길 수 있는 공간이었다. 이곳은 어떠한 사회적 지위나 신분보다도 돈이 좌우하는 세계여서, 사무라이도 아무 소용이 없었다. 돈 많은 조닌은 이곳에서 정치적 무력감에서 벗어나 금전으로 자유와 해방감을 마음껏 누렸다. 유녀들은 다양한 매춘과 성적 쾌락을 제공했고, 에도시대의 많은 남성은 이들의 고혹적인 자극을 즐기면서, 유락가는 조닌 문화에 수많은 이야깃거리를 제공했다. 조닌 문화는 유락가를 중심으로 태어나고 발전되었다.

소설 형식의 산문인 〈우키요 조시浮世草子〉에서는 이하라 사이카쿠井原西鶴라는 유명한 작가가 조닌 세계를 그렸다. 사이카쿠는 오사카 상인 출신으로, 조닌의 주요 관심사인 돈 버는 일과 성적 쾌락에 대해 사실적으로 묘사했다. 그의 처녀작인 〈호색일대남好色一代男〉(1682)은 애욕에 인생을 건 요노스케라는 주인공의, 7살부터 60살까지 성적 경험을 이야기한 것이다. 요노스케는 3,742명의 여자, 725명의 남자와 성적 관계를 하고, "이 세상의 유녀는 한 사람도 남겨두지 않았다"고 할 정도였다. 그리고 마지막에 60세에 모든 영약, 강장제를 가지고 '호색호'라는 배를 만들어 여인만 사는 섬을 찾아 항해에 나선다.

사이카쿠는 이 작품에서 거의 포르노에 가까운 내용으로, 유교도 불교도 어떤 도덕도 구속받지 않는 철저한 쾌락주의를 묘사한다. 〈호색일대남〉은 화류계를 중심으로 한 대중 소설의 시대를 알리는 기념비가 되었다. 이키가 성에 대하여 대단히 상징적인 미의식을 담고 있다면, 성에 대한 노골적인 태도를 그린 〈호색일대남〉은 또 다른 일본 사회의 진면목을 생생하게 표현한다.

일본은 성애를 구속하는 종교나 철학이 거의 없는 나라이다. 헤이안 시대 불교 진언종 일파는 오히려 성애와 종교적 최고 경지와의 일치를 이야기하며, 애욕적 도취 속에 보살의 경지가 실현된다고 보았다. 모든 일본의 불교가 성애를 적극적으로 추구해야 될 것으로까지 주장한 것은 아니지만, 최소한 무척 관대했다. 헤이안 시대 이래 귀족의 이상형은 호색가이며, 수많은 문학 작품 속에서 호색을 긍정한다.

14세기의 대표적인 수필집 《도연초徒然草》에서는 "모든 일에 훌륭해도 색을 좋아하지 않는 사내는 재미가 없어, 밑 빠진 옥배 같다"고 할 정도이다. 또한 당나라 의학서 100여 권을 참고해 탈고한 《의심방》(984)이란 책에서는 금욕으로 기를 막는 것이 만병의 근원이라 진단한다. 그러고는 남성은 많은 여성과 차례로 접해 활력을 얻는 것이 중요하다며 11명을 성적 상대로 하여 매일 다른 여성을 상대하는 것이 좋다고 한다. 이 책은 10세기 이래 조닌 문화가 등장하는 17세기까지 많은 사람이 애독하고 지지했다.

성을 즐기는 종류도 다양하여 특히 오랜 사무라이 사회를 거치면서 남색도 자연스러웠다. 미소년이나 젊은 남자와의 성애도 대단히 즐겼으며, 문헌에도 그런 내용이 많이 나타난다. 1420년 조선 세종의 명령에 따라 2개월간 교토에 머물던 강희맹은 눈썹을 밀고 주홍빛 화장을 한 채 쇼군을 시중드는 소년을 목격했다. 일본 지배자들에게 널리 퍼져 있던 남색을 목도하고 놀라워한다. 일본을 방문한 조선통신사 기록에는 남색 취향, 남녀 혼욕, 성적인 개방이란 대목이 빠지지 않고 나온다.

이하라 사이카쿠는 이외에도 〈호색일대녀好色一代女〉, 〈남색대감男色大鑑〉을 썼으며, 〈일본영대장日本永代藏〉, 〈세간의 속셈世間胸算用〉 등에서는 조닌의 경제생활을 소재로 하여 '돈의 힘이라면 수천만 년 동안 즐거움과 축복이 있을 것이다'라고 축재를 찬미했다. 사이카쿠의 책은 대단히 인기가 많아 날개 돋친 듯이 팔려 나갔다. 사이카쿠는 현대도 아닌 17세기 봉건사회에서 글로만 먹고산 전업 작가였던 것이다.

DIGEST 52

세계적인 문화유산, 우키요에
― 고흐가 동경한 대량생산된 판화(17~18세기)

그때 세계는 -
1718년 | 영국·에스파냐 전쟁(~1720년)
1720년 | 청, 티베트를 속령화 함

　우키요에浮世繪는 글자 그대로 우키요浮世, 즉 속세의 모습을 목판에 새겨 찍어낸 그림을 말한다. 우키요에는 일본이 자랑하는 세계적 문화유산으로 일본인의 감각은 그림에서 뛰어나게 표출되어 있다. 눈처럼 흩날리는 벚꽃, 기모노를 입은 여성, 분홍·보라색 등 파스텔조의 환상적인 색깔……. 오늘날 일본화에 자주 등장하는 장면으로, 대단히 일본적 정취를 느끼게 해준다.
　일본은 이미 10세기에 벚꽃, 달, 눈과 같은 일본의 독특한 자연을 그렸다. 이어 11, 12세기에는 〈겐지모노가타리〉에서 각 장면을 마치 영화처럼 농염한 색채로 두루마리 형태의 그림으로 표현했다. 15세기 자연을 박력있게 묘사함으로써 일본적인 수묵화를 창조한 셋슈雪舟의 그림은 세계적으로 평가받고 있다. 당연히 목판화 우키요에는 이러한 일본 그림의 전통이 녹아들었지만, 민중의 정서와 꿈이 보다 진솔하고 생생하게 표현되어 있다.
　우키요에는 처음에는 〈호색일대남〉 같은 이야기책의 삽화로 사용되었는데, 이것이 인기를 끌면서 감상용 판화로 독립적으로 제작되었다. 판화 기

III 근세사회로의 이동　223

가쓰시카 호쿠사이의 '후지산'.

술은 처음에는 단순한 색으로 처리하는 데에 불과했으나, 차츰 미묘한 음영과 다양한 색채를 지닌 인쇄 기법을 고안해냈다. 이러한 다색 판화는 밑그림을 그리는 사람, 목판을 새기는 사람, 목판에 물감을 칠하여 찍어내는 사람이라는 3사람의 공동 작업으로 이루어진다. 목판화도 그림인 이상 화가가 가장 중요시되며, 실제로 완성된 판화에는 화가 이름만 나타난다. 그러나 아름다운 우키요에는 밑그림을 그리고, 목판을 파고 물감을 칠하여 찍어내는 기술자의 협력 없이는 세상에 나올 수 없다. 하나의 밑그림에 수십 개의 판목으로 나누어 색채와 음영을 채워서 완성된 작품을 찍어내기까지, 고난도의 기술적 숙련 없이는 도저히 이루어질 수 없는 것이다. 우키요에는 총기획을 담당하고 흥행의 최종 책임을 맡는 발행인도 있었다.

이렇게 아름다운 그림을 판화로 대량 찍어냈기 때문에 대중도 쉽게 구입할 정도로 저렴했다. 도시로 여행 왔던 지방 사람이 우키요에를 선물로 가져가 전국 곳곳으로 알려지게 되었다.

우키요는 당대 풍속을 의미하지만, 실상 그 풍속의 중심은 단적으로 말하

히시카와 모로노부의 '미인도'와 도슈사이 샤라쿠의 '인물화'.

면 호색이었다. 그래서 우키요에는 성적 결합을 그린 춘화를 빼놓고 이야기하기 어렵다. 초창기 우키요에를 대표하는 화가, 히시카와 모로노부菱川師宣의 경우, 그의 전 작품의 3할 정도가 춘화일 정도이다. 다양한 체위의 남녀 자태를 육감적으로 그렸는데, 육감적인 것을 넘어 음란하기까지 하다. 이러한 춘화는 대단한 인기였고, 춘화첩은 시집가는 딸의 혼수감으로 넣어줄 정도였다. 그 외에도 히시카와는 가부키 극장과 유녀의 거리 등 유락가를 즐겨 그렸고, 행락지에 모이는 많은 사람의 모습을 생생하게 그렸다.

기타가와 우타마로喜多川歌麿(1753?~1806)는 전성기에 유녀나 찻집의 여인 등 실제의 미녀를 모델로 하여 수많은 여성을 그려 미인화에 일가를 이루었다. 여인의 표정에서 미세한 변화를 포착하여 그렸으며, 미인화 시리즈를 발표하기도 했다. 만년에는 육감적인 묘사에 주력하여 퇴폐미를 지닌 미인을 주로 그렸다.

도슈사이 샤라쿠東洲齊寫樂는 수수께끼 인물이다. 그는 1794년 5월부터 다음 해 1월 사이에 공연된 가부키의 등장 배우와 당시 스모 선수의 모습을 소재로 우키요에를 집중적으로 제작했다. 그 후, 갑자기 활동을 접고 홀연 종적을 감춰버린다. 샤라쿠의 작품은 얼굴 모양을 대담하게 재구성하여 우스꽝스러울 정도로 과장되어 있지만 심리묘사가 뛰어나다는 특징이 있다. 그는 이 같이 전례 없이 개성 있는 작품으로 '우키요에의 귀재', '천재 화가'로 추앙받고 있다. 그런데 '샤라쿠가 누군가?'라는 의문에 수많은 설이 떠돌았는데, 그가 김홍도라는 설도 있다. 화풍이 김홍도의 것과 비슷하고 김홍도가 어느 시기에 행방불명된 적이 있었다는 사실을 근거로, 김홍도가 조선통신사행의 일환으로 비밀리에 일본을 방문하여 활약하다가 조선으로 돌아간 것이 아닌가 추측하는 것이다. 샤라쿠는 아직도 정확히 누구인지 밝혀지지 않고 있다.

안도 히로시게安藤廣重(1797~1858)는 풍경화의 대가이다. 히로시게는 가부키 배우 그림, 미인도 등을 그렸으나 빛을 못 보다가 37세에 〈동해도오십삼차東海道五十三次〉에서 자신의 독자적이고 서정적인 풍경화를 그려 기록적인 판매 부수를 올리며 대성공을 거두었다. 히로시게의 풍경화는 계절, 날씨, 시간 등 자연의 모습이 여러 가지 다른 설정으로 변화되며, 동일한 비오는 장면이라 해도 다양한 상황들을 표현한다.

가쓰시카 호쿠사이葛飾北齊(1760~1849)도 특수한 묘사법을 사용한 풍경화의 대가이다. 그의 대표작은 〈부악삼십육경富嶽三十六景〉이 있다. 호쿠사이의 명성은 서양에서 드높아 프랑스 작가 에드몽 드 공쿠르는 1896년 그의 기상천외한 발상에 존경을 나타내면서 〈호쿠사이 연구서〉를 발간했으며, 유명한 작곡가 드뷔시는 호쿠사이의 〈가나가와 앞바다의 파도〉에 영감을 얻어 자신의 작품 〈바다〉를 완성했다고 고백했다.

우키요에는 당시 서양에 수출되던 도자기 포장지로 사용되다가, 높은 예술성에 경탄한 유럽 미술상에 의해 서양에 소개되었다고 한다. 모네는 방 안을 우키요에로 가득 채울 정도로 열렬한 수집광이었으며, 고흐는 우키요에와 똑같은 작품을 만들며 우키요에의 나라 일본을 평생 동경했다. 당시 유럽의 회화는 주제와 상관없이 원근법과 명암으로 그대로 따라 그리는 것이 일반적이었다. 이에 유럽 회화계는 또 다른 가능성을 찾고 있었는데, 우키요에가 보여준 자유롭고 강렬한 색채, 과감한 시점과 구성은 마치 가뭄의 단비처럼 경탄을 자아냈다. 우키요에는 특히 인상파에게 영향을 끼친 정도가 아니라 아예 그들을 존재케 한 원천이라 할 수 있다.

많은 한국 사람은, 어려서부터 따라 배우고 존경해 마지않던 고흐, 마네 같은 인상파가 우키요에에 숭배에 가까운 경의를 나타냈다는 점, 또 우리가 대단하게 여기던 인상파 그림이 실상은 일본 화풍을 모방했다는 점을 뒤늦게 알고는 큰 충격을 받는다. 하지만 이것은 우리가 세계 문화 구도를 얼마나 서양 패권 중심주의 시각으로 보아왔는지, 또 부지불식간에 우리가 얼마나 서양 문화 우월주의에 사로잡혀 있는지를 말해 준다. 외견상 별 볼일 없이 보여도 인간은 누구나 다른 사람이 도저히 흉내 내기 어려운, 자신만의 색깔이 있고 장점이 있다. 마찬가지로 어떤 볼품없어 보이는 문화라도 그 땅의 풍토에서만 빚어낼 수 있는 독특한 빛깔과 그 빛깔만의 독보적인 문화 분야가 있다.

우키요에는 똑같은 일본적 특성을 표현하면서도, 다른 어떤 분야의 일본 문화도 줄 수 없는 감동을 준다. 일본 문화는 도덕적 속박에 구애되지 않는 거침없는 상상력을 갖고서, 세속적 세계의 특수한 장면을 포착해 내는 탁월한 감각을 지녔다. 우키요에는 그러한 일본 문화를 가장 잘 표현한다. 일본 문화의 정수를 표현해 낸 우키요에가, 서양 문화의 하나의 흐름에 불과한 인상파를 압도한 것은 어찌 보면 당연하다. 우키요에는 일본이 낳은 세계적 문화유산으로 오늘날에도 수많은 사람의 사랑을 받는다.

DIGEST 53

형식미의 세계, 분라쿠와 가부키
― 일본전통예능의 정수(17~18세기)

그때 세계는 –
1721년 | 영국, 최초의 책임내각제인 월폴 내각 성립
1724년 | 조선, 영조 즉위

분라쿠文樂는 일종의 인형극인데, 처음에는 인형 조루리人形淨留璃라 불렸지만, 에도 말기 인형극단 분라쿠좌文樂座가 흥행에 성공하면서부터 극단의 이름을 따서 분라쿠라 불리게 되었다. 분라쿠는 배우에 해당하는 인형과 인형 조정자, 인형의 대사와 극의 내용을 노래로 전개하는 다유太夫, 그리고 사미센三味線으로 배경 음악을 연주하는 사미센 연주자, 그렇게 3자의 공동 작업으로 이루어지는 인형극이다.

'인형극' 하면 어린이극이라 생각되고, '유치한 것이 얼마나 재미있겠는가?'라는 선입견을 갖기 쉽다. 그러다 막상 보게 되면 얼마나 인간의 감정을 잘 표현하는지 놀라울 정도이다. 늠름한 장수의 기상을 나타내기도 하며, 사랑하며 기다리는 애틋한 여인의 아름다움을 더 여성스럽게 나타낸다. 인형이기 때문에 하늘을 나는 등 인간이라면 불가능한 동작들을 자유자재로 표현하여 관객에게 색다른 재미도 준다.

분라쿠의 주제도 흥미롭다. 나라·헤이안·가마쿠라·무로마치 시대를

에도시대의 극장. 가부키 등을 상연했던 에도시대의 극장 내부 모습이다.

배경으로 하는 역사극이 주류를 이루지만, 대도시 항간에 일어난 정사 사건이나 치정에 얽힌 살인 사건을 사건 발생 며칠 만에 무대화하여 보여준다. 치카마츠 몬자에몬의 〈소나자키 정사〉는 이런 종류의 대표적인 예이다.

  호화로운 의상을 입은 인형이, 화려한 무대에서 은은하게 흐르는 사미센의 음악소리를 배경으로 다유의 대사와 노래에 맞추어서 연극을 하는 것이다. 어떻게 매료되지 않을 수 있겠는가? 18세기 중반 분라쿠는 전례 없는 황금기를 맞이했고, 극장 앞에 상인들은 줄을 이었다.

  인형극에 불과한 분라쿠가 어떻게 인간 못지않은 섬세한 감정과 동작의 표현이 가능할까? 그것은 바로 숙련된 인형 조정자에게 있다. 그리 중요하지 않은 단역은 한 사람이 인형을 조정하지만, 주요 인물은 하나의 인형에 세 사람이 매달려 조정한다. 보통의 인형극과 다르게 세 명의 인형 조정자는 검은색 옷을 입고 검은색 헝겊으로 얼굴을 가리고 나와서 인형을 직접 들고 조정한다. 한 사람은 인형의 두 발을 조정하고, 다른 한 사람은 인형의 왼손을, 또 나머지 한 사람은 인형의 얼굴과 오른 손을 담당한다. 인형의 한

가부키에서 정사(情死)를 공연하는 모습. 에도시대는 남녀 동반자살이 유행하였고, 실제 정사가 일어나면 바로 가부키로 상영하여 관객을 모았다.

동작을 세 사람이 붙어서 조정하는 것으로, 서로 호흡이 잘 맞아야 동작 하나하나가 매끄럽게 이어져 생명력 있는 표현이 가능해진다.

관중들은 분라쿠 작품의 내용과 줄거리보다도 표현 방식을 즐긴다. 과장된 표현과 기교, 양식화된 연출, 화려한 무대를 보면서 아름다워하고 몰입한다. 어려운 표현, 예를 들어 아리따운 아가씨를 한순간에 요상한 여우로 둔갑시키는, 일순간에 아주 대조적인 얼굴로 변신시키는 장면은 대단히 재미있기도 하지만, 어려운 장면을 소화해 낸 조정자들의 숙련된 경지를 음미하고 존경하면서 열광하는 것이다. 그래서 관객은 일류 인형 조정자의 얼굴을 무척 보고 싶어한다. 관객의 요구에 응하여 일류 인형 조정자는 검은 헝겊을 벗어 얼굴을 드러낸 채 인형을 조정한다.

가부키歌舞伎라는 말은 원래 가타무쿠傾く, 즉 '평평하지 않고 한쪽으로 기울다'라는 동사에서 유래한 말로서, 정상 궤도에서 이탈한 모든 행동을 가리킨다. 특히 호색의 의미가 많이 포함되어 있다. 가부키는 노래歌·춤舞·연기

演技로 구성되어 있는 종합 연극으로 후지산과 스시, 기모노, 스모와 함께 일본의 5대 국가 상징물에 포함될 정도로 일본이 자랑하는 전통 문화이다.

가부키는 상인 문화 속에서 발전되었다. 가부키는 무녀巫女 오쿠니御國가 여성 극단을 데리고 다니며 춤추고 노골적인 촌극을 한 데서 시작했다. 1603년, 오쿠니는 이즈모出雲 지방의 큰 신사神社인 이즈모 대사出雲大社 무녀였는데, 신사 중축을 위한 모금을 하기 위해 각지를 돌아다니며 춤과 촌극을 했다. 오쿠니는 신사의 가설무대에서 염불에 맞추어 관능적인 춤을 추었다. 오쿠니의 모금 운동은 종교적 춤이었지만 대단한 흥행을 거두었다. 눈부신 미녀들이 추는 관능적인 춤과 정사 장면은 수많은 사람들을 단숨에 매료시켰다.

이후 오쿠니를 본뜬 여성 중심의 극단이 많이 생겨나 각지에서 대단한 인기를 끌며 흥행에 대성공했다. 자연히 여자 배우는 매춘을 겸하는 경우도 발생하고, 당시 가부키가 '유녀 가부키'라 불릴 정도로 풍기문란은 끊이지 않았다. 이렇게 되자 도쿠가와 막부는 여성이 가부키 무대에 오르는 것을 금지했다. 여자 가부키가 금지되자 생계가 막막해진 가부키 관계자와 가부키를 찾는 애호가들은 공연 허가를 요청했다. 이에 막부는 여자 배우 대신 남자 배우만 무대에 세운다는 조건으로 가부키 공연을 허락했다.

그래서 가부키에 여자 대신 12~15세 정도의 미소년들이 여장을 하고, 중세부터 전해 오던 가면극 노能, 희극 교겐狂言을 각색하고 연출한 무대에 나서게 되었다. 이때부터 남자가 여자 배역을 하는 온나가타女方(여장 남자 배우)가 생겨 가부키의 중요한 요소가 되었다. 소년 가부키도 관객에게 아름다운 미모와 성적 매력을 보여줌으로써 대성공을 거두었다. 그렇지만 소년 가부키 역시 귀족 부인과 불륜 관계를 맺거나 남색의 대상이 되기도 했다. 1652년 막부는 가부키의 전면적인 공연 금지령을 내렸다. 어떻게 해서든지 가부키를 부활시키고자 고심한 가부키 관계자들은 남색 문제가 재발하지 않도록, 배우는 소년티가 나지 않게 청년의 차림새로 머리 모양이나 복장을 할 것과 내용은 인간사로 할 것 등 두 조건을 걸고, 1653년에 다시 공연에 나설 수 있게 되었다.

가부키계는 여자가 없다는 치명적인 결함 속에서 재출발했다. 그러나 가부키 배우들은 믿기지 않을 만치 기적적으로 여성의 역할을 훌륭하게 해냈다. 온나가타 배우는 여성 표현을 과업으로 여기고, 평생 철저하게 '여성'으로 사는 법을 실천했다. 여성의 심리와 거동을 자기 것으로 만들었다. 무대에서 '가장 여성답게 보일 수 있는 위치'를 찾아서 연기화하고, 여성도 채 깨닫지 못한 여성다움을 날카롭고 적절하게 표출하여 그것을 다소 과장된 표현으로 아름답게 강조했다. 여성의 재현은 가부키가 다시금 살아남을 수 있는 결정적 계기가 되었다. 온나가타들의 상상할 수 없는 혼신의 노력은 치명적인 결함을 최대의 경쟁력으로 바꾸어 놓은 것이다.

가부키는 온나가타로 재기한 후, 장대한 줄거리의 장막극을 창작하고 분라쿠의 인기 작품을 가부키로 각색하여 공연 목록을 확충했다. 분라쿠와 마찬가지로, 가부키의 내용도 역사물을 다룬 시대극이나 시중에서 일어난 극 등을 다양하게 다루었다. 주제가 다양하게 발전하기는 했지만, 가부키에 있어 줄거리는 별로 중요시되지 않았다. 가부키는 '형形의 예술'이라 불릴 만큼 내용보다는 형식과 양식미가 추구되었다. 언어, 동작, 연기, 음악 등 모든 부분에서 고도의 형식과 양식미를 발전시켰다.

가부키 배우의 연기에는 일정한 약속이 전승되어, 모든 연기에는 우는 법, 웃는 법, 먹는 법 등 일정한 형식을 만들어 관객의 흥미를 끌기 위해 노력했다.

무대에서는 대표적으로 하나미치花道와 회전 무대를 창안했다. 하나미치는 관람석을 건너질러 무대와 연결된 마루 통로이다. 하나미치를 통해 배우들이 나오고 들어가고 연기하는 무대로 활용하여, 관객 속에서 연기하는 효과를 내어 즐거움을 주었다. 극 무대 좌우에는 가부키 음악을 연주하는 악사들이 있는데, 쓸쓸한 장면이나 신나는 장면, 또는 애틋한 장면을 나타내는 음악을 연주하고, 새 우는 소리나 벌레 울음소리 등을 상징적으로 나타내는 효과음을 냈다. 하나미치와 회전 무대는 이후 서양 연극에도 영향을 주었다. 아마도 무대 설비에서는 세계에서 가장 앞선 극장이었을 것이다.

이처럼 가부키는 고도로 양식화된 연기, 하나미치와 회전 무대 등을 이용한 기동력 있는 무대, 그리고 화려한 의상이 어우러진 극으로 발전하여 관객들을 매료시켰다. 18세기 후반부터 가부키는 분라쿠의 인기를 압도하여 전성기를 누렸다.

보편자의 결여, 일본유학의 세계
― 일본 주자학에서 고학에 이르기까지(16~18세기)

그때 세계는 -
1773년 | 미국, 보스턴 차 사건
1776년 | 미국, 독립선언

에도시대는 전란이 끝나고 일본의 사무라이 정권 400년 만에 최초로 맞이하는 평화 시대였다. 이제 일본 사무라이 정권도 평화의 시대를 다스릴 수 있는 통치 기술이 절실히 요구되었다. 일본에서 주자학은 평화의 시대를 통치하기 위한 지배 이데올로기로서 도입되었다. 그런데 일본에서 주자학 도입은 조선과 깊은 관련 속에서 이루어졌고, 초기 내용은 퇴계학으로부터 많은 영향을 받았다.

일본에서 주자학을 창도한 후지와라 세이카藤原惺窩(1561~1619)는 원래 선승이었다. 그는 1590년 조선통신사로 일본에 온 종사관 허성許筬(1548~1612)을 만나 주자학에 눈을 뜨게 되었다. 그 후 후지와라는 임진왜란 때 조선에서 가져간 《퇴계전서》 등 조선의 주자학 서적을 보면서 내용을 익혔고, 포로로 데려 간 강항姜沆(1567~1618)과 접촉하면서 그의 가르침을 받아 주자학을 창도하게 되었다.

후지와라는 제자 하야시 라잔林羅山(1583~1657)을 막부에 추천했고, 하야시는 막부의 공인 유학자가 되었다. 이렇게 해서 하야시 가家는 직책이 세습되는 일본의 전통에 따라, 대를 이어 막부의 공인 유학자 직을 계승했다. 일본의 유명한 주자학자 야마자키 안사이山崎闇齋 (1618~1682)는 퇴계를 주자 이래 최고의 학자로 극찬하며 퇴계를 가미神로 숭배할 정도로, 초기 일본 주자학은 퇴계학으로부터 지대한 영향을 받았다. 일본의 학자들은 주자학을 통해서 사회를 안정시킬 수 있는 윤리와 도덕을 얻고자

오규 소라이. 유학자인 오규는 천리를 인정하지 않는다. 천리가 제거되면 현실이 강하게 대두한다. 그의 사상은 보편자가 탈락하는 일본유학의 세계를 명백하게 알게 해준다.

했다. 조선 주자학과 달리, 일본학자들은 천리天理가 큰 관심사가 아니었다.

야마자키 안사이는 퇴계의 경敬을 중심 사상으로 삼았지만, 퇴계와는 달랐다. 원래 퇴계학의 경敬은 하늘과 같은 인간이 되기 위한 수양법이었다. 경敬은 마음을 고요히 하여 외물에 마음을 빼앗기지 않고 집중하여, 인간의 마음 안에 있는 천리와 하나가 되고자 하는 것을 말한다. 한편으로 퇴계학에서는 경敬 공부를 실천 덕목으로 겸하기도 했다. 퇴계학의 경우, 경敬 공부를 많이 하여 마음이 하늘에 가까워지면 가까워질수록 남을 공경하는 마음이 저절로 강해지게 되므로, 경敬을 실천 덕목으로서도 겸하게 되었을 뿐이다.

그런데 야마자키 안사이는 퇴계의 경敬에서 '천리' 회복은 제거하고, 실천 덕목으로만 이해했다. 야마자키는 경敬을 타인에 대한 실천 윤리인 오륜으로서 변용했다. 야마자키는 실천 윤리와 연결되어 있던 천리를 없애버린 것이다. 즉 야마자키에게 오륜은 그저 인간관계의 기본일 뿐이다. 부모에게 효하고, 임금에게 충하는 등 오륜은 사회를 유지하기 위한 방법이며 실천 덕목에 지나지 않는다. 야마자키에게 오륜은 진리와는 무관하다.

부모에게 효하는 것, 그것은 윤리 차원을 넘어서 진리와 맞닿으면서 효는 깊어진다. 더욱 절실해진다. 조선의 주자학은 그 진리(천리)를 강하게 믿었다. 그래서 조선은 '오륜'이 윤리 차원을 뛰어넘어 진리와 연결되지 않으면 안심이 안 되었다. 진리 없는 윤리로는 사회가 유지될 수 없다는 것이 조선 주자학에게 거의 본능에 가까운 확신이었던 것처럼 보인다.

이에 비해 야마자키는 "윤리는 사회 질서를 유지하는 윤리인 것이지, 어떻게 진리일 수 있느냐?"고 의문을 품은 것이다.

이런 경향은 야마자키에게서만 발견되는 것이 아니다. 일본에서 천리는 양명학과 고학(중국, 조선에서는 실학)에서 더욱 이탈하고 소멸되어 나타난다. 원래 양명학과 고학은 일본과 마찬가지로 중국이나 조선에서도 모두 주자학이 지니는 지나친 관념성의 폐단을 지적하며 나온 학문이다.

특히 한국에서는 주자학이 조선 왕조 500년의 정신적 근거로서 발달했기 때문에 그 폐단이 더욱 심했다. 정치적 억압이 하늘을 빌미로 정당화되기도 하고, 주자학적 명분이 정권 유지의 도구가 되기도 했다. 그리고 경험적 현실이 주자학의 지나친 사변주의로 인해 무시되었다. 그렇지만 중국과 조선의 경우, 변하지 않는 본래의 세계인 '이理, 天理' 자체를 부정하지는 않았다.

그런데 일본의 양명학과 고학은 주자학의 사변주의를 비판하면서, 이전보다 더욱 확실하게 천리를 탈락시키는 과정으로 일관한다.

양명학자 구마자와 반잔熊澤蕃山(1619~1691)은 인간 존재의 근본으로 육체적 요소를 제시한다. 그리고 천리를 하늘의 차원이 아니라, 인간의 차원에서 이해한다. 결국 하늘(천리)처럼 섬겨야 할 대상을 임금과 부모로 구체화하고, 오륜五倫(군신유의, 장유유서, 부부유별, 붕우유신)을 최고의 가치로 격상하였다.

고학은 말 그대로 주자학을 부정하고 공맹의 고학으로 돌아갈 것을 주창한 학문이다. 고학자들은 양명학자들보다 한 발자국 더 나아가, 천리를 분명히 부정한다. 고학의 창시자 이토 진사이伊藤仁齋(1627~1705)는 "만물은 천지 사이에 저절로 생물이 생겨나는 것이지, 천리라고 하는 것이 먼저 있어서 작용하는 게 아니다"라고 말했다. 이토에게 퇴계학의 경敬은 타인을 공경하는 윤리학이 되어 버렸다. 그리고 더 나아가 고학자들은 인간의 열정과 욕망, 현실을 강력하게 인정하게 된다. 야마카 소코山鹿素行에 따르면 "인간의 열정과 욕망은 증오되어야 할 그 무엇이 아니다. ····· 사람의 욕망을 없애버리면 이미 사람이 아니며, 마치 기왓장이나 돌과 같다"고 한다.

오규 소라이荻生徂徠(1666~1728)에 이르면 천리는 완전히 제거되고, 성인의 도만을 인정하고 있다. 그렇다면 천리가 제거된 성인의 도란 어떤 것인가? 오규에게 성인은 무언가를 만든 자이며, 결국 현실의 정치 지배자, 도쿠가와 쇼군이 성인이라는 결론에 도달하게 된다. 천리가 제거되고 나면 현실이 강하게 대두하는 것이다.

일본에서 양명학으로부터 고학에 이르는 발전 과정에는 사실 주자학에 의해 지나치게 무시되던 욕망과 현실에 대한 진지한 탐색이 있었다. 이는 중국과 한국의 경우도 마찬가지였다. 그러나 중국과 한국은 천리 자체를 부정하지는 않았다.

그러나 일본에서는 천리가 제거되어, 욕망과 현실이 강하게 나왔고, 오규 소라이에 이르러서는 성인을 현실의 지배자인 쇼군이라 간주했다.

일본 주자학에서 양명학, 고학에 이르기까지 일본 유학은 천리가 소멸·탈락되는 과정을 거쳤음을 보였다. 이는 불교가 신도 속에 흡수되면서 불교의 철학성이 탈락되어, 하나의 마법적 신으로 수용된 것과 비슷하다. 일본은 영원한 것, 절대적인 것, 우주 만물의 궁극적인 어떤 것이 존재한다는 점에 대해 관심이 적음을 볼 수 있다. 일본이 낳은 대학자 마루야마 마사오丸山眞男(1914~1996)는 "일본은 절대자, 보편자 등이 있는 외래 사상을 용납 못하고, 일본적으로 변용시킨다"고 말했다. 다시 말하면, 일본에는 무엇인가 집요하게 저음으로 흐르면서 절대자, 보편자 등과 같은 외래 사상을 부서뜨린다. 마루야마는 집요하게 흐르는 그것을 '집요 저음'이라 불렀다.

위기와 다양한 개혁들
―교호개혁과 다누마의 정치(1716~1786년)

그때 세계는 -
1783년 | 조선, 박지원, 《열하일기》 지음
1784년 | 조선, 이승훈, 연경에서 세례 받음

18세기 초 상품경제가 발달함에 따라 막부와 번의 지출이 증가하여 재정은 점차 궁핍하여 갔다. 무사의 경제 기반은 주로 농촌에서 수취한 연공이었고, 원칙적으로 농업이나 상업과 같은 생업에 종사할 수 없었다. 때문에 무사의 수입액은 연공수입 이외에 추가수입은 거의 없었다. 반면 농민은 농업 생산성의 증가와 상품 작물의 경작을 통해 수입을 증대할 기회를 가졌고 상인은 상업과 화폐경제의 발달에 따라 막대한 부를 축적할 수 있었다. 무사들은 화폐경제가 발달하면서 쌀값이 떨어져 오히려 소득이 감소했다. 게다가 무사 계급의 소비생활이 더욱 증가하면서 무사들은 재정적 위기에 내몰렸다.

이 때문에 막부는 화폐를 재주조하여 화폐의 질을 낮추어 그 차익으로 재정을 보충하려 했고, 독점적 조합 가부나카마株仲間를 인정하는 대가로 상인으로부터 헌금을 징수하는 등 위기를 극복하려고 했다. 그러나 막부의 악화된 재정은 회복되지 않았다.

막부뿐만 아니라 번들도 재정난에 고통을 받았다. 번들은 참근교대에 따른 비용, 생활의 사치, 곡물 생산의 변동 등으로 재정이 궁핍해졌다. 하급 무사들의 경우 생활난은 더욱 심각하여 부업을 하거나, 봉록미를 담보로 고리대금업자로부터 돈을 차용했으며, 유복한 상인의 양자로 들어가 무사 신분을 팔기도 했다. 상인이 무사의 양자가 된 후, 무사 본인은 은거시키고 양자가 무사 행세하는 경우도 있다.

다누마 오키쓰구. 상품생산과 유통이 가져오는 이익에 착안하여 개혁을 하고자 했던 다누마 오키쓰구. 다누마 시대에는 뇌물이 횡행해서 기강이 문란해졌다.

1716년 8대 장군 도쿠가와 요시무네德川吉宗는 이에야스의 시대를 이상적 사회로 인식해 사회 체제의 변혁을 모색하였다. 요시무네는 30년에 걸친 재위 기간을 통해 각종 개혁을 단행하였다. 이를 총체적으로 '교호享保개혁'이라 한다.

우선 문란해진 무사의 풍토를 쇄신하기 위해 무술을 장려했다. 또한 재정난을 극복하기 위해 검약령을 실시해 지출을 줄여 나가는 한편, 세금 수입의 증대를 꾀했다. 이어서 공직자들의 부정을 철저히 적발하고, 풍작과 흉작에 관계없이 일정액의 연공미를 징수하는 정면법定免法을 실시해 수입안정을 도모했다. 상인 자본을 빌려 새로운 농토개발을 추진하고 쌀의 증산을 장려했다. 또한 고구마·사탕수수·조선인삼 등 상품 작물에 대한 재배도 장려했다. 이러한 일련의 개혁조치로 막부령의 석고는 10% 이상 증가하였고 연공 수입도 증가로 돌아섰으며 막부재정은 점차 회복될 기미를 보였다. 그렇지만 농촌의 현저한 변화는 막번체제를 근본적으로 흔들어 놓았다. 농촌에는 상품작물의 재배가 활발해지며 농민들 사이에서 빈부의 격차가 생기고, 토지의 저당과 매각을 통해 몰락하거나 혹은 지주가 되는 경우가 생

요시무네. 요시무네는 에도막부의 중흥에 힘 쓴 쇼군이었다. 쌀값 안정을 위해 애썼으므로 당시 에도시대 서민들은 그를 '쌀장군(米將軍, 고메 쇼군)'이라는 별명으로 불렀다.

겨 농민의 계층분화가 나타나서 봉건적 지배체제의 기초가 흔들렸다.

쇼군 요시무네의 뒤를 이어 9대 이에시게家重가 쇼군직에 오르자, 측용인側用人을 겸한 다누마 오키쓰구田沼意次가 막정의 실권을 잡았다. 오키쓰구는 10대 쇼군 이에하루家治의 시대에 행정의 수반인 노중老中으로 승진하여 막강한 권세를 누리게 되었다. 그의 20년간 막부 정치를 담당하였던 시기를 그의 이름을 따서 '다누마田沼 시대'라고 한다. 오키쓰구는 당시 명문가 출신이 아니라 쇼군 옆에서 보좌하다가 신임을 받아 출세가도를 달린 일종의 벼락출세한 사람이다. 오키쓰구는 명문가 출신이 아니었기 때문에 선례에 얽매이지 않고 자유롭게 정치를 할 수 있었다. 당시 교호개혁에 의한 성과는 일시적인데 그치고 쌀값의 하락으로 막부의 재정은 또 다시 위기에 빠졌다. 다누마 오키쓰구는 요시무네의 긴축 정책과는 반대로 상인의 힘을 적극적으로 이용해 타개하고자 했다.

각지에서 발전하고 있던 상품 생산과 유통이 가져오는 이익에 착안하여,

이를 막부 재정의 손실을 보충하기 위해 이용했다. 오키쓰구는 우선 재원을 적극적으로 확보할 목적으로 대규모 신전개발을 계획하고 오사카, 에도 거상들을 끌어들여 이 사업을 추진하였다. 또 동·철·황동·인삼 등의 특산물을 전매제로 하여 상인에게 전매권을 주고 대신 영업세를 징수했을 뿐 아니라 새로운 독점동업조합의 결성을 공인해 주는 대가로도 영업세를 걷어 들였다.

다누마의 정치는 상인들의 경제력을 이용해서 상품경제가 가져온 이익을 얻어 재원을 확보하려 했지만, 결국 개혁은 하지 못하고 상업자본의 이익을 증가시켰을 뿐이었다. 게다가 다누마 시대에는 뇌물이 횡행해서 기강이 문란해졌다. 결국 다누마 오키쓰구는 실각하고 만다.

DIGEST 56

농민소요의 격증과 오시오의 난
―에도막부의 동요(19세기)

그때 세계는 -
1789년 | 프랑스 대혁명
1811년 | 조선, 평안도 농민전쟁(홍경래의 난)

　막부와 제번의 재정난이 심각해지자 오히려 그러한 타격은 농민에게 미쳐 조세 부담이 늘었으며, 기본적인 생활조차도 압박을 받아 궁핍해졌다. 게다가 상업자본이 급속하게 침투하면서 농촌에서 빈부의 차가 심해졌으며, 농민층의 해체가 진행되었다. 농민들은 토지를 매각하거나 저당을 잡혀 돈을 빌리게 되었고, 이후에 갚지 못하게 되자 토지를 상실하여 소작인으로 전락하는 자들이 늘어났다. 농민은 생활에 심각한 타격을 받았다. 이 때문에 연공 감면 등을 요구하는 농민의 저항과 봉기가 각지에서 일어났다.

　이전의 농민 봉기는 영주에게 연공의 감면을 요구하고 받아들여지지 않으면, 직소하거나 도망하는 등의 형태가 주였다. 그러나 이때부터 광범한 농민이 참가하여 집단의 힘으로 영주에게 압력을 넣는 일이 많았다. 막부와 번들은 지도자를 엄벌에 처하면서도 농민의 요구를 어느 정도는 받아들여 연공을 감면해 주기도 하였다. 에도시대를 통해서 농민의 잇키는 3200여 건에 이르는데, 대부분 18세기 초반 이래 집중적으로 발생했다. 또 시대가

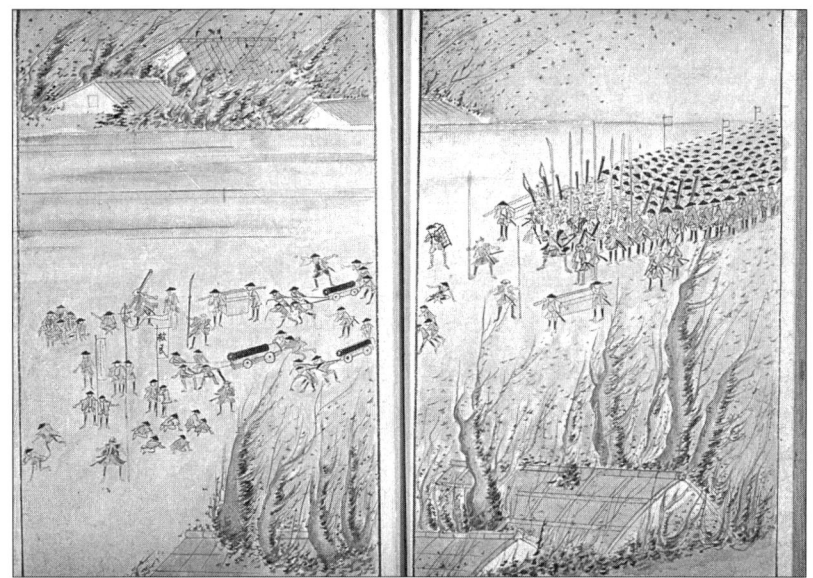
전직관리 출신 오시오 헤이하치로는 제자 20여 명, 농민 약 300명을 이끌고 무장했다. 사진은 '구민'의 깃발을 들고 진격하는 오시오의 군대.

내려올수록 그 규모가 커지며 상인의 유통상의 독점에 반대하는 농민 잇키도 나타났다. 몰락한 농민 중에는 부랑인이 되어 도시에 유입된 자도 적지 않았다. 도시에서도 쌀값 폭등으로 일반서민의 생활은 어려워졌으며 빈민이 미곡상과 고리대 등을 습격하여 약탈·파괴하는 일이 에도, 오사카를 비롯한 각지에서 일어났다. 이러한 농민 잇키와 약탈행위는 조직적인 것은 아니었지만, 빈발함에 따라 막번체제의 기초는 흔들리기 시작하였다.

19세기 중반에 들어서면서 더욱 상황이 험악해졌다. 극심한 흉작이 계속되었고 농촌에서는 굶어 죽는 사람이 늘어났다. 낙태는 물론 두세 명 이상의 자식이 태어나자마자 즉시 살해해버리는 비참한 일이 전국에 퍼졌다. 농민이 도산하여 농촌은 황폐해졌고 농민봉기가 빈번하게 발생하였다. 이러한 농촌의 분위기는 도시에도 파급되어 미곡상과 고리대금업자들에 대한 폭동이 격화되었다.

오사카에서도 빈사자가 줄을 이었다. 부상들이 쌀을 매점하여 폭리를 취하고 있었는데도 막부는 구제책을 마련하지 않고 빈민들을 방치하였다. 오히려 오사카의 쌀을 에도로 송출하려고 했고, 호상들은 이익을 챙기기에 급급하였다.

이러한 분위기하에서 1837년 막부의 전직 관리였던 오시오 헤이하치로大塩平八郎가 난을 일으켰다. 유명한 양명학자이기도 했던 그는 대기근으로 고통을 받는 오사카 근교 민중들의 처지를 가슴 아파하여 막부관리에게 빈민구제를 청원하였으나 거절당했다. 그래서 그는 자신의 장서를 팔아서라도 빈민을 구제하려고 했지만 개인의 힘으로는 역부족임을 통감하고 있었다. 이때, 막부의 담당 관리는 빈민의 처지는 아랑곳하지 않고 특권 상인이 미곡을 매점매석하는 것에 대해 방관하는 자세를 취하였다. 이에 격분한 오시오 헤이하치로는 제자와 농민, 도시 빈민 등 약 300명과 함께 호상을 습격하고 미곡을 탈취하여 빈민에게 나누어 줄 계획을 세웠다. 오시오의 반란은 겨우 몇 시간 만에 진압되었고, 오시오는 한 달 넘게 도피 생활을 하다가 체포망이 좁혀지자 자결하였다. 오시오 헤이하치로 난은 하루 만에 진압되었지만, 막부 전직 관리가 무장 봉기를 일으켰다는 점에서 막부와 제번이 받은 충격은 이루 말할 수 없을 정도였다. 이 난리로 오사카 시내는 불탔지만, 이 난리로 집이 불탄 사람들조차 오시오를 원망하기는커녕 그를 신처럼 받들었다.

오사카는 사통팔달로 교통이 발달한 지역이어서 반란의 소식은 순식간에 전국으로 파급되었다. 에치고越後의 가시와자키柏崎에서는 국학자였던 이쿠타 요로즈生田萬가 오시오의 제자임을 자칭하며 반란을 일으켰고, 다른 지방에서도 오시오의 제자를 자칭하는 자들이 연속적으로 반란을 일으켰다. 사회는 불안정해져갔다. 막번체제의 기초는 흔들리기 시작하였다.

DIGEST 57

막부재건의 마지막 몸부림
—덴포개혁의 좌절과 웅번의 대두(1833~1843년)

그때 세계는 -
1812년 | 프랑스, 나폴레옹의 러시아 원정
1814년 | 빈 회의(~1815년)

　대규모의 흉작과 기근, 오시오의 난과 그에 따른 사회불안, 심각한 재정난으로 막부는 위기에 처했다. 아편전쟁에서 중국이 졌다는 소식은 충격이었다. 막부는 막번체제를 동요시키는 내외 우환에 대해 본격적인 대응을 하지 않을 수 없게 되었고, 1841년 노중老中 미즈노 타다쿠니水野忠邦를 중심으로 개혁을 추진하였다. 1841년은 연호로 덴포天保기에 해당하므로 이를 '덴포개혁'이라 한다. 타다쿠니는 교호 시대의 개혁을 이상으로 하였다. 그의 개혁 방향은 상업자본을 억제하여 농업의 자연경제로 복귀시킬 것을 목표로 했다. 그 중심은 다음의 네 가지 방향에서 이루어졌다.

　첫째, 모든 계층에 대한 검약령과 엄격한 풍속 통제를 단행하였다. 에도의 가부키극장에 대해 풍속을 어지럽힌다는 이유로 번화가에서 멀리 떨어진 곳으로 이전시켰으며, 배우가 도시를 걸어 다닐 때에는 삿갓을 쓰도록 했다.

　둘째, 에도의 인구를 줄이고 농촌의 인구를 증가시키기 위해 농민이 농촌

슈세이칸(集成館)의 대포유적. 부국강병책을 취한 사쓰마번의 다이묘 시마즈 나리아키라가 별저에 서양식 공장들을 설치했다. 용광로, 유리, 도자기 제조소 등이 있었다. 사진은 대포생산의 유적.

을 떠나 에도로 이주하는 것을 금지하였고, 본업 이외에 집을 떠나 타지방에서 일정 기간 돈을 버는 것에 대해 영주의 허가를 받도록 했다.

셋째, 물가를 안정시킬 대책을 강구하였다. 물가가 폭등한 것은 독점동업조합(가부나카마)이 상품의 유통을 독점하고 물가의 부정 조작을 일삼는 것이 원인이라 여겼다. 때문에 독점동업조합의 해산을 명령하고 상인들의 자유로운 거래를 인정하여 에도와 오사카에 유입하는 물자가 늘어나도록 했다. 그렇지만 정책효과는 발휘하지 못하고 유통시장의 혼란이 가중되어 도리어 물가가 상승하는 부작용을 낳았다.

넷째, 막부 재정의 확대를 위해 연공률을 조사하고 황무지의 재경작을 시도했으며 에도, 오사카 주변의 영지를 막부의 직할지로 만드는 몰수령을 내렸다.

이상 막부의 덴포개혁은 너무나도 급격하고 막부 중심으로 추진되었기 때문에 근본적인 사회모순을 해결하지 못했다. 오히려 다이묘, 상인, 농민층의 반발을 받아 개혁의 효과는 거의 거둘 수 없었다. 덴포개혁의 실패는 막부의 권위 실추를 더욱 가속화시켰다.

막부의 덴포개혁을 전후하여 여러 번들도 개혁을 추진하였다. 각 번도 막부와 마찬가지로 재정의 궁핍과 농민봉기에 시달리고 있었다. 부족한 재정을 보충하기 위하여 연공을 증수하고, 식산흥업을 추진했다. 또 전매제도를 강화하여 재정난을 타개하려고 노력하였다. 이밖에도 농민층의 분해를 방지하기 위하여 여러 정책을 추진하였다. 막부의 개혁이 실패로 돌아간 것과는 대조적으로, 일본 서남쪽에 위치한 번들은 개혁에 큰 성과를 거두었다.

우선 사쓰마번薩摩藩에서는 하급 무사인 주쇼 히로사토調所廣鄕를 등용해 개혁에 착수하였다. 사쓰마번에서는 번 재정이 심각하여 교토, 오사카, 에도 상인에게 빌린 채무가 500만 엔이 넘었다. 히로사토는 과감한 개혁을 추진하여 다액의 빚을 거의 해결하였다. 또 흑설탕 등의 전매를 실시하여 재정난을 타개하였다. 다이묘 시마즈 나리아키라島津齊彬는 가고시마鹿兒島에 조선소와 유리 제조소를 건설하는 등 공업을 일으켰다. 또 사쓰마번에서는 서양식 포술 등을 활용하여 군사력 강화에도 힘을 기울였다.

조슈번長州藩에서는 다이묘 모리 타카치카毛利敬親가 하급무사 출신인 무라타 세이후村田淸風를 등용하여 개혁을 착수했다. 무라타 세이후는 장기에 걸쳐 분할해 변제하는 분할상환제도를 실시하여 번의 부채를 정리하였다. 또 강한 비판을 받고 있었던 종이와 밀랍의 전매제를 완화했으며 식산흥업정책을 실시했다. 또 세토나이카이 통과 선박을 대상으로 화물을 저당 잡아 자금을 대부하거나 상품의 위탁 판매 등으로 막대한 수익을 올렸고, 이를 조슈번의 재원으로 활용하였다. 게다가 하급무사들을 등용하여 서양식 군비의 정비에 노력하였다.

도사번土佐藩에서는 긴축재정을 실시해 재정을 확보하려 했다. 히젠번肥前藩에서는 번주 나베시마 나오마사鍋島直正가 하급무사를 등용하여 번정개혁에 착수, 농촌부흥책을 꾀하여 농민증의 분해를 방지하고자 했으며 도자기 등의 식산흥업에도 힘을 기울였다. 또 대포 제조소를 설치해 서양식의 군사력으로 전환을 모색하였다.

서남지역 번에서는 하급무사를 등용하여 개혁에 성공하자, 유능한 하급무사가 번정에 참여하는 길이 열리고 하급무사들의 세력이 커졌다. 또 막부가 재건에 실패한 것과 정반대로 경제재건에 성공함으로써 이후 정국을 주도하는 새로운 세력으로 등장할 수 있는 기반이 마련되었다.

국수주의의 원초적 형태, 국학
―모토오리 노리나가(18세기)

그때 세계는 -
1815년 | 청, 아편밀수 엄금
1838년 | 영국, 차티스트 운동(~1848년)

국학은 18세기 일본 고전을 연구하여 일본 고대의 순수한 정신을 밝히려는 학문이다. 국학이란 용어 그 자체가 일본 국가의 특징을 찾으려는 학문임을 알려주지만, 국학은 유학의 강한 영향 하에 탄생했다.

중국과 한국의 유학자들은 주자학의 사변적 합리주의에 회의를 느끼면서, 공자나 공자 이전 선왕의 정신으로 돌아가 진정한 유학의 의미를 찾고자 했다. 일본의 유학자들도 마찬가지였다. 그런데 일본에서는 공자 이전 선왕의 정신에서 그치지 않고, 한 걸음 더 나아가 일본의 고대에서 일본만의 순수한 정신을 찾고자 했고, 그 바탕으로 국학이 나오게 되었다. 가장 일본적인 학문인 국학은 모토오리 노리나가本居宣長(1730~1801)에 의해 집대성되었다. 모토오리의 학문과 정신세계를 살펴보면 일본국가주의, 그 배경으로서 신도와 천황이 무엇인지 알 수 있다.

모토오리 노리나가는 유교와 불교를 철저히 배격하고, 일본만의 순수한 정신을 찾고자 했다. 조닌(상인) 출신으로, 교토에 가서 의학을 배우고 고향

마쓰자카松坂에서 의사로 지냈다. 의업 외에는 저작에 전념했다. 모토오리는 30년 동안 각고의 노력으로 일본 고대 고전인 《고사기古事記》(712)를 실증적으로 연구했다.

《고사기》는 천지창조부터 시작하여 신들의 탄생과 일본 열도의 생성, 신들의 세대교체와 행동 등의 내용을 다루고 있다. 초대 천황 진무 천황이 아마테라스 오미카미 天照大神(태양신)에게 3종의 신기를 받았다는 전설적인 이야기뿐만 아니라 6, 7세기 역사적인 왕들의 이야기도 포함되어 있다. 《고사기》

일본 국학을 집대성한 모토오리 노리나가.

는 《일본서기日本書紀》와 더불어 8세기 천황의 권위를 강조하기 위해 만들어진 역사책이다. 《고사기》에 나오는 일본 신화에서는 수많은 신을 천황의 조상신 아마테라스 아래로 서열화하여, 천황의 권위와 지배가 신들의 시대부터 약속된 것임을 의도적으로 만들어 강조했다.

사실 《고사기》의 내용 전체가 조작된 것은 아니다. 조작되고 의도된 부분을 빼고 나면 일본 신화는 일본 지역에서 자연스럽게 숭배되던 수많은 신의 이야기로 가득하다. 모토오리는 일본 신화와 고대의 신들에게서 일본의 순수한 혼을 찾아냈던 것이다.

《고사기》에는 상고上古의 신들이 인간과 함께 세계를 만들었다는 신화가 나온다. 모토오리는 신화시대의 태고적 상태를 '신의 도가 있는 그대로 발현된 이상적인 상태'라 한다. 그러므로 고대시대를 살아간 고대인이 가장 이상적인 인간이라 생각했다. 모토오리가 그토록 이상향으로 생각한 '있는 그대로의 신의 도,' 그것은 구체적으로 어떠한 것일까?

신의 도, 즉 일본의 순수한 혼으로 여겨지는 감정을, 모토오리는 '모노노

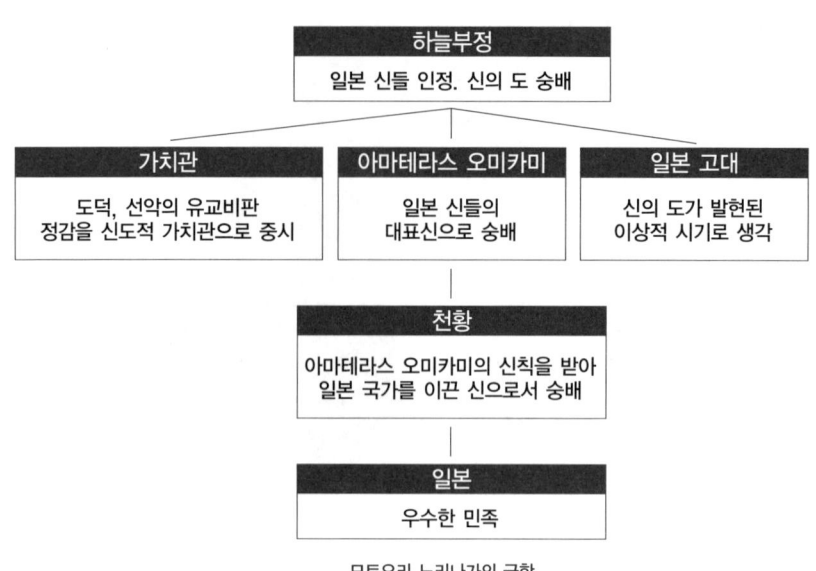

모토오리 노리나가의 국학.

아와레(もののあわれ 物の哀れ)'로 표현했다. 모노노 아와레는 '인간의 마음이 사물에 접할 때, 순수하게 일어나는 감정'으로 풀이할 수 있다. 모토오리는 모노노 아와레를 '기뻐할 일을 마주쳤을 때 기뻐하고, 슬퍼할 일을 만났을 때 슬퍼하는 순수한 마음'이라고 말한다. 그 감정은 '연약하고 덧없는 것'으로서 '사람의 참마음 깊숙한 데 있는 것'이라고 한다.

반면 유교나 불교에서 말하는 도덕, 선악과 같은 것을 인정의 진실을 억압하고 위선을 강제하는 것이라 비난했다. 유교와 불교가 제멋대로 규범을 만들어, 일본 고대에 존재하던 신의 도를 타락시키고 그 순수한 발현을 막고 있다는 것이다. 이렇게 보면 신의 도는 '도덕과 선악'보다 사물에 접할 때 일어나는 순수한 정감에 더욱 가깝다.

모토오리의 학문에서 빼놓을 수 없는 것이 천황과 관련된 극단적인 민족주의 부분이다. 이미 말한 것처럼 모토오리는 일본 신화 속에 나오는 신들을 숭배했고, 신의 도가 순수하게 발현된 고대를 이상향으로 바라보았다. 모토오리는 천황을 이러한 고대 신 속에서 이해한다.

천황의 조상신 아마테라스 오미카미는 일본 신을 대표하며, 천황은 대표적 일본신의 후손이 된다. 모토오리에게 고대는 '천지의 여러 신과 인간이 진심에 따라 평온하고 즐겁게 살았던' 이상향이며 참된 세계였다. 그런 고대 이상향의 중심에 아마테라스에게서 신칙을 받은 천황이 있었던 것이다. 천황은 신의 도가 발현된 시기에 일본을 이끌었던 가장 이상적인 국가의 수장이며, 인간으로 나타난 신인 것이다. 모토오리는 여기에서 그치지 않는다. 일본은 아마테라스 오미카미와 천황이 존재하기 때문에 '신의 도'가 발현되는 유일한 나라라 간주하면서 그렇기에 일본 민족을 가장 뛰어난 민족이라 주장하게 되었다.

모토오리의 사상은 유·불을 철저히 배격하고, '고대 신의 도 → 정감의 가치관 → 천황과 태양신의 숭배 → 뛰어난 일본 민족'으로 이어지고 있다. 모토오리가 신의 도를 인간의 가장 자연스런 상태로 이야기하며 엄격한 도덕보다 마음 안의 정감을 말할 때까지, 도덕이 비하되는 것이 마음에 걸리기는 하지만 그래도 일견 그럴 수 있겠다는 생각이 들 것이다. 어떻게 보면 아름답게도 느껴진다.

자국의 신화를 유일하고 절대적인 것으로 여기며, 그 연장선상에서 천황을 절대시하고 일본만이 우수한 민족이라는 결론을 만들어 내는 것을 보면 아연해진다. 모토오리 노리나가는 전설적인 신화를 역사적 사실로 오인하는 어리석은 주장을 한다. 나아가 자폐적일 정도로 자민족중심주의의 허구에 빠져든다.

모토오리는《고사기》를 30년 동안 이루 말할 수 없는 성실함으로 파고든 완벽한 실증적 방법론을 지닌 대학자였다. 그러면서도 신화가 지니는 비합리성에 전혀 구애받지 않고, 아마테라스를 현재 하늘에 있는 태양이자 천황의 조상으로 그대로 믿었다. 즉 일본 신화에서 말하는 자연의 신도, 천황을 철저히 신앙으로 받아들였다. 그렇다면 대학자가 어째서 신화를 사실 오인했을까?

신도는 일본 사회 곳곳에 존재한다. 일본 어디든 신사가 있어서 많은 사람들은 다양한 신을 모신다. 가정 안에서, 생업 현장에서, 마을에서 등 일본

곳곳에서 수많은 신을 영험한 신으로 받든다. 일본 신화 속에 나오는 태고의 신앙은 책에만 나타나는 과거가 아니다. 눈으로 확인할 수 있는 현재이다. 단절되지 않고 변하지 않은 채 일본 역사 전체를 통해 현재까지 존속한다. 종교로, 생활의 중심으로 생생하게 존재한다. 그뿐 아니다. 신도는 문학에서도, 정치에서도 밀접한 관련을 갖고 있다. 그야말로 일본의 전부이다.

신의 도, 그것은 일본 사회 곳곳에 흡수되어 변하지 않고 존재해 왔다. 끝모를 태고로부터, 신화시대로부터 단절되지 않고 존재해 왔다. 영원성을 느끼게 한다. 거부할 수 없는 진실로 다가온다. 그래서 모토오리에게 신의 도는 단순한 학문이 아니라 신앙일 수 있었다. 그는 평생을 독실한 신앙인으로 보냈다. '신의 도'는 평생을 바칠 만큼 종교이며 신앙이었던 것이다.

아마테라스와 천황은 그런 신의 도를 대표하는 것이다. 아마테라스는 신 가운데 최고신이며, 천황은 그런 아마테라스가 세상을 다스리라고 신칙을 넘겨준 후손이다. 천지의 여러 신들과 인간이 진심으로 평온하고 평화로웠던 고대의 한 중심에 아마테라스에게서 신칙을 받은 천황이 있는 것이다. 신의 도가 실현되고 있는 나라는 일본뿐이며 따라서 일본인이 가장 우월한 민족일 수밖에 없다는 것이다.

신의 도를 긍정하고 나면 천황에 대한 긍정은 자연스러워진다. 여기에 이르면 '일본만 특별하며, 나아가 우수하다는 논리'는 설사 드러내지 않아도 잠재해 있다. 그것은 적절한 시점에서 뚫고 나와 만개한다. 불교의 보편성을 무너뜨리고, 유교의 천리를 튕겨 버린 신도. 그 안에 자기중심의 민족주의로 직결되는 요소가 있다. 이는 비단 모토오리에게만 나타나는 현상이 아니다. '일본의 우월성'은 신도라는 특별한 전통을 가진 일본인 누구에게서나 드러나기 쉬운 생각이다.

이러한 모토오리 사상은 근대의 대내외 위기 속에서 많은 일본인이 받아들였고, 메이지 유신의 사상적 지주가 되었다. 신도와 천황은 일본의 원초적 감정을 수반하며 근대에 들어 현실에서 어떤 힘을 발휘하는지 우리는 목격하게 될 것이다.

IV. 근대사회의 성립

DIGEST 59

개국과 새로운 세력의 등장
― 일본근대의 시작(1854~1858년)

| 그때 세계는 –
| 1840년 | 아편전쟁(~1842년)
| 1848년 | 프랑스, 2월혁명

아시아의 근대는 서양으로부터의 충격에 의해 시작되었다. 일본의 근대 역시 1853년 6월 네 척의 흑선(검은 군함)을 앞세우고 들이닥친 미국 페리 제독의 압력으로 시작된다. 흑선은 에도만 입구의 우라가浦賀에 내항했다. 일본인에게는 에도만에 정박한 시커먼 증기선이 마치 섬처럼 보였던지, 우키요에(일본의 전통화)는 이 흑선을 아주 크고 시커멓게 그렸고, 페리는 험상궂게 그려져 있다.

근대 이전에는 서양이 세계에서 가장 발달한 나라는 아니었다. 아마도 중국이 훨씬 발달했으며, 우리나라도 선진국 대열에서 결코 뒤지지 않았을 것이다. 서양이 세계를 제패하고 압도적인 위치를 차지한 때는 근대 이후로 채 300년도 되지 않는다. 그것이 현재의 미국으로 이어지고 있는 것이다.

서양은 자본주의를 확립하고, 자본주의에 걸맞은 새로운 근대 국민 국가를 이룩했다. 시민은 자본주의를 만든 주체이고, 이들은 시민 혁명을 통해 왕권의 횡포와 봉건적인 속박에서 벗어나 자본주의에 어울리는 새로운 자

1853년 미국 페리 제독의 내항으로 일본은 개국하게 되었다.

유 민주주의 정치를 창출한 것이다.

이전의 사회가 자급자족하던 사회였다면, 자본주의는 상품이 중심이 되어 확대 재생산을 특징으로 하는 경제 체제다. 부단히 증대되는 상품이 세계 어딘가에서 팔려야 자본주의는 유지되고 번영할 수 있다. 아마도 자본가는 상품을 팔기 위해서라면, 갈 수만 있다면 달나라까지도 식민지로 삼을 것이다. 서양에게 동양은 사활이 걸린 시장이었으며, 번영을 약속하는 젖과 꿀이 흐르는 땅이었던 것이다. 먼저 인도와 중국이 유럽 열강의 표적이 되었으며, 남북전쟁으로 뒤늦게 체제를 정비한 미국에 의해 일본도 강제적으로 시장 개방을 요구받은 것이다.

페리 제독이 일본에 도착한 1853년은 에도(도쿄)에 막부를 연 지 250년이 되는 해이다. 한 정권이 집권하여 250년 정도 지나면 쇄신을 거듭하지 않는 한 대개 정권의 말기적 현상이 나타난다. 에도시대의 1853년은 많은 모순이 폭발하는 시기였다. 당시 에도 막부는 재정이 악화되었고, 사무라이는 생활고에 시달리면서 기강도 쇠퇴했다. 농민은 과중한 봉건 수탈에 허덕이

IV 근대사회의 성립 **255**

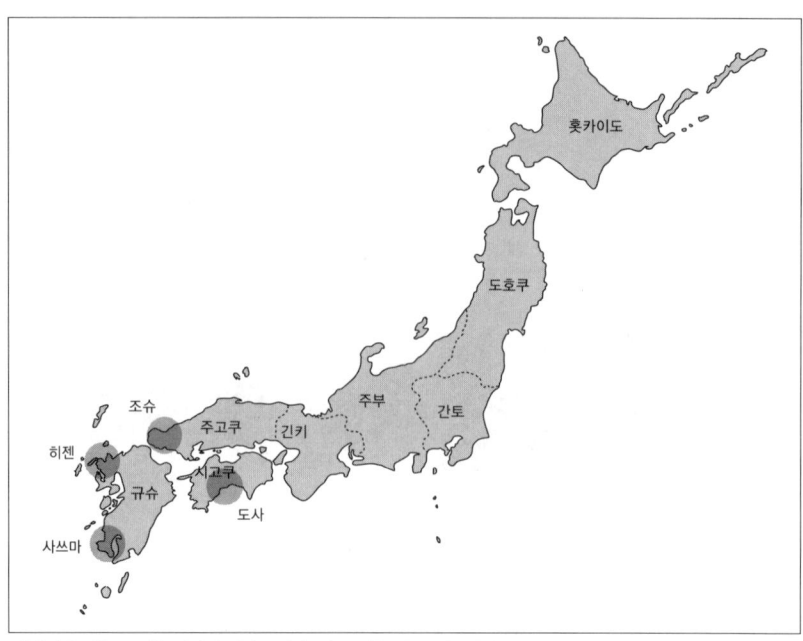

메이지 유신을 주도한 변방의 서남 4대번. 이들 번은 에도 막부에서 250년간 중앙에서 철저히 소외된 지역이었다. 이들 소외된 변방의 하급 사무라이에 의해 메이지 유신이 이루어졌다.

고 있었는데, 엎친 데 덮친 격으로 대흉작이 이어지면서 민생은 파탄에 이르렀다. 자식이 두셋으로 불어나면 태어나자마자 갓난아이를 살해해 버리는 비참한 일이 전국적으로 빈번해서, 인구가 거의 증가하지 않을 정도였다. 이러한 위기에 직면하여 막부는 여러 번 개혁을 시도했지만, 번번이 실패하고 말았다.

이처럼 왕조 말기적 현상이 곳곳에서 일어나고 있던 시기에 미국은 거대한 흑선을 끌고 와서 일본을 위협한 것이다. 이제까지 에도 막부의 정책은 쇄국이었지만, 바짝 들이대는 강력한 군사력 앞에서 쇄국을 고집할 수는 없었다.

미 흑선이 찾아온 때 막부 지도자들이 서양을 처음 접한 것은 아니다. 이미 1840년 중국이 영국에 패배했다는 사실이 알려졌다. 가장 강한 나라로 여겨지던 중국의 패배는 막부 지도자들에게는 엄청난 충격이었다. 막부 내부에서도 곪아터진 나라 안의 모순은 낯익은 위기였지만, 나라 밖으로부터 밀려드는 서양 세력은 익숙하지 않았다. 중국을 단번에 무너뜨릴 만큼 강한 군사력을 가진 것은 분명하지만, 그 강력함이 도대체 어디에서 나오는지 확실히 알 수가 없었다. 여태까지 일본이 전혀 경험하지 않은, 알 수 없는 상대였던 것이다. 다만 일본을 멸망으로 몰아넣을 수 있을 만큼 강한 존재임을 본능적으로 느꼈다. 내부의 모순이 격화되는 가운데, 막부는 미국이 강요하는 개국을 스스로 처리할 자신감을 잃었다. 일본도 서양 열강에 짓밟힌 중국과 같은 운명에 처할지 모른다는 절박한 두려움에 휩싸였다.

미증유未曾有의 위기로 완전히 자신감을 잃은 막부는 미국의 개국 요구를 천황에게 보고하고, 전국의 모든 다이묘에게 '미국의 요구에 어떻게 대응할 것인가'에 대한 자문을 구했다. 이제까지 국가의 모든 외교 정책은 막부 측근에서 결정되었을 뿐, 천황이나 기타 다이묘에게 자문을 구한 적은 단 한 번도 없었다. 국가의 외교 정책이 공론에 오른 된 것은 250년 에도 막부 역사상 처음 있는 일이었다. 이 과정에서 에도 막부에서 소외된 도자마 다이묘外樣大名와 천황이 역사의 전면에 등장하게 된다.

도자마 다이묘는 원래 도쿠가와 이에야스德川家康가 에도 막부를 설립할 당시, 도쿠가와의 승리가 확실해지자 비로소 복종을 약속했던 다이묘이다. 충성도가 가장 의문스러운 세력들이었기 때문에 도쿠가와는 도자마 다이묘를 서남쪽의 변경 지방에 배치했다. 도자마 번藩은 사쓰마薩摩, 조슈長州, 도사土佐, 히젠肥前이다. 사쓰마 번과 히젠 번은 규슈에 있고, 조슈 번은 남쪽 끝자락 시모노세키下關 부분에 있으며, 도사 번은 유배지였던 시코쿠四國 섬에 있다. 이들 도자마外樣 번은 에도 막부 250년간 철저히 중앙 정치에서 소외되어 있었다. 그런 도자마 다이묘에게도 막부는 개국이라는 어마어마한 사안에 대해 자문한 것이다. 페리로부터 야기된 위기는 도자마 번이 역사 전면에 당당히 나설 기회가 되었다. 더구나 이들 도자마 다이묘인 사쓰마·조슈·도사·히젠 번은 경제 개혁에 성공하여 정치에 발언권을 행사할 수 있는 토대를 갖추고 있었다. 이후 메이지 유신의 과정은 이들 도자마번 출신의 하급 사무라이가 주도하게 된다. 그래서 도자마 번을 '서남 유력 번'

으로 부른다.

다이묘 대부분은 미국의 통상 요구는 거절하고 전쟁도 피해야 한다고 답했다. 결국 막부는 1854년 3월 미국과 화친 조약을 맺었다. 이어 중국에서 그러했던 것처럼 유럽 열강도 앞다투어 일본으로부터 미국과 유사한 내용의 조약을 얻어냈다. 화친 조약은 말 그대로 쇄국에서 개국으로 옮겨가는 것으로 일본으로서는 큰 대가를 치른 것은 아니었다. 막부 지도층은 외국에게 확실한 통상권을 인정하지 않고도 전쟁 없이 위기를 넘긴 것에 안도했다. 그리고 서양의 침입이라는 전대미문의 위기는 도자마 다이묘, 천황이라는 새로운 세력이 등장하는 계기가 되었다. 역시 위기는 기회를 만든다. 그리고 변혁은 기득권을 가진 자들보다 소외된 이들에게서 나온다는 사실을 다시금 확인하게 된다.

정치적 긴장의 해, 1858년
―통상조약체결과 쇼군계승문제(1858년)

그때 세계는 -
1849년 | 조선, 철종 즉위
1850년 | 청, 태평천국의 난

　메이지 유신은 대단히 복잡하여 이해하기 어렵다. 그만큼 과거와 새로운 시대가 얽혀 있기 때문이다. 그런데 1858년을 이해하면, 앞뒤가 연결되면서 그 복잡하던 메이지 유신이 분명해진다. 1858년은 정치적 긴장이 고조된 해였다. 우선 통상 조약 체결에 관해 살펴보자.

　미국은 화친 조약을 맺었지만, 대단히 불만이었다. 진정으로 일본 시장을 잠식하려면 관세 자주권을 빼앗고 영사 재판권을 얻어낼 수 있는 통상 조약이 반드시 필요했기 때문이다. 1856년 시모다下田에 부임한 미국 해리스 총영사는 막부 관리에게 통상이 가져오는 현실적 이익을 설명하는 한편, 당시 중국에서 벌어지던 애로호 사건(1856~60)을 거론하면서 통상 조약 체결을 강요했다.

　막부는 여기에 모든 책임을 지고 조인할 자신이 없어서 이전처럼 다이묘들의 의견을 물었다. 개혁파 다이묘들은 통상 조약의 조인은 반드시 천황의 허락 즉, 칙허勅許를 얻으라고 주장했다. 통상 조약의 조인 문제는 쇼군의

IV 근대사회의 성립 **259**

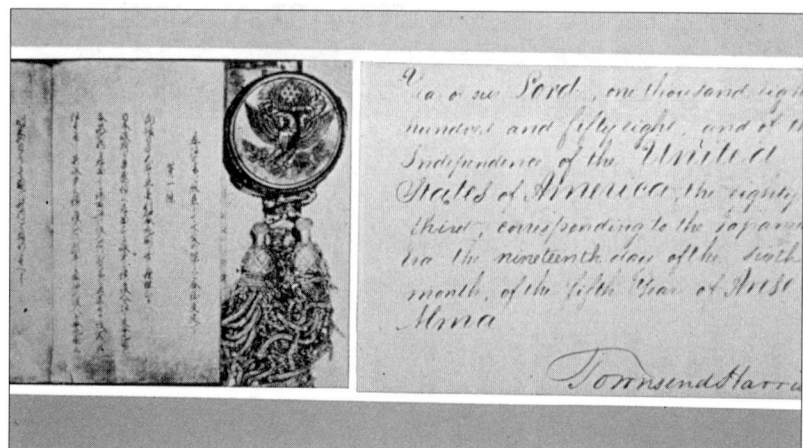
미일수호통상조약 정본.

후사 문제와 연결되면서 사태는 더욱 복잡하게 전개되었다.
당시 쇼군 도쿠가와 이에사다(德川家定)는 선천적으로 아들을 낳을 능력도 없었기에, 이처럼 중요한 시기를 맞아 후사 문제가 절실해졌다. 사쓰마ㆍ미도(水戶)번 등 개혁파 다이묘들은 도쿠가와 요시노부(德川慶喜)를 총명하다는 이유로 추천했다. 이에 반해 막부 고위직이 보장되던 상층 다이묘들은 이에사다와 혈연이 가장 가까운 서열 1순위 도쿠가와 요시토미(德川慶福)를 추천했다. 요시노부를 추천한 유력 다이묘들은 강력한 지도력이 있어야 국가 위기를 극복할 수 있다고 생각한 것이다. 반면 요시토미를 추천한 이에사다 측은 전통적으로 유지되던 자신의 지배력이 개혁이란 이름 아래 침해되는 것을 원치 않았다.
후계자를 둘러싼 세력 다툼이 통상 조약의 승인건과 맞물리면서 대립은 격화되었다. 막부 측 주류가 통상 조약을 조인하고자 한 반면, 요시노부를 후계자로 추천한 개혁파 다이묘들은 통상 조약을 반대했다.
1858년 봄, 조약의 반대가 격렬해지는 가운데 정치적 긴장이 최고조로 달했다. 이 때 막부가 막다른 국면을 돌파하기 위해 취할 수 있는 방법이 무엇이었을까? 그것은 멀리 교토에 떨어져 있는 천황이었다. 천황은 이미 도쿠가와 이에야스가 에도 막부를 창립하면서, 정치적으로 아주 무력한 존재로 전락해 있었다. 도쿠가와는 천황에게 1만 석의 토지를 하사하여 가장 기초적인 문화 행사만 주관하게 하면서, 황족의 서열과 연호에 이르기까지 천황에 관한 모든 사항을 일일이 통제해 왔다. 말하자면 천황은 도쿠가와의 온갖 간섭을 받으며, 에도(지금의 도쿄)에서 멀리 떨어진 교토의 황궁에서 제사나 지내고 정치적 권한이라고는 눈곱만치도 없는 무력한 존재였다. 물론 미국의 개국 요구가 있기까지 막부는 어떤 정책에 대해서도 천황에게 허락을 받으리라고는 상상도 못했다. 대외적 위기가 고조되는 가운데 천황은 난국을 타개할 수 있는 중심으로 떠오른 것이다.

통상 조약의 반대에 직면한 막부는 바로 천황의 그러한 정신적 권위를 얻고자 했다. 1858년 봄 막부 측 관료는 미일수호통상조약의 천황 칙허를 얻기 위해 온갖 선물을 가지고 교토京都를 찾아갔다. 그러나 방문의 목적은 완전히 실패하고 말았다. 당시 고메이孝明 천황은 서양에 대해 배외적이고 본능적인 혐오감을 갖고 있었고, 이미 많은 막부 반대파에 둘러싸여 있었기 때문에 통상 조약의 칙허를 거절했다. 250여 년의 에도 막부 사상 있을 수 없는 사건이 일어난 것이다. 막부에게서 온갖 통제를 받아 오던 천황이 'NO' 라는 말을 할 수 있는 정치적 존재로 태어난 순간이다.

막부 측 관료는 아무런 소득 없이 에도로 돌아올 수밖에 없었다. 그런데 에도에서는 미국의 통상 조약 요구가 빗발치고 있었다. 한편 중국에서는 영국 및 프랑스 함대가 청나라를 굴복시키고 굴욕적인 불평등 조약을 체결했다는 소식이 전해졌다. 미국의 해리스 영사는, 청나라를 패배시킨 이들 함대가 통상 조약을 거부하는 일본을 정벌하기 위해 준비 중이라며 위협했다. 혼비백산한 막부 관리는 6월에 천황의 칙허 없이 미일수호통상조약에 조인해 버렸다. 치외 법권이 인정되고 관세 자주권을 빼앗긴 불평등 조약이 체결된 것이다.

또 당시 현안이던 쇼군 후계자 문제를 도자마 다이묘 등이 간섭할 수 없는 쇼군가 내부의 일로 공언하며 정했는데, 즉 반대파들이 지지한 도쿠가와 요시노부를 물리치고 도쿠가와 요시토미를 쇼군으로 선언한 것이다.

막부는 자신이 원하는 요시토미를 쇼군으로 정한 후, 더 이상 밀릴 수 없다고 생각하여 반대파와 비판파를 뿌리 뽑으려고 공포 정치를 감행했다. 이를 안세이 다이고쿠安政의 大獄[안세이(安政)는 1858~59년의 연호이며, 다이고쿠(大獄)는 대검거 사건이란 뜻]라고 하며 당시에 처형된 자만 100명을 넘었다고 한다. 막부는 도쿠가와 요시노부를 받들며 조약을 반대했던 다이묘들에게 칩거를 명했고 노골적인 막부 비판자들을 처형했다. 이 과정에서 요시다 쇼인吉田松陰, 하시모토 사나이橋本左內와 같은 당시 최고의 인재가 목숨을 잃었다.

대외적 위기를 맞아, 전례 없이 모든 다이묘에게 자문을 구하려던 막부의 정책은 지금껏 소외되어 온 천황과 다이묘들을 정책의 전면에 나서게 했다. 결과적으로 통상 조약, 심지어 쇼군의 후사 문제까지 비판의 대상이 될 정도로 막부의 정치적 입지는 약화되었다. 커다란 탄압인 안세이 다이고쿠는 막다른 궁지에서 막부가 취한 몸부림이었다. 그러나 막부의 대응은 무능하고 허약해진 자신의 위기관리 능력을 전혀 고려하지 않은 것이었다. 당장은 막부 권력의 우위가 확인되는 것처럼 보였으나, 사태는 악화되었다. 오히려 더 격한 반대를 불러 왔으며, 막부의 몰락을 알리는 서막이 되었다.

이처럼 1858년은 마치 사슬처럼 칙허 없는 통상 조약 체결, 요시토미의 쇼군 지정, 극단적인 탄압, 그리고 극심한 반대로 이어지는 정치적 긴장이 최고조에 달한 해였다.

DIGEST 61
스러진 시대정신의 소유자, 요시다 쇼인
— 에도시대의 지사(1830~1858년)

그때 세계는 –
1853년 | 크림 전쟁
1863년 | 조선, 대원군의 집권

시대의 상처를 함께 아파하며 시대의 모순에 맞서 자신의 모든 것을 바치는 인물을 만난다는 것은 무척 즐거운 일이다. 요시다 쇼인吉田松陰은 시대의 고민을 온몸으로 껴안고 불꽃 같이 살다가 1859년 안세이 다이코쿠년 30년의 짧은 생애를 마감했다.

요시다는 1830년 도자마 다이묘의 하나인 조슈長州 번 하기萩 지역의 하급 사무라이의 아들로 태어났다. 한 달에 한 번밖에 생선을 먹을 수 없을 정도로 집안은 가난했다. 요시다는 병학 사범이던 숙부의 양자로 들어가 대를 이었고, 20세 이전까지는 주로 병학을 배웠다.

1830년대에 태어난 사무라이가 그러하듯이, 요시다 쇼인은 영국이 대중국을 간단히 굴복시킨 아편 전쟁의 소식을 들으면서 청소년기를 보냈다. 더구나 그가 속한 조슈 번은 대표적인 도자마 번으로서, 중앙의 막부 정치에 활발하게 참여한 번이었다. 그것은 요시다의 정치적 감각을 자극했을 것이다.

그는 20세 때 조슈 지방 연안, 규슈를 주유하면서 당시 막번 체제의 모순

IV 근대사회의 성립 **263**

마쓰시타 촌숙. 고향 조슈 번에서 연금 상태에 있던 요시다 쇼인은 이 허름한 마쓰시타 촌숙에서 80여 명의 문하생을 길러냈고, 이들은 메이지 유신의 주요 지도자가 되었다. 이토 히로부미도 요시다 쇼인의 문하생이다.

과 외압을 몸으로 느꼈다. 1851년 22세에 고향에서 아주 멀리 떨어진 에도로 올라갔다. 이미 에도는 더 나은 훈련과 공부를 위해 각지에서 올라온 사무라이의 집결지가 되어 있었다. 에도에서 요시다는 개명한 주자학자 사쿠마 쇼잔佐久間象山 등에게서 가르침을 받고 검술도 배웠다.

에도에 올라온 지 2년이 지날 즈음, 요시다는 역사적 사건을 직접 만나게 된다. 1853~54년 미국의 페리가 거대한 군함 흑선을 끌고 일본에 개국을 요구하러 온 것이다. 요시다는 페리가 정박한 우라가浦賀로 가서 그 군함을 직접 눈으로 목격하며 다시 한 번 막부의 멸망을 감지하고 서양 사정을 정확히 알기 위해 밀항을 시도했다. 요시다는 밀항하여 서양을 견문하고자 페리 측에 간청했지만, 막부 관리에게 넘겨져 체포되고 말았다. 에도에서 다시 고향 하기로 이송되어 그 곳에 있는 노야마野山 감옥에서 1년 남짓 살았다.

1855년 말 25세 되던 해 감옥에서 나와 하기에 있는 자신의 집에 가택 연금 되었다. 가택 연금 상태이지만 비교적 자유롭게 활동할 수 있도록 허락

된 시기였다. 요시다는 이 시기에 독서삼매경에 빠졌고, 또 자신의 집에서 마쓰시타 촌숙松下村塾(우리의 서당에 해당)을 열었다. 1859년 그가 생을 마칠 때까지 3, 4년의 짧은 기간 동안 키워 낸 문하생은 80여 명에 달했다.

요시다는 쇼군이나 번주와 같은 일본의 기존 통치자들이 외국의 위협에 무능하여 권위를 상실했다고 주장했다. 오직 천황만 믿고 존경해야 한다고 가르쳤다. 일본의 구원은 부나 관직에 의해 더럽혀지지 않은 깨끗한 자들이 봉기하는 데 있다고 했다. 그리고 이 봉기는 결연한 의지를 가진 소수의 사무라이가 지도하고 천황에 대한 충성심으로 통합함으로써 가능하다고 역설했다. 요시다는 천황, 깨끗한 사람들의 봉기, 소수 사무라이의 봉기 지도, 그리고 일본의 구원을 이야기했다. 여기서 '소수 사무라이의 사명' 부분은 요시다 사상의 정수라 할 수 있다. 그는 어떤 구체적인 새로운 사회 정치 질서를 구상한 것이 아니었다. 국가를 구하기 위해 자신의 모든 것을 희생시킬 수 있을 정도의 완전한 헌신을 사무라이에게 요구한 것이다.

그의 생각은 현실에 바탕을 둔 것은 아니었다. 그는 개국에 반대한 것은 아니지만, 외국이 주도하는 개국은 나라의 위상이 서지 않는다는 이유로 철저히 거부했다. 외국을 모두 배척한다는 것은 화친 조약과 통상 조약의 파기를 뜻한다. 나아가 미국 함대와 한 판 전쟁까지도 불사하겠다는 아주 결연한 것이다. 그런데 요시다의 생각에는 일본보다 훨씬 강한 상대와의 싸움에 대한 구체적이고 현실적인 전망이 거의 없었다. 다만 전국이 일치단결하여 싸운다면 길이 열릴 것이라는 막연한 기대에 지나지 않았다. 그런 점에서 요시다는 현실주의와는 동떨어져 있었다.

그는 사무라이의 결연한 의지를 아주 순수한 형태로 강조했다. 어떤 이기심이 전혀 없는, 자신의 생명까지도 두려워하지 않는 완전한 헌신을 이야기한 것이다. 요시다는 이 같은 자신의 주장을 말로써 그치는 것이 아니라 행동으로 보이기로 결심했다. 막부 관료인 마나베 아키카츠間部詮勝 암살 계획을 세워 실행에 옮기고자 했지만, 그것이 발각되어 안세이 다이고쿠로 막부에 의해 사형에 처해진 것이다.

어떻게 보면 그의 생애는 국가에 대한 헌신으로 가득 찬 한 편의 시처럼

요시다 쇼인의 초상화.

보인다. 실제로 그는 상당한 양의 시를 썼는데, 그 내용이 자신의 주변이나 사계를 읊은 것도 없고 사랑의 노래도 없다. 국가를 걱정하고 정치적 이상을 추구하는 언어로만 가득 차 있다. 순수한 헌신을 죽음에 이르기까지 실천하겠다는 의지를 너무도 짧은 자신의 인생에 압축하여 표현해 냈다. 그의 생애는 단숨에 활짝 폈다가 어떤 미련도 없이 단 한 번의 바람에 지고 마는, 그래서 사무라이가 사랑한 벚꽃을 떠올리게 한다.

요시다의 사상은 현실성이 결여되어 있기는 했지만, 순수하고 완전한 헌신을 강조하고 그 헌신을 몸으로 실천했다. 이러한 요시다의 순전한 생애야말로 동시대 사무라이의 마음속에 이상을 불어넣어, 메이지 유신이라는 사회적 변혁을 이루어 낼 수 있었다. 실제로 그의 가르침을 받은 많은 문하생이 메이지 유신의 주요 인물이 되었다. 우리에게도 익숙한 이토 히로부미伊藤博文, 야마가타 아리토모山縣有朋도 그의 제자였다. 그는 존왕양이파에게 가장 깊은 영감을 준 인물이다.

하급 사무라이의 존왕양이 운동
―암살·테러의 급진적운동(1859~1864년)

그때 세계는 -
1861년 | 미국, 남북전쟁(~ 1865년)
1862년 | 청, 양무운동 시작

1858년 막부는 천황의 칙허 없이 통상 조약에 조인하고, 안세이 다이고쿠(安政의 大獄)로 반대파를 숙청했다. 이런 막부의 강경한 조치는 격심한 반발을 낳았다. 많은 사무라이는 자신들의 동료와 주군을 처벌한 막부에 대해 원한이 쌓여 갔다.

통상 조약으로 외국과의 무역이 자유로워지면서 경제 혼란이 가속화되어 일본인의 생활은 피폐해졌다. 외국인이 거주하기 시작한 요코하마 거리는 가스등과 서양식 건물이 속속 들어서 깨끗하고 화려했으며 마치 일본 속에 서양을 옮겨 놓은 듯했다. 에도는 외국의 외교관이 모여들기 시작하면서 낯선 거리로 변화되었다. 외국인이 일본의 중심 도시에서 활보하고 다니는 모습을 보며, 많은 사무라이는 무기력한 막부와 이질적인 외국인에 대해 격렬한 분노를 느꼈다.

반면 통상 조약에서 분명한 태도를 취했던 천황은 혼란되고 무기력한 시대를 넘어설 수 있는 강력한 표상으로 부각되었다. 통상 조약 이후 존왕양

IV 근대사회의 성립 **267**

4개 서양 열강 연합함대의 시모노세키(조슈번) 포격사건.

이尊王攘夷(천황을 받들어 외국을 배척함)는 많은 사무라이의 대의명분이 되었다. 존왕양이는 통상 조약 이후 막부와 외국에 대한 분노가 컸던 만큼 그 이전보다 훨씬 폭넓게 사무라이 계층 속으로 파고들었다.

존왕양이를 외치며 국가의 구원을 위해서라면 언제라도 칼을 뽑을 수 있는 급진파들이 나타났다. 이들 존왕양이파는 사쓰마, 미도, 조슈 등 하급 사무라이였다. 운동은 상층부 다이묘에서 중하급 사무라이로 중심이 이동했다. 이들은 20대 젊은이들로서 각자가 속한 번藩의 정치에 거의 참여할 수 없는 위치의 사람들이었다.

존왕양이파는 현실의 개혁도 주장했지만, 여기에서 그치지 않았다. 통상 조약의 조인 이후 촉발된 거친 현실은 그들을 더욱 순수한 사무라이의 이상으로 향하게 했다. 그들은 사무라이의 헌신을 행동으로 실천하며 죽어간 요시다 쇼인에게서 많은 영감을 받았다. 헝그리 정신으로 가득한 피 끓는 20대의 정열적인 사무라이, 존왕양이파는 국가의 위기와 싸우기 위해 어떠한 희생도 치를 각오를 하고 있었다. 그들은 천황에게만 자신의 몸을 바치기로

사쓰마 번과 영국의 전쟁.

결심하고, 주군인 다이묘에 대한 충성을 포기하고 출신 번을 벗어났다. 그들의 존왕은 단순히 어떤 현실적 타산을 넘어 선, 마치 종교적 귀의와도 같았다.

전국 각지에서 사무라이는 이제 쇼군이 살고 있는 에도로 올라오는 것이 아니라 천황이 살고 있는 교토로 모여들었다. 교토는 유폐된 도시에서 구국의 사명감으로 충만한 사무라이로 들끓는 정치적 중심지로 변모했다. 천황은 신성한 존재로서 존왕양이파의 정신적 중심이 되었다.

존왕양이파는 암살과 테러를 전술로 삼았다. 1860년대 전반기는 이들의 테러로 점철된 시기였다. 존왕양이파는 충격적이고도 영웅적인 행동이 막부와 다이묘를 일깨울 것이라 기대했다. 1860년 통상 조약을 칙허 없이 체결한 막부의 관료 이이 나오스케井伊直弼를 에도 성 문 앞에서 암살했다. 막부 관료에 대한 암살 기도도 끊임없이 계속되었다.

외국인과 그 추종자도 습격하여 막부와 외국인의 대결을 유도했다. 1861년 에도에서는 통상 조약을 조인한 미국 영사 해리스의 통역관 휴스켄이 암

교토에서 패배한 존왕양이파의 쿠데타.

살당했다. 영국 공사관은 존왕양이파의 습격을 받아 직원들이 살해되기도 했다. 요코하마에 사는 외국 상인과 관원들은 습격에 대비하여 침대 밑에 권총, 칼을 두고 잘 정도였다.

존왕양이파는 서양과 대결하여 통상 조약을 파괴하고자 했다. 어떠한 희생도 치를 각오로 폭력적이고 유혈적인 행동을 서슴지 않았다. 특히 요시다 쇼인의 고향, 조슈 번은 존왕양이파의 거점이었다. 급기야 존왕양이파는 조정의 급진파와 통하여 '양이攘夷'의 결행을 막부에 강요할 정도가 되었다. 막부는 하는 수 없이 1863년 5월 10일, '양이'를 결행도록 각 번에 명령하였다. 조슈 번은 그날 시모노세키下關 해협을 통과하는 미국·프랑스·네덜란드 배를 공격했다. 존양양이파의 기세는 하늘을 찔렀다.

1863년 9월, 존왕양이파는 천황을 앞세워 '양이'를 단행하는 정부를 만들고자 거병을 꾀했다. 그렇지만 존왕양이파의 움직임은 기존의 질서를 무시하고 급진적이어서 상층부 다이묘의 동조를 구하기가 어려웠다. 사쓰마, 아이즈 양 번은 무력으로 궁궐을 포위하여 존왕양이파를 모두 교토에서 추방했다. 이미 막부는 독자적인 힘으로 존왕양이파를 물리칠 수 없을 만큼 약해져 있었다.

이듬해 1864년 조슈 번에 모여 있던 존왕양이파는 상경하여 교토로 쳐들어갔지만, 패하고 말았다. 막부는 이를 계기로 존왕양이파의 거점인 조슈 번을 토벌하기 위해 각 번의 군대를 동원하여 조슈 번 원정에 나섰다. 한편 미국·영국·네덜란드·프랑스 연합 함대는 조슈 번의 시모노세키 포대를 공격했다. 결국 존왕양이파의 거점 조슈 번의 실권이 반동파의 수중으로 들어가면서 존왕양이 운동은 무너지고 말았다.

막부의 탄압 이후 등장한 존왕양이파는 통상 조약을 파괴하고자 생명을 바치는 가공할 만한 세력이었다. 그렇지만 '양이'는 당시로선 돌이킬 수 없는 대세였다. 게다가 존왕양이 운동은 '양이' 외에 구체적인 앞날의 목표를 갖고 있지 못했다. 파괴만을 생각했지, 미래에 대한 청사진이 결여되어 있었다. 폭력에 의지한 너무도 급진적인 운동이었기에 상층부 다이묘의 지지를 얻어 내지 못했다. 이렇게 존왕양이 운동은 실패로 돌아갔다. 그런데도 존왕양이 운동이 남긴 파급 효과는 지대했다. 사사건건 목숨을 거는 존왕양이파 앞에서 막부는 제대로 통치권을 행사할 수 없었고, 존왕양이 운동은 막부의 권위를 격하하는 데에 결정적인 역할을 했다. 이후 막부 타도는 훨씬 수월해진다.

DIGEST 63

막부 멸망과 메이지 유신을 만든 사람들
— 메이지 유신(1868년)

> **그때 세계는 -**
> 1863년 | 미국, 링컨, 노예해방 선언
> 1864년 | 청, 홍수전 자살, 태평천국 멸망

　폭력적인 운동으로 힘을 잃은 존왕양이파는 사쓰마, 조슈, 도사 등지에서 좀 더 현실적인 방법을 취하기 시작했다. 우선 존왕양이파는 '양이攘夷'가 현실적으로 불가능함을 깨달았다. 서양 세력과 직접 싸우면서 서양의 근대적 무기가 얼마나 위력적인지 직접 목격하게 되었다.

　1862년 영국인이 사쓰마 사무라이에게 살해당하자, 영국은 사쓰마의 가고시마 만에 7척의 군함을 파견하여 사쓰마 번과 전쟁을 벌였다. 사쓰마 번은 격렬히 싸웠지만, 강력하고 성능 좋은 영국의 대포 앞에서 속수무책으로 패배할 수밖에 없었다. 조슈 번 역시 시모노세키에서 미국·영국·네덜란드·프랑스 4개국 연합 함대의 공격을 받아 거세게 저항했지만, 1시간 만에 조슈 번의 모든 포대가 파괴되었다. 존왕양이파는 서양 세력과 전쟁을 거치면서 '양이'가 관념에 불과하다는 것을 깨닫고, 개국론으로 전환하게 된다.

　존왕양이파는 개국론으로 전환하면서 권력을 되찾기 시작한다. 조슈 번은 반동파가 번의 실권을 장악했으나, 혁신파가 1865년 기병대를 이끌고

메이지 천황이 천 년간 기거하던 교토를 떠나 도쿄로 입성하는 장면. 일본의 수도는 천황이 기거하는 곳이며, 메이지 시대부터 비로소 도쿄는 일본의 수도가 되었다.

반란을 일으켜 번을 다시 장악했다. 사쓰마 번도 사이고 타카모리西鄕隆盛·오쿠보 토시미치大久保利通 등 하급 사무라이가 다이묘와의 개인적 유대를 통해 권력을 장악하고 막부와의 결전을 준비했다. 조슈 번과 사쓰마 번은 재정 개혁에도 성공하여 외국의 무기와 배를 사들여 전쟁 준비도 충실히 할 수 있었다. 1866년 3월에는 사쓰마 번과 조슈 번은 막부의 공격을 받을 경우 서로 협조하기로 밀약함으로써 도막 운동倒幕運動의 기반이 공고하게 되었다.

한편 막부는 1866년 6월 다시 조슈 번을 공격했지만, 조슈 번의 일치단결된 분투에 의해 모든 전선에서 패배했다. 7월 쇼군 이에모치가 병사하고 요시노부가 등극하면서, 막부는 절망적인 마지막 시도를 했다. 막부는 프랑스의 도움을 받아 개혁을 실시하고, 막부의 통치권을 천황에게 바치고 새로운 정부를 만들 것을 선포했다.

그러나 통치권의 반환은 형식에 불과했고, 요시노부는 새로운 정부의 입법·행정·사법부 임명권까지 장악하려 했다. 게다가 막부의 개혁 시도는

메이지 천황.

이미 시기를 놓쳐 때늦은 것이었다. 만약에 1858년 쇼군 계승 문제가 불거졌을 때, 요시노부를 선택했었다면, 막부가 이렇게 빨리 쇠퇴하지는 않았을 것이다. 그때 막부는 오직 기득권 보존을 위해 안이한 해법, 이에모치를 선택했었다. 막부가 이미 쇠진할 대로 쇠진해 있는 마당에, 요시노부가 다시 등장해서 개혁을 한다는 것은 마지막 절망적인 시도에 지나지 않았다.

1868년 사쓰마·조슈·도사 번은 막부 타도의 기치를 높이 들고 군대가 황거의 출입을 봉쇄한 가운데, 천황의 정치로 돌아간다는 왕정복고령을 발포했다. 이어 1868년 4월 천황군은 어렵지 않게 막부군을 타도하고, 쇼군이 살던 에도 성은 새 정부에 인도되었다. 이로써 260년간 지속되던 에도 막부는 막을 내렸다.

아시아에서 일본은 유일하게 근대화에 성공하여 식민지를 거느리는 제국으로 눈부시게 성장할 수 있었다. 1853년 페리 내항에서 1868년 왕정복고까지의 역사는 대단히 역동적이며, 중요한 출발점이 된다.

그러면 일본은 어떻게 막부를 타도하고 왕정복고에 성공할 수 있었을까?

우선 국제적 환경이 중국에 비해서 좋았음을 생각해볼 수 있다. 일본은 중국 시장에 비해 상대적으로 서양 열강의 이해관계가 적었다. 이는 막부를 타도하고 새로운 시대를 여는 데 유리했다고 여겨진다.

다음으로는 서남 유력 번의 존재이다. 메이지 유신 세력에게는 조슈·사쓰마·도사·히젠 번의 군사력과 경제력이라는 실질적인 물적 토대가 있었다. 4대 번은 에도 막부 시기에 중앙에서 소외된 번이었지만, 번정 개혁에 성공하여 넉넉한 재정으로 근대식 무기를 갖출 수 있었다.

또 하나는 천황의 존재이다. 막부를 '조정(천황의 정부)의 적'이라 선언하여 사무라이의 충성을 결집할 수 있었으며, 불필요한 유혈을 막을 수 있었다. 일본의 모든 역사가 천황을 정권의 정체성으로 삼았던 것처럼 메이지 유신 세력도 천황이란 명분을 앞세워 효율적인 권력 장악이 가능했다.

국제적 환경, 서남 유력 번의 경제력, 그리고 천황의 존재, 이 모두가 중요하지만 무엇보다 통치자의 지도력을 빠뜨릴 수는 없다. 역사 무대에서 위기의 시대란 곧 위대한 인물의 등장을 의미한다. 일본사에서 1850년대부터 1880년대까지는 우수한 지도자를 수없이 배출한 보기 드문 시기이다.

메이지 유신의 주도적 인물은 서남 유력 번 조슈·사쓰마·도사·히젠 번의 하급 사무라이 출신이다. 우리에게 386이라 불리는 세대가 있듯이, 메이지 유신을 이룩한 인물은 거의가 1830년대에 태어난 사람들이었다. 이들은 중국으로부터 전해 오는 아편 전쟁의 소식을 들으며 일본의 위기를 걱정하면서 청소년기를 보냈다. 그리고 10대 후반이나 20대 초반에 자신의 번을 떠나, 에도와 교토로 올라와 구국 운동을 벌인 청년들이었다. 메이지 유신의 해인 1868년에 그들의 나이는 30대 초반이 대부분이었다. 그토록 젊은 나이에, 아무것도 가진 것 없는 가난한 하급 사무라이 출신들이 일본사에서 가장 자랑스러운 시대를 만들었다.

메이지 유신의 지도자들은 사무라이라는 자부심이 대단했으며, 매우 가난한 하급 사무라이로 젊은 나이에 맨주먹으로 구국 운동을 시작했다. 그들은 다이묘의 조언자로서, 대외 교섭의 실무자로서, 새로운 군대 조직자로서 활동했다. 대부분 군사적 재능이나 학식으로 번 안에서 인정을 받고 있었다. 사무라이였기에 엄한 군사 훈련을 견뎌냈고, 용맹스럽게 행동하는 인간이 되도록 교육받았다. 그리고 국가의 위기에 비상하게 민감했다.

대부분의 지사들은 폭력적인 양이파로서 출발했지만, 나중에 모두 개국파로 돌아섰다. 이토 히로부미와 이노우에 가로우井上馨를 통해 양이론자에서 개국론자로 전환되는 과정을 살펴볼 수 있다.

그들은 1863년 요시다 쇼인의 유지를 이어, 적을 알기 위해 영국에 밀항했다. 우선 상해에 도착했는데, 그때 이노우에가 개국론자로 바뀌자 이토는 이노우에의 약한 의지를 비난했다. 그러던 이토도 런던에 도착하자 개국론자로 변했다. 그들을 놀라게 한 것은 서양의 군사 발달보다 경제 발달이었다. 이토는 검은 연기를 내뿜는 공장을 보면서 농경으로는 더 이상 부를 창조할 수 없음을 깨달았다. 이토와 이노우에가 그랬던 것처럼, 많은 메이지 유신 지도자들은 서양을 직접 목격하고 나서 현실을 정확하게 인식할 수 있는 혜안이 생겼다.

　메이지 유신은 혁명이 아니다. 서양의 시민 혁명처럼 아래로부터 일어난 시민 계층이 권력을 잡아 새로운 사회를 이룩한 것이 아니다. 메이지 유신은 소외 번의 하급 사무라이가 주도하였고, 하급 사무라이 역시 하나의 지배 계층이었다. 이런 점에서 메이지 유신은 일본의 지배 계급 내의 사무라이 사이에서 일어난 권력 이동인 셈이다. 그러나 메이지 유신은 봉건 질서를 해체하고 근대라는 큰 세계를 창출했다는 점에서, 단순한 권력 이동이라 부를 수 없다. 메이지 유신의 지도자들은 서양으로부터 당당하게 독립하여 강한 국가를 만들려는 열망으로 가득 차 있었다. 메이지 유신은 근대를 성공시킬 수 있는 획기적 지점을 창출한 놀라운 사건이었다.

문명개화
― 근대초기의 문화 (1866~1873년)

그때 세계는 -
1864년 | 조선, 동학교주 최제우 사형
1869년 | 수에즈 운하 개통

1870년대 정부의 근대화정책이 전개됨에 따라 문화와 국민생활 전반에 걸쳐 서양의 근대사상과 문명·생활양식이 유입되어 커다란 영향을 주었다. 문명개화는 메이지 정부뿐 아니라 민간의 적극적인 참여 속에서 진행되었다.

신정부는 각종 제도와 문물의 서구화를 추진했다. 1871년에 문부성文部省이 설치되었고, 이듬해에는 프랑스의 제도를 모방한 학제가 공포되었다. 그 결과, 전국에 약 2만여 개 소학교가 설치되어 근대적 학교 교육이 급속히 보급되기 시작하였다.

전문 교육과정으로 1877년에 도쿄대학을 설립하였고, 많은 외국인을 교수로 초빙하여 근대적 학문을 배우고자 힘썼다. 소학교의 교원양성기관인 사범학교와 여자 학교, 산업 학교도 생겨났다. 1868년 후쿠자와 유키치福澤諭吉가 세운 게이오慶應義塾 대학과 1875년에 니이지마 조新島襄의 도시샤同志社 대학, 1882년에 오쿠마 시게노부大隈重信의 도쿄 전문학교 (1902년에 와세다 (早稻

IV 근대사회의 성립 **277**

후쿠자와 유키치. 근대 일본 계몽사상가이자 교육자.

田) 대학으로 개칭] 등 특색 있는 사립 학교도 세워졌다.

종교계에도 변화가 나타났다. 신정부는 성립 당초 신도神道를 국교시하였으나, 1868년 3월 신불분리령神佛分離令을 내리고 후에 신사 제도를 확립하였다. 신불분리령이 내려지면서 사원·불상 등을 파괴하는 폐불훼석廢佛毁釋이 전국 각지에서 격렬하게 행해졌지만, 그 후 불교는 이를 극복하고 국민신앙의 중심으로 존속하였다.

기독교에 대해서 정부의 금교방침은 변하지 않아 나가사키의 우라카미浦上 기독교신자 약 3,400명을 적발하고 개종을 강요했기 때문에 많은 순교자가 나왔다. 이 때문에 외국으로부터 항의를 받아 1873년에는 신교의 자유를 인정하지 않을 수 없었다. 이후 신구각파의 선교사들이 일본에 와서 포교활동을 비롯한 교육과 의료활동도 행하여 도시를 중심으로 신자가 증가하였다.

서양의 사상도 유입되어 왔다. 모리 아리노리森有札·후쿠자와 유키치·니시무라 시게키西村茂樹 등은 1873년에 일본 최초로 근대적 민간학회인 명륙사明六社를 결성하고 이듬해 《메이로쿠明六》 잡지를 발행하여 각종 강연회 등을 통해 국민에게 근대사상을 보급하는 데 힘썼다.

특히 후쿠자와 유키치는 《서양사정西洋事情》, 《학문의 권유》, 《문명론의 개략文明論之槪略》 등의 저술과 강연으로 국민들의 사상 전환을 도모하여 당시 사람들에게 많은 영향을 주었다. 즉 후쿠자와는 일본인들이 봉건적 기풍을 일소하고 자주 독립의 정신을 길러 국가 독립을 이룩해야 하며, 서양의 합리주의와 과학정신을 배워서 새로운 문명을 창조하지 않으면 안 된다고 역

후쿠자와 유키치를 그린 1만 엔권 지폐.

설했다. 또한 각종 잡지·신문과 서적도 간행되면서 시사문제의 보도·평론뿐 아니고 새로운 사상과 문화를 전하는 데 커다란 역할을 하였다. 1872년에는 도쿄의 신바시와 요코하마를 연결하는 최초의 철도가 부설되었다.

문명개화는 의식주 생활에서도 변화를 가져왔다. 도쿄 등 대도시를 중심으로 양복착용이 군인이나 관리를 중심으로 퍼져 민간에게도 확대되었고, 서양식 단발이 유행하였다. 도쿄의 긴자銀座에는 벽돌 건물이 세워졌고, 가스등과 인력거가 새로운 풍물로 자리잡았다. 1872년에는 음력을 폐지하고 태양력이 도입되었으며, 하루를 24시간제로 바꾸고 일요일 휴무제도 실시되었다. 그 외 국경일이 제정되었는데, 대부분 국경일이 천황제와 관련된 날들이어서 천황의 생일도 국경일로 지정되었다.

도쿄 등 대도시에서 서양식 음식점, 찻집이 생겼고 규나베牛鍋 요리가 유행했다. 규나베를 일본의 관서지방에서는 '스키야키鋤燒'라고 불렀는데, 이것을 먹어 보지 못하면 개화된 자가 아니라고 할 정도로 문명개화의 상징이 되었다. 이렇게 규나베를 파는 음식점인 규나베야牛鍋屋가 번창하였다. 문명개화의 최첨단을 걷는 사람은 서양식 단발머리에 양복, 모자, 구두를 갖춰 입고 규나베 요리를 먹었다.

문명개화의 현상은 주로 도시와 상류층에게 한정되어 널리 지방에까지

당시 규나베(쇠고기를 넣은 전골)를 먹는 사람을 그린 만화와 규나베를 팔던 음식점. 규나베를 먹는 것이 문명개화의 상징이 될 정도로 유행하였다.

퍼지지는 못하였다. 한편 이러한 현상으로 일본 전통문화를 무시하는 경향도 생겼으며, 문명개화는 표면적 모방에 그치거나 일본 실정에 맞지 않는 것도 많았다.

DIGEST 65

근대개혁과 희생된 사람들
― 메이지기 중앙집권화정책(1868~1877년)

그때 세계는 -
1871년 | 파리코뮌 수립
1876년 | 조선, 강화도조약 체결

    막부를 타도한 메이지 유신 지도자들은 서양의 기술을 빌리고, 서양식으로 제도를 고쳐 일본을 서양 열강처럼 부강하게 하려는 각오로 가득 차 있었다. 서양이 자본주의를 창출함으로써 강국이 되었듯이, 일본도 자본주의 창출을 뒷받침해 줄 광범한 사회·정치·경제 개혁에 나섰다. 그러나 개혁은 말처럼 쉽게 이뤄지는 것은 아니다. 희생과 반발이 뒤따른다. 개혁과정에서 희생된 사람들, 농민과 사무라이의 입장을 고려하면서 구체적으로 근대개혁을 살펴보자.
    지방 분권이던 봉건적 지배 기구를 대신하여 중앙집권적 지배 기구를 창출하는 것이 급선무였다. 1869년 신정부는 각 번의 영주가 갖고 있던 영지 지배권版圖과 백성 지배권戶籍을 천황에게 바치도록 했다. 대신 영주는 그대로 지사로 임명되어 번을 다스리게 했다. 영지와 백성을 천황에게 봉환했다는 의미로 판적봉환版籍奉還이라 한다. 번의 영주가 지사라는 이름으로 바뀌었을 뿐 실질적인 개혁이 따르지는 않았지만, 형식으로나마 봉건 제도는 폐

IV 근대사회의 성립 **281**

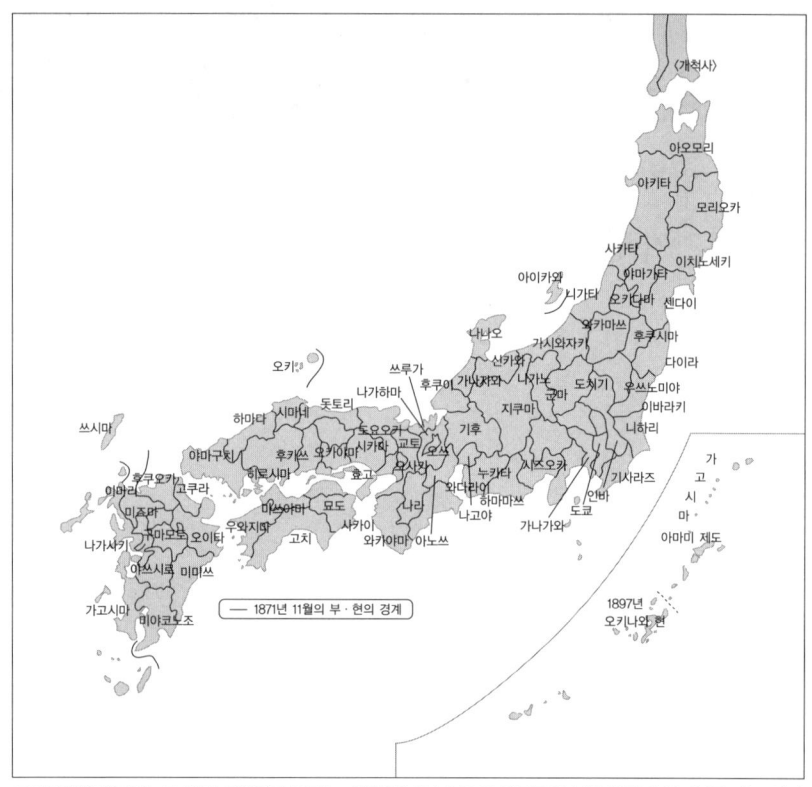

폐번치현(廢藩置縣). 두 번째 유신이라 불리는 폐번치현의 성공으로 봉건적인 분할 행정에 종지부를 찍고 실질적인 중앙집권화가 이루어졌다. 3부 43현으로 전체 행정구역의 수는 변화되었다.

지되었다.

이후 1871년 지사들을 면직시켜 도쿄로 소환하고, 옛 번을 폐지하고 현을 새로 설치했다. 현에는 중앙 정부가 직접 임명한 지사를 파견했다. 두 번째 유신이라 불리는 폐번치현廢藩置縣의 성공으로 봉건적인 분할 행정에 종지부를 찍고 실질적인 중앙집권화가 이루어졌다. 3부 43현으로 전체 행정구역의 수는 변화되었다. 그렇지만 메이지 정부는 많은 번의 막대한 빚을 떠안고 다이묘와 가신들의 월급을 계속 지급키로 하여 중앙 정부의 재정적 부담이 커졌다.

신분제 철폐는 자본주의 창출에 대단히 중요한 문제였다. 자본주의는 자

최초 징병검사 사진(1874).

유롭게 노동자를 채용할 수 있어야 하는데, 노동력이 봉건적 신분제에 얽매여 있다면 곤란하다. 그래서 자본주의는 신분제 철폐라는 진보적 성과를 반드시 필요로 한다. 유럽의 신분제가 무너지고, 미국도 남부 면화 농장의 노예를 해방함으로써 자본주의의 토대가 될 노동력을 확보했던 것이다. 메이지 정부는 에도시대 농·공·상을 평민으로 하면서 에타穢多, 히닌非人 등 천민을 평민으로 해방했다. 이른바 4민 평등이 이루어졌다.

서양을 시찰하고 돌아온 메이지 정부 지도자들은 서양처럼 징병제를 받아들여야 한다고 믿었다. 1873년 1월 메이지 정부는 징병령을 발포하여, 20세 이상 모든 남자는 3년간 현역에 복무하고 그 후 4년간은 보충역에 남는 내용의 제도를 마련했다. 관립 학교 학생이나 졸업생, 관리, 호주, 상속자 등은 면제되었으나, 원칙적으로 국민개병제國民皆兵制를 시행했다. 그때까지 군사적 임무는 지배 계급인 사무라이만이 갖고 있던 특권이었다. 사무라이는 가난하고 어려워도 이 특권을 대단히 자랑스러워했다. 징병령은 이런 특권 계층으로서 사무라이의 존재 이유를 무시했기 때문에 이들에게는 큰 충

국립은행이 발행한 지폐.

격이었다.

한편 사무라이에 지급되는 가록家祿은 신정부에게 무거운 부담이 되어, 그 처분이 시급했다. 정부는 1876년 가록을 정지하고 대신에 수년 분 혹은 십수년 분에 해당하는 가록을 일시에 금록 공채로 교부했다. 이를 '질록 처분'이라 한다. 이를테면 퇴직금인 셈이다. 사무라이가 공채를 시중에서 현금으로 바꾸어 새로운 사업에서 활로를 찾기를 바란 것이다. 퇴직금으로 성공하는 자가 드물듯이, 사무라이는 사업에 뛰어들었지만 거의 실패했다.

동시에 폐도령廢刀令이 내려져 사무라이의 칼 차는 것이 금지됨으로써, 평민과 구별 짓는 사무라이의 특권은 모두 사라졌다. 이로써 사무라이는 경제적으로 몰락했을 뿐 아니라 사무라이의 자존심이던 사회적 신분마저 상실했다. 개혁은 사무라이에게 많은 욕구 불만을 안겨 주었다.

1873년 지조地租 개정에 의해, 토지 소유권을 명확히 하고 지가를 확정하여 지가의 3%에 해당하는 지세를 금납하게 했다. 농민은 지세 이외에도 지

정부는 도쿄~요코하마, 오사카~고베, 오사카~교토 사이의 철도를 개설하였다.

가의 1%에 해당하는 촌비를 납부해야 했다. 이로써 신정부는 조세 수입의 안정을 도모하고 근대적 재정 제도를 확립할 수 있게 되었다. 그러나 농민의 부담은 이전 에도 막부 시절과 달라진 게 없었다. 물납이 아닌 금납이란 점도 농민에게 불리했다. 지조 개정에 대해 농민의 불만은 높아졌고, 지조 경감을 요구하는 농민의 저항이 각지에서 일어났다. 결국 1877년에 지조는 2.5%, 촌비는 0.5%로 경감되었다.

1872년 전국에 소학 6년, 중학 6년, 대학 4년의 학제로 근대식 학교를 설립했다. 소학교는 의무 교육으로 정했다. 소학교 설립 비용은 기본적으로 지방의 시市·정町·촌村에서 부담했는데, 이는 곧바로 농민에게 전가되었다. 농민의 궁핍한 생활에 대단한 부담이었을 뿐 아니라 의무 교육으로 자식을 학교에 보내고 나면 일손을 빼앗기게 되었다. 학교 교육은 미래를 위해 바람직한 일이었지만, 당장 살기 힘든 농민으로서는 반발을 자아내기에 충분했다.

정부는 부국강병을 이룩하기 위하여 산업 분야의 다양한 개혁을 시행했다. 산업의 철저한 보호·장려책이 실시되고, 식산흥업 정책이 추진되었다. 근대적 은행 제도, 통화 제도도 이 시기에 도입되었으며, 도쿄~요코하마, 오사카~고베, 오사카~교토 사이의 철도가 개설되었다.

　이처럼 일본은 자본주의 창출을 뒷받침할 광범한 사회·정치·경제 개혁을 통해 제도의 근대적 기반이 구축되기 시작했다. 그러나 개혁 과정에서 사무라이는 경제적·사회적 몰락을 가져왔고, 개혁의 비용은 농민들의 부담으로 떠넘겨졌다. 개혁은 많은 사람들의 희생 위에서 이루어졌고, 근대 개혁 과정에서 희생된 농민과 사무라이들의 불만이 높아져 갔다.

DIGEST 66

'헌법제정·국회개설'의 요구
—자유민권운동(1874~1884년)

그때 세계는 –
1877년 | 러·투 전쟁
1882년 | 독·오·이 3국동맹 성립

개혁을 통해 근대의 돌파구를 열었지만, 수많은 희생이 뒤따랐다. 중앙집권화에 따른 대규모 개혁과 정책의 일방적인 수행은 각 계의 불만을 야기했다. 농민은 정부에 대한 반감이 높아졌으며, 사무라이는 절망의 심정으로 시대를 바라보았다. 이들은 새로운 정책을 강압적으로 수행하는 정부의 방침에 대해 극심한 적대감을 갖게 되었다.

자유민권운동은 개혁 과정에서 불만을 품은 사무라이와 농민의 정부에 대한 저항 운동이었다. 메이지 정부의 전제성을 비판하고 '헌법제정·국회개설'을 기치로 내걸었다. 헌법을 만들어 국회를 개설함으로써 보다 많은 사람들이 개혁에 참여하여 합리적으로 국사가 이루어지길 바랬다. 자유민권운동은 사무라이에서 시작하여, 호농으로 빈농으로 확대되었다.

자유민권운동은 정한론征韓論을 둘러싼 메이지 정부 지도자 간의 대립에서 비롯되었다. 1873년 메이지 정부 지도자들 일부는 서양 사정을 직접 관찰하고자 2년 동안 정부를 비우게 되었다. 정한론은 이때 본국에 남아 있던

이와쿠라 사절단. 1871~1873년 2년간 유럽을 시찰하기 위해 파견한 사절단으로 특명전권대사인 이와쿠라 도모미(岩倉具視)의 이름을 따서 '이와쿠라 사절단'이라고 부른다. 미국과 영국, 그리고 유럽의 여러 나라들과 맺은 불평등 조약에 대하여 재협상하고자 했지만 불가능했다. 교육, 과학기술, 문화, 군사, 사회와 경제 구조 등에 대한 정보를 수집하여 일본 근대화에 기여하였다.

지도자 사이에서 일어났다.

국내에서 정부를 이끌어 온 사이고 다카모리西鄕隆盛, 이타가키 다이스케板垣退助 등은 침체에 빠진 사무라이에게 외정의 기회를 주어 국내에서 박탈당한 특권을 보상할 수 있을 것이라 기대하여 정한을 주장했다. 당시 조선은 대원군이 정권을 잡고 있고, 이미 일본의 개국 요구를 거부한 바 있었다. 사이코는 자신을 먼저 조선에 사신으로 파견해 줄 것을 요청했다. 조선 정부가 일본의 요구를 거절하고 사이코가 조선 땅에서 피살된다면, 분명한 전쟁의 구실을 일본에게 줄 것이라 예상했기 때문이다.

이때 서양사절단이 2년여에 걸쳐 세계 일주를 하고 돌아왔다. 여행의 경험은 일본이 서양을 따라가기 위해서는 아직도 할 일이 많으며 옛것에 대한 감정적인 집착은 감당할 수 없는 사치일 뿐이라는 인식을 갖게 되었다.

무엇보다 2년의 짧지 않은 시간을 들여 서양의 구석구석을 찾아다니며 메이지 정부는 새로운 강자 서양의 모든 것을 배우려는 적극성을 보였다.

사이고 다카모리(좌), 이타가키 다이스케(우). 한국을 침략해 침체에 빠진 사무라이를 구하자는 정한론을 주창했다.

외국에서 돌아온 지도자들은 정한론에 대해서 당장 견고하지 못한 재원과 군사력으로 외정을 일으키는 것은 낭비라고 격렬히 반대했다. 물론 이들 반대론자도 시기를 문제 삼았을 뿐, 조선을 쳐야 한다는 데에는 이의가 없었다. 거의 모든 일본 지도자들은 일본이 뻗어나가기 위해 조선 침략은 필수적이라 생각했다. 앞서 그토록 헌신적으로 지사적 삶을 살다 간 요시다 쇼인도 조선 점령을 강조하기는 마찬가지였다.

결국 정한론은 부결되고, 주창자는 모두 사직했다. 메이지 정부는 사회의 합리적인 조직화와 중앙집권화를 계속 추구하려는 사람들의 손에 넘어갔다. 1874년 정한론에서 패배한 사이고 다카모리, 이타가키 다이스케는 하야했다. 사이고 다카모리는 자신의 고향 사쓰마로 내려가, 그곳의 사무라이와 1877년 거병했다. 그러나 무기력하게 진압되고, 패배한 사이고는 할복했다. 메이지 정부가 문제점이 많다 해도 거스를 수 없는 시대의 방향성 속에 있었기 때문에 이에 대한 전면부정인 사이고의 무력봉기는 시대착오적이었다 해도 지나친 말은 아니다.

민권운동에 대한 언론 탄압을 풍자한 신문만화.

　사이고가 무력 거병으로 정부에 저항한 반면, 이타가키 다이스케 등은 합법적인 방법을 선택했다. 즉 민선 의원 개설을 공개적으로 선언하고 애국공당을 결성했다. 이러한 이타가키의 움직임이 사무라이에게 큰 반향을 불러일으키면서 자유민권운동은 시작되었다. 사무라이는 정부의 강압적인 정책으로 이전의 사회적 지위와 경제적 보장이 무너져 내렸고, 이로 인해 불만이 팽배하여 자유민권운동에 참여하게 된 것이다. 1878년부터는 지조의 경감을 요구하는 지주와 부농 등이 참여하면서 운동은 급속히 확대되었다. 이들은 1880년 국회기성동맹을 조직하고 정부에 국회 개설 청원서를 제출하는 운동을 진행했다.
　운동이 확대되자 메이지 정부는 집회 조례를 공포하여 자유 민권파의 활동을 강력히 탄압했다. 정부 지도자들은 자유민권운동이 젊은이들의 마음속으로 파고들어 파급될 영향력을 심각하게 우려했다. 물론 정부는 국회 개설을 염두에 두고 있었다. 서양 선진국들이 거의 하나 같이 입헌국이고, 만약 일본이 입헌 제도를 수립한다면 서양과의 불평등 조약 개정에 도움이 될 것이라는 생각이었다. 다만 국회를 어떤 형태로 세울지 고민하고 있었다. 대부분의 정부 지도자들은 독일제도에 호감을 갖고, 점진적인 개설을 꾀하고 있었다. 그렇지만 정부 안에서 오쿠마 시게노부大隈重信는 영국식 내각제로 조기 실현할 것을 주장했다.

1881년 자유민권운동이 점차 고조되어 가는 가운데, 정부는 결단을 내리지 않으면 안 되는 시점에 이르렀다. 정부 지도자들은 급진적인 오쿠마를 정부에서 축출하고, 1890년에 국회를 개설해 헌법을 발포할 것을 약속했다. 이에 자유민권운동의 결사는 정당으로 발전하여 이타가키를 총리로 하는 자유당이 결성되었다. 이듬해에는 정부로부터 축출당한 오쿠마 시게노부를 당수로 하는 입헌개진당이 결성되었다. 정부는 국회 개설을 약속함으로써 민권운동을 진정시킬 수 있었다. 다른 한편으로 차근차근 헌법을 준비할 수 있는 9년을 벌게 되었다.

호농과 사무라이는 아무리 어렵다 해도 가진 계층이고, 개혁 과정에서 삶이 피폐해진 계층은 바로 농민이었다. 메이지 정부는 개혁의 강행군 속에 재정난에 빠졌고, 1880년에는 증세를 통해 이를 해결하고자 했다. 농민에게 증세 정책은 설상가상의 가혹한 것이었고, 농민층의 몰락이 광범하게 일어났다. 몰락한 농민은 자유당 내의 급진파와 연계하여 그들의 지도로 채무의 변제·감세 등을 요구하며 고리대금업자, 경찰서 등을 습격했다. 농민들의 습격 사건은 경제 불황으로 심각한 타격을 받은 도호쿠東北 지방 일대를 중심으로 빈발하였다.

호농은 자신들이 공격의 표적이 되자, 민권운동에서 이탈하기 시작했다. 자유당과 입헌개진당 수뇌부 역시 농민들의 이런 급진적 행동에 두려움을 느껴 더 이상 감당할 수 없었다. 자유당과 입헌개진당이 해체되고, 자유민권운동은 급속히 침체에 빠졌다.

일본 근대사에서 최초의 대규모 저항 운동은 이렇게 막을 내렸다. 자유민권운동은 비록 실패로 끝났지만 국회 개설, 헌법 제정을 앞당겨 실현케 하는 성과를 올렸다. 그렇지만 부국강병을 성취하면서 당당하게 나아가는 강력한 일본의 국가에 비하면, 저항의 내용은 아무래도 빈약했음을 보게 된다.

DIGEST 67

제국헌법과 초기의회
— 입헌체제의 수립과 의회(1882~1900년)

그때 세계는 -
1883년 | 청·프전쟁
1884년 | 조선, 갑신정변

대일본 제국헌법(메이지 헌법)은 1889년 발포되어, 1890년 시행되었다. 정부는 1881년 천황 주권의 헌법을 제정한다는 방침을 정하고 그 준비에 착수했다. 메이지 정부 지도자들은 최고의 관료로 존경받고 있었지만, 일본 근대에서 그들은 민주적인 경험이 거의 없는 봉건 사무라이 출신이었다. 메이지 정부는 부국강병이라는 험난한 목표를 이루기 위해서 강력한 구심점을 필요로 했다. 무책임한 반대자를 누르고, 무지한 대중을 하나로 통합하여 효율적으로 부국강병을 성취하기 위해서였다. 그 구심점은 천황이었다. 이렇게 해서 천황 주권의 방침이 정해졌다. 이토 히로부미伊藤博文는 1년여 동안 유럽에 머물면서 헌법을 조사한 뒤 귀국하여 독일식 군주제 헌법을 참고로 일본의 헌법을 만들었다.

헌법은 신성불가침한 천황이 통치권을 총람한다고 하는 천황 주권을 기본 원칙으로 하여 추밀원樞密院, 귀족원貴族院 등 특권적 기관의 설치를 담고 있다. 그리고 모든 주요 권한이 천황에게 집중되었다. 문무관의 임면任免,

육해군의 통수, 선전, 강화, 조약 체결 등의 권한은 천황 대권에 속했다. 천황 대권은 의회가 전혀 관여할 수 없는 권한이었다. 한편 정부의 권한은 의회보다 강하게 만들어졌다. 정부의 국무대신은 천황에 의해 임명되어 천황에 대해서만 책임을 지고 의회에 대한 책임은 명확하지 않았다. 제국의회는 중의원衆議院과 귀족원貴族院의 양원이 있었는데, 의회의 협의를 거치지 않고 입법되는 긴급 칙령도 있었다. 귀족원 의원은 황족, 화족, 학식자, 다액 납세자 가운데 천황의 칙명에 의해 임명되었고, 중의원의 피선거권은 전 인구

이토 히로부미. 일본에서 근대화를 이끈 인물로 최고의 정치가로서 평가받고 있다. 헌법을 제정하기 위해 유럽을 직접 시찰하고 그 내용을 배웠다. 영어로 소통이 가능했다.

1.1%에 해당하는 고액 납세자에 한정했다. 전 국민은 천황의 신민으로 규정되고, 국민의 권리는 법률의 범위 내에서 재산권을 비롯 신앙·언론·출판·결사의 자유가 인정되었다.

　메이지 헌법은 천황에게 모든 권한이 집중되어 있어서, 천황을 내세우면 어떤 간섭도 없이 무엇이든 할 수 있다. 전쟁도, 강화도, 의회 해산도 모든 것이 가능하다. 헌법 제1조에는 '대일본 제국은 만세일계 천황이 통치한다'고 되어 있으며, 제3조에는 '천황은 신성하여 범할 수 없다'고 규정한다. 메이지 정부는 신성불가침한 천황을 정체성으로 취하고, 천황의 대권이라는 안전판을 만들어, 부국강병이라는 목표를 향해 험난한 노정을 효율적으로 이끌고자 했다. 그들은 천황의 대권이 남용되지 않고, 균형 있게 사용될 수 있을 것이라 믿었다. 실제로 메이지 시기를 살펴볼 때 그런 균형 감각이 돋보인다.

제1회 제국의회(1890. 11. 29).

하지만 균형 감각이 무너지는 위기 상황이 올 때, 천황의 대권은 위험천만하게 남용될 수 있는 여지가 너무도 많았다. '신성불가침한 천황'은 일본 국민의 정체성으로 대변되어, 국민에게 믿고 의지할 수 있는 권위가 되었다. 그렇지만, 신성불가침 속에는 일본의 우월성을 강하게 담고 있고, 자기 중심적인 변질 가능성이 다분했다. 이는 만주사변 이후 전개되는 전쟁의 역사에서 생생하게 목격할 수 있다.

메이지 헌법은 많은 제약이 따르는 불충분한 것이긴 하지만, 국민의 권리가 보장되고 국민이 입법에 참여할 수 있는 길을 열어주었다. 일본은 메이지 헌법의 시행으로 비로소 국내적으로 국가 체제를 갖추게 되었다.

한편 헌법이 시행되면서 제국의회가 열렸고, 새로운 정치무대의 막이 올랐다. 헌법 발포 직후, 정부는 구로다 키요타카黑田淸隆 수상이 정부의 정책은 정당에 의해 좌우되지 않는다는 초연주의의 입장을 표명했다. 그러나 1890년에 행해진 중의원 총선거에서 구 민권파가 대승하여 입헌자유당과 입헌개진당 등의 민당民黨이 과반수를 차지하였다.

민당은 제1의회에서 경비절감 · 민력휴양民力休養을 주장하고 정부의 군비 확장비 예산안을 대폭 삭감할 것을 요구하였다. 그 결과 제2의회에서 정부[제1차 마쓰카타 마사요시(松方正義) 내각]는 의회를 해산하였다. 1892년의 제2회 총선거에서 정부는 민당을 억누르고 정부지지파의 세력을 확대하기 위해 극심하게 선거를 간섭하였지만, 결과는 민당의 승리로 끝나고 정부는 격렬한 비판을 받았다.

　한편 번벌藩閥의 거두 이토 히로부미는 정당과 대립하기보다는 도리어 타협하고 그 세력을 자기의 수중에 넣어 정국을 안정시키려고 하였다. 이리하여 1900년(明治33) 이토는 헌정당과 이토계伊藤系 관료를 중심으로 입헌정우회立憲政友會를 결성하고 제4차 이토 내각을 조직하였다. 그 후 군부·관료세력을 대표하는 야마가타 아리토모山縣有朋 직계의 가쓰라 타로桂太郞와 이토를 대신하여 정우회 총재가 된 사이온지 긴모치西園寺公望가 정계를 양분하였다. 야마가타와 이토는 정계의 일선에서 물러나긴 했지만 천황을 보좌하는 원로로 내각의 배후에서 영향력을 행사하였다.

DIGEST 68

일본제국주의와 전쟁
—청일전쟁·러일전쟁(1894~1905년)

그때 세계는 -
1894년 | 조선, 동학농민운동
1894년 | 프랑스, 드레퓌스 사건(~ 1899년)

　메이지 헌법의 시행으로 국내적으로 국가 체제를 갖추었지만, 불평등 조약은 아직도 개정되지 않아서 일본은 진정한 독립 국가가 되지 못했다. 어떻게 열강으로부터 완전한 독립을 성취할 수 있는가? 불평등 조약을 어떻게 개정할 수 있는가? 이것은 메이지 정부 지도자들의 머릿속에서 떠나지 않는 현안이었다. 조약 개정은 줄기차게 시도되었지만 이루어지지 않고 있었다.
　그러나 준비한 자에게 기회는 반드시 찾아온다. 준비 과정에서 당장은 암울해 보이지만 기회는 오기 마련이다. 준비를 갖추고 있던 일본에게도 기회가 찾아왔다. 영국은 러시아가 동아시아로 진출하는 것을 경계했고, 그런 점에서 일본의 역할에 호의적이었다. 일본은 청일전쟁 직전 불완전하나마 영국과의 불평등 조약을 개정하는 데에 성공했다.
　일본은 일찍부터 조선을 자국의 국가 발전에 사활이 걸려있는 지역으로 생각했다. 지정학적 요충지 조선 지역은 청국과 러시아로부터도 지대한 관

청일전쟁. 일본은 언젠가 조선을 둘러싸고, 청국과 러시아와 일대 결전을 벌여야 하는 상황이었다. 그 첫 번째가 청국과의 전쟁이었다.

심을 끌었다. 청국은 종주국이라는 오랜 명분을 놓치지 않으려 했고, 러시아는 부동항 확보를 위해서라도 조선은 요긴한 지역이었다. 일본은 언젠가 조선을 둘러싸고, 청국과 러시아와 일대 결전을 벌여야 하는 상황이었다. 그 첫 번째가 청국과의 전쟁이었다.

1894년 조선에서는 동학농민운동이 일어났다. 동학은 '인간이 곧 하늘人乃天'이라 말하며, 현세에 그런 세상을 구현하자고 외쳤다. 당시 동학 교주 최시형은 인간을 한울님처럼 받들었고, 그 정성에 감복하여 숱한 인파가 고난을 마다하지 않고 모여들어 동학운동은 강렬하게 전개되었다. 동학은 아무것도 붙잡을 것 없는 헐벗고 굶주린 조선 농민들에게 불길처럼 퍼졌다. 그리고 1894년 녹두장군 전봉준을 필두로 하여 학정과 외세에 반대하는 필사적인 전투가 일어난 것이다.

이런 동학운동을 조선 정부는 진압할 능력이 없어 청국에 구원병을 요청했는데, 일본도 이 기회를 놓치지 않고 동시 출병하였다. 숱한 농민군의 피

Ⅳ 근대사회의 성립 **297**

포츠머스 강화회의. 러일전쟁이 끝난 후, 포츠 강화회의에서 일본은 조선의 보호국이 되었다.

를 뿌리며 동학농민운동은 곧 진압되었고, 조선 정부는 청·일 양국에 철병을 요구했다. 그러나 두 나라는 철병하지 않고 오히려 조선을 둘러싼 주도권 쟁탈로 긴박해지더니, 1894년 7월 25일 일본군은 청군에 선전 포고도 없이 공격함으로써 청일전쟁은 시작되었다. 일본군은 청군의 군대를 대파했다. 시모노세키 조약에서 일본은 청국으로부터 2억 엔이라는 배상금을 두둑이 받아냈고, 요동반도 등 중국 영토를 획득했다.

한편 청일전쟁 이후 일본이 획득한 요동반도는 남하를 꾀하던 러시아를 자극했다. 러시아는 프랑스, 독일을 부추겨 일본이 요동반도를 청국에 반환하도록 했다(삼국간섭). 일본은 하는 수 없이 요동반도를 반환하면서 러시아에 대한 적개심을 키웠다.

청일전쟁 후 일본은 조선에 대한 지배권을 강화하려 했지만, 삼국간섭 이후 러시아가 새롭게 일본의 지배권을 위협하는 세력으로서 등장했다. 민비가 일본에 의해 시해되면서, 고종은 러시아 공사관으로 피신하여 관내에 친러 정부를 수립하고 친일파를 추방해 버렸다. 조선에서 일본은 고립되고,

러시아의 정치적 영향력은 증대했다. 게다가 러시아가 만주의 요지를 점령하는 등 만주의 실권을 장악하려 했다. 러시아의 남하 정책은 만주에 대해 독점적 지배를 목표로 야망을 불태우던 일본과 격렬히 대립했다. 메이지 정부는 1902년 영일동맹을 맺어 러시아의 남하 정책을 저지하려 했다.

결국 러·일 양국은 한국과 만주의 권익에 대해 타협을 보지 못했고, 1904년 2월 8일 일본이 러시아를 선제공격함으로써 러일전쟁은 시작되었다. 일본은 여순을 함락하고, 이어 봉천을 점령했으며, 해상에서는 러시아가 자랑하던 발틱 함대를 격파했다. 일본은 육상과 해상에서 승리를 거두었지만 더 이상의 전투가 불가능했고, 러시아 역시 마찬가지였다. 두 나라는 미국 루스벨트 대통령의 중재로 포츠머스 조약을 맺었다. 일본은 배상금은 하나도 받아내지 못했지만, 한국에서 정치·경제·군사상의 우월권을 인정받았다.

러일전쟁을 풍자한 그림.

DIGEST 69

제국의 승리와 식민지 한국
―아시아에 대한 우월감과 사명감의 시작(1905~1911년)

그때 세계는 -
1904년 | 조선, 경부철도 완공
1905년 | 러시아, 피의 일요일 사건

　일본은 두 전쟁의 승리로, 1911년 관세 자주권을 완전히 회복하는 조약 개정에 성공했고, 조선을 강제로 병합하여 제국의 길에 탄탄대로가 열렸다.
　청일전쟁과 러일전쟁이 일본근대사에서 차지하는 비중은 대단하다. 전쟁 이후 일본 사회의 심리를 이해할 필요가 있다. 두 전쟁은 반복되는 승리 가운데 이루어진 일상적인 승리가 아니었다. 청일전쟁은 거대한 흑선을 끌고 페리가 일본 해안에 나타난 지 40년 만의 일이었다. 그 해 1853년 일본은 서양의 무력시위 앞에 풍전등화였다. 그때로부터 40년간은 급진적 존왕양이 운동, 막부 타도, 개혁, 저항의 자유민권운동 등 숨 가쁜 도전의 연속이었다.
　그런데 불가능해 보이던 희망이 현실로 나타난 것이다. 청일전쟁과 러일전쟁에서 일본이 승리하자 세계는 놀랐다. 중국이 아무리 종이 호랑이라 할지라도 그렇게 간단히 질지는 몰랐다. 또 대국 러시아에 대한 승리는 더더욱 예상 밖이었다. 일본은 단숨에 아시아의 신흥 강국으로 평가되었다. 아

조선총독부. 일본은 한국을 '조선'으로 명칭을 변경하고 통감부를 '총독부'라 고치고 초대 총독에 육군대장인 데라우치 마사타케(寺内正毅)를 임명하였다.

시아의 맹주, 극동의 헌병으로 세계가 칭찬하는 순간, 일본 사회 전체는 최고의 환희를 느꼈다. 일본인은 하나가 되어 승리의 기쁨을 천황과 함께 누렸다.

메이지 천황은 대원수로서 밤낮없이 히로시마 대본영의 작전 본부에 같이 있었고, 이것은 보도를 통해 널리 알려졌다. 전쟁의 승리는 천황의 존재를 국민들의 마음속에 어떤 제도적인 교육보다도 확실히 각인시키는 계기가 되었다. 일본의 계몽 사상가 후쿠자와 유기치(福澤諭吉)는 황실을 정치와 사회 밖의 존재로 차갑게 규정했었다. 그런 후쿠자와가 청일전쟁 중에 다음과 같이 한 말은 놀랍다.

"개전 이래 천황 폐하께서는 대본영이 있는 히로시마에 가서서 친히 군을 돌아보시며 주야로 침식도 편히 하지 못하셨다. 이 사실을 국민 일반이 전해 듣고 감격을 금치 못한다. …… 나도 그저 감격하여 눈물이 흘러 내려 목이 멜

Ⅳ 근대사회의 성립 **301**

따름이다."

천황과 함께하는 일등 국가가로서의 자부심, 아시아에 대한 우월감, 제국주의 열기는 두 전쟁 이후 급속하게 대중 속으로 확산되었다. 일본 근대사에서 저항이 없었던 것은 아니지만, 청일전쟁 이후 일본의 근대는 국가 주도로 가는 제국의 역사라 해도 틀린 말이 아니다.

대국에 맞서 풍전등화의 위기에서 세계가 주목하는 제국으로 탄생케 한 전쟁의 승리는 일본인에게 도취감에 가까운 흥분감을 주었다. 일본인에게 제국의 탄생은 가장 자랑스러운 승리의 역사였던 것이다. "우리에게 결점이 있다면, 그것은 우리가 황색 피부를 가졌다는 것이다"라며, 일본 제국주의는 아시아에 대한 우월감, 서양 열강으로부터 아시아를 구해야 한다는 사명감 등으로 1945년 패전할 때까지 끊임없이 대중의 환상을 불러일으켰다.

한편 한국은 제국 일본의 식민지로 편성되어 갔다. 일본은 러일전쟁 직후 한국정부에 한국의 독립과 영토보전을 구실로 한국을 정치적·군사적으로 지배하는 한일의정서韓日議定書를 조인시켰다(1904.2). 구미열강은 일본이 한국을 식민지화한 것을 승인했다. 일본수상인 가쓰라桂와 미국 육군장관인 테프트 간에 밀약이 맺어져 (가쓰라·테프트 밀약, 1905.7), 일본은 미국의 필리핀 지배를 인정하는 대신에 미국은 일본의 한국 지배를 인정했다. 1905년 11월 제2차 한일협약(을사보호조약)을 맺어 한국의 자주외교권을 박탈하고 보호국화 하였다. 한양에 통감부를 설치하고 이토 히로부미가 초대 통감이 되었다.

이러한 일본의 행동에 대하여 한국의 전토에서는 반대투쟁이 일어나고, 고종황제는 1907년에 네덜란드의 헤이그에서 열린 만국평화회의에 밀사를 파견하여 한국의 독립유지를 열강에 호소하였다(헤이그 밀사 사건). 이 사건 이후 일본은 고종황제를 강제 퇴위시키고 제3차 한일협약을 맺어 한국의 내정을 통감의 지도·감독하에 놓고 비밀협정에서 한국군대를 해산시켰다. 일본의 식민지화 정책에 대하여 한국내에서는 의병운동 등 민족적 저항운동이 각지에서 일어나고, 1909년에는 전 통감 이토 히로부미가 하얼빈에서 안중근에 의해 사살되었다. 이토 히로부미가 사살된 후, 일본의 한국합병은 급속히 진행되어 1910년 8월 '한국합병에 관한 조약'이 조인되었다. 일본은 한국을 '조선'으로 명칭을 변경하고 통감부를 '총독부'라 고치고 초대 총독에 육군대장인 데라우치 마사타케寺內正毅를 임명하였다. 조선총독부는 헌병·경찰제도를 정비하여 치안을 유지하고 한국인의 권리·자유를 엄격히 제한하였다. 또 1910년부터 대규모의 토지조사사업을 행하여 촌의 공유지, 전 경지의 반 이상을 관유지로 접수하고, 그 일부를 동양척식회사東洋拓殖會社(1908년 설립)와 일본인에게 싼 가격으로 불하하는 등 일본의 식민지 지배는 본격화되었다. 그러나 병합 이후에도 한국 민중은 일본의 지배와 탄압에 저항하여 국내외적으로 강한 투쟁과 독립운동을 전개해 나갔다.

DIGEST 70

근대천황의 창출, 일본의 빛과 그림자
―근대천황제(1872~1890년)

그때 세계는 -
1896년 | 그리스, 근대 제1차 올림픽(아테네)
1898년 | 청, 무술변법

 천황은 막부를 타도하고 새로운 정부를 만드는 구심점이었다. 메이지 유신 지도자들은 언제나 천황이라는 깃발로 자신의 행동을 정당화하고 막부를 타도할 수 있었다. 메이지 정부 지도자들은 서양 열강을 시찰하면서 그 강대함의 배후에 크리스트교가 있음을 알았고, 일본도 정신적 구심점이 필요함을 절감했다. 정부는 '신화의 표상으로서 천황'을 국민적 정체성으로 삼고, 그것이 사회 곳곳에 그물망처럼 퍼지도록 심혈을 기울였다. 근대에 이르러 비로소 천황은 일본 국민과 민족의 정체성의 핵이자 신성불가침한 절대 군주로서 본격적으로 신격화되었다.
 신화 속의 천황을 민중에게 알리기 위해 메이지 정부는 모든 노력을 다했다. 신사, 교육, 군대 등 모든 현장이 활용되었다. 우선 역사적으로 일반에게 가장 익숙한 신사를 활용코자 했다. 한 마을에 하나의 신사를 정하여 잡다한 신이나 부처, 예수 등을 없애고 하나의 수호신만 남겨, 천황과 아마테라스 등 국가가 공인하는 신을 모시도록 했다. 이를 위해 신사를 관리하는

이세신궁의 제식. 천황의 조상신 태양신을 모신 이세신궁의 의례.

신관 등을 국가에서 관리하는 공무원으로 삼았다. 전통적으로 자연스럽게 숭배해 오던 기성 및 신생의 수많은 신을 천황과 관련된 신 중심으로 광대한 종교적 질서를 재창출코자 한 것이다.

그러나 이는 신앙의 자유를 문제 삼는 서양 열강과 국내의 반발에 부딪혔다. 정부는 한 발 물러설 수밖에 없었다. 전국의 신사 가운데 일부를 종교적 신사로 독립성을 인정하였다. 메이지 정부는 나머지 신사에 대해서는 종교 시설이 아니라 고래의 습속이라는 이유를 서양에 내세우면서 주요 신사를 국가의 신사로 삼았다. 아마테라스를 모시는 이세신궁伊勢神宮을 중심으로 신사를 통폐합하여, 이들 신사의 행정과 재정을 국가가 관리하도록 했다. 신사 참배를 비롯한 신도의 제사를 국민의 의무로 만들어 신들의 정점에 아마테라스와 천황의 조상들이 있음도 각인시켰다. 천황을 위해 싸우다 목숨을 잃은 사람들을 국가신으로 모시고 제사를 지내도록 하여 야스쿠니 신사靖國神社도 이세신궁과 더불어 중심 신사가 되도록 하였다.

역사적으로 일반인에게 가장 익숙한 신사를 정리함으로써, 천황은 아마

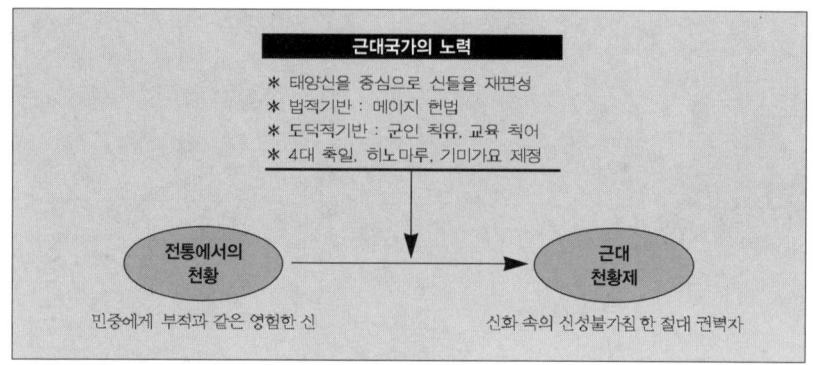

전통의 천황에서 근대의 천황으로의 변천 모습.

테라스의 신칙을 받고 일본을 통치하는 신성의 절대군주임을 국민의 뇌리에 심어주고자 한 것이다. 이와 더불어 야스쿠니 신사를 중요시하여 국민을 신민으로 삼아 천황에 대한 충성을 유도하고자 한 것이다.

  교육 현장에서도 신화 속의 천황을 열심히 가르쳤다. 1890년 메이지 천황의 이름으로 '교육에 관한 칙어 敎育勅語'를 발포하여 전국 각 학교에서 예배·봉독하도록 했다. 교육칙어 내용을 보면, '천황은 일본 땅을 신칙神勅으로 다스린 유구한 왕이며, 국민들은 애국해야 한다'고 하였다. 교육칙어는 학교 교육의 기본 원리로서 소학교 6년간 암송되고 봉독되고 예배되었다. 또한 천황의 신성함을 드는 근거인 신칙을 《일본서기》, 《고사기》 안에서 신비스런 문장으로 만든 후, 국정 교과서에 실어 교육하였다.

  '군인칙유 軍人勅諭'도 만들어 군복무 3년간 암송하게 했다. 군인칙유 역시 천황의 신성함과 신성한 천황이 대원수로 직접 군을 통수함을 말하여 천황에게 절대 복종할 것을 내용으로 한다. 메이지 헌법에서도 천황의 신격성과 절대 권력을 법적으로 정당화한 바 있다.

  소학교 수학여행은 황거, 이세신궁, 야스쿠니 신사, 교토 등 천황과 관련된 역사적인 장소를 의무적으로 방문토록 했다. 4대 국경일도 천황과 관련된 날들로 정했다. 4대 축일에는 학교에서 기념식이 거행되었는데, 기념식에서 히노마루 日の丸(일장기) 게양, 기미가요 君が代(일본의 국가) 제창, 교육칙어

야스쿠니 신사.

봉독 등이 이루어졌다.

　이처럼 메이지 정부는, 천황은 영험한 신 정도가 아니라 신칙을 받아 개벽 이래 일본을 통치해 온 신성한 절대군주라는 사실을 다양하고 섬세한 방법으로 끊임없이 가르쳤다. 천황은 아마테라스에게서 받았다는 3종의 신기(거울, 칼, 옥)를 갖고 각지를 순행하면서 아마테라스의 자손으로서 만세일계의 황통을 잇고 있음을 과시했다. 또 단발에 서양식 복장을 하여, 무지한 대중들이 천황을 따라 문명개화하도록 유도했다. 전시에는 대원수로서 전장을 독려하여 국력을 결집했다.

　천황의 쓸모는 실로 다양하고 강력했다. 메이지 정부는 천황을 국가 정체성의 핵으로 삼아, 근대화라는 험난한 파고를 넘어 부국강병의 일본을 만들고자 했다. 국민이 신성한 천황을 우러러보면서 복종한다면, 근대의 난관을 보다 쉽게 돌파하리라 생각했다. 실제로 메이지 정부의 의도대로 천황은 국가 정체성의 핵이 되어 국민의 재능과 활력을 결집하여 동아시아에서 유일하게 근대화에 성공할 수 있었다. 청일전쟁과 러일전쟁에서 승리하면서 천황에 대한 존숭은 더욱 깊어갔다.

　근대의 천황은 본질적으로 막부 쇼군들이 권력의 정당성으로 삼았던 것과 다르지 않다. 신들의 숭상이 압도적으로 지속되는 사회에서 천황이 권위의 원천으로 이용되는 것은 자연스럽다. 다만 차이가 있다면, 근대는 천황이 지닌 신화적 요소를 더욱 확대 강화한 고도의 권력으로 국민 속에 효과적으로 침투할 수 있었다는 점일 것이다. 수많은 책, 학자들이 말하듯이 천황은 근대에 만들어진 산물로만 보기 어렵다. '신성불가침한 통치권자, 천황'은 역사적 전통의 연속선 위에서 만들어진 것임을 잊지 말아야 한다.

　여기서 잠깐, '신성불가침한 천황'은 단순히 정체성이 되기 어렵다는 점을 짚지 않을 수 없다. 이 말은 일본의 조상신, 일본의 신화가 최고라는 사상을 담고 있다. 자기가 모든 것에 우월하다는, 보편성이 결여된 극우성이 잠복한다. 어떤 때는 자기 정체성으로 사용되기도 하지만, 언제 현실의 불길을 만나 정체성을 뛰어넘어 극우성이 활개를 치며 만개할지 모른다. 이것도 '집단성'이라는 일본의 전통과 내면적 연관을 지니고 있다. 천황은 어떤 점에서는 일본인에게 빛이면서, 또 어떤 점에서는 그림자일지도 모른다.

DIGEST 71

산업혁명, 기생지주제, 재벌
―자본주의의 발달(1870~1910년)

그때 세계는 -
1910년 | 안중근, 여순감옥에서 순국
1911년 | 중국, 신해혁명

 일본의 근대산업은 1870년대 초 식산흥업殖産興業정책을 통해 기반을 마련하였고, 1880년대 후반 기계제 대량생산에 의해 산업혁명을 이루었다. 청일전쟁, 러일전쟁을 거치면서 재벌과 기생지주제기생지주제가 확립된다.
 1870년에 설립된 공부성工部省은 철도 부설, 광산 개발, 군수공장 경영과 같은 사업을 통해 부국강병의 경제적 기반을 마련하고자 했다. 특히 군사공업에 힘을 기울였고, 1873년부터는 내무성이 중심이 되어 방적·해운·목축 분야에서 민간의 경공업을 육성하는 데 힘을 쏟았다. 1872년에 도쿄~요코하마 간, 이어서 오사카~고베, 오사카~교토 간 철도가 개설되어 개항장과 대도시를 연결하였다. 전선도 1869년에 도쿄·요코하마 간의 개통을 시작으로 5년 후에는 나가사키와 홋카이도에까지 연결되고, 나가사키와 중국의 상하이 간의 해저 케이블도 설치되었다. 통신에서는 1871년 관영의 우편제도가 시작되었다.
 이러한 정부의 노력은 1880년대 후반에 들어서면서 눈부신 성과를 올렸

IV 근대사회의 성립

야하타 제철소. 제1용광로건설(1901).

다. 1880년대 말 민간자본에 의해 대규모 방적회사가 여러 개 설립되고, 정부 소유 관영사업들이 싼값에 불하되면서 미쓰이三井나 미쓰비시三菱와 같은 재벌이 형성되는 기반이 마련되었다.

청일전쟁은 일본의 산업을 비약적으로 발전시키는 계기가 되었다. 청일전쟁 승리의 대가로 청에게 받은 막대한 배상금으로 일본은 금본위제金本位制를 채용할 수 있게 되어, 이미 금본위제를 채용하고 있는 구미 제국과의 경제적 교역에서도 같은 토대 위에 설 수 있게 되었다. 또한 조선시장을 확보하고 중국시장으로 진출도 용이해지면서 일본 경제계는 호황을 맞이하게 되었다. 각지에 은행, 회사, 공장이 설립되었고 경공업인 섬유공업, 그 중에서도 방적업이 산업의 중심이 되었다. 오사카 방적회사는 증기를 동력으로 기계제 공업으로 전환하였고 제사업製紗業에서도 기계제로 바뀌었다.

한편 중공업에서는 아직 큰 발전을 보이지 않았지만, 관영공장을 중심으로 병기를 중점적으로 생산하면서 그 기초재료인 철강의 수요가 증가하였다. 이에 일본은 청국과 철광석을 저가에 구입하는 계약을 맺고 석탄이 풍

마루노우치를 달리는 자동차.

부한 기타규슈北九州에 야하타八幡 제철소를 설립하였다.

　러일전쟁을 거치면서 일본자본주의는 독점의 방향으로 진전된다. 러일전쟁 후 일본 자본주의의 가장 큰 특징은 중공업의 발전과 재벌의 형성이라는 점이다. 러일전쟁으로 무기와 같은 각종 군수 수요가 발생하면서 중공업 발전의 계기가 되었다. 전쟁이 끝난 후에는 민간의 수요확대와 함께 정부의 군비확대 정책이 중화학공업의 성장배경이 되었다. 야하타 제철소는 1906년 국내 철강 생산의 90퍼센트를 차지했으며, 민간 제철소인 니혼제철소도 1907년 건설되었다. 조선업과 공작기계생산도 증가했다. 경공업 부문은 섬유산업이 중심이었는데, 면제품은 중국과 조선에, 견제품은 미국과 프랑스에 수출되었다.

　러일전쟁 후 호황을 누리던 일본경제에 위기가 찾아왔다. 1907년 미국에서 발생한 세계적 규모의 공황이 일본에까지 영향을 미치게 된 것이다. 일본은 경공업제품의 수출에 주력하였기 때문에 미국으로의 생사 수출, 중국으로의 면사 수출이 격감하면서 큰 타격을 입었다. 그 영향으로 기업의 도

당시 열악했던 서민의 생활.

산과 합병이 진행되어 일본 자본주의의 독점화가 급속히 진행되었다. 방적업계에서는 대일본방적연합회와 같은 독점이 발달하여 생산의 2분의 1을 점유하게 되었다. 나아가 제조업, 포경업, 화학비료 공업 등에서도 독점이 성립하였다. 메이지 초기부터 정부의 보호 속에서 발전해 온 기업가는 생산과 자본의 집중을 증가시켜 거대한 자본가로 성장하였다. 미쓰이三井·미쓰비시三菱·스미토모住友·야스다安田는 지주회사를 중심으로 금융·산업·상업 거래를 통일적으로 지배하는 독점 형태를 갖추어, 1910년 이후 재벌이라고 불리면서 일본 경제를 지배하게 되었다.

한편 산업화가 진전되면서 청일전쟁 이후 노동자가 급속히 성장했다. 공장노동자는 1886년 74,956명에서 1900년에는 387,796명, 1909년에 809,480명으로 급증했다. 노동자의 노동조건은 열악해서 젊은 여성노동자들이 취업한 면방적업·제사업의 경우 주야 2교대 12시간 노동, 저임금, 열악한 식사와 불결한 작업환경 속에서 노동했다.

공업에 비하면 농업의 발전은 느렸다. 면·마·콩 등의 생산은 저가의 수입품에 의해 위축되었으나 채소·보리 등의 생산은 증가하고 또 생사수출에 자극받아 뽕나무 재배와 양잠이 활발해졌다. 그러나 농민의 생활은 어려워졌다. 수입에 눌려서 상품작물의 재배가 줄고 공업에 눌려서 농가의 부업으로 생기는 현금수입의 기회가 줄어들자, 토지를 포기하는 농민이 늘고 소작농이 증가하였다. 반면 지주로의 토지 집중이 더욱 진행되었다. 도시로의 인구 집중은 쌀 공급 부족을 초래하였다. 소작률은 계속 올라 9할에 이르렀고, 지주의 이익은 한층 증가하였다. 지주는 농촌의 지배세력으로서 지위를 굳히고 지주가 직접 경작하지 않는 기생지주제가 1900년 전후에 확립되기 시작했다. 소작료는 현물로 받았고, 지조地租는 지가에 따른 정액을 금납金納했기 때문에 쌀값이 상승하면 지주는 더욱 윤택해졌다. 하지만 소작농은 더욱 생활이 어려워져 어린 자식을 도시의 공장으로 보내거나, 농촌에서 생활할 수 없게 된 많은 사람이 도시로 가서 인력거를 끌거나 인부가 되어 도시의 하층사회를 형성하였다.

일본의 근대산업은 1880년대 후반 기계제 대량생산에 의한 산업혁명을 이루고 청일전쟁, 러일전쟁을 거치면서 눈부신 발전을 이루었다. 하지만 재벌과 기생지주제가 확립되고 노동자, 농민의 하층사회가 형성되었다.

DIGEST 72

사회문제를 고뇌한 사람들
—초기사회주의(19세기 말~20세기 초)

그때 세계는 -
1911년 | 제2차 모로코 사건
1912년 | 발칸전쟁(~ 1913년)

　공장제 공업이 공흥하고 자본주의가 발달함에 따라서 임금노동자가 증가하였다. 당시 공장노동자는 거의 섬유산업에 종사하였고 대부분 여자였다. 여자 노동자들은 거의 하층 농가의 자녀들로 어려운 가계를 돕기 위해 외지에서 와서 저임금으로 힘든 노동에 종사하고 있었다. 방직업에서는 하루 2교대제이고 제사업製絲業에서는 노동시간이 15시간 정도였으며 때로는 18시간인 경우도 있었다. 남자노동자의 경우 중공업에서 숙련공은 아직 많지 않았고, 공장 이외에는 광산업·운수업에 종사하고 있었다.

　청일전쟁 직후, 산업혁명기에는 각지에서 처우개선과 임금인상을 요구하는 공장노동자 쟁의가 시작되어, 1897년에는 전국적으로 40여 건에 달했다. 이듬해 미국의 노동운동에 영향을 받은 다카노 후사타로高野房太郎·가타야마 센片山潜 등이 노동조합기성회를 결성하여 철공조합과 일본철도교정회日本鐵道矯正會 등 숙련공을 중심으로 노동자가 단결하여 자본가에 대항하는 움직임이 나타났다.

정부는 1900년에 치안경찰법을 제정하여 이러한 노동운동을 억압하였다. 다른 한편으로 정부는 계급대립이 격화되는 것을 막고자 사회정책의 일환으로 공장법을 제정하였다. 공장법은 자본가의 반대로 1911년에야 제정되고 1916년부터 실시되었지만 내용에 있어서는 극히 부족하였다.

한편 자본가 계급에 대항해 노동자의 생활을 옹호하는 사회주의 운동이 일어났다. 아베 이소오安部磯雄·가타야마 센片山潛 등은 1898년에 사회주의 연구회를 만들었는

천황 암살의 대역사건을 보도한 신문.

데, 1901년에 기노시타 나오에木下尙江가 가세하여 최초의 사회주의 정당인 사회민주당을 결성하였다. 그러나 치안경찰법에 의해 해산령이 내려졌다. 이어서 1903년에 고토쿠 슈스이幸德秋水·사카이 토시히코堺利彦 등이 평민사平民社를 창설하고 평민신문을 발행하여 사회주의를 주창하면서 러일전쟁 시기에는 반전론을 주장하였다. 또 1906년에는 사카이 토시히코 등에 의해 일본사회당日本社會黨이 결성되었다.

1910년 5월 미야시타 다키치宮下太吉·니이무라 다다오新村忠雄·후루카와 리키사쿠古河力作·간노 스가管野すが 4명이 천황을 암살하려 한 사건이 발각되어 모두 검거되었다. 그들은 천황에 대한 미신을 타파하지 않으면 사회주의를 실현할 수 없다고 믿고 천황 암살을 계획했다.

당시 가쓰라 내각은 이를 계기로 사회주의 운동을 철저히 억압하려 했다. 12월 대역죄大逆罪(천황을 죽이려는 죄)의 용의자로 26명이 기소되고 고토쿠 슈스이를 주모자로 꾸며 다음 해 1월 판결에서 고토쿠 등 11명은 사형, 12명은 무기징역에 처했다. 고토쿠는 노동자의 직접 행동을 주장해 왔지만, 개

인적 테러 행위는 오히려 반대했고, 이 사건과도 직접적인 관계가 없었다. 대역사건은 사회운동을 뿌리 뽑으려고 정부가 꾸민 사건이었다. 판결에 대해 영국·미국·네덜란드 등의 사회주의자들이 항의하기도 했지만, 형은 집행되었다. 더구나 정부는 경시청 내에 특별고등과를 설치하는 등 사회주의자에 대한 단속과 탄압을 한층 강화했다. 이 대역사건에 대하여 이시카와 다쿠보쿠石川啄木(1886~1912)는 다음과 같이 노래했다.

> 나는 안다. 테러리스트의
> 슬픈 마음을 -
> 말과 행동으로 나누기 어려운
> 단 하나의 그 마음을
> 빼앗긴 말 대신에
> 행동으로 말하려는 심정을
> 자신의 몸과 마음을 적에게 내던지는 심정을 -
> 그것은 성실하고 열심한 사람이 늘 갖는 슬픔인 것을.
> 끝없는 논쟁 후의
> 차갑게 식어버린 코코아 한 모금을 홀짝이며
> 혀 끝에 닿는 그 씁쓸한 맛깔로,
> 나는 안다. 테러리스트의
> 슬프고도 슬픈 마음을.

청일전쟁, 러일전쟁, 한국병합이라는 승리의 역사에 열광하는 일본사회 한편에, 대역사건으로 조작해서 사회주의자를 제거한 정부를 신음에 찬 목소리로 노래한 시인을 일본은 갖고 있었다.

DIGEST 73

제1차세계대전과 일본
―전쟁으로 얻은 이익(1914~1917년)

그때 세계는 -
1912년 | 청 멸망, 중화민국 성립
1917년 | 미국 참전, 러시아 11월 혁명
1919년 | 한국 3・1운동

　1914년 6월 오스트리아 황태자가 세르비아의 한 청년에게 암살당하는 사건을 계기로 이해 7월 제1차 세계대전이 시작되고 전화戰火는 전 유럽으로 확산되었다. 영국・프랑스・러시아・이탈리아 등의 연합군(삼국협상)과 독일・오스트리아 등의 동맹군(삼국동맹)과의 사이에 치열한 전쟁이 전개되었다. 제국주의 열강이 아시아, 아프리카, 아메리카의 약소국들을 식민지화하여 전 세계의 1/5, 전 인류의 1/10이 제국주의 열강들의 지배 아래 들어가게 되었다. 1차 세계대전은 식민지 쟁탈을 위해 일어난 제국주의전쟁의 성격을 지닌다.

　1차 세계대전(1914~1917)은 제국주의의 열강 대부분이 연루된 국제전이었다. 전쟁은 오스트리아 황태자 부부 암살에 항의하여 오스트리아가 세르비아에 선전포고를 하면서 시작되었는데, 영국과 독일을 중심으로 하는 삼국동맹과 삼국협상의 대결로 비화되었다. 1차 세계대전은 19세기 말 이래로 심화되어 온 제국주의 열강 사이의 세력 경쟁에 기인하고 있다.

Ⅳ 근대사회의 성립 **317**

21개조를 수용한 원세개.

일본은 영국의 요청으로 8월 23일 선전포고를 하면서 전쟁에 개입했다. 실상 영국은 아시아에서 독일 무장 상선을 수색하는 것에 한정해서 일본의 참전을 요구했지만, 일본은 영국의 제한적 참전요구를 뛰어넘어 전면 참전한다고 전했다. 영국이 참전 의뢰를 취소했음에도 불구하고, 일본은 영일동맹을 근거로 참전했다. 원로 이노우에 가로우井上馨는 제1차 세계대전에 대해 다음과 같이 말하고 있다.

"이번 유럽의 대전쟁은 그야말로 국내외의 과제를 한꺼번에 해결할 수 있는 천재일우의 기회다. 일본은 즉시 거국일치로 단결하여 정쟁을 중지하고 동양에 대한 일본의 권리를 확립하고 이를 배경으로 중국 정부를 회유해야 한다."

당시 일본 지도층들은 전쟁이 비교적 단기간에 끝날 것이라 예상하고, 중국 및 만몽의 이권을 쟁취한다는 인식을 공유하고 있었다. 일본은 참전 직후부터 동아시아에서 세력 확장에 주도적이었다. 독일의 조차지였던 산둥성의 청도를 점령하고, 세계대전으로 유럽열강이 아시아에 눈을 돌릴 여력이 없음을 확인한 일본은 1915년 중국 원세개遠世凱(1859~1916) 정부에 21개조 요구를 강요하였다. 21개조는 단지 경제적 요구에 그치지 않고 중국의 주권을 현저하게 침해하는 내용이었다. 21개조 교섭은 중국 측의 맹렬한 반대와 미국의 견제에 의하여 난항을 거듭하였으나, 일본은 일부를 삭제한 후 최후통첩의 방식으로 중국을 협박하여 강제로 승인토록 했다. 이에 대해 중국 국민은 강하게 반발했다. 중국정부가 일본의 최후통첩을 받고 요구를 받

러시아 혁명과 일본의 시베리아 출병.

아들인 5월 9일을 국치 기념일로 하여 항일운동은 고조되었다. 그러나 일본은 중국의 항일운동에도 불구하고, 중국에서 권익을 지속적으로 확대해 나갔다. 일본은 1916년 제4차 러일 협약을 맺어 중국이 다른 열강의 지배하에 놓이지 않도록 했고, 원세개의 뒤를 이은 북방 군벌 단기서段祺瑞 정권에게 거액의 차관을 제공하여 중국내 손문 등 혁명파를 압박하여 권익을 지키고자 했다.

한편 러시아 혁명으로 소비에트정권이 출현하였고, 이는 자본주의 열강 모두에게 충격을 주었다. 연합국 측에서는 혁명이 자국에 파급될 것을 두려워하여 소비에트정권에 간섭하려고 하였다. 당시 시베리아에 있던 연합군 측은 체코슬로바키아군을 구원한다는 명목으로 1918년 시베리아에 출병하였다. 일본은 미국·영국과 약속한 72,000명이 넘는 병력을 파견하여 전비 10억 엔, 사망자 3,500명, 부상자 2만 명에 달하는 결과를 가져왔다. 이러한 대가를 치렀지만, 일본은 러시아 혁명세력의 저항으로 당초 목적을 실현하지 못하였다. 각국은 전쟁 종결 후에 철병했지만 일본만은 계속 주둔해 오다가 열강으로부터 영토적 야심을 비난받아 1922년에 겨우 철병하였다. 그 후 1925년에 일본과 소련 간에는 국교가 열렸다.

제1차 세계대전은 일본의 경제 불황과 재정위기를 한 번에 떨쳐내었다. 유럽 상품에 대신해서 면직물 등의 일본상품이 아시아 시장에 진출하여 무역은 압도적인 수출초과가 되었다.

세계적으로는 선박의 부족사태가 일어나면서 일본의 해운업·조선업은 공전의 호황을 누리게 되고 일본은 세계 제3위의 해운국이 되었다. 철강업, 화학공업, 전력사업 등 중화학 공업이 발전하면서 1차대전 이후 비로소 처음으로 공업생산액이 농업생산액을 앞지르게 되었다. 한편 전쟁에 의한 호황은 자본가에게 막대한 이익을 주었지만 일본 제국주의의 모순이 노출되기 시작했고, 급격한 경제 성장에 따라 사회적 갈등과 모순은 심화되어 갔다.

워싱턴 체제와 일본의 협조외교
—1차대전 이후 외교체제(1920년대)

그때 세계는 -
1920년 | 국제연맹 성립
1921년 | 중국, 공산당 성립

1918년 제1차 세계대전은 연합국 측의 승리로 끝나고 이듬해 파리에서 강화회의가 열렸다. 강화회의 결과, 패전국 오스트리아와 독일에게는 거의 지불이 불가능한 막대한 배상금이 결정되었고, 독일의 식민지는 국제연맹의 위임통치라는 명목으로 사실상 연합국들에게 분배되었다. 일본은 사이온지 긴모치(西園寺公望) 전 수상을 전권대사로 파견하여 일본의 전쟁 권익을 재확인 받았다. 일본은 산둥반도의 독일 권익을 계승하였고, 적도 이북의 독일령 남양군도를 위임 통치하게 되었다.

미국의 윌슨 대통령의 제창에 의해 국제 평화 유지 기구로서 국제연맹이 1920년에 발족하였다. 일본은 전승국의 일원으로 국제연맹의 5대국의 하나로서 상임이사국이 되었다. 강화회의 결과, 유럽에서는 영국과 프랑스를 중심으로 세력 균형을 꾀하는 이른바 베르사유 체제가 성립되었다.

한편, 중국에서는 파리강화회의 즈음하여 독일 이권의 중국 반환을 요구하는 운동이 전개되었으나 이미 영국·프랑스는 일본에 대한 지지를 밀약

IV 근대사회의 성립 **321**

워싱턴 회의. 워싱턴 회의에서는 먼저 미·영·프·이·일의 5대국 간 해군 군축조약이 맺어졌다.

하고 있었고 베이징 정부도 산둥 처리에 동의를 한 상태였다. 강화회의의 이러한 소식이 전해지자 이에 격분한 중국국민은 1919년 5월 4일 산둥반도를 반환하라는 반일데모를 일으켰다. 강화회의의 중국 대표는 베르사유 조약의 조인을 거부하였다. 5·4운동은 한국의 3·1운동에서 자극받은 바가 컸다.

파리강화회의를 통해 일본은 강대국의 일원으로 자리를 잡았다. 그와 동시에 미국·영국을 위시한 구미 제국주의 국가 간의 알력이 표면화되기 시작하였다.

한편 세계대전에 의해 전장화 되어버린 유럽제국은 커다란 타격을 받았지만, 일본과 미국은 급격한 발전을 이루었다. 특히 미국은 영국에 대신하여 국제사회의 새로운 강자로 떠올랐다.

미국은 1921년 태평양 질서의 재편과 중국 시장에 대한 열강들의 경쟁 제한을 목적으로 해군 군비 축소 회의를 워싱턴에서 소집하였다. 일본은 가토 도모사부로加藤友三郞 해군대신을 전권대사로 파견하였다. 미국은 워싱턴 회의를 통하여 해군 건함 경쟁을 제한하여 동아시아에서 일본의 팽창을 저지하려는 것이었다. 제1차 세계대전으로 독일·러시아 세력이 물러간 뒤 극동, 특히 중국을 둘러싸고 일본과 영미 대립이 심화되고 있었고, 이와 함께 군비 확장 경쟁이 격화되면서 각국의 재정을 압박하고 있었다.

워싱턴 회의에서는 먼저 미·영·프·이·일의 5대국 간 해군 군축조약이 맺어졌다. 주력함대 보유량 비율이 미국과 영국이 5, 일본이 3이라면, 프랑스와 이탈리아가 1.6의 비율로 정해지고 10년 동안 전함 건조가 금지되었다. 일본 내에서는 반대가 강했지만, 가토가 해군의 반대를 누르고 조인을 단행하였다.

그리고 새롭게 '4개국 조약'과 '9개국 조약'이 맺어졌다. 1921년 12월 체결된 4개국 조약은 일·미·영·프의 4개국 간에 태평양의 영토와 제도에 관한 현상 유지를 천명한 조약이었다. 그렇지만 그 핵심은 일본의 식민지적 권익을 보장하고 대서구관계의 기틀이 되어 왔던 영일동맹의 폐기 선언에 있었다. 이 4개국 조약으로 일본은 영일동맹의 폐기(1923.8)에 의해 야기되는 국제적 고립화를 모면할 수 있게 되었다.

또 워싱턴 회의에서는 4개국 외에 중국과 이탈리아 등의 5개국을 포함한 9개국 간 중국 문제에 관한 조약이 조인되었다(1922.2). 중국의 주권 독립, 영토 보전의 존중과 함께 중국에 대한 문호 개방·기회균등의 일반적 원칙이 정해지고 새로운 특수 권익 설정의 금지가 정해졌다. 이에 따라 일본은 중국과의 교섭을 통해 산둥반도 권익을 반환하였고, 21개조 요구 중 일부도 철회하였다.

이상 워싱턴 회의에서 국제협정은 미국의 주도하에 이루어졌는데, 태평양·동아시아, 특히 중국에서 발생할지 모르는 제반분쟁의 소지를 없애고 열국 간의 협조를 지향했다. 이 새로운 국제협조질서를 '워싱턴 체제'라 부른다. 이로써 일본의 중국 진출에는 미국을 위시한 국제적인 감시와 압력이라는 새로운 장벽이 등장하게 되었으며, 일본 군부와 같은 집단의 독단적 행동에 대해서도 새로운 견제 장치가 만들어졌다. 워싱턴 체제에 근거하여 만들어진 일본의 외교방침을 보통 '협조외교'라고 부른다. 실상 일본의 중국에서의 특수권익과 독점적 지위는 부정되고 1차대전 후 일본이 챙겼던 산둥성의 이권도 중국에 반환되었다.
　워싱턴 회의에서 협조외교는 지금까지 일본의 독자노선 정책이 일본의 이익에 별로 보탬이 되지 못하고 서양 열강에게 불신을 초래하고 중국에 반감을 산 것에 대한 반작용이란 측면이 있었다. 때문에 1920년대 일본은 중국문제에 대해서 불간섭주의, 특히 무력 간섭을 회피하였다. 그러나 일본 국내에서는 군부를 비롯하여 협조외교에 대해 불만이 많았다. 많은 일본인은 협조외교가 국제평화라고 하는 지나치게 비현실적인 환상 속에서 국가의 안전을 희생시키는 연약외교라고 느끼며, 나아가 모욕적으로 여겼다. 더구나 중국이 북벌을 통해 새로운 국민혁명에 성공하면서 제국주의 반대의 방향으로 나아가자, 일본의 권익이 훼손되는 것에 대하여 우려했다. 하지만 1920년대 워싱턴체제하의 일본의 협조외교는 다이쇼 데모크라시라는 일본 사회 전반적인 민주적 풍토의 확산에 유리하게 작용하였다.

다이쇼 데모크라시의 배경
—쌀소동과 사회운동(1918~1922년)

그때 세계는 -
1922년 | 이탈리아, 파시스트 정권 수립
1923년 | 중국, 제1차 국공협약

다이쇼 시대는 전쟁이전 일본에서 가장 민주적인 시대였다. 번벌전제체제에 대한 도전이 러일전쟁 이후부터 시작되어, 다이쇼 시대(1912~1926)가 되면서 정치적 민주화시대가 열렸다. 당시 일본은 헌법이 국회에서 개설되었지만, 정치는 여전히 사쓰마 조슈 출신으로 형성된 번벌세력에 의해 좌우되었고, 정당들의 영향력은 극히 제한적이었다. 의회의 선거권은 재산세를 내는 25세 이상의 남자로 제한되어 있었다. 다이쇼 데모크라시는 이러한 당시 사회의 전제성에 대하여 깊은 반기를 높이 든 운동이었다. 다이쇼 데모크라시가 일어나는 배경으로 1차대전 후 경제발전, 민본주의, 쌀소동, 노동운동을 들 수 있다.

그 첫 번째로 1차 세계대전을 통한 일본자본주의의 급격한 번영에 있다. 1차 세계대전 중에 일본은 1915년 러시아를 비롯한 연합국에 군수품을 수출하게 되었고 전쟁으로 인한 아시아·아프리카 시장에서 유럽제국의 철수는 일본으로 하여금 아시아·아프리카대륙 시장에 대한 수출을 확대할 수

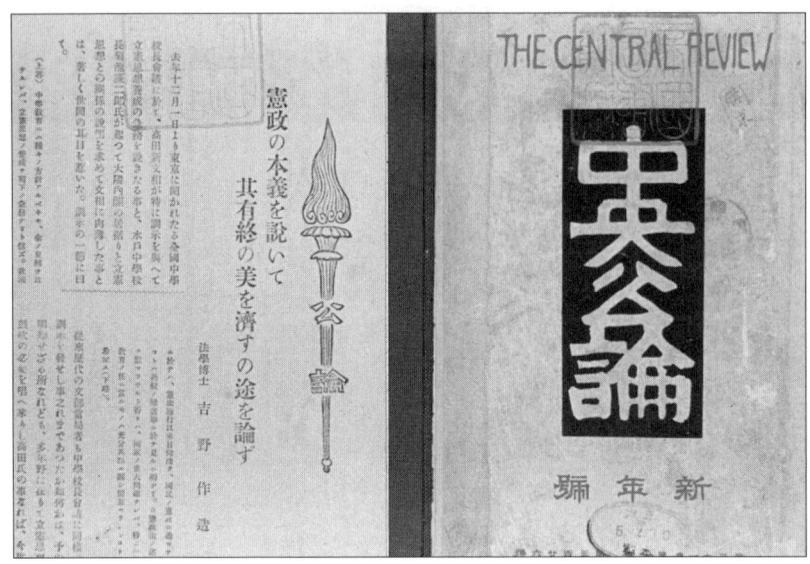
중앙공론잡지. 요시노 사쿠조의 민본주의가 주로 실렸다.

있는 기회를 제공했다. 그리고 생사生絲의 최대 시장인 미국이 군수산업의 급격한 팽창으로 호황이 일어나자, 일본은 생사를 중심으로 대미수출을 확대할 수 있었다. 이러한 요인으로 일본의 무역은 비약적인 팽창을 이룩하여, 주요 공업 부문 생산액은 대전 중 5년간 약 5배로 증가하고 무역액은 약 4배가 증가했다.

이러한 해외시장의 조건변화에 따라 각종기업이 신설되고 기업의 자본금은 놀랄 만큼 늘어났다. 1914년에 비해 1919년에는 회사불입총자본금이 약 3배, 공업자본금은 약 3.3배로 늘었고 자본금 500만 엔 이상의 회사가 62개에서 293개로, 공장수는 32,000개에서 44,000개로 증가하였다. 제1차 세계대전 발발을 계기로 공업부문에서 급격히 신장을 하였고, 1917년에는 공업부문 생산액이 전생산액의 절반을 초과하면서 농업국에서 공업국이 되었다. 이에 노동자수가 1914년 853,964명에서 1919년에는 1,817,102명으로 급격히 증가하였다. 노동자들도 대규모 공장에 집중되어 1909년 100명 이상의 공장이 43.5%였는데, 1919년에는 55.6%로 증대되었다. 1차대전 중의 이러한 노동자수의 급격한 증가는 노동자들이 조직적으로 운동을 할 수 있는 객관적 조건을 제공하였다.

한편 이 시기는 근대적 중산계층이 광범위하게 성립되어 시민사회가 성립된 시기이기도 하다. 도시지식인층의 확대에 따라 다양한 문화가 증대하자 저널리즘의 발전이 촉진되기도 하였다. 신문의 발행부수가 급증하고 잡지도 각각 넓은 독자층을 확보했으며 각종 서적도 출판되는 등 활자문화의 대중화가 촉진되었다. 이러한 도시중간층, 지식인을 중심으로 개인주의적·자유주의적·민주주의적 경향의 사상과 문화·정치적 조류가 계속 발전하였다.

요시노 사쿠조吉野作造는 민중의 복리와 여론의 제도적인 보장을 요구하는 민본주의를 주장하여 중산계층으로부터 열렬한 지지를 받았다. 그는 주권의 소재가 군주제에 있든지 공화제에 있든지를 불문하고 보편적으로 통용되는 원리로서 민본주의를 주장하였다. 또한 미노베 다쓰키치美濃部達吉는 천황이 아닌 국가자체에 주권이 있으며, 천황은 국가의 최고기관일 뿐이라는 천황기관설을 주장하여 정당내각의 이론적 기초를 제공하였다. 이러한 주장은 민중의 여론에 의한 정치를 제창하여 의원내각제, 보통선거법의 실시, 특권세력의 견제를 통해 일본정치를 민주화할 수 있는 방법을 보여 주었다.

1918년 일어난 쌀소동은 노동운동을 비약적으로 발전시킨 신호탄이 되었다. 쌀소동은 제1차 세계대전에 의한 물가폭등, 특히 쌀값 폭등에 의한 생활고로 민중의 불만이 폭발되어 일어난 사건으로, 7월 22일부터 9월 12일까지 거의 두 달이나 지속되었다. 그런데 정부가 이를 방치한 채 1918년 8월 30일 시베리아 출병을 선언하자, 민중의 봉기는 정부 반대투쟁으로 옮겨갔다. 많은 도시에서 경찰서가 파괴되고 경찰력이 마비되는 사태에까지 이르러 정부는 봉기진압을 위해 군대까지 동원하지 않을 수 없었다. 군대가 출동한 지역이 107개의 시정촌市町村에 해당할 만큼 광범위하였다. 쌀소동에 참가한 계층 대부분은 노동자, 인부, 짐꾼, 실업자 등 무산대중無産大衆이었다.

쌀소동 기사. 전국적 민중폭동으로서 정부에 큰 타격을 주었다.

쌀소동은 계획적이고 조직적으로 이루어진 것이 아니라 계속 누적되어 온 생활고가 자연적으로 폭발되어 발생한 전국적 민중폭동으로서 정부에 큰 타격을 주었다. 이러한 쌀소동은 일본의 계급투쟁을 비약적으로 발전시키는 획기적 계기가 되었으며, 그 결과 피지배계층의 운동, 즉 노동운동, 농민운동 등이 사회주의자들과 결합하여 급진화되는 하나의 계기가 되었다.

노동자의 수가 증가하고 노동자의 집중이 현저히 진전되는 객관적 상황속에서 전국적인 쌀소동이 일어났기 때문에 노동운동도 본격적으로 발전되기 시작하였다. 파업건수와 참가인원이 1916년의 108건, 8,413명에서 1917년에는 398건, 57,309명으로 격증하는데, 이러한 증가는 1920년 4월까지 계속되었다. 이것은 당시 치안경찰법에 의하여 사실상 파업이 금지되어 있었고 파업이 엄격하게 탄압되고 있었다는 점을 감안한다면 놀라운 증감세였다.

이러한 노동운동의 성장으로 1912년 노동자의 친목단체로서 결성되었던 우애회가 1919년 8월, 우애회 제7주년대회에서 회명을 '대일본노동총동맹

우애회'로 개칭하여 노동조합으로 전환하고 노동자의 권익을 위한 투쟁조직이 되었다. 우애회는 '생존의 권리, 단결의 권리, 동맹파업의 권리, 참정의 권리' 라는 노동자의 4대권리를 법제화시키려는 운동을 대대적으로 전개하였다. 각지의 우애회 지부에서 연설회를 통해 보통선거, 치안경찰법 철폐, 노동조합 공인을 관철시키려는 운동을 전개하였다.

쌀소동 이후 급격히 발전한 노동운동은 임금인상, 해고반대와 같은 경제적 요구뿐만 아니라 참정권, 노동3권 등을 획득하려 한 정치적 운동이었다. 이러한 노동운동은 사회주의운동과 급속히 결합되어 갔다. 정부의 탄압으로 즉시 금지되었지만 노동조합, 학생단체, 사회단체 등을 대동단결시킨 일본사회주의동맹이 1920년 12월 결성되었다. 일본사회주의동맹은 사회주의와 노동운동이 공공연히 결합하여 사회주의자가 사상운동에서 정치운동으로 진출하려는 최초의 움직임이 표출된 것이다. 이어 1922년 7월에는 마르크스 레닌주의를 지도원리로 하는 국제 공산당 일본지부인 일본공산당이 성립되었다.

다이쇼 시대는 1차대전이 끝나면서 공업국으로 급속히 발전하는 가운데 민본주의, 쌀소동, 노동운동이 폭발적으로 일어난 시기였다. 이러한 다이쇼 시대에 일어난 다양한 사회운동은 당시 사회의 전제성을 비판하고 더욱 민중의 권리가 보장된 사회를 지향했다. 민중적 움직임은 다이쇼 데모크라시, 보통선거의 채택을 가능하게 한 배후가 되었다.

DIGEST 76

정당정치의 전개
—보통선거법의 채택(1920~1925년)

> **그때 세계는 -**
> 1925년 | 로카르노 조약 성립
> 1926년 | 중국, 국민혁명군의 북벌 개시(~1928년)

　전국적인 쌀소동이 전국적으로 발생하면서 민중들의 대규모 저항 움직임은 정치적으로 큰 충격을 주었고, 이로 인해 데라우치 마사타케가 이끄는 번벌 내각이 총사퇴했다. 이후 사태 수습을 위한 대안으로 하라 다카시가 이끄는 정우회 내각에 의해 정당내각이 수립되었다. 하라는 육·해군대신과 외무대신을 제외한 전 각료를 정당원으로 임명한 내각을 조직하였고, 이로써 본격적인 정당내각이 성립하였다. 하라 내각은 본격적인 정당정치의 효시라는 점에서 중요한 의의를 지녔지만, 많은 한계를 지녔다.

　하라 내각은 당시의 국민적 요구였던 보통선거와 사회정책의 실시에는 냉담하였고, 선거법을 개정하여 직접국세 3억 엔 이상의 납세자에게 선거권을 확대하는 선에서 그쳤다. 보통선거를 요구하는 운동은 점차 높아지고 1920년에는 수만 명의 대시위행진이 벌어졌다. 정부는 보통선거는 시기상조라 하여 중의원을 해산하였다.

　보통선거에 반대하는 정우회는 철도의 확충과 고등교육기관의 증설 등 적극정책을 공약으로 내건 총선거에서 압승하였다. 그러나 이 재원을 충당하기 위해 과중한 증세와 거액의 공채를 발행하여 비난의 소리가 커지면서 하라 수상은 정당정치의 부패에 분노한 한 청년에 의해 1921년에 암살당하였다.

이후 다카하시高橋 내각이 들어섰으나 단명으로 끝나고 2년간에 걸쳐 다시 비정당내각이 계속되었다. 1924년 귀족원의 세력을 배경으로 하는 기요우라 케이고清浦奎吾가 귀족원 의원과 관료 중에서만 대신을 임명하는 비정당내각을 조

가토 타카아키.

직하였다. 이에 반발하여 정우회 · 헌정회 · 혁신구락부 등 3당은 연합하여 정당내각 수립을 목표로 하는 2차 호헌운동을 전개했고, 5월 중의원선거에서 압승하였다. 그 결과 헌정당 총재 가토 타카아키加藤高明를 수반으로 하는 호헌3파 내각이 수립되면서 정당내각이 관행화되었다.

정당내각은 선거에서 다수의 지지를 받은 다수당이 내각을 구성하는 것으로, 이제까지 번벌에 의해 좌우된 정치에서 한층 민주주의의 발전을 이룩했다. 또 1924년 호헌3파는 민중의 지지를 얻기 위해 보통선거의 실시를 약속하면서, 결국 1925년 25세 이상 남성에게 재산에 상관없이 선거권을 부여하는 보통선거법이 제정되었다. 보통선거법의 제정은 민중의 정치적 요구를 수용함으로써 민주주의 확대를 가져왔다.

그러나 호헌3파 내각은 보통선거법과 동시에 치안유지법을 제정함으로써 사회운동을 제한했다. 전국적인 범위로 2개월에 걸쳐 일어난 쌀소동은 경찰과 군대가 동원될 정도로 치열하게 전개되었으며, 노동운동은 비약적으로 발전하여 혁명세력과 결합하여 급진화되고 있었다. 지배세력은 이러

1928년 최초로 행해진 보통선거 포스터.

한 인민의 폭발적인 사회운동에 무력함을 나타내었고, 사회운동이 공산주의와 같은 혁명사상 및 사회문제와 결합하여 정당의 지도를 벗어나 철저한 민주주의를 요구하는 방향으로 발전하는 것을 두려워하고 있었다. 지배층 내부에는 위험사상 및 계급투쟁사상의 발전을 저지하기 위해서 보통선거를 시행하여 전제기구의 부분적 개량을 행해야 한다는 논리가 점점 일반화되고 있었다. 그것은 바로 보통선거를 채택하여 중산층 등 개량세력을 지배체제 안으로 끌어들이려 했다. 그러나 호헌3파 내각은 반체제운동을 보다 효과적이고 적절하게 규제할 법적 조치로서 치안유지법을 통과시켰던 것이다. 치안유지법은 기존의 집회결사의 자유를 막는 입법이 더욱 강화된 형태였다.

다이쇼 데모크라시 운동이 지향했던 언론, 집회, 결사(노동3권)의 자유는 거의 실현되지 못한 채 미완의 형태로 남았다. 집회, 결사의 자유를 막는 기존의 치안경찰법이 전면적으로 개정되지 않고 치안유지법으로 더욱 강화되었다. 보통선거법은 기본적으로 민중의 폭발적인 사회운동이 이루어 낸 성과였다. 보통선거법은 국민에게 정치적 자유를 주었으며 그동안 뿌리 깊던 번벌정치를 극복하고 정당정치를 실현시키는 획기적인 계기가 되었다.

일본의 사회주의자들
―생디칼리즘과 볼셰비즘(1910~1922년)

그때 세계는 -
1927년 | 중국, 난징에 국민정부 수립
1928년 | 부전조약 체결

사회주의운동은 물론 사회주의에 대한 순수한 연구발표도 금지되었고 노동조합운동도 거의 자취를 감추게 되었다. 그 결과 '겨울의 시대冬の時代'가 계속되었고, 1917년을 경계로 새로운 국내외적 상황을 맞이하였다.

1차 대전 이후 일어난 사회의 변화는 정지되었던 사회주의운동을 재개시킬 수 있는 객관적 조건을 마련해 주었다.

그러나 사회주의자의 활동을 활성화시킨 직접적 계기는 러시아 혁명이었다. 러시아 혁명의 보도를 접한 도쿄의 사회주의자 약 30명은 '러시아 혁명의 성공을 축복하고 제국주의 전쟁을 중지하라'는 결의문을 대표자 사카이 토시히코堺利彦의 이름으로 러시아를 비롯한 외국의 사회당 기관지에 보냈다. 러시아 혁명의 내용을 구체적으로 알지 못하였으나, 혁명이란 사실 그 자체만으로 일본사회주의자들은 충격을 받았다. 와세다 대학의 사회주의단체 민인동맹회 회원이었던 다카츠 세이도의 회고에 의하면 "……아마 러시아 혁명이 일어난 2년 뒤이겠지요. 노농勞農 러시아의 탄생과 존속이라는 사실이 대부분의 학생의 머리에서 떠나지 않고 대단한 화제가 되었다"라고 말하고 있다.

센다이仙台의 한 노동자는 이렇게 말하기도 했다. "청천벽력과 같이 러시아에 대혁명이 일어나서 순식간에 천하는 노동자의 손으로 돌아가고 말았다. 나는 상상할 수도 없었던 일이었기에 일시적으로 정신을 잃었다. 그러나 이미 러시아에서는 참으로 그러한 천하가 나타났던 것이다. 나는 벌떡 일어났다. 그리고 집으로 달려가서 어린 자식들을 껴안고 이렇게 외쳤다.

러시아 혁명.

내 아들아 걱정마라. 너희들도 천하를 손에 넣을 수 있다. 총리대신도 될 수 있다. 말하자면 러시아 혁명은 우리들에게 살아있는 희망을 주었다."

러시아 혁명은 지식인, 급진적 노동자에게 사회주의를 새로운 학문으로 받아들이는 촉매제 역할을 하였다. 국내외적 상황의 변화에 따라 사회주의자들은 노동운동에 직접 투신하여 노동운동을 사회주의와 결합시키려 하였다. 그와 함께 마르크스주의에서 아나코 생디칼리즘(이하 생디칼리즘으로 칭함), 아나키즘, 길드 사회주의에 이르기까지 해외의 다양한 사회주의 이론이 연구·소개되었다. 이러한 사상 가운데 아나코 생디칼리즘과 볼셰비즘이 큰 조류로서 형성되었으며, 당시 노동운동을 주도한 것은 생디칼리즘이었다.

생디칼리즘은 고토쿠 슈이이가 도입한 이후 사회주의 조류 가운데 일본에서 가장 오래된 전통과 운동 경험을 가진 이론이었다. 명치시대 이래 계속된 생디칼리즘의 경험이 당시 노동운동가나 사회주의자들에게 익숙하게 받아들여질 수 있었다. 더구나 생디칼리스트의 대표적인 지도자인 오오스기 사카에大杉榮는 대역사건大逆事件 이후에도 원로사회주의자 중에서 일찌감

일본공산당원 산실인 도쿄 대학교. 당시 일본공산당은 비합법 지하조직이었는데, 당원 대부분이 도쿄대, 게이오 대 등 엘리트 집단 출신이었다.

치 불굴의 활동을 함에 따라 그 주변에 당시 가장 혁명적인 노동자와 지식인이 모이게 되었고 이것은 생디칼리즘이 노동운동의 지배적 이론으로 되는 하나의 결정적인 계기가 되었다.

또한 1920년 3월 전후공황이 일어난 후, 노동자의 상태가 악화되고 대쟁의조차 탄압에 의해 실패로 끝나자 노동자들은 심각한 불안에 빠졌다. 노동자들은 각지에서 자연발생적으로 기계를 파괴하고 공장건물을 부수는 등 절망적인 행동을 하였다. 기계파괴 등의 직접행동론을 주장하는 생디칼리즘은 이러한 노동자의 절망적인 상황과 부합되었다. 또한 사회주의단체와 노동단체 등이 결성한 사회주의동맹이 정부의 탄압으로 금지되고 보통선거법 채택을 위하여 노동자들이 적극적으로 참여하였으나 결국 성공하지 못하였다. 이후 정치운동, 합법적인 운동은 필요없다는 인식이 노동자들 사이에서 퍼지게 되었다. 이러한 분위기는 모든 정치운동을 부정하는 생디칼리즘이 발전하는 토양이 되었다.

따라서 생디칼리즘은 인쇄공 조합인 신우회信友會, 정진회正進會의 지도이론이 되었을 뿐만 아니라 총동맹 우애회에도 침투하여 아소 히사시麻生久, 다나하시 코토라棚橋小虎 등 관동의 지도적인 노동운동가도 생디칼리즘에 심취하였다. 1920~22년경에 걸쳐 생디칼리즘은 노동조합운동에 있어서 지배적 경향이 되었다.

이러한 생디칼리즘적인 노동운동은 노동운동을 격화시킨 측면이 있으나 노동조합을 효과적으로 유지시키지는 못했다. 예를 들면 21년 1월 족립足立 철공소 쟁의에서는 공장 안의 기계를 모두 파괴하고, 심지어 공장주에게 몰매를 가하기도 했다. 또 4월의 원지園池 제작소 쟁의에서는 노동자의 공장관리를 선언하였지만 실질적으로는 공장의 문에 적기를 세워 일순간 공장을 점거하는 데 불과하였다. 그 결과 도쿄 철공조합은 정부의 탄압으로 와해되었다. 이처럼 직접행동에 의한 노동운동은 투쟁에 있어서 규모나 기간, 그리고 격렬함은 한층 전진되었으나, 자본가 측과 경찰의 공격에 쉽게 노출되어 조직이 비효율적으로 파괴됨에 따라 강력한 노동조직을 만들기가 어려웠다.

노동운동이 생디칼리즘적인 경향을 띠면서 노동조합이 파괴되는 등 결함이 노출되자 당시 논단의 또 하나의 큰 주류였던 볼셰비즘에 대한 관심이 증폭되었다. 그에 따라 사카이 토시히코, 야마카와 히토시山川均 등은 《사회주의연구》, 《신사회》 등의 잡지를 통해 마르크스주의 이론을 소개하고 러시아 혁명에 대한 연구를 진행하였다. 특히 《사회주의연구》에서는 1920년 프롤레타리아 독재, 러시아 공산당의 형성과정, 볼셰비키의 발생 등 소비에트 러시아가 본격적으로 소개되는 등 볼셰비즘에 대한 이해가 크게 진전되었다. 일본의 거의 모든 사회주의자들은 러시아 혁명과 그것을 성공으로 이끈 레닌주의에 큰 관심을 보냈다. 그러나 아직 러시아 혁명, 볼셰비키를 초보적으로 이해하는 단계였다. 러시아 혁명의 성공을 이룩한 볼셰비키가 완전무결한 지도자의 이미지로서 받아들여지고 있으며 그 이론도 막연하게 완전한 이론으로 여겼다.

아소 히사시의 경우 레닌과 자신을 동일시하며 볼셰비즘으로 경도되고 있었고 앞에서 언급한 러시아 혁명에 대한 일본사회주의자들의 충격에서도 알 수 있는 것처럼, '러시아 혁명의 성공'은 실제의 내용과 무관하게 이념에 대해 무비판적으로 확신을 심어 주는 계기가 되었다. 따라서 이것은 당시 생디칼리즘과 겨루어 비판하는 유력한 도구였으며 새로운 노동운동의 지도원리로서 많은 노동자, 지식인의 관심을 끌었고 실제로 그들에게 수용되었다. 그 결과 ML회(사카이 토시히코 중심), 수요회(야마카와 히토시 중심), 효민회(高津正道, 다카츠 세도 등), 무산계급사(市川正一, 이치카와 쇼이치 등), 오사카 大阪 LL회(鍋山貞親, 나베야마 사다치카 등) 등 공산주의 그룹이 형성되었으며 총동맹내에도 노사카 산조野坂參三 야마모토 겐조 등이 공산주의 그룹을 형성하고, 신인회 건설자동맹에도 공산주의 그룹이 존재하게 되었다.

그러나 1차대전 이후 사회주의자들은 초기 사회주의에 비해 노동운동 속에 혁명사상을 실천하려 했지만 이러한 일본적인 특수성에 어떻게 대응할 것인지까지 진전되기에는 많은 시간이 필요했다. 단지 당시 일본 현실에 생디칼리즘과 볼셰비즘 중 어느 것이 유효한가라는 논의가 진행되면서 이러한 이론이 그대로 노동현장에 도입되고 있을 뿐이다. 따라서 일본의 혁명운동은 해결해야 할 많은 문제점을 남긴 채 막 태동하기 시작한 단계였다.

DIGEST 78

대중문화의 탄생
—중간계층의 성장과 소비문화(1912~1931년)

그때 세계는 -
1929년 | 한국, 광주학생운동·원산총파업 일어남
1932년 | 윤봉길, 훙구공원 폭탄 투척

    1920년대 일본은 산업화가 진전되고 자본주의가 발전함에 따라 도시화가 급진전되었다. 1920년에 도시에 사는 인구가 1,000만 명에 달하였고 1932년 도쿄는 근교지역을 합병하여 인구 500만 명이 넘는 대도시가 되었다. 오사카는 1903년 인구가 100만 명을 밑돌았으나 1925년에는 210만 명을 넘어섰다. 이 시기는 대기업이 다수 증가하여 대기업에 종사하는 중간계층(화이트칼라, 샐러리맨)이 꾸준히 증가하여 하나의 사회계층이 되었다. 이들 중간계층은 소비문화를 주도하면서, 일본은 본격적인 대중사회로 진입했다. 이들은 교육수준이 높은 만큼 교양에 대한 욕구가 강해 당시 신문이나 잡지, 서적의 대량소비를 뒷받침하였다. 중간계층이 증가하면서 전업주부도 탄생하였다. 도쿄나 오사카 같은 대도시에서는 취업하지 않고 가사에만 전념하는 전업주부가 증가하였다. 전업주부는 공무원이나 교원, 은행원 같은 중간계층에서 많았으며, 노동자계급 중에서도 일부 여유 있는 층에서 증가하였다.

IV 근대사회의 성립

1920년대 신식 여성들. 1920년대는 양장을 하고 거리를 활보하는 젊은이를 가리키는 모던 보이, 모던 걸의 약칭으로 모보, 모가라는 유행어도 등장하였다.

신문의 발행부수가 급증하고 잡지의 경우 지식인, 부인 등 각각 넓은 독자층을 확보했다. 1920년대 중반에 1일 발행부수가 100만 부 달하는 신문도 등장했다. 도시 중간계층은 신문의 열렬한 구독자로서 여론을 형성했다. 다이쇼기에 들어서는 다이쇼 천황의 즉위 소식, 쇼와 천황의 결혼식 같은 황실을 둘러싼 사건도 대중들의 관심을 끌게 되어 신문의 발행부수를 늘릴 수 있었다.

출판활동이 보다 본격화되어 출판물의 대량생산과 대량소비가 이루어졌다. 각 출판사에서는 독자들을 늘리기 위해 다양한 기획활동과 적극적인 마케팅활동을 전개하였다. 주간지와 《중앙공론中央公論》, 《개조改造》를 비롯한 종합잡지가 급속하게 발전하였다. 1926년 문학전집 등을 한 권에 1엔으로 파는 엔폰円本을 판매하기 시작했고, 이와나미 문고岩波文庫가 등장하여 저가·대량출판의 선구가 되었다. 강담사講談社는 1920년대 출판활동을 주도하여 오락잡지를 비롯 부인잡지, 소년소녀잡지 등의 잡지를 발간하여 잡지왕국으로서의 지위를 확고히 하였다. 특히 강담사는 잡지 《킹》을 창간하고 백만잡지를 목표로 대대적인 캠페인을 전개하였다. 창간호에는 74만 부, 2년째는 150만 부를 판매하여 대량의 발행부수를 기록했고, 이 시기를 대표하는 국민잡지가 되었다.

1925년에는 라디오 방송이 시작되어 청취자가 26년에는 20만 명이나 되었다. 라디오는 전파를 통해 산간벽지에도 동시간대에 도달할 수 있다는 점에서 도시와 농촌의 문화적 격차를 축소시키는 데 중요한 역할을 하였다.

당시 라디오 방송도 시작됐다.

사람의 음성을 통해 청취자의 감성에 직접 호소할 수 있다는 점에서 미디어로서 이용자의 범위가 크게 확장되었다. 1928년부터 일본씨름인 스모가 실황으로 방송되는 등 라디오방송을 청취하는 인구가 급증하자, 정부는 라디오방송을 통제하였다. 방송의 내용을 사전에 검열하였고, 허가하지 않은 방송은 할 수 없도록 하였다. 영화도 관객수가 비약적으로 증가하여 외국을 인식하는 데에 커다란 영향을 주었다. 레코드가 대량으로 팔리기 시작했으며, 이와 동시에 가요곡이 전국으로 유행되어 갔다. 1927년에 제작된 레코드 '하부노미나토波浮の港'는 10만 장을 돌파했고 1931년에 팔린 레코드는 1,600만 장이 넘었다.

 도시화가 급진전되면 주택지역은 도시 근교까지 확대되어 새로운 교통수단으로서 통근용 전차와 노선버스가 발달하였다. 서구화된 주택, 소위 문화주택이 보급되어 중간계층의 인기를 얻었다. 예를 들면 1925년 오사카시에서 분양한 문화주택은 15년 동안의 분할상환조건이었는데, 32:1의 경쟁률을 기록할 정도 인기였고 신청자 70% 이상이 중간계층(샐러리맨)이었다고 한다.

　새로운 소비의 중심으로서 백화점이 미스코시 백화점을 필두로 설립되어 도시민의 생활 속에 자리잡게 되었다. 근대적인 소비공간인 백화점은 소비욕망을 일깨우고 유행을 창조하는 역할을 담당하였다. 백화점은 염가판매, 상품권 발행, 셔틀버스 운영, 무료배달 등 다양한 영업전략을 구사하여 중간계층을 필두로 폭넓은 계층을 포섭할 수 있었다. 백화점을 중심으로 도심의 번화가가 형성되면서 이곳을 산책하는 사람들이 출현하였다. 양장을 하고 거리를 활보하는 젊은이를 가리키는 모던 보이, 모던 걸의 약칭으로 '모보', '모가라'는 유행어도 등장하였다. 남성은 양복에 모자와 지팡이, 여성은 짧은 커트의 파마머리에 화려한 양장을 한 경우가 많았다. 이들은 쇼윈도에 진열된 상품을 몸에 걸치고 서양음식과 서양음악, 영화를 즐겼다.

위기와 일본국가주의의 대두
― 경제대공황시기(1929~1930년)

그때 세계는 -
1933년 | 미국, 뉴딜정책 / 독일, 나치스 정권 수립
1934년 | 중국공산당 대장정(~ 1936년)

전쟁의 역사로 치닫는 암울한 시기는, 1929년 미국의 월 스트리트에서 불어온 대공황에 의해 본격적으로 시작되었다. 대공황은 전 세계를 궁지에 몰아넣었다. 일본의 피해는 그 어떤 나라보다도 컸다.

일본은 제1차 세계대전이 끝난 후 10여 년간 한 번도 호황이 없었다. 게다가 대공황이 일어나기 2년 전에는 금융 공황까지 일어났다. 이에 정부는 경제 재건을 위해 철저한 긴축 정책을 추진하였으나, 그 여파로 일본의 거의 모든 산업계가 몸살을 앓고 있었다. 바로 그 순간에 세계 대공황의 쓰나미津波가 일본에 몰아닥친 것이다.

대공황이 일어나기 직전, 1920년대는 일본 역사상 가장 민주적인 시기였다. 1928년 처음으로 25세 이상 남자라면 누구나 참여하는 보통선거가 실시되었다. 대공황 당시 일본 정부는 보통선거로 선출된 다수당에 의해 내각을 결정했다. 이제 일본도 본격적인 정당 정부의 시대로 들어서게 된 것이다. 일본의 민주화는 막 첫발을 뗀 상태였다. 그래서 대공황의 거대한 위기

경제대공항 직전에 일어난 일본의 금융공황.

앞에서 정당 정부는 효율적이지 못했다. 정부는 대기업에 대한 금융 지원만으로 급한 불을 끄려는 식의 미봉책을 취했다. 게다가 여전히 자본가와 대기업에 특혜를 주고 정치 자금을 얻기 위해 혈안이 되어 있었다. 미숙한 정당 정부는 대공황의 파산위기에 근본적인 해결책을 제시하지 못했다.

인간은 악취를 풍기는 시궁창 같은 현실에서 그대로는 살 수 없다. 어떤 희망, 거짓일지라도 희망을 만들어내지 않으면 살 수가 없다. 이때 일본의 국가주의가 가공 희망을 앞세워 위기의 토양에 급속히 세력을 떨치기 시작했다. 그 희망이란 건 바로 전쟁이었다. 국가주의는 현실의 모순을 증폭하고 진실을 호도하여 전쟁을 옹호했다. 그들의 시도는 엄청난 반향을 불러일으켰다. 대공황의 위기에서 본격화된 국가주의는 태평양전쟁까지 하나의 연결체로서 결합되었다.

이미 고인이 되었지만, 일본에서 '학계의 천황'이라 불릴 정도로 독보적인 권위를 얻은 학자, 마루야마 마사오丸山眞男(1914~1996)는 패전 직후 다음과 같이 한탄했다.

"과거 서양의 생활양식을 재빨리 흡수하고 서구의 전통에 밝았던 지식인들조차도 그토록 파멸적인 전쟁 속으로 왜 그렇게 무기력하게 질질 끌려갔을까? 아니 기꺼이 받아들이게 되었는가?"

일본 국가주의가 가장 전면에 내세우는 상징과 명분은 천황이었다. 그들은 이를 '국체'라 표현했다. 즉 '신성불가침한 천황이 다스리는 일본국'이었다. 국체, 즉 천황이 다스리는 일본 국가는 15년

우익청년에 의해 저격당한 하마구치 수상.

전쟁이 끝날 때까지 절대적인 권위 그 자체였다. 일본에서는 국체를 넘어서는 다른 어떤 종교적·도덕적 가치도 없었다. 국체는 위기에 선 일본이 붙잡을 수 있는 유일한 것이었을지도 모른다.

일본의 국가주의자들은 "정치가, 자본가, 대지주 등 지배 계급이 자기 이익에만 혈안이 되어 국가적 위기가 왔다"고 비난했다. 대표적인 국가주의 사상가 기타 이키北一輝는 고도로 집권화된 국가사회주의를 주장하며, 전체가 하나로 되는 사회, 즉 계급 갈등이 없고 천황의 직접 지배 아래 아시아의 7억 형제들을 서양 열강의 식민지 굴레로부터 해방할 수 있는 통일된 사회를 이룩해야 한다고 주장했다.

일본의 국가주의는 국민들에게 천황에 대한 감수성을 불러일으키며 정부에 실망한 국민들로부터 열렬한 동조자를 찾아 모았다. 특히 국가주의 사상은 총력전을 위해 새로운 국가 건설의 필요성을 믿고 있던 장교들 속으로 강력하게 파고들었다.

국가주의자들은 폭력 행동도 서슴지 않았다. 1930년 11월 광신적인 우익

청년은 런던 해군군축조약에 항의하여 하마구치 오사치濱口雄幸 총리를 저격했다. 1931년 3월과 10월에는 쿠데타 계획이 발각되었다. 즉 일부 장교들이 정당 정부를 몰아내고 군부 정권을 수립하려는 쿠데타였다. 경제대공황의 여파가 닥치면서 일본사회는 합법적인 틀 안에서 위기를 해결하지 못한 채, 폭력행동이 끊임없이 이어지고 있었다. 한 외국 기자는 당시의 일본 정치를 '암살에 의한 정치' 라고 표현할 정도였다.

DIGEST 80

천황의 이름으로 열어젖힌 전쟁
― 전쟁의 서막, 만주사변(1931년)

그때 세계는 –
1935년 | 이탈리아, 에티오피아 침입
1935년 | 독일, 반유태인법 공포

 일본 열도에 대공황의 위기 속에서 국체를 앞세운 국가주의가 횡행한 가운데, 1931년 9월 18일 만주사변이 일어나게 된다. 만주에 파견된 관동군의 일부 장교들이 봉천 교외의 유조구에서 만철 노선을 폭파하고, 이것을 중국군의 공격이라 주장하며 개전의 명분으로 삼은 것이다. 그들은 상부의 어떠한 지시도 없이 만주사변을 일으켰는데, 이후 도쿄의 육군 참모총장과 내각에 사후 인정을 요청했다.
 일개 장교가 상부의 명령 없이 전쟁을 일으킨다는 것은 상상할 수도 없는 하극상이다. 물을 것도 없이 군법에 따라 총살감이다. 그런데 일본 관동군은 본국의 육군 참모총장은 물론 현지 파견군 사령관 및 참모장군 등 상부의 어떤 지시도 없이 전쟁을 일으킨 것이다. 관동군의 이 무모함은 어디에서 나온 것일까?
 당시 봉천奉天 영사관의 외교관 모리시마 모리도森島守人는 만주사변을 일으킨 관동군의 태도를 다음과 같이 회고한다.

일본군의 자작극, 유조구 사건.

　모리시마는 당시 본국 일본 정부의 방침에 따라, 만주사변을 평화적으로 해결하고자 했다. 그래서 관동군 참모장교였던 이타가키 세이시로板垣征四郞 대좌를 영사관으로 불러서 설득했다. 그러자 이타가키 대위는 "벌써 통수권자가 이 문제에 관한 결정을 내리고 있는데, 총영사관이 통수권을 무시할 생각인가?"라고 반론을 제시했다는 것이다. 그곳에 동석한 더 젊은 장교 하야 다타시花谷正 소위는 칼을 빼들고, "통수권에 간섭하는 자는 누구든지 용서할 수 없다"고 위협했다고 한다.
　하급 장교들이 상관의 명령 없이 독자적으로 전쟁을 일으키고, 이를 설득하는 중앙 정부 관료를 위협하는 상황이 벌어진 것이다. 쿠데타로 정부를 장악한 것이 아닌데도 말이다. 상상할 수도 없는 거침없는 행동의 배후에는 그들이 말한 '통수권'이 있었다. 통수권은 무엇인가? 제국 헌법은 육해군의 통수, 선전 강화, 조약 체결 등 주요 사항을 천황의 대권으로 규정했다. 천황의 통수권을 앞세우면 의회나 행정부의 간섭 없이 무엇이든 할 수 있었다. 관동군 장교는 이러한 천황의 통수권을 말한다. '통수권자, 즉 천황이 결정했는데, 너희 외교관 따위가 무슨 상관이냐? 우리는 법적으로도 보호를 받고 있다. 까불지 마라'는 식의 논리였다. 물론 만주사변은 통수권자 천황이 관동군에게 직접 지시한 것이 아니었다. 그러나 관동군 장교들은 그렇게 믿었던 것이다.

일본의 국가주의자는 자신들을, 메이지 유신을 이룩해낸 과격파 지사들을 계승한 최후의 사무라이로 자처했다. 국가주의자들은 일본이 다시 내우외환內憂外患에 위협받고 있으니, 나라를 위기에서 구출하기 위해 쇼와 유신昭和維新을 해야 한다고 외쳤다. 일찍이 막부의 전제로부터 메이지 천황을 구했던 것처럼 무능한 민간 지배자들로부터 쇼와 천황을 구해내야 한다고 부르짖었다. 그리고 그 방법은 전쟁이라 생각했다. 천황의 직접 지배 아래 아시아의 7억 형제들이 서양 식민지의 굴레로부터 해방된 통일 사회를 꿈꾸었다. 국가주의자들이 그랬던 것처럼 관동군 장교들 또한 같은 사명감에 불타고 있었다.

만주사변이 일어나자 각 신문은 열렬히 환영했다. 관동군의 행동에 대해 '신속한 조치를 취해 주어 마음속 가득 찬 사의를 표명한다'라고 대서특필했으며, '긴급조치'의 필요성을 역설했다. 또한 '봉천성을 점령하고 우리 군이 당당하게 입성', '찬연하게 빛나는 우리 군의 위용'이라고 일본군의 용맹에 찬사를 보내고, 반면 '포악한 악귀인 중국 패주병' 등으로 중국에 대해서는 극악한 기사를 실었다. 만주사변에 대한 해결책으로는 '정부가 강경조치를 취하길' 간절히 바라고 있었다. 이러한 일방적 보도로 인해 만주사변은 '만주와 몽고라는 생명선이 중국에 의해 공격당함으로써 일어난 정당방위'라는 그릇된 인식을 국민에게 심어 주었다.

국민은 관동군의 거사에 깊은 감사를 표하고, 특히 만주로 파견되는 부대를 열광적으로 환송했다. 예를 들어 홍전弘前 제8사단 혼성여단이 출정하는 1931년 11월 15일 아침, 부대가 통과하는 사나가와品川 역에는 2만 명을 훨씬 넘는 인파가 모여들어 정작 가족은 면회도 할 수 없을 정도였다. 11월 26일에는 한 역에 수만의 전송 인파가 쇄도하여 부상한 자가 십여 명에 달한다고 신문은 보도하고 있다. 1932년 1월 28일, 상해사변 이후 국민의 열기는 더 뜨거워져 출정할 수 없음을 비관하여 자살하는 사람까지 생길 정도였다.

만주사변 이후 국민의 주요 관심사가 악화된 생활 문제에서 만주의 전황으로 단번에 전환되었다. 국민은 천황을 앞세운 국가주의에 급속도로 빨려 들었다. 애국 단체, 국가사회주의 정당, 국수주의 집단 등이 떼 지어 나타나기 시작했다. 파산된 경제 속에서 생기와 희망을 잃어버린 일본 국민은 침략 전쟁을 통해 실의를 해소하며 전쟁에 열광했다. 전쟁의 광기는 대대적인 천황 숭배라는 국민적 일체감 속에서 이루어졌다.

정당 정부는 이 사건을 저지할 아무런 조치도 취하지 못했다. 국민들의 열광 앞에서 군인들을 누를 만한 기백도 자신도 없었다. 두려움 속에서 정당 정부는 만주 파견군이 벌여 놓은 사태 속으로 끌려 들어갔다.

이러한 분위기 속에 더 강력한 움직임이 일어났다. 민간 우익과 청년 장교들이 손을 잡고 국가를 개조하려는 시도를 한 것이다. 1932년에 혈맹단이라는 엄청난 존재가 드러났다. 이들은 민간 정부를 종식시키고 새로운 정부를 내세우기 위해 정·재계의 고위층을 차례로 제거할 목표를 정했다.

그들은 이노우에 준노스케井上準之助 전 대장대신을 권총으로 사살하고 이어 미쓰이 합병회사 단 다쿠마團琢磨 이사장을 사살했다. 또한 5월 15일에는 청년 해군 장교들이 수상 관저를 습격해 이누카이 쓰요시犬養毅 수상을 암살했다. 이것을 5·15 사건이라 한다. 해군 장교들은 시국을 혼란에 빠뜨려 계엄령을 선포하고, 군부 내각을 만들어 군국주의 체제를 수립하고자 한 것이다.

5·15 사건을 겪으면서 원로, 중신, 정당 지도자, 재벌 등 이른바 일본의 지배층은 자신이 암살당할 수 있다는 절박한 두려움에 떨었다. 비록 5·15 사건의 주도자들은 체포되었지만, 이 사건은 정당 정부 지도자들의 권위에 막대한 타격을 입혔다. 5·15 사건 이후 전전긍긍하던 정당 정부는 마침내 막을 내리고, 군부가 정치 전면에 대두하게 된다.

국민의 정당 정부에 대한 불만, 전쟁에 대한 지지 열기 속에서 민간 우익과 청년 장교가 앞장서 전쟁을 기정사실화하고 있었다. 정당 정치는 막을 내리고, 일본은 경제·사회 등 모든 부문에서 전쟁 체제로 돌입하여 만주

국가개조의 쿠데타 사건(1932. 5. 15 사건).

점령은 부동의 국책이 되었다. 많은 민간 지도자들도 범람하는 전쟁의 열기 속으로 슬쩍 한몫 끼면서 자신을 시대의 흐름에 적응시켜 나갔다.

DIGEST 81

경제위기와 군부의 대두
—2·26 사건(1935~1936년)

> **그때 세계는 -**
> 1936년 | 손기정, 베를린 올림픽에서 마라톤 우승
> 1936년 | 영국·이집트 동맹조약

일본은 만주사변으로 중국 대륙의 항일 운동이 거세지자 상해사변을 일으키고, 이어 만주에 일본의 괴뢰 정권인 만주국을 수립했다. 또 산해관을 점령하고, 이어 열하성도 만주국의 영토라고 선언하는 등 중국에 대한 침략 의도를 노골적으로 드러냈다.

중국은 만주사변이 일본의 계획적 행동이라고 국제연맹에 제소했고, 열강도 일본의 거침없는 행보를 우려했다. 국제연맹이 만주에서 철군할 것을 요구하는 대일 권고안을 채택하자, 일본은 자리를 박차고 회의석상을 퇴장하여 곧 국제연맹에서 탈퇴했다.

만주사변으로 인한 국민적 앙분 속에서, 일본은 국제적 고립을 향한 결정적인 걸음을 내딛은 것이다. 이는 단순히 국제 관계 악화의 차원이 아니었다. 일본은 현실을 고려하지 않은 무모한 행동을 취함으로써, 이제 자신의 힘을 능가하는 세력과 대치하게 된 것이다. 그래도 아직 결정적이지는 않았다.

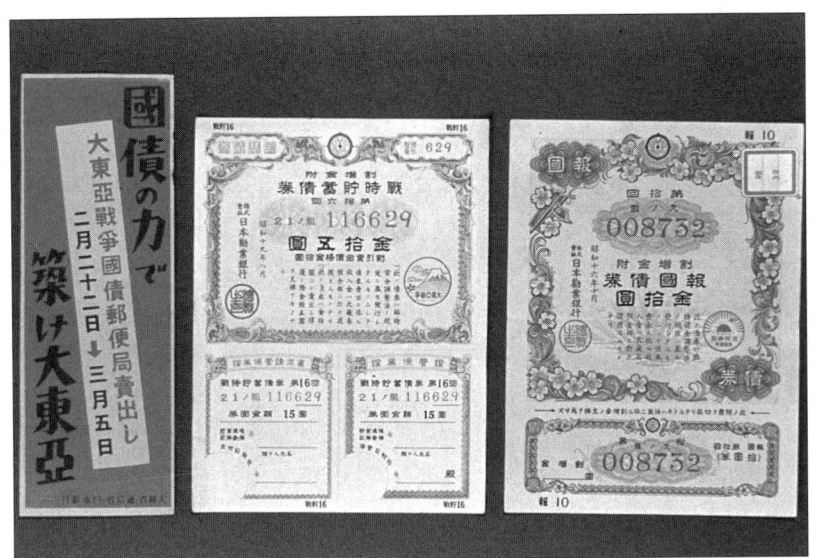
전쟁비용을 마련하기 위해 발행한 채권.

국제연맹 탈퇴 이후 일본 사회는 전쟁을 향한 체제로 굳어지고 있었다. 만주사변 이후 일본 경제는 전쟁 체제로 재편되었다. 1931년 다카하시 고레키요高橋是淸 경제부 장관은 전쟁에 필요한 군사비를 국가 재정에서 충당하고자 했다. 일본은 팽창 재정으로 급전환했다. 군사비는 급속히 증가하여 1935년에서 1937년까지 재정 가운데 군사비 비중이 45~50%에 이를 정도였다.

이처럼 급증하는 군사비를 충당할 재원이 없었던 일본국은 공채 발행이라는 임시적 방법을 사용했다. 공채는 원래 인플레이션을 억제하기 위해 발행하는 것인데, 다카하시의 방법은 공채 발행의 본래 취지와는 거리가 멀었다. 일단 공개 시장을 조작하여 공채 수요를 신용 창출하고, 그것으로 경기가 활성화되어 민간 자금이 늘어나면 공채를 시중에 파는 방법이었다. 그리고 신용 창출에 의한 은행권 증발이 악성 인플레가 되지 않도록 억제하는 정책이 뒤따랐다. 다시 말하면, 다카하시의 공채 발행은 애초부터 가공의 자금 수요를 창출해 놓고 그것을 수습하는 방법이었다. 그래서 조작이 제대

IV 근대사회의 성립 **353**

로 되지 않을 경우, 경제가 다시 파산할 수도 있는 위험한 방법이었다. 다행히 공채는 1935년까지 민간에서 대부분 소화할 수 있어 악성 인플레이션이 발생하지는 않았다.

군사비가 증가하자 군수 물자 생산을 중심으로 하는 중화학 공업이 발달했다. 무역에서도 비약적인 증진을 가져왔다. 1932년 가을부터 경제 상황이 호전되면서 일본은 영국, 미국, 독일보다도 먼저 경제 공황에서 벗어나기 시작했다. '만주 붐'이라 불릴 정도로 일시적이긴 하지만 재빠르게 생활의 안정감을 회복했다.

그러나 공채 발행은 미봉책이었다. 국가 권력이 경제의 전과정에 개입해 공채를 임의로 발행하여 얻은 안정은 '모래밭 위의 안정'에 불과했다. 1935년에 들어서며 시중에서 공채를 더 이상 소화할 수 없게 되자 악성 인플레이션의 경향이 뚜렷해지고 이는 물가 폭등으로 이어졌다. 1935년의 지표는 군사비를 줄이지 않으면 경제가 파산할 것이라는 위험 신호를 알려 주었다.

결국 다카하시는 비생산적인 군사비를 줄여 공채를 점차 감소해야 한다는 절박한 주장을 하게 된다. 군사비를 줄인다면 지금까지 만주와 중국으로 확산되던 전쟁이 축소되는 것을 의미했다. 현재처럼 군사비를 확대한다면 경제는 절단나는 것이다. 어떻게 할 것인가? 다시 한 번 일본은 기로에 서게 되었다. 다시 전쟁 정책을 재구성할 수 있는 기회를 맞은 것이다.

갈림길에서 전쟁으로 물줄기를 확실히 돌리게 한 것은 과격파 청년 장교들의 필사적인 마지막 시도였던 1936년 2월 26일의 군사 봉기였다. 이날 도쿄의 제1사단 병력 가운데 1,400여 명이 거병하여 정부의 핵심 지구를 장악했다. 미리 계획된 암살단은 군사비를 줄이고자 하던 다카하시 장관을 살해하고, 이어 총리를 비롯한 각료들의 살해를 계획했다. 반란군은 "천황을 둘러싸고 있는 간신들을 제거하여 국가 개혁의 길을 닦음으로써 나라를 구하겠다"고 선언했다.

그러나 천황은 측근 중신이 살해당하고 군기가 파탄에 이르자 놀라며 반란군의 진압을 강력히 명령했다. 게다가 정·재계도 쿠데타를 달가워하지 않았다. 이번에는 국민도 군대의 반란에 대해 공감하지 않았다. "천황이 반

군부쿠데타 2·26 사건.

대하고 있고 그대들의 부모형제가 국가의 적이 되었다고 모두 울고 있으니, 지금이라도 늦지 않았으니 원대로 복귀하라"는 전단이 살포되고 방송되었다. 장교들은 열광적인 천황주의자였기 때문에, 반란군으로 취급되자 전의를 잃고 자살 또는 투항했다. 2·26 사건은 1,400여 병력을 동원했는데 이렇게 싱겁게 끝났다.

과격파 청년 장교들의 시도는 실패로 끝났다. 그렇지만 이 사건을 계기로 기존의 민간 정치가의 권위는 땅에 떨어졌다. 총칼 없는 민간 지도자가 군부 쿠데타를 막을 수 없다는 것이 명확해졌다. 민간 지도자 스스로도 정국을 이끌어 갈 자신감을 상실했다. 2·26 사건으로 정당의 영향력은 급속히 줄어들었다.

반면 군부는 피비린내 나는 사건의 진압과 계엄령의 시행을 배경으로 정치에 대한 발언권을 공공연히 요구했다. 육해군 대신 현역제가 부활되있는데, 내각은 반드시 현역을 군부대신으로 삼아야 한다는 제도이다. 군부대신 현역제의 부활로 군부는 내각의 사활권을 쥐게 되었다. 군부는 법적 권한의

습격당한 다카하시 경제장관.

범위를 넘어 정치 담당자로 전면에 나서게 되었다.

1935, 1936년이라는 경제 위기를 맞이하여 일본은 전쟁 정책을 수정할 수 있는 갈림길에 서 있었다. 그렇지만 일본은 전쟁 상태를 종식시킬 수 없었다. 2·26 사건 이후 일본은 전면적인 군사 동원 경제로 가는 본격적인 걸음을 내딛게 되었다. "더 확장하면 파산한다"라는 다카하시 장관의 절박한 외침을 외면하고 군사비 확대를 결정한 일본에게, 미래를 푸는 열쇠는 전쟁뿐이었다. 적은 비용으로 재빨리 점령하여, 정복한 땅에서 최대로 많은 재원을 탈취하는 길이었다. 1936년 8월에는 다음과 같은 전쟁에 대한 구상이 국책으로 결정됐다.

> 동아시아 대륙에서 제국의 지위를 확보하고 동시에 남방 해양으로 발전을 계획한다. …… 북방 소련의 위협을 제거하고 미국과 영국에 대비한다.

이 국책대로 남쪽으로 진출하려면, 이미 남쪽에 식민지를 두고 있는 영국, 프랑스, 네덜란드, 미국과 대립하지 않을 수 없다. 자연히 미국과 영국과의 전쟁을 대비해야만 했다. 국제적 고립을 면하기 위해 대외적으로는 반공을 구실로 독일과 '일독방공협정'을 맺었다. 그리고 중국 북부를 식민지화하면서 대규모의 군비 확장 계획을 추진했다. 이런 계획은 일본의 힘으로서는 감당하기 버거운 계획이었다.

DIGEST 82

단기전으로 계획된 전쟁
─중일전쟁(1937년)

그때 세계는 -
1938년 | 독일, 오스트리아 합방 선언
1939년 | 독·소 불가침조약 체결

군부가 전면적으로 정치의 주도권을 쥐고, 전쟁을 위한 군비 확장 정책을 착착 진행하였다. 그리고 중국과의 전면전에 돌입하게 된다. 1937년 7월 7일 노구교蘆溝橋에서 중국군과 일본군 사이에 작은 충돌이 일어나자, 일본 본영은 이 기회에 중국 화북의 현안을 무력으로 단숨에 해결하자는 기운이 팽배했다.

화북의 현안이란 무엇인가? 일본은 만주사변으로 만주에 괴뢰 정권을 세우고 나서, 1935년 중국 북부에 친일 괴뢰들을 동원하여 분리 정권을 수립했다. 다음 해에는 화북 5개 성을 일본의 세력 하에 둔다는 방침을 결정했다. 만주와 화북 지방은 미래에 소련과의 전쟁에 대비한 전략적 요충지로서, 풍부한 자원 공급지로도 중요했다.

중국에서는 이러한 일본의 움직임에 대항하여 항일 구국 운동이 고조되었다. 중국의 장제스蔣介石 국민당 정부는 공산당 토벌에 주력하던 정책을 바꾸어, 공산당과 연합하여 일본에 대항하기로 했다. 중국의 항일민족통일전선이 제국주의 일본의 앞을 크게 가로막아 선 것이다. 이러한 정세로, 일본은 화북에서의 위치에 초조함을 감출 수 없었다. 일본 군부는 노구교에서 일어난 작은 충돌 사건을 계기로 이것을 단숨에 해결하고자 한 것이다.

라디오와 신문도 이 사건을 대대적으로 보도하며 국민의 전쟁으로 내모는 기사를 채웠다. 일본은 중대 결의로 단호하게 대군을 파견하면 중국이 쉽게 굴복할 것이라 생각했다. 이 예상은 처음에는 맞아떨어졌다. 중국군에 비해 잘

중일전쟁. 중경(重慶)을 폭격하는 일본 비행기.

훈련되고 잘 무장된 일본군이 남쪽으로 진격함에 따라 전쟁은 급속히 확대되었다. 노구교 사건 이후 반년 만에 별다른 저항 없이 중국의 수도 난징이 함락되었다.

승리에 의기양양해진 지휘관들은 여섯 달 안으로 장제스를 패배시킬 수 있다고까지 장담했다. 계속되는 승전보에 도취한 일본 내각은 전투마다 승리할 자신이 있다는 군 당국자의 말을 믿고 새로운 작전을 승인했다. 1938년 1월 초기의 군사적 승리에 고무되어 국민당 정부를 상대하지 않는다는 성명을 발표하고, 장제스를 무력으로 굴복시킬 것을 결정했다.

1938년 3월에는 국가총동원법이 의회에서 통과되었다. 국가총동원법은 의회의 동의 없이 전쟁 수행에 필요한 어떤 조치를 즉각 취할 수 있는 법이다. 이 법안이 의회에서 심의가 이루어질 때의 일이다. 육군성에서 온 한 군인이 법안을 설명하는 도중에 민정당의 어느 의원이 끼어들었다. 그러자 법안을 설명하던 군인은 "시끄럽다!"고 고함쳤고, 이에 대해 의회는 한 마디의 항의도 하지 못했다고 한다. 총력전에 대비한 국가 총동원 체제의 구축,

중국의 난징 함락을 축하하는 일본인들.

이것은 바로 군부가 오랫동안 애써서 준비해온 자신들의 집권 시나리오였다. 그리고 전쟁을 통해 세계의 모든 국가 위에 군림하는 최강의 국가를 만들고자 하는 그들의 방안이었다.

중일전쟁을 계기로 전시 체제가 구축되고 초반에 승승장구하는 듯했지만, 중국은 그렇게 만만한 상대가 아니었다. 장제스 국민당 정부는 전 민중의 항일 운동이 고조되어 가는 가운데, 공산당 토벌에만 전념하던 방책을 이미 바꾸었다. 공산당과의 내전을 중지하고, 함께 일치하여 항일할 것을 결정한 것이다. 중일전쟁 직후 1937년 9월, 국공합작이 성립되었다.

전투가 시작된 지 6개월 만인 1937년 12월, 수도 난징이 함락되면서 30만 명에 달하는 중국 민간인·패잔병·포로 등이 일본군에 의해 무차별적으로 대학살되는 사건이 일어났다. 난징 대학살로 인해 중국 민중은 더욱 항전 의지를 불태웠다. 수도를 빼앗긴 중국 정부는 무한으로 옮겨 항전을 이어갔다. 다음 해 10월 무한도 점령당하자, 더 오지인 중경重慶으로 후퇴하여 계속 항전했다. 일본군은 도시와 철도 노선을 공격하여 손쉽게 그것을 점령할 수 있었다.

 그렇지만 백만이라는 일본군의 숫자도, 철저한 항전 결의로 단결한 6억 중국 민중, 그리고 중국 대륙의 광활함에 비추어 볼 때 초라한 규모였다. 일본군은 광대한 지면 위에 단지 몇몇 점과 선을 확보한 것에 불과했다.

 애초 중국과의 전쟁에서 일본은 치밀한 작전 계획이 있었던 것이 아니었다. 단기전으로 쉽게 끝낼 수 있으리라는 생각에서 중국에 전면전을 도발했다. 그러나 중국의 끈질긴 저항으로 전쟁은 장기간에 걸친 소모전으로 변해 버렸다. 장기전의 양상을 띰에 따라, 풍부한 자원과 시장을 획득하고 대륙 침략의 교두보를 확보하여 경제 위기의 돌파구로 삼으려던 원래의 목표는 산산이 부서졌다.

DIGEST 83

막다른 절벽의 선택
—태평양전쟁(1941년)

그때 세계는 -
1940년 | 한국, 창씨개명 실시. 임정, 한국광복군 창설
1940년 | 프랑스, 파리 함락

단기전으로 쉽게 끝낼 수 있다던 예상이 깨지면서, 중국과의 전쟁은 장기전 양상을 띠며 소모전으로 변해갔다. 게다가 대외적으로 미국과 영국의 압력이 죄여들고 있었다. 중일전쟁이 일어나자 미국의 루스벨트 행정부는 일본의 중국 침략을 인정할 수 없다는 뜻을 명백히 했다. 미국은 일본에게 중국에서 군대를 철수하여 만주사변 이전으로 돌아가라고 경고했다. 1939년 미국은 미일통상항해조약을 일방적으로 폐기했다. 다음 해에는 철강의 수출을 금지하고, 그 다음 해에는 영국, 네덜란드와 함께 석유의 수출을 전면적으로 금지했다. 철강, 석유, 기계류 등 전략 물자를 미국에 크게 의존하고 있던 일본은 치명적인 타격을 받았다. 특히 일본의 석유 수입량의 90퍼센트가 끊기게 되었다.

1939년 여름이 지나면서 경제 상태는 점차 악화되었다. 기초 물자가 심각하게 결핍되었다. 농업 생산이 감소하여 식량 문제도 발생하기 시작했다. 본토의 부족한 식량을 메우기 위해 식민지 대만과 조선의 쌀을 공출했다.

군중대회에서 연설하는 히틀러. 유럽에서 나치의 승승장구는 일본의 군부가 태평양전쟁을 일으키는 하나의 배경이 되었다.

이에 식민지의 식량 위기가 심각해졌고, 가혹한 탄압에도 불구하고 일본 지배에 대한 식민지의 반항이 거세져 갔다.

앞을 가로막은 절벽에 맞닥뜨린 것이다. 중국과는 언제 끝날지 모르는 전쟁을 치르는 중이고 본토의 경제는 파산직전인 데다가, 석유와 철 등 근대 전쟁의 필수적인 기초물자 수입마저 끊어졌다. 미국과는 대립이 격화되어 가고, 이 대립의 끝이 무엇인지 불투명했다.

1939년 말까지는 만주사변 이후 계속된 침략 정책을 전환하여 중국에서의 불안한 위치를 벗어던질 마지막 가능성이 남아 있었다. 중국 대륙에서 군대를 철수시키든가, 또는 장제스 정부와의 협상 조건을 완화하든가 하는 방법이었다.

대외적 위기 속에서도 일본은 전쟁을 종식시킬 자신이 없었다. 중일전쟁의 실패를 인정하고 전쟁 정책을 전환할 경우, 일본 본토에 공산 혁명이 일어날 수도 있다. 군부의 새로운 쿠데타도 일어날 수 있다. 이것을 대단히 두

일본의 진주만 습격.

려워했다. 국민들은 정보를 차단당한 채 승전보만 들었다. 그 때문에 전쟁 정책을 중단할 때, 기만당한 국민의 분노가 공산 혁명과 쿠데타와 결합되어 어떻게 분출할지 알 수 없었다.

무엇보다 전쟁 정책의 전환은 10여 년간 엄청난 인력과 재원을 쏟아부은 스스로를 전면적으로 부정하는 것이다. 일본은 중일전쟁 때보다도 한참 멀리 와 있었고, 되돌리기에는 그때보다 더욱 어려웠다.

궁지에 몰린 일본에게 눈이 번쩍 뜨이는 사건이 발생했다. 1940년 6월, 독일군이 프랑스와 네덜란드를 함락시키는 등 승승장구한 것이다. 당시 지배 계급은 독일군의 승리에 편승하고자 했다. 유럽이 독일군에게 장악되면서 동남아시아의 유럽 식민지가 무방비 상태에 놓이게 되었다. 이러한 힘의 공백을 일본은 노렸다. 동남아시아에 거점을 마련하면 전쟁에 절대적으로 필요한 고무, 주석, 석유 등을 장악하여 중국을 굴복시킬 수 있다는 희망이 보였다.

그러나 일본은 이것이 최강대국 미국과의 대립을 자초하는 길임을 내다

보지 못했다.

일본은 북부차이나로 진격한 바로 며칠 뒤인 1940년 9월, 독일 및 이탈리아와 함께 삼국군사동맹을 베를린에서 조인했다. 미국과의 관계에서 돌아올 수 없는 강을 건넌 것이다. 미국은 계속 일본에게 중국에서 철수할 것과 삼국동맹에서 탈퇴할 것을 종용했다.

결국 일본은 1941년 9월 6일, 전쟁지도자최고회의에서 미국과의 전쟁, 태평양전쟁을 결정했다. 이 회의석상에서 히로히토裕仁 천황은 육군 참모총장 스기야마杉山 대장에게 미국과의 전쟁을 언제쯤 끝낼 수 있겠느냐고 물었다. 스기야마는 남태평양에서의 작전은 3개월 이내에 끝낼 수 있다고 대답했다.

스기야마의 말처럼 군부와 정부 지도자들은 단기전으로 끝낼 경우에만 승산이 있다고 생각했다. 일본 해군 수뇌부의 대부분은 장기전으로 갈 경우 태평양전쟁에 대해 승리의 확신이 없었다. 그 외의 지배층도 패전의 위험성을 공통적으로 인식하고 있었다. 만약 장기전이 될 경우, '중국이 붕괴되고 영국이 독일에게 굴복하면 미국이 전쟁을 포기할 수도 있다'는 지극히 낮은 가능성에 기대를 걸었다.

사실 미국과 전쟁을 한다는 것은 승산도 없는 노름판에 비유될 정도로 무모한 짓이었다. 일본은 미국에 비해 자연 자원과 공업 생산력에 있어서 마치 어린애와 어른에 비유될 정도로 비교도 되지 않는다. 결코 이긴다는 전망을 가질 수 없었다. 그런데 일본의 지배층은 승산 없는 전쟁을 중지할 수 없었다. 왜냐하면 중국에서 철군하여 10여 년 전 만주사변 이전의 상태로 돌아가는 것보다는 두렵지 않았기 때문이다. 개전론의 선두에 선 도조東條 수상은 전쟁에 임하면서 다음처럼 결의에 차서 말한다.

"인간은 일생에 한 번은 벼랑 끝에서 뛰어내리는 일도 필요하다."

태평양전쟁의 결단은 합리적인 판단을 초월한 상황에서 이루어진 것이다. 태평양전쟁은 만주사변부터 시작된 비합리적인 결단이 방대하게 퇴적하여 이루어진 결과물이다. 패전 이후 미국은, 일본이 세계 최강국에 전쟁을 걸면서 그렇게도 부실한 계획과 조직의 허약성 등을 가지고 있었다는 사실에 놀라워했다. 미국인들은 일본의 태평양전쟁 도발을 '열광주의와 과대망상증에 걸린 광인들, 돈키호테의 선택'이라고 할 정도였다.

이런 선택이 어떻게 가능했을까? 국체의 절대적인 우월성을 되뇌이며, 일본 지배층은 전쟁에 대한 두려움을 떨쳐버렸다. 절대신 천황은 전쟁의 절체절명에서 두려움을 떨치고 승리를 꿈꾸게 하는 환상이었다. 일본인들은 국체의 절대성을 갖고 모든 것을 해석했다.

다른 민족에 대한 억압도 항상 황도皇道(천황의 도)의 선포이며 자비스러운 행위라고 한다. 그들은 '한 알의 탄환'에도 황도가 들어 있고, 총검의 끝에도 황도가 타오르지 않으면 안 된다"고 했다. 구체적인 행위의 구석구석까지, 심지어 살육 행위까지도 국체에 따른 의로운 행위로 간주했다.

중일전쟁 당시 파견군 총사령관 마츠이 이와네松井石根 대장은 중국으로 떠나는 송별회 자리에서 "나 자신은 전쟁하러 간다기보다 형제를 달랠 계획으로 간다"라고 인사말을 했다. 그런 다음의 행위가 난징 대학살이었다. 30만 중국인을 장작더미 쌓듯이 차곡차곡 쌓아 살육한 난징 대학살이 '형제에 대한 사랑'으로 표현되고 있다. 또 미국과의 전쟁을 '대동아전쟁'이라 불렀다. 대동아전쟁이란 서구 제국주의자의 오만과 인종적 우월 의식을 분쇄하여 대동아공영권을 확립하고 세계의 신질서 건설을 목적으로 하는 전쟁을 뜻한다고 선언했다. 천황의 도를 세계에 선포하는 성전이라는 논리였다.

국체는 치명적인 허구 사상인데도, 일본 사회에서 저항할 수 없는 절대적인 것으로 존재했다. 천황을 중심으로 한 일본 집단은 철옹성 같이 하나가 되어 파멸의 전쟁 속으로 끌려 들어갔다. 극단적 전쟁의 위기 앞에서, 살육을 아름다움이며 진리라고 말하는 치명적 허구를 거부하지 못하고, 고도의 동일성으로 밀폐된 하나의 종교 집단이 되었다.

도조는 다음과 같이 말한다.

"미국에 대한 승리는 일본 군대에 최고의 영광이 될 것이며, 1905년 러일전쟁의 승리보다도 훨씬 더 빛나는 업적이 될 것이다. 그래서 세계 속 일본의 역량을 한층 고양시키게 될 것이며 후손들에게 동아시아 통치를 보장해주며 시장을 확보해 줄 것이다."

일본의 천황, 군부, 재벌, 그리고 국민은 1894년의 청일전쟁, 1904년의 러일전쟁 당시처럼 새로운 민족적 자신감과 국가 목표에 대한 사명감의 열기 속으로 빠져 들어가고 있었다. 지극히 불리한 현실을 외면하고, 일본 사회는 만세일계의 천황이 다스리는 일본국의 우월성이라는 집단 환상 속으로 몰려갔다.

DIGEST 84

전쟁의 추이
—옥쇄와 가미카제 특공대(1941~1945년)

그때 세계는 -
1943년 | 테헤란 회담
1944년 | 한국, 여운형, 건국동맹 조직

　1941년 12월 7일 아침, 일본군은 미국 하와이 주 오아후 섬의 진주만을 기습 공격하는 데에 성공하고, 항공모함으로 되돌아가면서 도쿄의 히로히토와 해군 본부에 성공을 알리는 암호 '도라! 도라! 도라!(トラ!トラ!トラ!)'를 계속 타전했다. 일본인의 용맹성과 미국의 피해 상황에 관한 상세한 내용이 담긴 진주만 공격 소식이 전해지자 도쿄는 축제의 분위기에 휩싸였다. 모든 사람들은 기습 공격의 성공을 1905년 러시아에게 거둔 승리와 비교했다. 중국과의 전쟁, 미국의 압력으로부터 받았던 좌절감과 자존심의 상처는 단번에 회복되었다. 국체에 대한 신비에 가까운 신념은 더욱 강화되어 라디오에서 크게 울려나오는 승전 소식에 이 전쟁이 의로운 것임을 확신했다.
　1942년 5월까지 초기 전투에서 일본군은 미리 준비된 계획에 의해 허술한 미국, 영국, 네덜란드의 식민지 수비군을 일소하고, 홍콩, 말레이시아 반도, 싱가포르, 미얀마, 네덜란드령 동인도 제도, 필리핀 제도 등을 점령해 나갔다. 점령 지역이 대부분 해양 지역이긴 했지만, 일본은 세계의 1/7 정

태평양전쟁에서 피해를 본 것은 시민들이었다. 사진은 방공호의 생활모습.

도를 통치하게 되었다.

전쟁을 시작한 지 1년간 히로히토는 행복감에 젖어 있었다. 천황은 어린 아이처럼 열을 올리며, "전쟁의 열매가 너무나 빨리 우리의 입 속으로 들어오고 있소. 그러나 나의 선조들은 아직도 더 많은 것을 나에게 요구하고 계시오"라고 말했다.

그러나 1942년 6월 미드웨이 해전부터 판세가 달라졌다. 해전에서 일본은 가장 우수한 항공모함 4척을 잃고, 태평양상의 제해·제공권이 무너지면서 전세가 기울기 시작했다. 군사적 주도권을 찾은 미국은 반격을 개시하여, 일본이 구축한 방어선 가운데 외곽의 약한 지점을 골라 공략했다. 1942, 1943년에 걸쳐 미국의 상륙 부대는 태평양을 가로지르는 섬들을 점령해 갔다. 다른 쪽에서는 뉴기니로부터 필리핀을 향해 위쪽으로 나아갔다. 1944년 6월 사이판을 둘러싼 공방전은 혈전에 혈전을 거듭했다. 사이판이 함락되면 일본 본토에 대한 직접 공습이 가능해지기 때문에 일본군은 사력을 다해 방어했다. 바다와 육지에서 치열한 전투가 벌어졌지만, 결국 사이판은 미군에

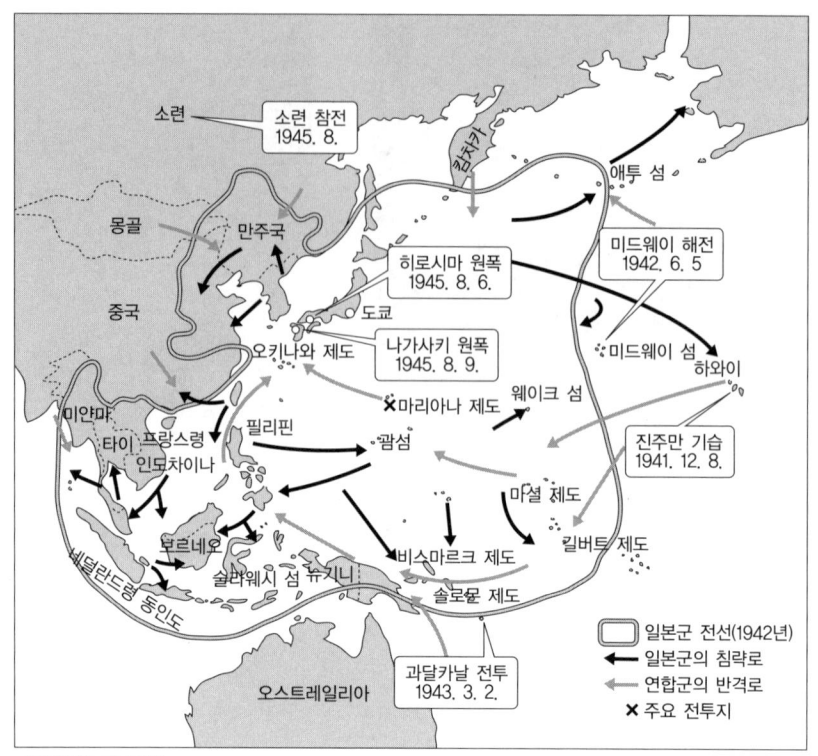

태평양전쟁 전개상황.

게 함락되었다. 10월에는 필리핀에, 1945년 2월에는 유황 섬에, 4월에는 오키나와에 각각 미군이 상륙했다.

　더구나 미국은 가공스럽고 혁신적인 신무기, 원자폭탄을 제조하는 데에 성공했다. 일본도 독일의 기술을 빌어 원자폭탄을 제조하려는 필사적인 노력을 기울이고 있었다. 일본 과학계는 원자폭탄 계획을 추진하면서 1945년에는 두 개의 원자폭탄 생산을 목표로 정했다. 어떻게 해서든지 원자폭탄을 만들어 결정적으로 불리한 이 전쟁을 끝내고자 했다. 그러나 원자폭탄 경쟁에서 미국이 승리했다. 일본의 패전은 시간 문제였다.

　태평양전쟁에서 패배만 거듭하던 1944년에 이르러 도시에서의 생활은 급격히 악화되었다. 유흥업소는 폐쇄되고 창녀들까지 공장 노동자로 보내졌으며, 식량배급은 줄어들어 영양실조로 인한 결핵, 곱사병, 눈병이 크게 늘었다. 미군기의 공습이 심해지면서 도시 생활은 더욱 처참해지고, 지붕을 덮고 있는 것만으로도 다행이라고 여길 정도로 도시는 폐허로 변했다. 당시 도시에 살고 있던 1천만 명 이상이 공습을 피해 시골의 친척이나 친구 집으로 피난을 갔다.

전국 어느 곳에서든 고통의 평준화가 이루어졌다. 고통 속에서 엄한 통제와 철저한 정보 조작, 그리고 초국가주의적인 교육에 의하여 국민의 불만이 억압당했으며, 전쟁에 대한 혐오도 늘어갔다.

그러나 공개적인 투쟁이나 폭동, 반전 운동으로 폭발하지는 않았으며, 독일의 히틀러 암살 기도와 같은 반지하 활동도 나타나지 않았다. 파멸의 늪 속으로 하루하루 깊이 빠져 들어가면서도 일본 사회는 여전히 하나로 묶여 있었다. 힘들고 지쳐가는 전쟁 속에서, 천황은 그런 고통스러운 현실을 수용하도록 했다. 한 언론인의 다음과 같은 회고는 이에 대하여 시사하는 바가 크다.

> "전쟁 기간을 통틀어 일본 신문에는 믿을 만한 기사라고는 하나도 없었는데도 우리는 스스로 믿어보려고 했고 죽을 각오까지도 되어 있었다. 사업이 망할 것을 눈앞에 둔 부모가 괴로우면서도 거짓말을 할 때, 누군들 자식에게 비밀을 털어놓을 수 있겠는가? 자식은 그저 운명에 따라 부모와 함께 말없이 죽어야 하는 것이다."

이 말은 국가를 '사업이 망하려 하는 부모'로 여기며 국민은 '국가라는 부모'를 따라 말없이 죽으려 하고 있음을 뜻한다. 위기 앞에서 일본인들은 천황의 국가를 운명적으로 수용하고 있음을 느끼게 한다.

본토의 일본인들이 고통을 참아가면서 운명에 따라 국가와 함께 말없이 죽어가려 했듯이, 미국과 격렬한 전투에서 패배한 각 싸움터의 일본인들은 살아서 포로의 치욕을 받는 것보다 규율을 지키고 옥쇄玉碎의 길을 택했다.

대표적으로 1944년 혈전의 사이판 전투에서 일본군의 조직적인 저항이 완전히 무너지며 전멸 상태가 되었을 때이다. 전투를 지휘한 나구모 대장이 사이판 방어의 실패에 책임을 지고 동굴 입구에 앉아 스스로 할복했다. 지시를 받은 대로 나구모의 뒤에 서 있던 부하는 자기 대장의 뒷머리를 총으로 쏘아 마지막 숨을 거두게 했다. 살아남은 일본군은 미 해병대를 습격하기도 했는데, 수류탄을 몸에 감고 적진으로 뛰어들어 스스로 목숨을 끊었다. 종군 기자로서 사이판을 취재한 로봇 쉐로드는 다음과 같이 그 옥쇄를 기록했다.

일본 방어군은 거의 싸우다 전멸했다. 가장 무서운 것은, 미군 소총수들이 당황하여 바라만보고 있는 가운데, 수백 명의 일본 민간인들이 사이판 북단의 절벽에서 그들의 자식과 함께 투신한 일이었다.

북태평양 알류샨 열도 가운데 앗츠 섬 수비대는 1943년 5월 29일 미군의 상륙 부대에 의해 함락되었을 때 2,500명 가운데 29명만 포로로 남았다. 이어 남태평양의 마킨 섬, 타라와 섬, 길버트 제도의 섬들, 유화 섬 등도 모두 옥쇄의 본보기가 되는 곳이다. 옥쇄를 통해 천황에 대한 마지막 충성을 표현했다.

가미카제神風 특공대는 '폐하의 신민으로서 국체를 지키기 위해 옥쇄를 각오한다'는 사상에 의해 만들어졌다. 자살 공격을 위한 훈련은 자살에 맞게 건조된 비행기를 사용했다. 가미카제 특별공격대원은 지원자 가운데서 선출되었다. 그러나 해군이든 육군이든 그곳에 입대한 청년들은 각 부대의 기류에 억눌려 거의 예외 없이 지원하게 되었다.

일본 신문들은 가미카제 특공대를 보도하면서 그들의 출발 장면을 찍어서 알렸다. 또 이 젊은이들의 용맹성을 편지나 유언, 또는 노래를 실어 전했다. 뉴스나 영화도 이 청년들의 영웅 같은 출발 모습을 만들어 알렸다. 공격에 참가한 수많은 청년은 자신의 행동에서 가치를 확신하고 있었다.

한편 일본 정부는 가마카제 특공대원이 국가신으로 봉해져 야스쿠니 신사에 묻힐 수 있다고 선전했다. 이는 일본 신도와 밀접히 관련되는 점이다.

일본의 신앙, 신도에서는 사후 신이 될 때 상하구별이 있다. 최고신은 천황이 제사를 받드는 국가신이되며, 보통 평민은 국가신이 될 수 없다. 그러나 '천황 폐하를 위해' 명예롭게 전사한 경우에는 국가신으로 올려져 야스쿠니 신사에 묻힐 수 있게 된다. 사후 이생의 처지에 따라 신의 상하차별이 생기는 것은 일본의 오랜 역사 속에서 만들어진 허구임에 분명하다.

그렇지만 죽음을 앞둔 인간에게 이것은 위로일 수 있다. 가미카제 특공대원은 "야스쿠니에서 만나자"는 말을 남기고 출격했다. 이처럼 천황과 신도는 일본인의 사생관死生觀까지 지배할 만큼 전쟁에서의 역할은 크고 넓었다.

DIGEST 85

항복과 히로히토 천황
— 일본의 패망(1945년)

그때 세계는 -
1945년 | 맥아더, 조선분할점령책 발표
1945년 | 김일성, 소련군과 함께 입북

　1943년 9월에 이탈리아가 항복하고 1945년 5월에는 독일도 무조건 항복하여 유럽의 전화는 종결되었다. 삼국동맹에 참가한 나라로는 일본만 남았다. 1945년 2월 얄타 회담에서 독일의 전후 처리와 일본에 대한 대책이 토의되면서, 일본의 지배층 내부에서 전쟁 종결을 꾀하는 기운이 흐르기 시작했다. 신중한 강화파 관료들이 나타났다. 그렇지만 육군 측은 명백히 불리한 상황에서도 전쟁을 계속하겠다고 강경하게 주장했다.
　1945년 4월 오키나와가 마침내 미군의 손에 들어가자 명예로운 평화를 주장하던 스즈키 간타로鈴木貫太郎가 총리가 되었다. 전쟁의 종결에 임한 일본 지배층은 강화파건 강경파건 간에 핵심은 '천황제(국체)를 유지할 수 있느냐'였다. 일본 지배층은 천황제가 승전국에 의해 폐지되는 것을 가장 두려워했다. 일본의 지배층은 패전 후 '천황의 권위를 이용한 국민 통합'이 아닌 다른 방식은 상상할 수도 없었던 것이다.
　1945년 7월 26일 미국, 중국, 영국, 소련이 참여한 포츠담 선언은 일본에

포츠담회의에서 미국, 중국, 영국, 소련은 일본에게 무조건 항복을 요구했다.

게 "무조건 항복을 하든지 아니면 전면적인 멸망에 직면하든지 양자택일"을 요구했다. 또 "일본국민을 기만하고 오도하여 세계 정복에 종사케 한 사람들의 권위와 영향은 영원히 제거되어야 한다"고 밝혔다. 트루먼 미 대통령은 겨우 두 발에 불과하지만 원자탄을 손에 쥐고 있었고, 이 가공할 신무기는 일본을 항복시킬 결정적인 힘이라 생각했다.

포츠담 선언이 발표되자, 강화파들도 '무조건 항복'이란 항목이 국체 유지를 분명히 하지 않아 위축되었다. 여전히 육군 측은 패배를 인정할 수 없다고 완강히 버텼다. 이에 스즈키 수상은 포츠담 선언을 묵살하고 승리할 때까지 싸운다고 일본 국민에게 선언했다.

그러자 미국은 가공할 미지의 신무기 원자폭탄을 전폭기에 싣고, 1945년 8월 6일 히로시마廣島에 한 발, 9일 나가사키長崎에 한 발을 투하했다. 여태까지 인류가 겪어보지 못한 가공할 무기에 의해 두 도시는 한 순간에 폐허로 변했다.

8월 8일 소련이 일본에 선전 포고를 하고, 9일 새벽 소련 대군은 만주로

히로시마의 원폭돔. 2차대전 당시 히로시마에 투하된 원자폭탄으로 파괴된 건물. 폐허가 된 상태로 철거와 보존을 두고 논란이 계속되었으나 보존하기로 결정되어, 원폭의 피해를 상징하는 건물이 되었다. 1996년 유네스코에 세계문화유산으로 지정되었다.

물밀듯이 진격했다. 그때까지 소련의 참전을 눈치 채지 못하고 있던 일본은 당황하기 시작했다.

8월 9일 한밤중, 도쿄의 작은 방공호 안에서 최고전쟁지도자회의가 열렸다. 방공호 속 회의실은 무덥고 습한 8월의 열기로 숨이 막혔다. 천황이 회의실로 들어와 상석의 등받이 의자에 앉을 때까지 참석자들은 자리에서 일어나 그를 맞았다.

스즈키 수상은 참석자들에게 포츠담 선언을 낭독하도록 내각 간사장에게 지시했다. 그리고 토고 외상에게 의견을 물었다. 토고는 천황의 신분과 왕위가 존중된다는 보장을 얻으려면 더 이상 지체 없이 선언을 수락해야 한다고 촉구했다. 그러나 군부는 엄청난 재앙에도 불구하고 반대를 굽히지 않았다. 육군상 아나미 장군은 펄쩍 뛰면서 국민은 끝까지 싸워야 한다고 역설했다. 우메즈 장군은 아나미의 의견에 찬성하면서, 일본은 아직 적보다 우월한 상태이며 지금 만약 무조건 항복을 한다면 장렬하게 전사한 일본인의 명예를 더럽힐 뿐이라고 말했다. 해군 참모총장 토야다 대장도 전쟁을 계속해야 한다고 주장했다. 11명의 참석자 전원에게 의견 개진의 기회가 주어졌다.

8월 10일 금요일 새벽 2시, 천황은 조용히 입을 열었다.

"모두가 최선을 다했음에도 불구하고 전황은 우리에게 더 이상 유리하게 전개되지 않았소.…… 분명히 국민은 더 이상 전쟁을 수행할 수 없고, 모든 해안을 방어할 수 있는 능력도 의심스럽소. 그러나 견딜 수 없는 것을 견뎌야 할 시간이 닥쳐왔소. 그럼에도 불구하고 나는 외상이 약술한 기초 위에서 연합군의 선언을 수락하자는 제안을 재가하오."

히로히토 천황은 자리에서 일어나 방공호로부터 천천히 걸어 나갔다. 천황이 퇴장한 후 침묵 속에서 참석자들은 각자 흰 손수건을 꺼내어 이마에 맺힌 땀과 얼굴에 흐르는 눈물을 닦았다.

스즈키 수상이 말문을 열었다. "폐하의 결정은 또한 이번 회의의 결정이 되어야 합니다." 아무도 반대하는 사람이 없었다. 천황의 결단에 의해 외무대신 안, 즉 천황 지위의 보장만을 조건으로 항복할 것을 결정한 것이다.

천황제 유지를 조건으로 한 항복 안을 연합국 측에 요청했으나 거부당했다. 8월 14일 다시 방공호에서 최고 회의가 열렸다. 군인들은 항복에 끝까지 반대하며 조국을 지키다가 죽기를 원했다. 모든 의견이 제시된 후, 히로히토는 "전쟁의 계속은 파괴만을 지속시키는 결과가 된다는 소신을 갖게 되었소"라는 말로, '무조건 항복'을 결정했다.

다음 날 8월 15일, 포츠담 선언에 따라 무조건 항복을 선언하는 천황의 떨리는 목소리가 방송을 타고 흘렀다. 항복 결정이 번복될 수 없음을 안 육군상 아나미 고레치카阿南惟幾는 할복으로써 명예로운 죽음을 택했다. 그리고 수많은 일본인이 스스로 목숨을 끊었다. 이 중에는 가미카제 특공대를 조직한 오니시大西 해군 중장도 포함되어 있었다. 그는 이 같은 명령을 내린 책임자로서 할복자살을 했던 것이다. 천황은 10명의 어린 군인들이 자신의 왕실에서 할복하는 것을 목격해야 했다.

DIGEST 86

전쟁과 일본공산당의 전향
―사노 마나부의 전향 발표(1933~1945년)

| 그때 세계는 -
| 1945년 | 독일, 히틀러 자살, 항복
| 1945년 | 얄타 회담

　전쟁 이전 일본공산당은 일본 사회에서 천황제를 부정하던 유일한 조직이었다. 그러나 일본공산당은 검거된 당원의 99%가 전향했고, 공산주의 운동은 몰락했다. 더구나 일본공산당의 전향은 단순히 공산주의 신념을 버린 것이 아니라, 전쟁과 천황제를 적극 지지하는 모습을 나타냈다. 이러한 양상은 일본의 사회 운동 전반에서 나타났고, 전전 일본의 저항 운동은 파산에 가까울 만큼 몰락했다.
　이러한 저항의 붕괴 과정은 다른 나라에서는 보기 드문 현상이다. 탄압이 극심하다고 해서 99%에 이르는 거의 모두가 전향하지는 않는다. 도대체 천황제(국체)가 일본인에게 무엇이기에 이런 결과를 가져왔는가?
　전쟁이라는 위기의 시기에 일본의 전통, 신도와 천황은 일본 사회에서 어떤 존재였는가? 최고의 지식인 사노가 어째서 공산주의를 버리고 전쟁과 천황을 지지해 갔는가? 사노의 전향은 일본을 이해하는 열쇠말이다.
　1933년 감옥 안의 사노 마나부는 나베야마 사다치카鍋山政親와 함께 전향

성명서를 발표했다. 사노는 공산당 내에서 최고의 이론가이며 국제 공산당 조직 집행위원을 역임할 만큼 공산당의 대표적 인물이었다. 나베야마는 노동 운동가 출신으로 노동자 사이에서 절대적 신뢰를 받았던 인물이었다. 사노는 1933년 전향하여 1943년 출옥할 때까지 그의 전향 논리와 심정이 심화되고 성숙되어 갔다. 전향하기 이전 사노의 심정은 공산당 확대를 위해 죽으리라는 신념이 있었다. 사형에 처해진다 해도 공산당 확대를 위해서는 기꺼이 죽

공산당의 대표적 인물이었던 사노 마나부는 전향의사를 밝혔다.

겠다고 투지를 불태우던 그가 무엇 때문에 공산당을 버리고 전향했을까?

사노는 이미 무기 징역을 언도받았기 때문에 전향 의지를 표명할 경우 감형 조치를 생각할 수 있었다. 실제로 전향 성명 이후 사노는 무기 징역에서 15년 형으로 감형 조치를 받았다. 사노의 전향이 이러한 감형을 염두에 두지 않았다고 말할 수 없다. 사노 역시 전향의 동기에 대해 '영원히 회색의 감옥 생활에서 보낼 것이라는 두려움, 인간적 생에 대한 본능적 동경'의 여부를 자문한다.

사노가 전향해 가는 데에 생명의 문제, 죽음의 문제는 기본적인 전제다. 생에 대한 미련은 의식적이건 무의식이건 사노에게 영향을 주었을 것이다. 그러나 이것만으로 그의 전향을 모두 설명하기는 부족하다.

감옥 안의 사노는 대공황으로 심화된 사회적 모순이 대중을 혁명으로 인도할 것이라 기대했다. 1931년, 사노는 검거된 공산당원들과 재판 석상에서 공판 투쟁을 주도했다. 공판 투쟁은 재판 과정을 하나의 혁명 도구로 여기고, 재판정을 공산당 선전 투쟁의 장으로 삼는 것이다.

그러나 사노의 기대와는 정반대로, 전력투구한 공판 투쟁은 대중으로부터 철저히 외면당한 채 실패로 끝나고 말았다. 오히려 대중은 군부 등 지배세력이 일으킨 만주 침략에 열광했다. 사노는 대중이 공산당을 버리고 새로운 국민주의적 운동으로 급속히 경도되어 간다고 느꼈다. 대중으로부터의 고독은 감옥 생활이 주는 죽음에 대한 공포와는 비교도 되지 않았다. 자신이 목숨을 바쳐 추구해 온 목표가 현실 안에서 전혀 실현 가능성이 없다는 자각은 사노로서는 견딜 수 없었다.

그렇다면 일본공산당이 대중으로부터 철저히 고립되게 만든 결정적인 요인은 무엇일까? 사노는 그것이 코민테른이 결정하고 일본공산당이 주장한 '천황제 폐지' 때문이라고 생각했다.

대다수 인민은 천황 숭배에 충실하며 일본의 전쟁 목적을 지지하고 있었다. 만주사변 이후 대대적인 천황 숭배를 통해 나타나는 국민적 일체감은 사노에게 격렬한 패배감을 안겨주었다. 천황은 단순히 근대 메이지 정부가 조작해 만든 결과물에 불과한 것이 아니었다. 천황은 거대하고 강력한 일본의 전통과 맞닿아 있어서 대중에게 환상을 불러일으키는, 살아있는 신화이다. 사노는 강인한 전통과 연결되어 있는 천황의 실체를 비로소 감지하고, 목격한 것이다.

공산당의 천황제 폐지 주장은 "민족의 머리를 절단하고 민족 통일을 파괴하는 것이기 때문에 완전히 실패한 운동이 될 수밖에 없었다"고 사노는 비판하게 된다. 더 나아가 사노는 일본이 우수한 민족일 수 있는 근본에 천황이 자리잡고 있음을 지적했다. 천황제는 강고한 민족적 통일을 표현하는 총체적 지점임을 거론했다.

사노 마나부는 중일전쟁이 시작되면서 사명감에 넘치고 있었다. 사노는 중일전쟁을 신성한 전쟁의 시작이라 말하며 이것은 거대한 민족적 사업으로, 국민의 가슴에 큰 희망과 큰 기대가 넘치고 있음을 느끼고 있었다.

한편 1940년 봄부터 새로운 전쟁의 위기가 도래하자, 그는 자신에 대한 불만을 강하게 의식하면서 신성한 전쟁 앞에 다시금 자기 성찰로 나아가게 되었다. 그는 "조국은 총력을 기울여 성전을 하고 있는데 나는 감옥 안에서 무엇을 할 것인가? 영광스러운 일본인의 한 사람, 너의 모습이 도대체 무엇인가?"라고 스스로를 질타하기도 한다. 전쟁의 위기 속에서 사노는 "마음의 웅성거림, 막연한 성냄과 불안이 엄습하여 지독히 내성적으로 되었다"고 고백한다.

사노가 경험한 전향 과정은 다음과 같은 것이다. 무한한 적막감 때문에 통곡하면서 옛날의 자신을 잔혹할 만큼 죽이지 않으면 안 되는 철저함, 그리고 자기 부정의 과정을 겪었다. 그래서 전향은 정신적인 지옥과 죽음과 같은 고통을 통과해야만 하는 것이었다.

이토록 어려운 과정이기 때문에 전향이란 '천황에 귀일歸—하는 것'이라는 단순한 진리를 밑바닥에서부터 믿을 수 있게 된 것은 1943년 출옥하기 3, 4년 전부터였다고 말한다. 사노에게 전향의 본질은 천황의 적자라는 국민감정이었다. 그는 자신을 천황에 일치시킨 이후의 상태를 다음과 같이 표현했다.

> 천황의 적자라는 말에는 진솔한, 강한 즐거움에 빠진 절대 신앙, 절대 순종이라는 국민감정이 넘치고 있다.

일본땅의 조선인, 재일동포
— 폐쇄된 사회에 피어난 민족의 꽃(1910~1945년)

그때 세계는 -
1946년 | 파리강화회의 개최
1946년 | 필리핀 독립

재일조선인은 일본 제국주의의 조선 지배와 그 궤를 같이하면서 출발했고 형성되었다. 식민지 한반도에서 토지조사사업(1910), 산미증식계획(1920)으로 일제의 토지·식량 수탈이 본격화되자 많은 농민이 토지를 잃고 급속히 소작농으로 전락하거나 유랑했다. 이들은 생존을 위해 만주로, 일본으로 새로운 터전을 찾아 건너가게 되었다.

일본으로 향한 조선인 도항자는 초기에 당연히 남성이 압도적으로 많았다. 한창 일할 나이인 10대에서 40대까지의 장정들은 일본 제국주의 식민정책으로 생업을 빼앗기자 가족들을 고향에 남겨두고 일자리를 구하러 일본 땅에 건너갔다. 재일조선인의 숫자는 1925년에 13만 명이었으나, 1930년대에 들어 조선에 남았던 가족을 불러들여 정착하는 사람이 속속 생겨 30만 명으로 늘어났다. 그러나 재일조선인이 결정적으로 증가하기 시작한 시기는 강제로 노동자를 징용하기 시작한 1940년대부터였다. 즉 1940년대에는 150만 명의 노동자가 강제 징용되어, 1945년 8월에는 재일조선인의 숫

일본의 코리아타운 거리.

자가 240만 명으로까지 급속히 불어났다. 이 숫자는 당시 조선 전체 인구의 1할에 해당하는 숫자이다.

재일조선인은 일본인이 기피하는 위험하고 불결한 일을 맡아 토목 노동자, 잡역부 및 일용 노동자, 탄광 노동자 등 밑바닥 생활을 영위했다. 임금은 모든 직종에서 일본인 노동자의 절반밖에 받지 못했고, 빈민굴에 사는 일본의 최하 빈민층보다 더 열악한 생활을 하였다. 그런데도 조선인들은 가능한 한 악착같이 저축하고, 고국에 남은 가족에게 돈을 송금했다. 열악한 영양 상태하에서 조선인 노동자들은 장시간의 노동, 위험한 작업 환경 등으로 늘 산업 재해의 위험을 안고 있었다. 또한 곳곳에 민족 차별이 있었다.

뿐만 아니라 조선인 노동자와 일본인 노동자 사이에 충돌 사건도 빈번하게 일어났다. 1910년 야마나시山梨 현에서는 400명의 노동자가 충돌하여 조선인 2명, 일본인 2명의 사상자를 냈으며, 1922년 니이가타新潟 현에서는 강가에 버려진 한 조선인 노동자의 시체가 발견되기도 했다. 당시 분쟁을 조사한 한 자료를 보면 '조선인이 일본인보다 키가 큰 것이 건방지다고 느

남대문시장과 닮은 일본 코리아타운의 가게.

꼈고, 게다가 자존심까지 있는 조선인은 일본인의 신경을 거슬리는 얄미운 존재였다'고 기록되어 있다. 1926년 미에三重 현 학살사건은 일본 주민이 조선인 노동자 합숙소를 집단으로 습격하여 조선인을 살해한 사건이다. 이들이 조선인을 습격한 이유는 '방약무인하다'는 것이었다.

1923년 관동關東 대지진 때, "조선인이 흉기를 들고 방화·약탈하고, 우물에 독을 넣으려 한다"는 유언비어가 각지에 유포되면서, 거리의 자경단에 의해 조선인 6,000여 명이 살해되었다. 이 유언비어는 경찰과 군대에 의해 조직적으로 조작·유포된 것이다.

재일조선인의 역사는 투쟁의 역사라고 할 만큼 그 저항은 강력했다. 초기에는 조선인 유학생이 중심이 되어 연구 서클을 만들고 사상 단체를 결성했으며, 점차 노동자 중심의 조직을 만들어 운동을 전개해 나갔다. 조선인 노동자는 일본인보다 해고의 부담이 훨씬 컸음에도 조직률이 일본 노동자보다 훨씬 높았다. 일본 당국의 조사 자료에 의하면, 메이데이May Day(매년 5월 1일에 행하여지는 세계노동절)나 각종 반제 시위운동 현장에서 조선인 노동자는 선두에 서서 경관의 포위망을 뚫고 나아갔다고 보고하고 있다. 또한 재일조선인 노동운동의 주제는 '민족'이었다. 이는 일본인 노동 운동이 주로 경제적인 문제였고, 식민지 체제하의 국내 운동조차 주된 투쟁의 목표는 경제 문제였던 것과 비교된다.

조선인의 노동 운동은 1945년까지 지속되었다. 일본의 노동 운동이 1930년대 중반부터 급속히 줄어들면서 1940년대 멸절되어 가는 중에, 조선인들이 일본노동 운동을 지키고 있었던 것이다.

조선인 마을은 1920년대 전후 거주자가 급속히 늘어나면서 오사카, 시모노세키 등 조선인이 거주하는 일본 각지의 주요 도시에 만들어졌다. 일본인은 조선인에게 집이나 방을 빌려주지 않았고, 조선인은 임금이 매우 열악하여 집을 빌릴 수도 없었다. 강제 퇴거 등에 항의하는 주택 분쟁은 매우 많았다. 일본 당국은 조선인이 집을 빌릴 수 없는 이유를 '집세 체납이 많고, 싸움을 잘하며 소란스럽고, 집을 훼손하는 등 임대인으로서의 악질적 요소 때문'으로 돌리려 했다. 그러나 1932년의 조사 자료를 보면, 집세를 체납하는 비율이 조선인은 47.7%인데 비해 일본인은 54%로 도리어 일본인이 더 높았다. 일본인 집주인은 집세 체납이 발생하면, 일본인에게는 부드럽게 문제 해결을 요구하지만, 조선인임이 드러나면 태도가 돌변하여 혹시 도둑일지 모른다는 이유로 함부로, 그리고 지나치게 다루었다.

조선인은 하는 수 없이 하천 제방, 국유지 등 일본인이 살 수 없는 곳에 움집이나 가건물을 짓고 살아야 했다. 한 집에 20~30명씩 모여 사는 경우가 흔했으며, 적게는 40명, 많게는 1,000명이 넘게 모여 한 마을을 형성했다. 그곳은 일본인의 눈으로 보면 가난하고 불결한, 그야말로 비참한 곳이었다.

재일조선인 가운데 경상남북도, 전라남도, 제주도 출신이 많았다. 그들은 부산에서 관부연락선을 타거나, 오사카와 제주도를 잇는 정기 연락선을 타고 일본에 와서는 미리 약속이나 한 듯이 일제히 조선인촌으로 향했다. 그들은 서로 취업을 알선해 주고, 공동 구매나 계 형태로 서로 도왔으며, 1920년대 후반부터는 소비조합을 결성하여 조선인 마을끼리의 연합을 통해 경제적인 이익을 극대화했다. 조선인 노동자는 하루 14시간 이상씩, 위험하고 불결한 작업장에서 일해야 했으므로 언제라도 질병에 걸릴 위험이 있었다. 목화솜 먼지가 눈처럼 하얗게 뒤덮인 방적 공장 작업장 같은 곳에서는, 그 먼지가 폐 속으로 들어가기 일쑤였고 기계에 팔다리가 끼여 크게 다치는 등 크고 작은 위험이 뒤따랐다. 이러한 어려움을 극복하기 위해 조선인 마을에 진료소와 한약방을 만들어 조선인 의사와 간호사, 한약사를 두어 공동으로 운영하기도 했다. 이처럼 조선인 마을에서는 상부상조의 전통이 이어져, 비록 가난하긴 해도 극심한 굶주림에 시달리지 않아도 되었다.

또한 1920년대 노동조합이 조선인 마을을 중심으로 조직되었다. 조선인 마을은 노동조합이 주도하는 여러 활동, 각종 대중 시위에서 주요한 동력이 되었으며, 민족 운동의 근거지 역할을 담당했다. 경제난으로 일본인 학교에 갈 수 없는 조선인 아이들을 위해 야학과 학원을 설립하여 교육했다. 야학에서는 조선인 노동 운동가나 사회 운동가가 교사가 되어 한글을 가르치고 역사를 가르치며, "항상 대한 독립 만세를 잊어서는 안 된다"라고 용감히 말하는 등 민족의식을 불러일으켰다. 조선인 마을은 문자 그대로 조선인 거리였다. 조선인 마을에 일본인 주택이 들어오는 일은 거의 없었으며 조선인과 조선어, 조선어 야학이 활개를 치는 장소였다. 일본 사회에서 일본어도 제대로 모르는 채 항상 경찰에게 감시당한다는 긴장감을 풀고 안심하며 생활할 수 있는 곳은 조선인 마을뿐이었다.

식민지 시기, 학대와 차별이 삶의 현장이라 할 정도로 극단적 소외 속에서도 재일조선인은 민족, 조국, 고향, 가족에 대한 애착과도 끈끈하게 연결되어 가족을 보호했고, 일본의 노동운동을 견인할 정도로 강인함을 보여주었다.

V. 현대사회의 전개

DIGEST 88

패전과 점령, 그리고 일본국민
— 일본제국의 멸망(1945년)

그때 세계는 -
1946년 | 한국, 제1차 미소공동위원회 개최
1946년 | 유엔 안전보장이사회 성립

    1945년 8월 15일 정오 전국에 히로히토 천황의 종전조서가 낭독되었다. 일본국민은 처음으로 천황의 목소리, 옥음玉音을 들었다. 일본의 패배와 항복이 명백했지만, 천황이 발표한 조서에는 항복, 패배, 종전 등의 용어는 사용하지 않았고, '전쟁 상황이 호전되지 않고', '세계의 대세와 일본의 현상을 고려해서 비상조치를 통해 시국을 수습하고자' 연합국의 선언을 받아들이기로 했다는 요지였다.
    당시 주요 일간지에 실린 기사내용도 천황이 원폭피해를 우려하여 4국선언을 수락하였고 반드시 국위를 떨치도록 하겠다든가 하는 표현들로 채워져 있다.
    각지에서 다양한 종전이 이루어졌다. 종전 조서가 있던 다음 날 8월 16일, 대본영은 전 육해공군 부대에 대해 즉각 전투 정지 명령을 내렸다. 이후 우시지마 미쓰루牛島滿 군사령관은 자결하였다. 가장 비참한 패전을 경험한 지역은 오키나와와 만주였다. 집단 자결, 죽음의 도피행이 이어졌다.

패전직후 거리의 부랑아들.

당시 한 소학교에서 천황의 종전조서를 듣고 난 후에 남긴 기록에는 '학교에서 선생님에게서 패전의 이야기를 듣고 우리는 모두 책상 위에 엎드려 울었습니다', '일본국민의 노력이 부족했습니다. 정말로 천황전하에게 면목이 없습니다', '우리들이 잘못해서 일본이라는 좋은 나라를 망하게 했습니다' 라는 내용이 많았다.

전쟁에 진다는 것이 어떤 것인지, 한 일본인은 교정 한쪽 구석에 천황의 사진 어진영御眞影이 안치된 봉안전을 들여다보니 안은 텅 비어 있었고, 신주쿠역 근처에는 부랑아들이 먹을 것을 구하느라 배회하고 있던 광경을 회상하기도 했다.

1945년 12월 실시된 여론 조사에 따르면, 전쟁이 끝났을 때 '후회·비판·유감'이라고 느낀 사람이 30%, '놀람·충격·곤혹'이라고 느낀 사람이 23%인 반면 '안도감·행복감'이라고 느낀 사람이 22%였다. 종전은 낙담과 비분강개, 놀람, 충격, 곤혹함을 안겨주었지만, 많은 일본인은 비탄과 충격 속에서도 전쟁의 공포로 벗어났다고 하는 안도감을 느꼈다.

도쿄에 진주한 연합군.

한편 식량난과 인플레이션은 가차 없이 국민을 덮쳤다. 1인 1일 쌀2홉 1작의 배급은 콩깻묵·감자·고구마 등으로 대체되었는데 그것도 지연되기 일쑤였다. 도시 주민은 농촌으로 식량을 구하러 나가지 않으면 안 되었다.

한편 충격 속에서 패전을 맞은 일본사회는 마치 자신도 모르고 휩싸였던 광기에서 문득 깨어난 것처럼 모든 것이 낯설기만 했다. 사회 전반에 걸쳐서 뭐라고 꼬집어 말하기 어려운 좌절감과 혼돈이 팽배해 있었다.

한 일본인의 회상에 의하면 초등학교 담임선생님이 칠판에 엄청나게 큰 글씨로 '헌법'이라고 썼다. 그리고 "이제부터 일본은 신헌법 아래에서 평화국가, 민주국가가 될 것이"라고 말했다.

DIGEST 89

비군사화와 민주화정책
—초기 점령정책(1945~1948년)

그때 세계는 -
1947년 | 인도 독립
1948년 | 국제연합, 〈세계인권선언〉 채택

　패전 후 일본은 연합군 총사령부(GHQ/SCAP)의 점령하에 놓이게 되었다. 연합군은 직접 통치를 하지 않고 일본 정부가 최고사령관의 지령과 권고에 따라 정치를 하는 간접 통치 방식을 택했다. GHQ는 전후 일본의 사실상의 통치권자로서 1945년 10월부터 1952년 4월 28일까지 6년 반 동안 일본을 통치했다.
　연합국의 점령 정책 결정 최고 기관으로 극동위원회가 워싱턴에 설치되었고, 도쿄에는 최고사령관의 자문 기관으로서 미·영·중·소 4개국으로 구성된 대일이사회對日理事會가 설치되었지만, 실질적으로는 미국의 단독 점령이라고 해도 좋을 정도로 미국이 주도하는 점령 정책이 진행되었다. 패전국 독일과 식민지상태에서 벗어난 한국이 분할 통치하에 놓이게 된 것과 달리 간접통치로 일본의 관료제도가 유지된 상태 하에서 점령이 진행되었다. 간접통치, 단독점령은 당시 미국정부가 직접통치의 준비가 제대로 안 된 상태였기 때문에 일본의 통치기구를 이용하고자 했던 이유도 있었다. 또한 미

일본에 첫발을 딛는 맥아더.

국은 그동안의 경험을 통해 일본사회가 서구와는 다른 독특한 문화체계와 정서를 가졌기 때문에 그에 적합한 통치방식이 필요하다고 생각하고 있었고 일본 측의 끈질긴 요청과 협상노력도 이 같은 방침결정에 영향을 미쳤다.

점령 초기, 미국의 대일정책의 목표는 다시는 무모한 전쟁을 일으키지 못하도록 '비군사화' 시키는 한편 군국주의가 부활할 수 없도록 사회적 토대를 만들기 위해 '민주화'를 시키는 것이었다.

우선 태평양전쟁으로 2,000만 명 이상의 인명을 앗아간 전쟁주도자들에 대한 처단이 이루어졌다. 1945년 9월부터 12월에 100명 이상의 주요 전쟁 범죄인(A급 전범) 용의자를 체포하고, 그 중 28명 피고에 대하여 다음 해인 1946년 5월부터 극동국제 군사재판(도쿄재판)이 열렸다. 28명의 피고인 중 도조 히데키東條英機 등 A급 전범 7명에게 교수형, 아라키 사다오荒木貞夫 등 16명에게 종신형을 선고했다. 그러나 미국은 일본 통치의 효율성을 위해서 천황을 제소하지 않았다.

12월에는 국가와 신도의 분리 지령을 내고 국가신도 폐지, 신앙의 자유,

정교분리 원칙을 밝히고, 이를 신헌법에 반영하도록 조치하였다. 공인자격으로 신사에 참배하는 행위나 특정종교 단체에 대한 공금 지출이 금지되었다. 신관은 공무원의 지위를 상실했다. 신사는 민간 종교법인의 지위를 가지게 되었다.

1946년 1월에 천황은 스스로 신격을 부정하고 인간 선언을 하였다. 또 전쟁협력자를 공직에서 추방하는 공직 추방령을 발표하였다. 1947년에는 공직추방령이 지방정계, 언론계, 경제계로 확산됨에 따라 지방의회 의원, 시정촌장,

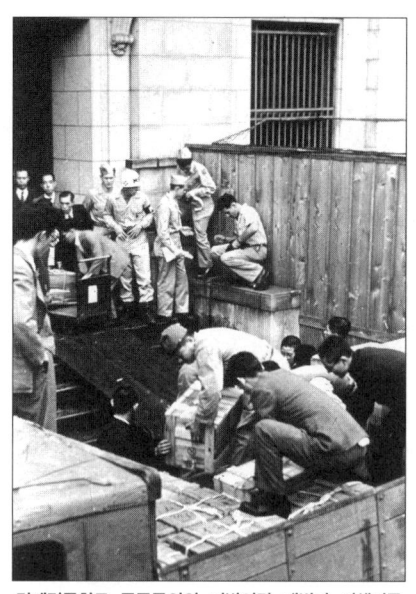
경제민주화로 군국주의의 기반이던 재벌과 기생지주제를 해체했다.

통제단체, 유력은행, 회사, 출판단체, 언론기관의 간부 등도 대상자가 되어 전국 공직추방자는 20만 명을 넘게 되었다. 이 공직추방은 다시 신문들이 '무혈혁명'이라 표현할 정도였다. 전쟁시기의 탄압법규, 특별고등경찰은 폐지되고 정치범은 석방되었다.

1945년 10월 여성해방, 노동조합의 결성, 교육의 자유화, 압제적 법제도의 철폐, 경제 민주화 등 5대 강령이 발령되었다. 우선 여성에 대한 참정권 부여와 선거권 연령 인하를 포함한 중의원 선거법 개정에 착수하여 최초로 남녀 보통선거가 실현되었다. 첫 총선거는 1946년 4월에 실시되었다.

노동자의 단결권, 단체교섭권, 파업권 등을 보장한 노동조합법이 제정되어 노동자는 일본 역사상 최초로 노동3권을 갖게 되었다. 노동조합이 속속 결성되어 전쟁 이전 최고 40만 명이던 노동조합원은 1948년 660만 명으로 대폭 증가했다.

교육의 자유화를 위해서 군국주의적 교과서를 폐기하고 군국주의적 교원

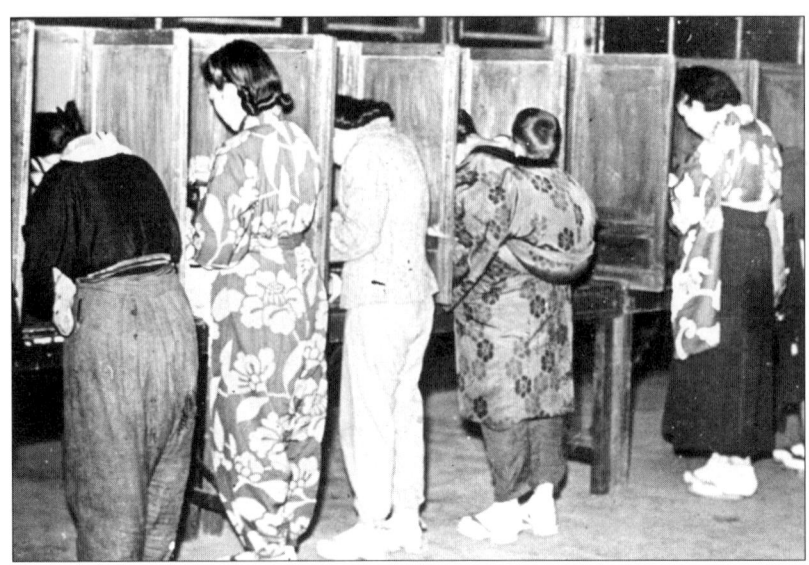
여성에게 처음으로 참정권이 부여되어, 보통선거가 실시되었다.

이 추방되었으며 수신, 일본역사, 지리 등 교육이 중지되었다. 1947년에 새로운 교육기본법이 제정되어 의무교육이 6년에서 9년으로 연장되고 6·3·3·4의 신학제가 발족하였다.

경제민주화로는 군국주의의 기반이던 재벌과 기생지주제를 해체했다. 1945년 11월에 GHQ는 미쓰이三井, 미쓰비시三陵, 스미토모住友, 야스다安田 등 15개 재벌의 재산 동결과 해체를 명하고, 이듬해에는 지주회사정리위원회를 발족하여 지정된 지주회사나 재벌 가족이 소유하던 유가증권을 양도받아 처리하는 주식의 민주화를 추진하였다. 1947년에는 소위 '독점금지법'에 의해 지주회사의 독점행위 등이 금지되었다. 재벌의 해체는 민주화의 폭풍이라 불리워질 만큼 근원적 개혁이었고, 이러한 재벌해체가 아루어졌기에 소니, 혼다 등과 같은 전후 혁신 기업이 비집고 들어와 성장할 수 있었다.

1946년에 제1차 농지개혁이 실시되었지만, 미진하다는 GHQ의 권고에 따라 제2차 농지개혁시 1947년 시작하여 1950년에 완료하였다. 부재지주의 토지는 모두 몰수되고 재촌지주在村地主의 토지소유도 엄격히 제한되었으며, 농민은 실질적으로 무상에 가까운 값으로 토지를 양도받았다. 이를 통해 1941년 전체 농가의 약 30%에 불과하던 자작농은 1955년에는 약 70%로 늘어났고 기생지주제는 소멸하였다.

　GHQ는 천황제 군국주의의 기반이 된 사회구조를 해체하고 새로운 민주주의체제를 만들어 내는 작업을 수행했다. 당시 민주주의라는 개념도 제대로 정립되지 않은 일본에서 민주주의적인 체제를 만들어내는 일은 일종의 '혁명'이라고 할 수 있을 만큼 급진적 작업이었다. 그러나 그 혁명을 주도한 것은 일본국민이 아니라 맥아더가 지휘하는 GHQ였기 때문에 전후개혁은 위로부터의 혁명, 외부로부터 강제적으로 주어진 민주주의라고 평가되기도 한다.

DIGEST 90

평화헌법과 상징천황제
―신헌법의 공포(1946년)

그때 세계는 -
1948년 | 한국, 제주4·3사건, 대한민국 수립 선포
1949년 | 중국공산당, 대륙 석권

점령 당시 개혁정책은 민주화의 폭풍이라 부르기에 충분했다. 맥아더는 일본국 헌법 제정을 가장 중요시했고, 정치적 단계에서 정점을 이루었다. 일본국 헌법에서 상징천황과 전쟁 포기는 두 가지 큰 특색을 갖고 있음은 누구나 인정하는 사실이다.

종전을 전후한 시기 국제여론은 천황 및 천황제에 대해 극히 비판적이었다. 천황은 군의 통수권자이자 국가원수로서 전쟁책임을 지고 재판에 회부되어야 하며 천황제는 폐지되어야 한다는 것이었다.

반면 일본국민의 여론은 절대적으로 천황제 존속 쪽으로 기울어져 있었다. 1945년 12월 여론조사에 의하면 천황제를 지지하는 사람이 95%에 달했다. 혁신계 사회당의 헌법개정안조차 '주권은 국가(천황을 포함한 국민협동체)에 있다'고 규정할 정도였다. 당시 수상 시데하라 기주로幣原喜重郎는 "천황제를 유지하지 못한다면 나는 죽어도 죽은 것이 아니다"라고 했다.

한편 미국의 지일 인사들을 포함한 온건파는 천황은 일본사회의 안정요

소이며 일본에 공화제나 대통령제와 같은 서구식 민주주의를 접목시키는 것은 불가능하다고 주장했다. 미국정부도 전쟁이 종식되는 과정에서 천황의 위력을 새삼 실감했다.

천황의 항복 명령은 절대적이었고, 세계 각지에 흩어져 있던 300만 일본군은 차례차례 무장을 해제해 나갔다. 동시에 천황의 이름으로 시작된 전쟁에서 수백만 명이 희생되었음에도 불구하고 천황의 위광이 떨어지지 않은 것, 점령군의 일본 무혈입성이 가능했던

인간이 된 천황.

것 등은 손에 땀을 쥐며 지켜보고 있던 미정부를 놀라게 했다. 혹시라도 그때 점령군이 천황을 처형하거나, 중국 등에 격리했다면 천황숭배자들에 의한 게릴라활동이 각지에서 일어났을지도 모른다고 맥아더는 생각했다. 맥아더는 본국정부에 "천황을 전범으로 재판하면 100만의 군대를 재투입해야 할 것이다"는 유명한 기밀전문을 보냈다. 결국 미국은 고도의 정치적 판단에 의해 히로히토를 전범으로 기소하거나 퇴위시키지 않고, 천황제를 존속시키는 방침을 정했다.

그러나 당시 국제 여론은 천황의 처벌을 요구하는 목소리가 드높았다. 미국, 중국, 뉴질랜드 등은 천황제를 전후에도 존속시킨다면 또 다시 천황을 중심으로 한 군국주의가 대두할지도 모른다고 경계했다. 천황을 존속시키는 대신 다시는 일본이 군국주의전쟁을 일으키지 않을 것이라는 명백한 증거가 필요했다. 그래서 강구된 방안이 헌법 제9조이다. 헌법 제9조는 일본이 일체의 전쟁을 포기하고 전력을 보유하지 않겠다는 것을 명기하고 있다. 연합군 최고사령부GHQ는 상징천황제와 전쟁 방기 및 전력 불보유 조항을

명기한 신헌법을 받아들이도록 일본정부에 종용했다. 일본정부는 각국에는 고유의 역사에 기초한 국민 정서가 있다고 주장하며 특히 천황의 지위 문제에 대하여 저항했다. 맥아더는 이를 받아들이지 않을 경우 천황과 황실의 안전을 보장할 수 없다며 설득했고, 결국 천황과 황실을 보호하기 위해 GHQ안을 받아들이기로 결정했다.

전쟁을 포기한 헌법 제2장의 제9조항을 보면 다음과 같다.

① (전쟁의 포기) 일본국민은 정의와 질서를 기조로 하는 국제평화를 성실하게 희구하여, 국권의 발동에 의한 전쟁과 무력에 의한 위협 또는 무력의 행사는 국제분쟁을 해결하는 수단으로서는 영구히 이를 포기한다.
② (군비 및 교전권의 부인) 전항의 목적을 달성하기 위해 육해공군 및 그 밖의 전력을 갖지 않는다. 국가의 교전권은 인정하지 않는다.

신헌법은 민주주의의 기본원리인 국민주권을 채택하고 천황을 '일본국가의 상징이자 일본국민통합의 상징'으로 규정했다. 평화주의이념에 기초하여 모든 전쟁을 포기하고 전력을 갖지 않는다는 규정을 명기했다. 상징천황제와 전쟁포기선언의 평화헌법은 신헌법의 2대 근간이다. 신헌법은 점령당국에 의해 만들어졌지만, 신헌법의 평화주의 이념은 비참한 전쟁을 체험하고 그에 대한 아픈 기억을 갖고 있는 일본국민들에게서 절대적인 지지를 받았다.

개헌론자들은 신헌법 평화주의 이념 자체를 부정하지는 않으면서도 민족의 자주성과 현실 논리를 내세워 제9조 개정을 주장했다.

DIGEST 91

냉전의 심화와 역코스, 그리고 한국전쟁
― 점령후반기(1947~1952년)

그때 세계는 –
1951년 | 한국, 거창양민학살 사건
1953년 | 미국, 매카시 선풍

 1947~48년에 걸쳐서 미소 양대 진영 간의 냉전은 점점 격화되어 갔다. 아시아에서도 1949년 중국공산당이 내전에서 승리하여 중화인민공화국을 수립하였고 장제스의 국민당은 대만으로 쫓겨 갔으며, 한반도의 분단도 점점 고착화되어 가고 있었다.
 패전 직후부터 적극적으로 추진된 개혁정책인 비군사화와 민주화는 결정적으로 1949년 중국이 공산화되면서 전환되었다. 공산당의 모택동이 중국을 차지하면서 미국이 장제스의 중국을 파트너로 하여 아시아를 지키겠다는 계획에 차질이 생겼기 때문이다. 미국은 중국 대신 일본을 아시아 방공防共의 보루로서 역할을 할 수 있도록 하루라도 빨리 재무장·경제부흥에 중점을 두게 되었다. 일본의 '민주화'도 이런 미국의 입장에 의해 제한받아 급속히 후퇴하여 역행하였기 때문에 '역코스'라 일컬어지게 되었다. 역코스 시기 점령정책을 시행한 것은 제2차 요시다 내각이다(1948년 10월부터 1954년 12월까지).

V 현대사회의 전개 **399**

경찰예비대의 모습. 경찰예비대의 일반 대원 모집이 시작되자 청년 응모자가 쇄도하여, 도합 7만 5천 명이 되었다. 경찰예비대는 후에 자위대로 개칭되어 지금에 이르고 있다.

요시다 내각은 1947년 4월 총선거에서 사회당이 제1당을 차지하는 등 노동운동이 격렬하게 일어나자 맥아더의 지시에 따라 1948년 7월말에 공무원 노동자의 단체교섭권을 부인하고 쟁의 행위를 금지하는 정령201호를 공포하였다. 정령201호는 점령정책이 후퇴하고 있다는 것을 암시한다.

게다가 일본의 경제는 극심한 인플레 속에서 1949년부터 더지가 트루먼 대통령의 특사로 일본에 부임한 후, 더지라인이 실행되면서 많은 노동자들이 희생되었다. 더지는 초 균형 예산, 세제의 대개혁 등 긴축재정을 적극적으로 시행하였다. 미국과 GHQ의 의도대로 인플레는 수습되고 물가는 하락하기 시작했지만, 실업자가 급증하였고 심각한 불황으로 중소기업의 도산이 줄을 이었다. 더지라인이 성공적으로 안착하기 위해 기업 내 인원 정리를 강행해야 했으며, 인원정리에 장애가 되는 좌파 노동조합을 배제시킬 필요가 있었다. 1949년 2월부터 12월까지 100만 명이 넘는 노동자가 일자리를 잃었다. 인원 정리의 강행에 반대하는 노동자의 운동이 격렬하게 일어났지만, 정부는 극심한 탄압을 하였고 노동운동의 좌파 단체인 산별회의는

A급 전범 기시 노부스케(岸信介, 좌)와 그의 외손자 아베신조(우). A급 전범으로 감옥에 있던 기시 노부스케가 석방되어 정계에 복귀하고, 전쟁을 지휘한 전범들이 사회에 복귀했다. 일본 유명한 정치가 대부분이 정치가문 출신이며, 태평양전쟁을 지휘한 전범인 아버지나 할아버지를 갖고 있다. 일본 정치가 망언은 미국의 대일점령정책의 전환에 그 계보를 두고 있다.

1949년 50만 명의 조합원을 잃었다.

한국전쟁은 냉전의 정점이었고, 역코스의 대미를 장식하는 기폭제가 되었다. 전쟁이 발발하자 맥아더는 일본공산당 기관지 아카하타赤旗에 대해 정간을 명령하였고, 일본공산당 중앙위원 24명을 공직에서 추방하였다. 전쟁이 본격화하면서 레드 퍼지red purge(공산주의자 추방)는 정부기관·언론사·민간기업 부문에까지 확대되어 1만 972명이 추방되었다.

한국전쟁이 발발하면서 맥아더는 7만 5천 명의 경찰예비대를 설치하고, 해상보안청 요원 8,000명의 증원을 지시하였다. 한국전쟁에 미군이 투입되면서 후방 기지의 확보라는 차원에서도 시급한 과제로 대두하였던 것이다.

공산주의자 추방과는 대조적으로 1951년 1, 2차에 걸쳐 군국주의자 등의 공직자는 추방이 해제되었다. 하토야마 이치로鳩山一郎를 비롯한 정·재계 거물급이 다수 포함되었다. 1948년 12월, A급 전범으로 감옥에 있던 기시 노부스케岸信介가 석방되어 정계에 복귀했다. 또한 전쟁에 참여했던 전직 군인이 추방에서 해제되어 경찰예비대로 입대하기 시작했고, 그 결과 1950년대 중반에는 구 자위대 상급 간부 가운데 전쟁에 참여했던 육군 정규 장교가 50%를 넘어서게 되었다.

한편 한국전쟁은 더지라인에 의해 불황에 시달리면서 얽혀있던 일본경제에 가뭄의 단비와 같았다. 일본은 미군을 중심으로 한 국제 연합군의 보급기지가 되면서 많은 군수 물자를 조달하게 되었고, 이른바 한국전쟁 특수가 일어나게 되었다. 한국전쟁의 특수효과는 절대적이었고, 이를 통해 일본경제는 도약할 수 있는 발판을 마련했다.

일본국 헌법이 시행된 이래 겨우 3년째 되던 해에 평화헌법이라는 타이틀과는 좀 다른 방향으로 나아가기 시작했다. 전세계에 냉전이 격화되면서 일본의 전쟁청산은 중단되고 전쟁을 지휘한 전범들이 사회에 복귀했다. 지금까지도 계속되고 있는 일본정치가 망언은 미국의 대일점령정책의 전환에 그 계보를 두고 있다. 냉전의 정점을 이룬 한국전쟁은 일본의 정치·경제 지형도를 바꾼 일대사건이었다.

냉전의 산물, 강화조약과 안보조약
—샌프란시스코 강화조약과 미일안보조약(1951년)

그때 세계는 -
1953년 | 한국, 휴전협정
1955년 | 소련, 스탈린 이론 비판

　대일 점령정책의 마무리는 2차 대전 전쟁을 종결하는 일본에 대한 강화문제였다. 강화문제 역시 한국전쟁의 발발과 냉전논리가 크게 그림자를 드리우고 있다. 한국전쟁으로 인해 미국의 대일 강화조약을 향한 행보는 급속도로 구체화되었다. 강화문제는 단순히 2차 대전을 종결하는 전쟁종결의 문제가 아니라 미국의 냉전구도와 맞물려 있었다. 즉 공산주의를 방어하기 위해 일본을 재군비시키고 미군 주둔을 위한 일본 내 기지 사용을 보장하는 방안이 우선순위였다. 1950년 1월 맥아더는 연두 메시지에서 일본국 헌법 제9조가 '자기방어의 권리를 부정하였다고 해석되지 않는다'며 재무장을 요구했다.
　강화의 문제는 단독강화 혹은 전면강화인지의 문제, 미국 군사기지의 설치문제로 논란이 일어났다. 공산주의 진영은 제외시키고 자유주의 진영과 외교체결을 하는 단독강화인가, 공산주의 진영도 포함하는 전면강화인가로 정부 요시다 내각과 좌파 사이에 의견이 나뉘었다.

V 현대사회의 전개 **403**

안보조약에 조인하는 요시다 수상.

요시다 내각은 경제적 자립을 중시하여 경제 부담을 가중시키는 재무장의 요구를 최소한도로 억제하고, 자유주의 진영의 국가와 우선적으로 조기 강화를 실현하여 주권이 회복되기를 희망했다.

그러나 혁신세력, 사회당·총평(중도우파의 노동조합, 일본노동조합 총평의회 약칭) 및 지식인·문화인 그룹 등은 단독강화를 반대하고 비무장·중립주의의 입장에서 시간이 걸리더라도 사회주의 각국을 포함한 '전면강화론'을 주창하였다.

1950년 7월에는 트루먼 대통령이 대일강화7원칙을 확정하여 발표하였다. 거기에는 단독강화, 오키나와·오가사와라의 장기 점령, 미군 주둔 등의 내용이 담겨 있었다. 1951년 1월 미국의 덜레스가 방일하여 요시다 수상과 면담하는 자리에서 재군비를 재촉했다. 그러나 요시다는 경찰예비대의 증원으로 재군비 제안만은 거절하였다.

1951년 8월, 미국은 영국과의 공동 제안으로 최종적인 강화조약 초안을 결정했다. 요시다 내각은 거국일치로 전권단 파견을 국회에 요청했지만, 사회당은 참가를 거부하였다. 9월 4일 대일 강화회의가 열렸다.

2차 세계대전 당시 대일전에 참가한 54개국이 초청되었지만, 일본의 침략전쟁의 최대 피해국인 중국과 한국은 제외되었다. 또한 미국은 강화의 목적을 일본의 경제 부흥과 재건에 중점을 둔 나머지, 아시아 각국에 대한 일본의 전쟁 책임, 배상문제를 따지지 않고 무배상원칙을 각국에 강요했다. 그러자 필리핀 등 아시아 여러 나라의 격렬한 반대에 부딪혀 일본의 배상 의무를 원칙적으로 인정한다는 선으로 후퇴했지만, 구체적인 조문에서는 무배상에 가까운 내용들을 삽입해 놓았다.

결국 샌프란시스코 강화회의는 중국과 한반도에 대한 일본의 근복적인 전쟁 책임의 문제가 불문에 부쳐진 채 진행되었다. 미얀마와 인도의 불참, 아시아 민족들에 대한 일본의 전쟁 책임을 유보한 상태로 체결된 조약이었다. 9월 8일 일본은 소련 등 사회주의권 국가를 제외한 48개국과 평화조약을 맺음으로써 일본과 연합국 사이의 전쟁 상태는 종결되었다. 그리고 평화조약이 조인된 8일 밤, 미일안보조약이 조인되었다. 그 동안 점령군으로 국내에 주둔하던 미군은 이제 동맹군으로 계속 자리 잡게 된 것이다. 안보조약에 근거하여 1952년 2월 도쿄에서 '일미 행정협정'이 맺어져 일본은 미군에 기지를 제공하고 주둔 비용을 분담하게 되었다.

샌프란시스코 강화조약은 냉전이라는 구도 아래 일본의 전쟁책임이 면책되고 사회주의가 제외된 채 이루어졌지만, 일본으로서는 미국의 재무장을 막고 단독강화한 요시다 노선은 당시 상황으로는 가장 현실적인 길이었다. 대다수 국민도 한시라도 빨리 강화조약을 맺고 독립을 원했다. 그러나 혁신세력은 사회주의 국가를 포함한 전면강화를 주장하고 미국과 안보조약을 맺음으로써 일본의 종속화를 치열하게 반대하였다. 일교조(일본교직원조합)의 '제자들을 다시는 전쟁터로 내몰지 마라'라는 슬로건은 당시 많은 일본 국민의 마음을 사로잡았다. 이러한 움직임은 점령초기 제정된 일본국 헌법의 원칙인 주권재민, 전쟁 포기, 기본적 인권에 대하여 다시 상기할 수 있는 계기가 되었다. 이후 미국과 연계된 일본 주류에 대한 반대 운동의 큰 물줄기를 만들어냈다.

보수합동과 자민당의 탄생
―55년체제의 성립(1955년)

그때 세계는 -
1955년 | 바르샤바 조약기구 성립
1956년 | 한국, 제3대 정부통령 선거(대통령에 이승만, 부통령에 장면 당선)

　1955년 11월 보수계가 합당하여 자민당(자유민주당의 약칭)이 탄생했다. 자민당과 더불어 만들어진 55년체제는 2009년 완전 몰락할 때까지 전후 일본의 정치를 규정하고 이끌어왔다. 자민당의 탄생과 55년체제의 성립은 일본 현대사를 관통하는 키워드이다.
　보수계인 일본 민주당과 자유당이 자유민주당으로 합동하게 된 배경은 무엇일까? 우선, 1955년 좌우로 분열되었던 혁신계 사회당이 통일되어 강력한 세력으로 등장하면서 이에 대한 위기감이 보수계를 합동으로 이끌었다. 이를 위해 1955년 2월 총선거를 둘러싼 상황을 이해할 필요가 있다.
　당시 요시다의 자유당은 점령시기 이래 정치를 주도해왔으며, 공직추방 해제에 의해 전범으로서 추방되었다가 복귀한 하토야마 이치로鳩山一郎는 일본민주당을 결성하여 요시다의 자유당과 첨예하게 대립하고 있었다. 하토야마는 요시다의 친미 실용주의노선에 대하여 비판적이었고, 미국이 만든 평화헌법을 개헌하여 군대를 창설하여 강력한 일본을 만들고자 했다. 하토

혁신계 사회당의 통일과 보수합동 자민당 탄생.

야마의 일본민주당은 1955년 총선거에서 '헌법개헌'을 공식적인 당의 입장으로 내걸었고, 총선거 결과 제1당이 되었다. 그러나 헌법을 개정할 수 있는 의석을 차지하지 못했다.

좌우 양파의 사회당은 선거 후 합동한다는 결의를 발표하고 하토야마의 헌법개정을 저지할 수 있도록 의석을 몰아줄 것을 주장하며 선거에 임했다. 그리고 헌법 개정 저지선인 전체 의석의 1/3을 차지하는 데 성공하였다. 선거전 약속대로 좌우 양파의 사회당은 통일사회당으로 통합하였다. 1955년 2월 총선거에서 보여준 사회당의 약진은 보수 측에게 엄청난 위협으로 간주되었다. 보수계 자유당과 일본민주당는 혁신세계력에게 결코 정권을 넘겨줄 수 없다는 생각이었고, 극심한 대립 속에서도 보수계가 합동할 수 있는 결정적 계기가 되었다.

다음으로, 보수계가 합동하게 된 배경으로 일본 재계의 압력을 들 수 있다. 일본경제는 한국전쟁으로 인한 군사특수를 통해 패전에 의한 파괴 상태로부터 급속히 회복했으며, 이를 토대로 재계는 정치에 대한 발언력을 크게 증대시켰다. 일본재계는 성장궤도에 오르기 시작한 일본경제가 사회당의 집권으로 다시 무너지지 않을까 우려하였고, 안정된 보수정치하에서 경제

하토야마 이치로(좌)와 그의 손자 하토야마 유키오(우). 공직추방해제에 의해 전범으로서 추방되었다가 복귀한 하토야마 이치로는 일본 민주당을 결성하였다. 일본 민주당 총리였던 하토야마 유키오는 그의 손자이다.

발전정책을 원했던 재계는 보수정당들의 통합을 원했다. 재계 4단체로 불리는 경단련, 일경련, 일본상공회의소, 경제동우회는 정국이 동요할 때마다 대동단결과 안정 정권의 확립을 강력히 요청하였다.

또 당시 냉전이 심화되는 국제정세도 보수합동의 배경으로 한몫했다. 1955년 7월 한국전쟁이 종식되고 휴전협정이 조인되었지만, 남북한 군사적 긴장상태는 여전했고, 그에 앞서 1954년 5월 제1차 베트남전쟁에서 프랑스의 패배, 중국의 강력한 등장 등 아시아에서 냉전체제가 확립되고 있었다. 이러한 국제 상황에서 보수세력은 내분을 중지하고 공산주의로부터 일본을 방위해야 한다는 생각을 하게 되었다.

1955년 11월 보수계 합동으로 탄생한 자민당은 강력해진 힘을 바탕으로 다시금 개헌을 중대과제로 삼았다. 즉 자민당은 미국 점령으로 이루어진 전후개혁(상징천황제와 평화헌법)이 국권을 분열시키고 있다고 비판하고 신헌법에 의해 상징으로 규정된 천황의 지위를 통치권을 지닌 국가원수로 회복시키는 것과 자위대를 중심으로 한 국방력 강화를 주장했다. 그러나 전후 국민들은 참담한 전쟁의 기억을 갖고 있어서, 개헌을 반대하고 있었다.

  1955년 자민당이 성립된 이래 일본 정치체제는 자민당과 사회당 양대 정당을 중심으로 운영되었고, 이렇게 보수 자민당과 혁신 사회당의 2대 정당을 중심으로 전개된 체제를 '55년체제'라 부른다. 말이 양대 정당이지 자민당이 압도적이었다. 사회당은 약체였고, 1996년에 붕괴었다. 55년체제라는 말 속에는 전후 일본의 정치를 포괄하는 넓은 의미를 담고 있다. 55년체제에는 보수계인 자민당이 장기집권하면서 국제정치는 철저히 미국을 추수하고, 그 대신 미국의 보호 아래 경제발전에 전념해 성공적으로 경제대국의 신화를 이룬 체제라는 의미를 담고 있다.

DIGEST 94

일본 최대의 대규모 시민운동
―안보반대투쟁(1960년)

그때 세계는 -
1960년 | 소련, 브레즈네프 집권
1960년 | 한국, 4·19혁명

1960년 안보투쟁은 미일안전보장조약의 개정을 반대한 시민운동이다. 전후사에서 최대 규모의 운동으로 이후 일본사회에 거대한 영향을 주었다. 일본사회에 저항의 흐름을 이야기한다면, 우선 안보반대투쟁을 언급해야 한다. 안보반대투쟁은 냉전과 깊은 관련 속에서 전개되었다.

일본과 미국은 안전보장조약(안보조약)을 1951년 체결한 바 있는데, 1957년부터 안보조약 개정을 위한 교섭이 시작되었다. 1957년 8월 소련이 대륙간 탄도 실험에 성공하면서 미국은 일본과 더욱 긴밀한 관계로 전환할 필요가 있었다. 일본의 기시 수상은 방미를 계기로 아이젠하워 대통령과 공동성명을 내며 공산주의 위협 앞에서 자유세계가 단결해야 함을 강조했다. 기존의 안보조약은 공산주의 위협을 지키기에 여러 가지로 미흡했다. 1958년 미국은 안보조약의 전면개정을 일본에게 제안하며 극비리에 교섭을 추진하였다.

신안보조약은 기존의 안보조약과 비교해 보면 첫째, 무력 공격에 대하여

안보투쟁 때 국회 앞 시위광경. 6월 15일 안보조약에 반대하는 시위대 30만 명이 참여했고, 대학생 1명이 죽고 1천 명 이상이 다쳤다.

일미 양국이 상호방위의무가 규정되어 있어서 미국과 일본 사이의 군사동맹적 성격을 명확하게 했고 둘째, 일본에 주둔 중에 있는 미군이 극동의 평화를 위해 출동할 수 있기 때문에 극동에서 발생한 전쟁에 일본이 개입하게 될 가능성이 있었다. 셋째, 양국이 경제적 협력을 촉진한다는 규정이 있어서 군사동맹의 경제 기반 강화가 포함되어 있다. 신안보조약은 미국과 일본 사이의 군사적 동맹관계를 더욱 강화해서 미국의 극동전략에 일본이 더욱 깊이 개입하게 되며, 대신 일본이 경제성장에 전념할 수 있도록 안전보장을 위한 국제적 장치를 제공해 주는 것이다.

'신안보조약의 가결'에 관한 아사히 신문기사. 신안보조약은 6월 18일 새벽 0시 30여만 명의 시위대가 국회를 포위하고 있는 가운데 자동성립되었다. 신문기사는 '새벽미명에 본회의 통과' 내용을 전하고 있다.

당시 일본정부는 기시 노부스케가 수상이었는데, 기시는 1958년 총선에서 자민당이 안정된 의석을 획득하면서 자신감 있게 안보조약 개정을 교섭하기 시작했다. 공산당과 사회당은 이 같은 안보조약 개정에 강력히 반대했다. 혁신계는 조약이 개정되면, 일본이 반공의 교두보로서 미국이 일으킨 전쟁에 적극 개입하게 되며 나아가서는 일본이 핵무장화로 이어질 위험이 있다고 반대했다. 시민들도 전쟁의 참담한 기억을 갖고 있는데다가 전후 극심한 생활고에서 막 벗어나 경제가 어느 정도 궤도에 오르고 있었기 때문에 전쟁의 개입가능성이 높은 신조약을 반대하였다.

1959년 3월 총평과 사회·공산 양당을 포함한 134개 단체가 참가하여 '미일안보조약개정 저지국민회의(국민회의)'가 결성되어, 저지를 위한 통일운동이 전개되었다.

그러나 신안보조약은 1960년 1월 19일 미국 워싱턴에서 조인되고 2월부터 국회 심의에 들어갔다. 이때부터 반대운동의 과제는 조인 저지에서 국회

비준을 저지하는 데 맞추어졌다. 아이젠하워 미국 대통령의 방일 이전에 이 법을 성립시키기 위해, 기시수상과 자민당은 5월 19일 밤 경찰을 동원하여 사회당 의원들을 힘으로 밀어내고 신안보조약을 개회 후 십수 분 만에 아무런 심의도 없이 통과시켰다.

　단독통과는 국민들에게 민주주의에 대한 도전으로 받아들여졌고, 이를 계기로 안보조약 개정반대운동은 강행타결에 항의하는 민주주의수호운동으로 발전했다. 강행통과한 날로부터 1개월간 국회, 수상관저, 미대사관 주변에서 항의시위가 연일 계속되었다. 6월 4일에는 국민회의가 제안한 안보개정저지 제1차 실력행사에서는 전국에서 560만 명이 참가하는 파업이 감행되어 각지에서 시위를 벌였다. 6월 15일 '안보개정 저지 제2차 실력행사'에는 제1차를 능가하는 580만 명이 참가했다. 이 과정에서 도쿄대 여학생이 사망하고 밤이 되자 강경진압이 더 심해져 부상자는 1천여 명으로 늘어났다.

　한편 중의원에서 가결 후 30일 이내에 참의원에서 의결하지 않을 경우, 중의원의 의결을 국회 의결로 정한다는 헌법 제61조 규정에 의해 한 달 전에 중의원에서 자민당 단독으로 가결한 신안보조약은 6월 18일 새벽 0시 자동 성립하게 되었다. 6월 18일 새벽 0시, 30여만 명의 시위대가 국회를 포위하고 있는 가운데 자동성립하게 되었다. 기시 수상은 국무회의에서 퇴진하였다.

　조약개정을 저지하지 못하고 결국 조약은 성립되었지만, 안보투쟁이라 일컬어지는 대규모 시민운동은 일본의 민주주의 발전에 하나의 획을 그은 역사적 사건이고, 일본사회에 엄청난 충격을 주었다. 안보투쟁은 1950년대 대중운동과의 연결 속에서 이루어졌고, 1950년대 사회운동과 역량을 총괄하는 대규모 민중운동으로 일본현대사에서 가장 큰 시민운동이었다. 안보투쟁은 1960년대 정당정치와 정부정책, 그리고 시민운동의 방향에 큰 변화를 가져온 분수령이 되었다. 자민당은 안보투쟁으로 당초의 평화헌법을 고쳐서 군사력을 가지려는 개헌의지를 접을 수밖에 없었다. 이런 점에서 안보투쟁은 평화헌법을 지켜냈다는 의미도 지닌다. 다른 한편으로 자민당은 개헌이라는 정치성이 분명한 목표 대신 경제발전을 새로운 목표로 설정했다.
　안보투쟁 후 1960년 11월 실시된 선거에서 자민당이 57.6%의 안정다수 의석을 확보함으로써 성립된 이케다 내각은 곧 국민소득배증계획을 결정, 발표했다. 10년 후에는 국민소득이 2배가 된다는 전망을 국민들에게 제시함으로써 국민들 사이에 큰 반향을 일으켰다. 이케다 내각은 안보투쟁으로 인해 정치의 장에 형성된 균열을 경제발전이라는 목표를 통해 봉합하고자 했다. 이렇게 해서 일본사회는 정치의 계절에서 경제의 계절로 넘어가게 된다.

DIGEST 95

전후의 재일조선인
―불우의식에서 소통으로(1945~2011년)

그때 세계는 -
1961년 | 한국, 5・16군사쿠데타 발생
1962년 | 쿠바 위기

    현재 재일조선인은 약 60만 명에 이르고 있고, 귀화자까지 합하면 83만 명으로, 일본거주외국인을 대표하고 있다. 재일조선인의 객관적 현황, 그들의 인간적 고뇌가 전후를 거치면서 어떻게 변화했는지 소개하고자 한다.
    패전직후 재일조선인은 일본의 법 제도에서 철저히 축출당하였다. 1945년 '개정 중의원 의원선거법'을 공포하여 종래에 일본 거주 조선인이 가지고 있던 중의원 의원의 선거권 및 피선거권을 박탈했다. 이후 1947년 5월 칙령으로 '외국인등록령'을 공포하여 연합국과의 강화조약이 체결되기 전의 구식민지 출신자들은 일제히 외국인으로 취급한다며 외국인 등록과 등록증의 소지를 의무화하였다. 이와 모순되게도 재일조선인을 일본 국민이라고 간주해 그들의 자녀들에게 일본 학교에 취학할 것을 강요했다. 이윽고 1948년 3월 조선학교 폐쇄명령이 내려졌다. 재일조선인은 조선학교 폐쇄에 대항해 민족교육을 지키는 운동을 전개했다.
    이후 1952년 4월 샌프란시스코 강화 조약에 의해 일본이 독립국의 지위

V 현대사회의 전개 **415**

역도산(1924~1963). 1958년 세계선수권자인 J.S. 루테스를 물리치고 헤비급 세계 챔피언이 되어 전후 일본인의 영웅이 되었다. 1963년 귀국, 한국의 체육 발전을 위하여 서울에 스포츠센터의 건립을 약속했으나, 그해 도쿄의 나이트클럽에서 일본 청년의 칼에 찔려 복막염으로 사망하였다.

를 회복하자, 일본 정부는 재일조선인의 일본국적을 박탈한다고 발표하였다. 당초 일본 정부는 재일조선인 본인의 희망에 따라 일본의 국적을 선택할 수 있도록 하겠다는 의사를 나타내기도 했으나, 이를 뒤집어 버린 것이다. 외국인이 된 재일조선인은 군인은급 등 전후보상법에서 배제되었고, 각종 사회보장제도의 혜택도 받지 못했다. 이미 1945년부터 정지 상태에 있던 선거권도 최종적으로 정지되었다. 또한 외국인 등록증명서를 항시 소지해야 했으며, 등록증명서의 기한을 연장할 때마다 지문 날인을 해야 했다. 일본에서는 범죄자에 한해서 지문 채취가 이루어졌기 때문에 재일조선인들은 지문 날인에 반대하는 운동을 하였다. 일본인들도 함께 지문 날인 반대운동을 하였고, 2000년도에 지문 날인 제도는 폐지되었다.

1970년에는 한국인 청년이 대기업인 히타치제작소日立製作所에 합격했으나 외국인이라는 이유로 입사가 취소되는 사건이 일어났다. 이 사건은 외국인에 대한 차별사건으로 사회적인 문제가 되어 이 청년은 재판을 통해 입사를 인정받을 수 있었다. 그 외에도 공영주택의 입주차별철폐, 변호사 자격증의 국적 조항 철폐 등이 재일조선인들의 지속적인 운동에 의해 실현되어 갔다.

이러한 일본사회의 변화와 함께, 참정권부여운동이 전개되었다. 1975년 9월 북규슈시 시민단체들이 정주외국인의 지방선거권에 관해 시 당국에 공개질의서를 제출한 것이 운동의 시발점이 되었다. 1993년 기시와다시岸和田

市 의회는 일본 지방 자치 단체로서는 처음으로 중앙정부에 대해 정주외국인에게 참정권을 부여하도록 요청하는 결의문을 통과시켰다. 또한 1995년 2월 일본 최고재판소가 '정주외국인에 대한 지방참정권 부여는 헌법상 금지된 것이 아니며, 다만 국가의 입법 정책에 해당하는 사항'이라는 판결을 내린 것을 계기로 일본 의회에서도 지방참정권 법안이 논의됐다. 지방참정권 문제에 대해서 공명당이 가장 적극적인 모습을 보였다. 공명당은 1998년 처음 법안을 제출한 뒤 오늘날까지 5차례에 걸쳐 연립 여당을 포섭해 관련 법안을 의회에 제출했다. 하지만 5차례 모두 표결에 들어가지 못하고 회기를 넘겨 자동 부결되어 왔다. 현재 자민당과 정권교체 된 일본의 민주당은 외국인 지방참정권 법안에 긍정적인 입장이다. 일본 국민의 60%가량이 정주외국인의 지방참정권 부여에 찬성하는 것으로 나타나고 있다. 앞으로 야당인 일본자민당의 반대와 연립정권 내 소수 의원들의 반대를 어떻게 극복할지 지켜보아야할 것이다.

전후, 재일조선인의 투쟁을 원동력으로 하면서도 일본사회의 협조하에 재일조선인의 법적·제도적 차별이 불완전하나마 일부 철폐되었다고 할 수 있다. 그렇다면 전후 재일조선인은 무엇을 고뇌하고 염원해 왔을까?

1945년 전후세계는 식민지라는 환경에 처해있던 재일조선인에게 분명 새로운 시대였다. 재일1세는 사회보장제도의 혜택도 받지 못하는 등 각종 차별 속에서 하루하루 사활이 걸린 생존을 하면서도, 민족단체를 조직하고 민족학교를 건설하는 데에 왕성한 에너지를 바쳤다. 한편 재일1세에게 일본 속의 조선이었고, 서로 의지하고 부딪치면서 체험과 처지를 공유하는 동포 중심의 생활의 장이었던 조선인 마을은, 고도경제성장이 본격화된 1960년대 이후, 젊은 세대인 재일2세가 도시로 나가면서, 쇠퇴하기 시작했다.

한국에서 자라서 일본에 건너왔기에 재일1세는 조선에 대한 강렬한 민족감을 가지고 있다면, 재일2세는 아버지 세대와 아주 달랐다. 재일2세는 일단 집과 아버지를 대변하는 조선을 거부하고 재일이라는 어두운 아버지 집에서 나와 민주주의적인 일본사회 속에서 살고 싶은 꿈을 꾸었다. 그렇지만, 이념과 현실 사이의 큰 괴리에 부딪치게 되었다. 도시에 온 재일2세에게 취직은 거부되었고, 차별은 생활 곳곳에 자리 잡고 있었다. 결국 일본사회라는 현실의 벽 앞에서 집, 민족으로 다시 돌아오게 된다.

재일교포로서 최초로 동경대 교수가 된 강상중 교수는 "자신이 속한 공동체가 열등하지 않은가라는 질문은 재일교포로 태어나면서 가장 먼저 고민하게 되는 것"이라 말하면서, 자신도 그 열등한 재일교포로부터 도망하고픈 기분이 강했다고 고백한다. 그는 1970년 가을 일본에 귀화한 재일교포 학생이 민족문제 등의 고민으로 분신자살하자, 도망치듯이 처음으로 한국을 방문하였다고 한다. 그리고 한국에 와서 '한국의 보통 사람들이 열등한지 아닌지에 대한 어떠한 의식 없이 그저 일상적으로 살고 있음'을 보면서 한국인의 열등감 콤플렉스에서 벗어났다고 말하고 있다.

재일2세는 어두운 아버지 집을 나왔지만, 일본사회에도 동화되지 못했고 다시 아버지의 집, 조국으로 돌아왔다. 하지만 그 조국에도 동화되지 못하는 정체성의 혼돈을 겪었다. 서울대에서 유학한 재일교포 서준식 씨는 두 문화에 소속되어 있지만, 어디에도 동화되지 못한 경계인의 만성적 외로움으로 언급하고 있다. 재일2세의 대표적인 작가인 김학영 작가는 소설 〈얼어붙은 입〉에서 이 만성적 외로움 내지 불안과도 닮은, 정체를 알 수 없는 감정을 '말더듬이'라는 매개를 통해 표현해냈다. 이러한 뿌리에 대한 갈망과 고뇌, 소외감은 재일3세로 이어져 이양지(1955~1992) 작가는 서울로 유학 온 유희가 모국에서 갈등하는 모습을 그려서(《유희》) 1989년 아쿠타가와상을 수상하기도 했다.

그러나 1980년대를 거치면서 풍요 속에 자란 젊은 세대 3, 4세는 한국인으로서 민족적 정체성이 희박해지고 생활과 직업의 기반인 일본 사회에 밀접하게 동화되고 있다.

재일조선인 3, 4세는 대부분 조국에 대한 기억과 소속감이 없으며 일본인과 다름없이 성장하여, 취직과 결혼에 즈음하여 일본국적으로 바꾸는 등 생활의 편리함을 최우선하여 국적을 선택하는 것이 당연시 되고 있다. 재일3, 4세에 이르면 재일조선인은 각양각색이어서 하나로 말하기 어렵다. 귀화한 자도 많으니, 국적도 다르고 고향도 다르고 언어에 대한 감각도 다르다.

그러나 재일조선인 선조들이 한반도에서 건너왔으며, 이는 일본의 식민지 지배와 관계가 있다는 점, 시대적 국면에 따라서 재일조선인이 피억압자, 피차별자로서의 입장을 강요당했음을 부정할 수 없다. 재일조선인은 이러한 자신의 내력을 확인하게 되는 순간을 생의 어느 지점에선가 만나게 되며, 민족을 탈각시켜 버린 듯이 보이는 재일3세, 4세의 경우에도 예외는 아니다.

조선의 혼을 끈끈하게 붙들면서 있던 재일1세, 일본과 조국에 동화되지 못한 채 경계인으로서 고뇌한 재일2세, 민족에 무관심한 듯 보이는 재일3세 모두 차이는 있을지 모르지만, 일본사회의 이민족으로서 차별의 역사적 무게가 각인된 불우의식을 짊어지고 있다고 할 수 있겠다. 그럼에도 재일1세는 전후 필사적으로 일하여 재산을 모아 민족학교, 민족단체를 건설 재일2세는 일본과 조국의 경계인으로서 고뇌하며 일본시민운동을 견인해내며 차별철폐를 이룩하였다. 전후 재일조선인의 강건한 기상을 확인할 수 있다. 전후 재일조선인은 여전히 지방참정권이 부여되지 않고 있으며, 보이지 않는 심리적 차별도 사라지지 않는 등 많은 문제점에도 불구하고, 전후 50여 년 동안의 역사는 식민지시대의 격리된 집단에서 일본사회와의 소통을 향해 가는 점진적 과정이었다고 말할 수 있겠다.

경제대국의 신화, 그 원동력
― 풍요로운 일본(1955~1980년대)

그때 세계는 –
1972년 | 미국, 닉슨의 중국 방문
1973년 | 제4차 중동전쟁

　패전직후 붕괴된 일본 경제는 1956년도 사실상 전후 복구를 성공적으로 마무리지었다. 일본경제의 회생에는 미국의 역할이 컸다. 1947~49년 경제 부흥에 필요한 수입의 67%가 미국의 원조에 의해 이루어졌고, 태평양 전쟁에 대한 배상 부담도 미국의 도움으로 경감되었다. 한국전쟁 특수도 결정적 역할을 하였다.

　전후 부흥과정을 거쳐 일본은 1955년경부터 세계에서 유례를 찾아 볼 수 없는 고도 경제성상을 달성하였다. 1955년 이후 부터 1973년에 제1차 석유위기가 있기까지 일본경제는 연평균 실질 GNP 성장률이 거의 10%에 달하는 등 경이로운 성장세를 기록하였다. 1960년대 주력상품은 전기세탁기, 전기냉장고, 흑백텔레비전이었고, 1960년대 후반은 보통 3C라 불리워지는 컬러텔레비전, 자동차, 에어컨이었다. 1947~49년에 태어난 베이붐세대인 단카이세대가 노동력을 제공했다. 고도성장기 일본인들의 생활만족도는 높아서, 자신이 중간층에 속한다고 생각하는 사람이 90%에 달해 '일억 총중

1964년 도쿄 올림픽은 일본의 경제발전을 상징하는 이벤트였다.

류화'라고 일컬어졌다.

 이러한 놀라운 경제성장률을 가능하게 한 요인을 찾아보면 대체로 다음과 같은 객관적 배경을 들 수 있다. 우선 전후의 경제 민주화 정책에 의해 소비수요 및 국내시장이 확대되었으며, 선진 기술을 적극적으로 도입하고 급속하게 기술혁신이 이루어져 생산성이 대폭적으로 향상된 것이다. 또한 국민의 높은 저축성향과 질 좋고 풍부한 젊은 노동력이 일본의 경제성장을 뒷받침했고, 정부 주도의 효율적으로 시행된 산업보호 육성정책 등도 한몫했다. 게다가 당시 단일환율(1달러=360엔)이 오랜 기간 유지되어, 이런 국제환경적 요소도 일본제품이 높은 가격경쟁력을 유지하고 나아가서는 수출산업을 부흥시키는 데 일조하였다.

 일본은 1955년부터 1973년까지 19년 동안 10%에 가까운 고도경제성장을 이루면서 3년, 때로는 2년 내지 5년의 주기로 불황을 거쳤지만 바로 극복하고 높은 성장을 이루었다. 1960년대 후반에는 자유진영에서 미국 다음가는 경제대국으로 성장했다. 1964년 도쿄 올림픽 개최와 신칸센 개통은

1973년 노벨물리학상을 타는 에사키 레오나(江崎玲於奈).

이 같은 발전을 상징하는 이벤트였다.

이후 일본의 경제는 제1·2차 석유위기(1973,1978)에서도 다른 선진국에 비해 빨리, 훌륭하게 극복했다. 1970년대 석유위기를 극복한 일본은 1980년대에 세계적인 경제대국으로 부상하게 되었다. 수많은 통계는 그것을 잘 나타내 준다. 1988년 세계 GNP의 14%를 차지하고, 세계 최대의 채권국이 되었으며, 같은 해 미국을 제치고 세계 제일의 정부개발원조 공여국가가 되었다. 1980년대 일본 경제는 정점을 올라 세계인의 부러움을 받았다. 미국 학계에서 최고의 동아시아 전문가로 인정받고 있는 에즈라 보겔(Ezra Vogel) 하버드대 교수는 1979년 《최고 국가 일본(원제 Japan as number 1 : Lessons for America)》이란 책을 출간하여 일본의 성공에 찬사를 아끼지 않았다.

그렇다면 일본이 경제 대국의 신화를 만들어 낸 원동력은 무엇일까? 일본 역사 속에서 만들어진 문화와 전통과 연관하여 생각해 볼 수 있다.

일본은 원리를 창출하기보다 실생활에 이용 가능한 편리성을 만드는 것에 민첩하고 능하다. 또 700년간 사무라이 사회에서 형성된 집단주의, 집단에 대한 강한 귀속성이다. 웃음을 파는 유녀에게서조차 천하제일을 지향하는 장인 정신이 있다.

소위 '일본적 경영'이라 불리는 일본 기업 특유의 경영 방식을 살펴보면, 이러한 일본의 전통을 대폭 도입하여 현대 사회에 맞게 변용한 것임을 알 수 있다. 한번 고용하면 퇴직까지 보장해 주는 종신고용제, 승진을 능력이 아니라 회사의 근무 연한에 따라 보장해 주는 연공서열제, 노사 간의 긴밀한 협조, 이것은 일본적 경영의 대표적인 내용이다. 한 개인의 능력을 우선하기보다 집단을 존중하는 경영 방식인 것이다.

일본인은 먼지를 세는 것이 직업이라 해도, 정성들여 혼을 다해 할 수 있는 사람들이다. 아마도 그런 무의미한 일일지라도 가장 잘 할 수 있는 사람이 일본인일 것이다. 일본의 한 코미디언은 "일본인은 빨간 불이라도 함께라면 건넌다"라는 유명한 말을 했다. 일본인에게 '함께'라는 사실은, 다시 말해 집단이 시키는 일은, 빨간 불이 옳은지 아닌지를 묻지 않을 정도로 중요한 것이다. 먼지를 세는 것도 집단이 시키는 일이라면, 집단에서 인정받을 수 있는 것이라면, 아무리 지루하고 나의 인생에서 별다른 의미가 없다 해도 의심하지 않고 할 수 있는 사람들이다.

20세기는 일본의 문화와 전통에 가장 잘 맞아떨어진 시대이지 않았나 생각한다. 20세기의 주도 산업은 철강, 조선, 석유 화학 등 중화학 공업이거나 전자, 자동차 산업이었다. 창의적 발상보다는 반복과 훈련이 중요시되는 제조업 분야였다. 석유 위기 이후에는 중화학 공업이 정리되고 하이테크·바이오·서비스 산업 등 새로운 분야로 진출했지만, 여전히 전자 산업 등 제조업 분야에서 일본은 세계를 압도하는 경쟁력을 지녔다.

1960~80년대 일본경제대국의 신화는 객관적 요소도 작용했지만 일본의 문화와 전통에서 많은 힘을 얻었다. 일본은 미국과 유럽에서 발견한 원리를 갖고 와서 철저한 모방을 거쳐 기술을 혁신하여 더 좋은 제품을 만들었다. 그리고 제복을 입고 아침, 저녁으로 보건체조를 하면서 사장에서 신입사원에 이르기까지 솔선수범으로 참여하여 세계제일이 아니면 죽는다는 비장한 각오로 임하는 방식, 그것을 통해 일본경제대국의 신화를 만들었다.

DIGEST 97

일본경제의 장기불황
—잃어버린 20년(1991~2011년)

그때 세계는 -
1990년 | 동·서독 통일
1991년 | 소련 해체, 독립국가공동체 창설
1993년 | EC 시장통합

　일본은 1991년 이래 장기불황이 계속되면서 10여 년 경제의 구조적 문제에 시달렸다. 이 위기는 이전의 불황과는 그 성격이 질적으로 다른, 전후 55년 체제를 뒤흔드는 근본적인 위기이다. 전후 불황은 있었지만 곧 극복했다. 일본인은 일에 대해 목숨을 거는 사람들이니, 그만큼 기민했던 것이다. 이 길고 심각한 경제 위기는 '잃어버린 10년'으로 불렸는데, 이제는 20년이 지났으니 '잃어버린 20년'이라 불러야 할 판국이다.

　불황은 거품 경제가 무너지고 금융권의 부실 채권이 대량 발생하면서 시작되었다. 대출 등에 의해 사들인 주식과 부동산 가격이 거품 경제의 붕괴로 한없이 하락했다. 그렇지만 은행에서 빌린 원금과 이자는 그대로 떠안게 되었다. 따라서 기업 등은 그 돈을 갚을 능력을 상실한 것이다. 은행이 돈을 빌려 주고도 회수할 수 없게 되어 버린 것, 이것이 부실 채권이다. 부실 채권은 금융 시장에 극심한 혼란을 가져 오고 일본 경제에 중대한 영향을 미쳐, 일본 경제가 장기간에 걸쳐 침체 상태에 빠지게 된 것이다.

시부야의 거리.

그러나 이것은 겉으로 보이는 불황의 모습일 뿐이다. 이토록 오랫동안 불황을 극복하지 못하고 지속하게 만들었던 근본적인 문제가 따로 있는 것이다. 단순히 부실 채권만의 문제가 아니다. 사실상 일본은 1990년대에 들어 급격한 정보 기술의 발달이 가져온 새로운 시대에 제대로 적응하지 못했다.

이 새로운 시대는 20세기 산업 자본주의와는 다른 사회이다. 첨단 정보 통신이 혁명적으로 발달하면서 웬만한 것은 컴퓨터가 맡아하는 세상이 온 것이다. 인간이 부지런히 힘들여 하던 작업을 이제는 대부분 컴퓨터가 더 잘 할 수 있게 된 것이다. 이전에는 희귀하여 대가를 지불해야 습득할 수 있던 정보가 지금은 인터넷에 공짜로 무진장 널려 있다. 필자 역시 인터넷에서 도쿄대 도서관에 무슨 자료가 있는지, 간단한 조작만으로 도서관 넘버까지 알 수 있다. 미국 하버드대의 유명한 일본학 교수가 어떤 활동을 하고 있는지 자세하게 확인할 수 있다. 1980년대까지만 해도 이런 정보를 얻기 위해서는 수많은 인맥이 필요했고 부단한 발품을 팔아야 했지만, 지금 우리는 방에 앉아 차 한 잔을 음미하면서 클릭 하나로 다 할 수 있게 된 것이다.

이제는 성실만 갖고는 높은 부가 가치를 만들 수 없다. 무진장한 정보를 응용할 수 있는 능력이 있어야 한다. 또 새로운 것을 만들어 낼 수 있는 창의력이 있어야 최고가 되는 세상이 된 것이다. 창조적인 사람이 가장 핵심적인 경제 자원이 되었다.

더구나 WTOWorld Trade Organization(세계무역기구) 체제의 출범으로 보호 관세의 장벽이 무너지면서 세계는 하나로 급속히 묶여 가고 있다. 상품과 문화가 첨단 통신과 배급망을 통해 전 세계를 질주한다. "스시를 먹고, 베네통 옷을 입고, 록 음악을 들으며, 현대 자동차를 타고, 맥도널드 햄버거 집으로 간다"는 미국의 어느 미래 학자의 말이 그대로 현실로 나타나고 있는 실정이다.

이렇게 속도가 대단히 중요시되는 세상에서 상명하복, 상부의 지시를 기다릴 시간이 없는 것이다. 담당자가 그때그때 순발력 있게 판단해 처리하고, 또 그것에 책임을 져야 한다. 집단이 시키는 것이라면 먼지라도 세던 일본인의 모습과는 너무도 어울리지 않는 시대가 도래한 것이다. 이 시대는 일본이 지니고 있는 체질의 완전한 변화를 요구한다. 새로운 대전환, 이것이 현재의 일본으로서는 쉽지 않은 것이다. 기존의 체제가 사회 곳곳에서 하나의 시스템으로 체질화되어 있기 때문에 무척 어렵다.

그러나 더욱 중요한 것은 창의력이란 언어는 일본 문화와 역사적 전통에서 아주 낯선 단어라는 점이다. 창의력은 자신의 깊은 내부에서 가슴을 통해 샘솟듯 번뜩번뜩 솟아나며 느낌으로 전달되는 힘이다. 창의성은 내부로 집중하여 마음의 소리를 들을 준비가 되어 있는 사람을 통해서 나타난다. 그러나 항상 외부 또는 집단을 의식해야 하는 역사를 지닌 일본으로서는 가장 하기 어려운 것이 아닐까 생각한다.

일본은 시대적 변화에 적응하지 못해 장기 불황에 처해 있었다. 일본이 잃어버린 20여 년을 지내는 동안, 우리는 처음으로 그들을 넘어설 수 있다는 자신감을 갖게 되었다. PCpersonal computer(개인용 컴퓨터)로 상징되는 ITinformation technology(정보 기술) 산업 부분에서 일본에 우위를 차지한 것이다. 명백하게 일본을 이긴 적은 이것이 처음이다.

불황에 시달리던 일본경제는 2004년 들어 오랜 불황의 터널에서 빠져 나와 화려한 부활을 맞는 듯했지만, 2008년 미국발 금융공황이 발생하면서 다시 불황속으로 빠져들고 있다. 2010년 일본이 세계 경제에서 차지하는 비중은 5.8%로 떨어졌고, 세계 2위 경제 대국의 지위도 처음으로 중국에 넘겨주었다. 일본은 또 OECD 회원국 가운데 GDP 대비 국가부채 비율 1위국이라는 오명汚名을 안고 있다. 일본의 막대한 재정적자는 20년간 경기 침체를 극복하기 위해 발생했다. 그럼에도 불구하고 일본 경제가 국가 부도를 당할 가능성은 거의 없다고 전문가들은 분석한다. 일본 정부가 발행한 국채의 90% 이상을 일본 은행이나 일본 국민이 보유하고 있고, 설사 일본 경제가 심각한 위기 상황으로 빠지더라도, 일본인이 자국의 부도로 연결될 국채 투매投賣에 나서지는 않을 것이라 예상되기 때문이다.

이러한 일본경제의 약화에도 불구하고, 재료부품산업에서는 여전히 세계 최고의 경쟁력을 갖고 있다. 또 장기불황의 20년간 일본은행들은 막대한 불량채권을 처리하는 데 전력을 기울여, 미국과 유럽을 중심으로 한 세계금융시장의 버블 행진에 가담할 여유조차 없었다. 역설적이게도 그 결과 현재 일본은행들은 세계에서 가장 재무구조가 건전한 은행으로 탈바꿈했다.

20여 년의 불황을 거치면서 수많은 일본인이 낙담하며 자살했다. 그러나 그 가운데에서도 미래를 대비하며 준비해 온 사람들에 의해 일본경제는 유지되어왔다. 뼈를 깎는 구조 조정 속에서도, 앞이 캄캄한 가운데서도 미래를 대비하며 기술 투자를 한다. 그것도 1, 2년이 아니라 20년 동안이다. 이들 일본 기업의 기술투자를 보노라면, 보릿고개에서 배를 곯으면서도 내년의 농사를 위해 절대로 까먹지 않는 '종자'를 떠올리게 된다. 기술 투자는 기업이 배를 곯는 와중에서도 보존해 온 종자였던 것이다.

아직 더 지켜보아야겠지만, 상당히 어려움이 있음에도 불구하고, 일본은 앞으로도 상당히 잘 사는 나라의 하나로 존속할 것으로 전망된다. 왜냐하면 일과 직업에 생명을 거는 사람으로 가득 찬 사회가 못 살 수는 없기 때문이다. 그러나 일본이 지난 20세기 산업 자본주의시대에 세계 경제의 견인차 역할을 하며 세계2위의 경제대국이라는 명예를 회복하기는 어렵지 않을까

한다.

　21세기는 하드웨어의 경쟁에서 소프트웨어의 경쟁으로 가는 시대이다. 그리고 새로운 발상과 창조 능력을 지닌 국가가 최고의 경쟁력을 가진 사회가 될 것이다.

　일본의 경우, 여전히 세계적 경쟁력을 갖고 있는 것도 제조업 분야라는 점을 주목할 필요가 있다. 일본은 학문도 통계학과 같은 것이 세계 최고이다. 그러나 원리와 추상을 이야기하는 부분에서는 현저히 떨어진다. 일본 역사에서 외부의 보편적이고 추상적인 사상과 종교가 깊이 뿌리를 내린 적이 없었다. 일본의 유학은 형이상학적인 하늘天 관념을 없애고 물질을 적극적으로 긍정하는 형이하학적인 것이었다. 그래서 일본 문화는 실질적·가시적이며, 그 이상의 탐색이 거의 없다. 오랜 세월 동안 형성된 것이 하루아침에 바뀌지는 않는다. 이러한 특성이 그대로 현대에도 이어지는 것이다.

　많은 미래학자들은 21세기는 문화의 시대가 될 것이라고 한다. 전 세계인의 마음을 감동시키는 영화와 같은 문화 산업이 부가 가치가 높음은 물론이다. 그리고 인간의 정신을 이해하는 문화 없이 최고 상품이 되기는 어려운 세기를 맞고 있는 것이다. 이 부분을 과연 일본이 어떻게 대처할지는 지켜보아야 한다.

21세기 새로운 국가전략, 군사강국화
―군사강국화의 흐름(1980~2011년)

그때 세계는 -
1994년 | 북한, 김일성 죽음
1995년 | 한국, 광복 50돌, 구총독부 건물 철거

현재 일본은 자위대를 갖고 있으며, 자위대를 전쟁이 일어나는 지역의 후방에 파견할 수 있다. 애초 신헌법 만들 당시 의도한 평화헌법의 취지가 많이 훼손되어 평화헌법이라는 이름이 무색할 정도이다. 그렇지만 현행 헌법 하에서 일본은 직접 군대를 파견하여 전쟁을 할 수 없고, 무기를 수출할 수 없게 되어 있다. 그런데 현재 일본은 무기를 수출하고, 전쟁을 할 수 있는 나라가 되려 하고 있다. 무기 수출은 일본 중공업 및 첨단기술산업 부문에서 군산복합체가 발전하게 되고 해당 기업에 막대한 이익을 줄 것이다. 군대 파견은 국제외교에서 일본의 발언권을 높일 수 있다.

일본이 군사 강국화로 나아가게 되는 배경에는 우선 미국의 요구를 들 수 있다. 미국은 냉전 체제가 무너지고 국력이 약화되면서 막대한 군사비 분담을 일본에 강력히 요구해 왔다. 나아가 미국은 일본이 적극적으로 전쟁에 참여할 수 있도록 일본의 군사 강국화를 지지해 왔다. 2005년 일본은 유엔 전체 예산의 19.47%를 담당했다. 이는 미국 다음으로 많은 액수이다. 현재

한일병합100년 시민네트 창립총회(2008. 10. 25). 한일병합 100년을 맞이해 일본이 역사문제에 대해 정확한 사과를 하지 않고 있기에, 일본 시민들이 반성과 사죄를 하고자 10만 명 서명운동을 전개했다. 필자는 한국집행부로 참여했다. 사진은 교토에서 열린 창립총회에서 종군위안부 이옥선 할머니가 증언하는 장면.

일본은 미국에게 확실한 군사적 도움을 줄 수 있는 전 세계의 유일한 나라로서, 미국으로부터 대단한 신뢰를 얻고 있다. 일본은 미국의 군사력 강화 압력을 명분으로 삼으면서 군사강국화를 어쩔 수 없는 것으로 대내외적으로 홍보하고 있다.

그러나 미국의 압력은 일본이 군사강국으로 가는 하나의 배경이 되지만, 그렇다고 일본의 군사 강국화가 전적으로 외부적 조건에 기인한다고 보기 어렵다. 오히려 군사강국의 지향은 전후사에서 일본 정치권 내부에서 지속적으로 존재했다고 보는 편이 옳다. 헌법 개정의 움직임은 일찍이 1955년으로 거슬러 올라간다. 하지만 1950년대 당시는 전쟁의 비참함을 기억하는 일본 국민들이 군사강국으로 가는 것을 원하지 않았기 때문에 정치권은 평화헌법을 유지했고 고도 경제 성장에 매진했다. 강한 국가는 포기되었다기보다 상황에 의해 수면 아래에 잠복한 것으로 보인다.

1980년대 들어서 군사 강국화의 움직임이 본격적으로 나오기 시작했다. 1980년대는 일본이 경제 대국으로서 정점이던 시기였다. 당시 일본 기업들은 세계 각 지역에 투자한 자본을 보호하기 위해 군사력을 갖춘 강한 국가를 주창했고, 정당·관료 등 지배 계급은 이에 강력하게 동조했다. 또한 군사 강국화의 움직임은 1980년 이란·이라크 전쟁 이후 국제 정세에 크게 자극받았다. 일본은 1990년 페르시아 만 전쟁에서 130억의 전쟁 비용을 지출했음에도 불구하고, '땀과 피를 흘리지 않은 얼굴 없는 국제 공헌'이라는 국제적 비난을 받아야만 했다. 일본은 군사력이 없는 경제 대국이 얼마나 취약한 것인지 절실히 느끼게 되었다.

냉전이 붕괴된 이후에도 동북아가 여전히 긴장상태에 놓이면서 일본은 군사력의 필요성을 심각하게 생각하게 되었다. 특히 중국이 급격한 경제 성장 속에 군사 강국으로 급부상하면서, "중국에 대비하지 않는 한, 일본의 미래는 없다"는 강경 발언이 나오고 있을 정도로 중국에 대한 위기감은 고조되고 있다. 북한의 핵실험과 일본인 납치 사건도 대대적으로 보도하며 군사력 없는 일본 국가의 허구성을 부각시키고 있다.

급변하는 국제 정세 속에서 군사 강국의 결정적 계기를 부여한 것은 20년 가까이 지속된 장기 불황이었다. 장기 불황을 거치면서, 전후를 지탱해 온 '고도 경제 성장'과 '평화헌법'이라는 두 기둥이 완전히 무너져 내렸다. 전후 가장 길고 혹독한 불황의 여파 앞에서 일본인은 자신감을 상실했고, 일본의 미래는 매우 불안했다. 군사 강국화는 목표를 상실한 대중들 앞에 새로운 국가 전략으로 대대적으로 제시되었으며, 일본 사회의 많은 계층으로부터 지지를 얻어 냈다. 새롭게 집권한 일본 민주당도 헌법개정을 반대하지 않는다. 설사 헌법개정을 하지 않더라도 어떤 형태이든지 현행헌법에 변화를 주어 전쟁할 수 있는 나라, 무기를 수출할 수 있는 나라로 전환코자 한다. 재정적자, 정치개혁, 행정개혁 등 막대한 문제가 산적해 있는 민주당에게 이와 같은 국가전환은 기회를 제공할 것이다. 일본에서 군사 강국화에 대한 비판세력은 허약한 상황이다. 현재 일본의 군사 강국화는 쉽게 꺾을 수 없는 대세로 나타나고 있다. 이제 일본은 군대를 직접 파병하게 되어 자국의 이익을 관철시킬 수 있는 힘을 갖게 될 날이 멀지 않다. 일본의 군사 강국화는 바로 이웃에 접하고 있는 한국의 미래에도 많은 영향을 끼칠 것이다.

DIGEST 99

일본의 우경화와 정체성
—역사왜곡교과서 · 야스쿠니 신사참배 문제(2000년대)

그때 세계는 -
1996년 | 한국, 전 · 노 전대통령 재판
1996년 | 미국, 클린턴, 대통령에 재선

"난징 대학살은 중국인들이 지어낸 거짓말이다.
될 수만 있다면 히틀러가 되고 싶다."

이 말은 2011년 도쿄 도지사로 4선한 이시하라 신타로石原愼太郎의 말이다. 망언이 어제오늘 일이 아니지만, 현재 일본의 우경화는 심각한 상태로 이어지고 있다.

일본의 우경화는 고립된 개별적 사안이 아니라, 군사 강국화의 움직임과 연동되어 나타나고 있다. 즉 21세기 일본이 치열한 생존을 모색하는 가운데 군사 강국이라는 새로운 국가 전략의 차원에서 나오고 있다. 어째서 군사 대국화가 우경화와 관련이 있을까? '군사력을 보유한 강한 국가'는 이전의 경제 대국과는 성격이 다르다. 경제 대국은 그저 열심히 성실히 일하면 되었다. 그러나 강한 군사 대국이란 그 국가를 표상하고 국민을 하나로 통합해 낼 수 있는 정체성을 필요로 한다.

모리 요시로森喜朗 전 수상은 "국민의 지지가 없는 군대 파견은 장난감 호랑이에 불과하다"고 말했다. 세계 어디에든 분쟁이 발생하면 일본은 군대를 파견하고자 할 것인데, 이때 일본 국민이 전혀 관심을 나타내지 않는다면 해외 파병을 성공적으로 이루기 어렵다.

야스쿠니 신사를 참배하는 고이즈미 총리.

일본 국민은 정치에 대단히 무관심하다. 일본의 젊은이는 자신의 반경 1m 외에는 전혀 관심이 없다고들 한다. 일본 지배층은 평화헌법 하에서 경제 대국화 시절의 이런 자유주의적이고 개인주의적인 국민 의식으로는 '강한 국가'를 이루기 어렵다는 위기감을 갖고 있다.

새로운 국가 체제 창출은 극심한 혼란을 야기할 수도 있다. 군사 강국화라는 거대한 변화의 물줄기에는 희생이 따를 수 있다. 당연히 일본 사회의 반발이 분출되면서 시끄러워질 수 있다. 일본인 모두를 하나로 단단히 묶어 이끌어 갈 수 있는 큰 명분이 필요하다. 일본인에게 희생을 수용할 수밖에 없게 만드는 어떤 것, 즉 정체성이 필요한 것이다. 왜곡된 역사 인식을 드러낸 '새로운 역사 교과서를 만드는 모임'의 집필자 사카모토 다카오坂本多加雄 가쿠슈인學習院 대학 교수는 다음과 같이 말했다.

"사람은 판단이 곤란할 때, 판단 기준이 불확실할 때, 위기적 상황에 직면할 때, '자신은 누구인가'를 묻게 된다."

역사 왜곡 교과서의 내용은 전쟁 당시 일본이 일으킨 범죄 행위, 난징 대학살, 731부대의 생체 실험, 종군위안부 등을 최소화하거나 부정하고 오히려 정정당당한 전쟁이었음을 강조한다. 전쟁의 긍정이 역사 왜곡 교과서의 중요한 하나의 축이라면, 또 하나는 일본이 천황이 건재한 '신의 나라'임을 전면에 내세우는 것이다.

일본에게 야스쿠니 신사靖國神社는 '민족의 영광스런 역사'를 상기시키는 기억의 장치이다. 야스쿠니 신사에는 도쿠가와 막부를 무너뜨린 무진전쟁 이후 태평양전쟁에 이르기까지 11개 전쟁의 전몰자 총 246만여 명이 안치되어 있다. 여기에는 태평양전쟁의 A급 전범 14명의 위패도 포함되어 있다. 고이즈미 준이치로小泉純一郎 전 총리는 야스쿠니 신사에 참배하는 이유를 다음과 같이 말했다.

"국가를 위하여 죽은 영령들에게 참배하는 것이 무엇이 나쁜가? 국가를 위한 희생자들에게 참배하지 못하는 나라가 일본 말고 또 어디가 있단 말인가? ······ 나는 힘들 때마다 태평양전쟁 때의 가미카제 특공대를 생각한다."

야스쿠니 신사는 국가를 위해서라면 목숨도 아끼지 않았던 선대의 비장한 희생을 떠올리게 하여, '민족 영광의 역사'를 되살리려는 기억의 장치인 것이다. 일본의 우경화, 역사 왜곡 교과서 파동, 야스쿠니 신사 참배는 군사력을 가진 강한 국가로 가고 있는 21세기 일본 국가의 생존 전략과 맞물려 분출되고 있다고 볼 수 있다.

그렇다면, 전전戰前 일본의 군국주의는 부활하는 것인가? 역사는 정직한 것이고, 변하지 않는 것 같아도 도도하게 흐른다. 일본인들은 절대 신 천황을 갖고 패전했고, 이름뿐인 상징 천황제로 오랜 시간이 흘렀다. 이런 흐름을 되돌리기는 어렵다. 때문에 태평양전쟁 같은 참화는 반복되기 어렵고, 제2차 세계대전 이전의 절대 천황제로의 복귀는 불가능하다. 다만 천황의 역할이 좀 더 강화될 수는 있을 것이다.

헌법이 개정되어 군사 강국을 이루고 나면, 세계 어떤 나라보다도 일본은 자국중심적으로 행동하리라 전망된다. 사상은 행동을 예견케 한다. 극우적 사상을 내세우는 국가라면, 그 행동은 더욱 자기중심적이 될 것이다. 일본의 군사 강화는 남북통일, 독도 문제 등 사안을 갖고 있는 한국의 미래와도 직결되어 있다.

미래 동아시아 공동체를 향한 발걸음
―아시아의 연대(2000년대)

그때 세계는 –
2008년 | 미국, 오바마, 대통령에 당선
2011년 | 리비아, 카다피 사망

    우경화 움직임은 일본 자신에게도 부담되는 문제이다. 미국의 저명한 정치 철학자 프랜시스 후쿠야마 교수는 "역사 문제로 인해 아시아에서 양극화 현상이 나타나게 되면, 일본 편에 서는 나라는 없을 것"이라고 경고했다. 소프트 파워가 중시되는 21세기에, 일본의 비도덕성은 미래 일본의 행로에 걸림돌로 작용할 수도 있다.

    예를 들면 2005년 일본은 유엔 안전보장이사회 상임위 이사국 진출에 실패했다. 이 자리는 국제 사회에서 강력한 외교적 발언권을 행사할 수 있는 통로였고, 일본 최대의 국가적 목표였다. 유엔 상임위 이사국이 되기 위해서는 유엔 참여국의 2/3 이상의 지지를 얻어야 한다. 일본은 이를 위해 아프리카 등 저개발 국가에 경제 원조를 약속하는 등 맹렬한 로비와 외교를 펼쳤지만, 결국 무산되었다.

    일본의 상임위 이사국 진출 실패에는 복잡한 여러 이유가 거론되지만, 그 이면에는 역사적 책임을 지지 않는 일본에 대한 아시아인의 불신이 컸다.

나가사키 평화공원에 세워진 평화 기념상.

일본의 그릇된 역사 인식은 상황에 따라, 상대국에게 일본을 궁지로 몰아넣을 수 있는 강력한 빌미로서 제공될 수 있다.

또 하나, 2007년 7월 30일 미국 하원 본회의에서 채택된 일제종군위안부 결의안을 예로 들 수 있다. 미국 하원에서 이 결의안이 통과되더라도 법적 구속력은 없다. 하지만 미 의회에서 일본의 종군위안부 강제 연행을 공식 인정했다는 것만으로도 일본은 역사적으로 상당한 부담을 갖게 된다.

2007년에 아베 신조安倍晋三 당시 수상이 "종군위안부를 일본 국가가 강제 동원한 것이 아니다"라고 강제 동원을 부인하자, 미국 언론의 세찬 비난이 일었고 미국 여론도 움직였다. 그래서 미 의원들도 종군위안부결의안을 하원 외교위에 상정하지 않을 수 없는 처지에 놓였다. 이에 아베는 조지 W. 부시 미국 대통령에게 자신의 실수를 사과하며 더 강력한 로비를 펼친 끝에 미 정부의 지지를 얻어, 하원에 상정되는 것은 일단 불가능해진 것처럼 보였다.

이러던 중에 반전이 일어났다. 한인 교포들이 미 의원 하나하나에게 편지를 쓰거나 개별적으로 만나 헌신적으로 설득하여 세를 얻어 가는 가운데, 일본 의원 45명과 일본 지도급 인사들이 워싱턴포스트지에 "종군위안부는 국가의 강제성이 없고 대우를 잘 받았다"는 광고를 크게 실은 것이다. 이 광고는 오히려 일본의 비도덕성을 만천하에 광고하는 게 되어, 여론의 격렬한 역풍을 불러일으켰다.

결의안은 외교위에 상정되어 압도적인 표차로 통과되었다. 그리고 2007년 7월 30일 미 하원 본회의에서 일본 정부의 사죄를 공식

번영하는 일본.

적으로 요구하는 종군위안부결의안이 만장일치로 채택되기에 이른다. 2007년 같은 해에 잇따라 네덜란드 의회, 캐나다 하원, 그리고 유럽 의회에서도 종군위안부결의안을 채택하였다. 결의안은 "종군위안부는 20세기 전대미문의 성학살 사건이며, 일본정부는 이를 국민에게 정확하게 가르쳐야 할 의무가 있다"라고 말한다.

현재는 평화의 문제를 도외시할 수 없는 시대에 접어들고 있다. 21세기 정보화 사회에서는 세계가 그물망처럼 연결되면서 상호신뢰를 바탕으로 한 지역공동체가 형성되고 있다. 유럽이 EU를 만든 것처럼, 아시아도 가까운 장래에 안보, 환경, 식량, 에너지라는 공동의 문제를 다룰 하나의 공동체를 만들 수밖에 없다.

일본의 우경화는 아시아의 상호 신뢰를 깨뜨릴 뿐만 아니라, 주변국으로 하여금 일본 비난에 몰두하게 하여 많은 비용과 에너지를 소모하게 만든다. 나아가 군비 경쟁을 촉발하여 동아시아를 긴장 속으로 몰아넣고 지역 공동체의 번영을 저해할 수 있다.

그럼에도 우리는 일본에 대해 희망을 이야기해야 한다. 일본에는 평화를 원하고 실천하는 많은 사람들이 있다. 미 하원의 종군위안부결의안 채택을 주도한 인물은 일본계 마이크 혼다(민주, 캘리포니아) 의원이었다. 일본 사회에서 그들의 힘은 무척 작지만, 우리는 하나의 빛을 발견한다. 일본인들도, 죽을힘을 다해 고단하게 생존해 가는 우리와 같은 처연한 인생에 지나지 않는다. 그렇다. 근대를 성공시키고 전쟁의 폐허에서 불철주야 노력하여 세계 경제 대국을 이룬 무서운 장인 정신의 나라. 21세기에도 여전히 우리의 이웃으로 있을 일본. 그 일본에는 우리와 동일한 소망과 사랑, 그리고 두려움을 갖고 살아가는 인간이 있다. 그런 일본에 대해 희망의 창을 열어두자. 소망하는 한, 현실은 그 '소망'을 향해 다가갈 것이다.

부록
일본사 연표

A.D.	
57	노국왕, 후한의 광무제에 사신 파견(한위 노국왕(漢倭奴國王)의 인장 받다)
238	야마타이 국 여왕 히미코가 위에 사신을 보냄
391	위와 고구려와의 싸움
413	위 오왕, 중국에 조공
538	백제에서 불교 전래(일설에는 552년)
562	신라가 가야를 멸망시킴(이전에는 임나일본부의 멸망으로기재)
593	쇼토쿠 태자가 섭정이 됨
607	중국의 수(隋)에 사신 보냄(견수사의 시작)
645	다이카 개신
663	백촌강의 싸움
694	후지와라쿄로 천도
710	헤이조쿄로 천도
712	《고사기》 완성
720	《일본서기》 완성
723	'삼세일신법' 시행
743	'간전영년사재법'. 대불 건립의 조칙
752	대동사(東大寺) 대불의 개안
794	헤이안쿄로 천도
894	견당사 중지, 이후 폐지
935	'다이라노 마사카도의 난' 과 '후지와라노 스미토모의 난' 이 일어남
988	오와리 국의 군지 백성이 고쿠시의 가렴주구를 고발
995	후지와라노 미치나가의 전권시대
1086	원정(院政) 시작됨
1159	헤이지의 난, 다이라노 기요모리가 군사적 패권 장악함
1175	호넨, 정토종을 시작함
1180	겐지와 헤이시의 싸움
1274	원(元)의 1차 침입
1281	원(元)의 2차 침입
1333	가마쿠라 막부 멸망
1334	겐무의 중흥
1338	아사카가 다카우지, 정이대장군에 봉해짐.
1404	감합무역 시작됨
1467	오닌의 난
1543	포르투갈 인 다네가 섬에 표류, 철포 전래됨
1549	프란시스코 자비에르, 일본에 도착해 기독교 전파
1568	오다 노부나가, 교토 점거
1590	도요토미 히데요시, 일본을 통일함
1592	도요토미 히데요시, 조선을 침략함
1594	전국의 검지(檢地)를 명함
1597	조선을 다시 침략함
1598	도요토미 히데요시 병사. 조선 침략군 철퇴
1600	세키가하라의 싸움에서 도쿠가와 승리함
1603	도쿠가와, 정이대장군 칭호를 얻다. 에도막부 시작
1607	조선과 국교 재개
1612	막부, 기독교를 금함
1615	도요토미 씨 멸망
1637	'시마바라의 난' 일어남
1641	네덜란드 인 상관을 나가사키의 데지마로 한정
1651	유이 쇼세츠의 난
1716	교호의 개혁

1732	교호의 기근
1782	덴메이의 기근
1804	러시아 사절 레자노프가 나가사키에 와서 통상 요구
1833	덴포의 기근
1841	덴포의 개혁
1853	미 페리 제독, 우라가에 와 통상 요청
1854	미일화친조약 체결
1858	미일통상조약에 조인
1863	조슈 번, 시모노세키에서 외국선 공격. 8월 18일의 정변
1864	긴몬의 변. 제1차 조슈 정토. 4국 연합함대가 시모노세키 포격
1865	제2차 조슈 정토 선언. 천황이 외국과의 조약을 허가
1866	제2차 조슈 정토 중지
1867	대정봉환(大政奉還)
1868	무진전쟁(戊辰戰爭)
1871	폐번치현. 이와쿠라 도모미 등 구미 시찰여행
1876	강화도 조약
1877	세이난전쟁
1881	국회개설을 약속하는 조칙 발표
1885	내각제도의 시작
1889	메이지헌법 공포
1894	청일전쟁
1895	시모노세키 조약. 삼국간섭
1899	조약개정. 치외법권 폐지
1902	영일동맹 조인
1904	러일전쟁
1906	한국에 통감부 설치
1910	한국병합. 대역사건
1914	일본, 독일에 선전포고
1915	중국에 21개조 요구
1918	정당내각의 시작. 시베리아 출병
1921	워싱턴회의 개최
1922	워싱턴 해군군축조약 조인. 일본 공산당 결성
1925	치안유지법 공포(4월). 보통선거법 공포(5월)
1926	쇼와 천황 즉위
1927	금융공황 시작
1930	금 수출 해금. 런던 해군군축조약 조인
1931	만주사변 발발
1932	혈맹단 사건. 만주국 성립. 5·15사건
1933	국제연맹 탈퇴
1936	2·26 사건 일어남. 일독 방공협정 조인
1937	중일전쟁 일어남(노구교 사건)
1940	일·독·이 3국동맹 조인
1941	일소 중립조약 조인. 태평양전쟁 일어남(진주만 기습)
1942	미드웨이 해전
1945	일본에 원자탄 투하(8월 6일). 소련 참전(8월 8일). 무조건 항복(8월 15일)
1946	극동국제군사재판 개시(5월). 신헌법 공포(11월3일)
1950	경찰예비대 창설
1951	샌프란시스코 강화조약 조인. 일미안보조약 조인
1954	자위대 발족
1955	55년체제 출범
1956	일소 국교 재개. 일본, 유엔에 가입
1960	안보투쟁 격화. 신 일미안보조약 발효
1965	한일협정 조인
1969	도쿄 올림픽
1976	록히드 사건 문제화
1988	리쿠르트 의혹 표면화
1989	소비세 실시(3%). 참의원 선거에서 여야당 역전
1992	PKO 협력법 실시
1993	자민당 분열. 비자민 연립내각 성립

찾아보기

ㄱ

가나가와 앞바다의 파도 226
가록 283
가마쿠라 막부 114
가마쿠라 시대 132, 170
가미카제 137, 139
가미카제 특공대 368
가미타카모리 16
가부나카마 216, 238, 246
가부키 219, 228, 230
가쓰라 타로 295
가쓰라 · 테프트 밀약 302
가쓰시카 호쿠사이 226
가키베 39
가타야마 센 314, 315
가토 타카아키 331
간노 스가 315
간무 헤이시 102
간토 지방 25
감정봉행 195
감합무역 166
감합부 167
갑주법도 165
강담사 340
강상중 418
강항 234
검지 188
겐로쿠 문화 219
겐로쿠 시대 218
겐무의 신정 144

겐지 88, 120
견당사 71
견수사 47
견신라사 71
경오년적 58
고금와카집 172
고노이케 217
고난구미 201
고다이고 천황 140, 142
고묘 황후 73
고분 시대 31, 36
고세이바이시키모쿠 122
고케닌 114, 196
고케닌 제도 140
고쿠진 149
고토쿠 대왕 54
고토쿠 슈스이 315, 335
고하마 모토츠쿠 34
공지공민 67
관위 12계 46
교겐 175
교고쿠 150
교토쇼시다이 197
교토슈고 115
교호개혁 238, 239
구로다 키요타카 294
구루마가카리 165
구마자와 반잔 236
구몬조 115
구미가시라 201

구스노키 마사시게 143
구카이 97
국민개병제 283
국학 248
귀실복신 55
귀족원 292
규나베 279
규나베야 279
근대천황제 304
금각사 173
금중병공가제법도 197
기노시타 나오에 315
기노시타 준안 208
기록소 144
기리스테고멘 199
기미가요 306
기소 115
기시 노부스케 401
기온 220
기진지계 장원 78
기타 이키 345
기타가와 우타마로 225
기타야마 173
긴키 지방 25
김학영 418

ㄴ

나누시 201
나라 시대 66
나카노오에 왕자 54
나카도미노 가마타리 54
나카마 216
난징 대학살 366
남만무역 179
남만인 179
남색대감 222
남조 145
노 175

노동조합기성회 314
니마모토노 요리토모 112, 114
니시무라 시게키 278
니이무라 다다오 315
니치렌 136
닌토쿠 대왕릉 36
닛타 요시사다 143, 145

ㄷ

다나하시 코토라 337
다네가시마 토키타카 178
다누마 오키쓰구 240
다누마 시대 240
다다요시 146
다도 175
다유 228
다이라노 기요모리 101
다이라노 마사모리 101
다이로 195
다이묘 196, 199
다이쇼 데모크라시 325
다이쇼 시대 325
다이카 개신 47, 53, 54
다카노 후사타로 314
다케다 노부도 164
다케다 신겐 163
대각사통 142
대당국 74
대도 199
대동아전쟁 366
대역죄 315
대일이사회 391
덕정 153
덕정령 141, 153
덴무 58
덴포개혁 245
덴표문화 71
뎃포 183

찾아보기 **443**

도겐 136
도막 운동 273
도모베 41
도서 168
도쇼다이곤겐 194
도슈사이 샤라쿠 225
도요토미 히데요시 182, 186
도자마 다이묘 257
도조 히데키 392
도쿄 68
도쿠가와 요시노부 260
도쿠가와 요시무네 239
도쿠가와 요시토미 260
도쿠가와 이에사다 260
도쿠가와 이에야스 182, 183, 191
도호쿠 지방 25
동양척식주식회사 303
동학동민운동 297
동해도오십삼차 226

ㄹ

러일전쟁 299
렌쇼 122
로쥬 195
로쿠하라탄다이 121
루이스 프로이스 181
류큐무역 206

ㅁ

마나토가와의 전투 145
마루야마 마사오 237, 344
마쓰나가 히사히데 161
마쓰카타 마사요시 294
마츠시타 촌숙 265
마쓰이 이와네 366
마치봉행 195
막번체제 195
만주사변 347

매신라물해 73
메이지 유신 272
메이지 천황 301
메이지 헌법 293
명륙사 278
모노노아와레 250
모로나오 146
모리 아리노리 278
모리 타카치카 247
모리 테루모토 191, 192
모리시마 모리도 347
모리요시 천황 143
모토오리 노리나가 248
몬무 58
몬츄죠 115
묘가킨 200
무가제법도 196, 208
무라사키 시키부 87
무라카다 3역 201
무라타 세이후 247
무로마치 막부 144
무로마치 문화 173
무로마치 시대 148, 170
무산계급사 338
무자소 144
미나모토노 사네모토 120
미나모토노 요시토모 101
미노베 다쓰키치 327
미륵보살반가사유상 50
미쓰이 217
미야시타 다키치 315
미요시 나가요시 161
미일안보조약 403
미일안보조약개정 저지국민회의 412
미즈노 타다쿠니 245
미카와 나가시노 전투 183

ㅂ

바한선 166
반제령 149
반토 152
백촌강 전투 61
번 196
법륭사 49
법흥사 49
본지수적설 93
볼셰비즘 334
부악삼십육경 226
북조 145
분라쿠 228
분라쿠좌 228
분카분세이 문화 219
불수조권 76
불입권 76

ㅅ

사노 마나부 378
사무라이 124
사무라이도코로 115
사미센 228
사비 172
사사봉행 195
사이고 다카모리 288
사이메이 대왕 55
사이온지 긴모치 295, 321
사이쵸 95
사직 150
사천왕사 49
사카이 168
사카이 토시히코 315
사타닌 152
상징천황제 398
생디칼리즘 334
서준식 418
세간의 속셈 222
세이와 겐지 102

세키가하라 전투 192
소 151
소나자키 정사 229
소손 151
쇼군 199
쇼와 유신 349
쇼토쿠 태자 43
수요회 338
슈고 148
슈고 다이묘 148
슈고다이 161
슈고영국제 150
슈고우케 149
스미토모 217
스이코 대왕 45
스즈키 간타로 374
스키야키 279
시라카와 천황 99
시마바라 220
시마바라의 난 205
시바 155
시소 150
신겐가법 165
신기관 63
신도 45, 91
신란 134
신마치 220
신불교 132
신불분리령 278
신불습합 92
신안보조약
신우회 337
신헌법 398
쌩 쥬앙의 노래 206
쓰나요시 208
쓰치잇키 153
씨성 귀족 40
씨성 제도 39

ㅇ

아나미 고레치카 377
아라이 하쿠세키 209
아라키 사다오 392
아리마 하루노부 180
아마테라스 오미카미 40, 62
아베 이소오 315
아사카가 다카우지 145
아사카가 요시노리 167
아사카가 요시미쓰 146
아소 히사시 337
아스카 48
아스카 문화 48
아스카 시대 43
아시카가 다카우지 143
아시카가 요시마사 155, 159
아시카가 요시미 155
아시카가 요시미쓰 166, 173
아시카가 요시아키 183
아시카가 요시타네 159
아시카가 요시히사 155, 159
아이누와 무역 206
아이누인 34
아즈치성 185
아카마쓰 150
아코성 주군 211
악당 141
안도 히로시게 226
안보반대투쟁 410
안세이 다이고쿠 262
안숙 48
앗빠레 130
애로호 사건 259
야마가타 아리토모 295
야마나 150
야마나 소젠 155
야마시로국 158

야마시로의 구니잇키 158
야마자키 안사이 235
야마타이 국 28
야마토 정권 31, 36
야마토 지방 31
야스쿠니 신사 305, 434
야요이 문화 23
야요이 시대 23
야요이인 26
양이 270
에즈라 보겔 422
에치젠국 158
에타 200, 283
연력사 95
영구매매금지령 201
오규 소라이 237
오닌의 난 155
오다 노부나가 160, 181, 182
오무라 스미타나 180
오미 58
오미령 58
오사카 214
오사카성 186
오시오 헤이하치로 244
오시오의 난 242
오우미노 미후네 72
오우치 요시타카 180
오케하자마 전투 182
오쿠니 231
오키미 41
오토나 152
오토모 요시시게 180
옥쇄 368
온나가타 231
와비 172
와카 83
왜구 166
요리아이 152

요시노 사쿠조 327
요시다 내각 399
요시다 소인 263
요시모치 166
요시미쓰 장군 144
요시아키 160
요시즈미 160
요시테루 160
요시하라 220
요시하루 160
요시히데 160
용안사 173
우근위대장 115
우마코 48
우시지마 미쓰루 388
우지 39
우지가미 39
우지노카미 39
우지데라 49
우지비토 39
우키요 219, 223
우키요 조시 221
우키요에 219, 223
운쥬킨 200
원정 99
위지왜인전 29
유현 172
율령제 66
은각사 173
은상 140
을사보호조약 302
이국경고번역 138
이노우에 가로우 318
이사카와 다쿠보쿠 316
이세신궁 305
이소노카미노 야카쓰구 72
이양지 418
이에노부 209

이에미쓰 시대 195
이에시게 240
이에쓰나의 시대 207
이에하루 240
이와나미 문고 340
이와주쿠 15
이즈모 대사 231
이쿠타 요로즈 244
이타가키 다이스케 288
이타가키 세이시로 348
이토 진사이 236
이토 히로부미 292
이하라 사이카쿠 221
인형 조루리 228
일국일성령 193
일련종 136
일본사회당 315
일본영대장 222
일본철도교정회 314
임나일본부설 32
입헌정우회 295
잇시키 150
잇코잇키 183
잇키 151

ㅈ

자유민권운동 287
재일조선인 415
전국시대 159
전수염불 133
전후개혁 408
정면법 239
정이대장군 114
정진회 337
정창원 73
정한론 287
제1·2차 석유위기 422
제2차 한일협약 302

제러드 다이아몬드 34
조닌 200, 216
조닌 문화 218
조동종 136
조몬 시대 18
조몬 토기 18
조선무역 206
조선인 마을 385
조큐의 난 120
존왕양이 운동 267
조카마치 190, 214
주쇼 히로사토 247
중일전쟁 358
지석묘 25
지자무라이 152
지토 58
진무 천황 71
진언종 95
질록 처분 284
집요 저음 237

ㅊ

천태종 95
철공조합 314
청일전쟁 298
총독부 303
추밀원 292
치카마츠 몬자에몬 229
칙찬 83
칙찬집 83
친제이부교 115

ㅋ

쿠빌라이 138

ㅌ

태정관 63
태평양전쟁 362

퇴계전서 234

ㅍ

파리강화회의 322
판적봉환 281
평민사 315
평민신문 315
폐도령 284
폐번치현 282
폐불훼석 278
포츠담 선언 375
풍림화산 165
프란시스코 자비에르 180

ㅎ

하니하라 가즈오 34
하마구치 오사치 346
하부노미나토 341
하야시 노부아쓰 208
하야시 라잔 234
하이쿠 219
하치만 대보살 166
하카타 168
하타모토 196, 199
하타케야마 155
하토야마 이치로 401, 406
한국전쟁 401
한일의정서 302
할복 128
햐쿠쇼다이 201
향촌제 152
허성 234
헤이그 밀사 사건 302
헤이안 75
헤이안 시대 75
헤이조쿄 66
헤이케 모노가타리 130
혜과 97

호겐의 난 111
호넨 132
호색일대남 221
호색일대녀 222
호소카와 가쓰모토 155
호소카와 마사모토 159
호조 소운 163
호조 씨 117
호조 요시토키 120, 122
호조 토키무네 137
호조 토키유키의 난 145
호죠슈 122
호쿠사이 연구서 226
환두대도 33
효민회 338
후다이 다이묘 192
후루카와 리키사쿠 315
후미에 205
후지와라 세이카 234
후지와라 씨 79
후지와라노 미치나가 80
후지와라노 요리미치 80
후쿠자와 유기치 44, 278, 301
히노마루 306
히닌 200, 283
히데요리 191
히로히토 천황 377
히미코 여왕 29
히시카와 모로노부 225
히에이 대사 96
히에이 산 95

기타

17조 헌법 46
2·26 사건 352
21개조 교섭 318
4개국 조약 323
5·15 사건 350
5·4운동 322
55년체제 406
9개국 조약 323
ML회 338
《가이후소》 72
《개조》 340
《겐지모노가타리》 87
《고금와카집》 83
《고사기》 71
《담해》 106
《도연초》 221
《만엽집》 72
《메이로쿠》 278
《문명론의 개략》 278
《서양사정》 278
《의심방》 221
《일본서기》 71
《자치통감》 55
《중앙공론》 340
《최고 국가 일본》 422
《학문의 권유》 278

참고문헌

서영애,《일본문화와 불교》, 동아대출판부, 2003.
스에키 후미히코/이시준 옮김,《일본불교사》, 뿌리와 이파리, 2005.
渡邊宏/김진만 옮김,《일본의불교》(서울: 한남신서, 1995)
이광래,《일본사상사연구》, 경인문화사, 2005.
이기동,《동양삼국의 주자학》, 성균관대출판부, 1995.
동,《곰이 성공하는 나라》, 동인서원, 2004.
동,《일본사상의 이해》, 시사일본어사, 2002.
동,《이색》, 성균관대 출판부, 2005.
와타나베히로시/박홍규 옮김,《주자학과 근세일본사회》, 예문서원, 2007.
무라오카 쓰네쓰구/박규태 옮김,《일본신도사》, 예문서원, 1999.
무라카미 시게요시外/최길성 편역,《일본의 종교》, 예전, 1993.
루스 베네딕트/김윤식 옮김,《국화와 칼》, 을유문화사, 1991.
마루야마마사오/김석근 옮김,《일본의 사상》, 한길사, 1998.
동,《일본정치사상사연구》, 통나무, 1995.
마루야마 마사오/박충석외,《충성과 반역》, 나남, 1998.
한국철학사연구회 엮음,《한국철학사상사》, 심산, 2003.
유승국,〈역학상으로 본 동북아시아의 세계사적 위상〉《동아시아 문예부흥과 생명평화》, 2005 자료집.
동,《유학사상 형성의 연원적탐구》, 성균관대학교박사논문, 1974.
이종규/이재석 옮김,《中國文化槪論》, 동문선, 1991.
박일봉 편저,《中國思想史》, 육문사, 1990.
신성곤·윤혜영,《한국인을 위한 중국사》, 서해문집, 2004.
김원중,《중국문화사》, 을유문화사, 2001.
한창수·김영구,《중국문화개관》, 한국방통대출판부, 2006.
민석홍·나종일,《서양문화사》, 서울대출판부, 2006.
차하순,《새로쓴 서양사총론》(1)(2), 탐구당, 2000.

크레인브린톤외/민석홍외,《세계문화사》상, 을유문화사, 1990.

허남린, 〈기도와 장례식〉《일본사상》2호.

임경택, 〈야나기타 쿠니오의 '일국민속학'과 문화내셔널리즘〉《일본사상》8호.

村上重良,《現代日本の宗教問題》, 新日新聞社, 1979.

本田總一郎,《日本神道入門》, 日本文藝社, 1985.

義江彰夫,《神佛習合》, 岩波書店, 1996.

石田一郞編,《日本思想史槪論》, 吉川弘文館, 1978.

박찬수,《한국에서 쓴 일본역사이야기》, 솔, 2003.

연민수 편저,《일본역사》, 보고사, 1998.

강창일·하종문,《한권으로 보는 일본사 101장면》, 가람기획, 1998.

윤명철,《동아지중해와 고대일본》, 청노루, 1996.

이영외,《전근대한일관계사》, 한국방송대출판부, 1999.

김현구,《임나일본부연구-한반도남부경영론비판》, 일조각, 1993.

존홀/박영재 옮김,《일본사》, 역민사, 1986.

아미노 요시히코/이근우 옮김,《일본사회의 역사》상, 한림신서일본총서, 1999.

라이샤워·존 페어뱅크/전해종·고병익 옮김,《동양문화사》상, 을유문화사, 1985.

이노우에 키요시/서동만 옮김,《일본의 역사》, 이론과 실천, 1989.

정현숙·한영혜,《일본학개론》, 한국방송대학교출판부, 2007.

황패강,《일본신화의 연구》, 지식산업사, 1996.

김향수,《일본은 한국이더라》, 문학수첩, 1995.

최문정, 〈고대의 논리에 갇혀있는 일본역사와 문학사〉《日本의 言語와 文學》8집, 檀國日本硏究會.

한영우,《다시찾는 우리역사》, 경세원, 2004.

김정배,《한국고대사입문》1,2,3, 신서원, 2006.

上田正昭,《日本神話》, 岩波新書, 1970.

長山泰孝,《古代國家と王權》, 吉川弘文館, 1992.

永島福太郎,《奈良》, 吉川弘文館, 1963.

加藤周一/김태준·노영희 옮김,《일본문학사서설》1, 2(서울: 시사일본어사, 2001).

박전열·이영,《일본전통문화론》, 방통대출판부, 2000.

이에나가사부로/이영 옮김,《일본문화사》, 까치, 1999.

가와사키 쓰네유키·나리모토 다쓰야/김현숙, 박경희 옮김,《일본문화사》, 혜안, 1994.

중앙대 한일문화연구원편,《일본의 요괴문화》, 한누리미디어, 2005.

윤상인외,《일본을 강하게 만든 문화코드16》, 혜안, 2001.

김학현,《가부키》, 열화당, 2004.

동,《분라쿠》, 열화당, 1995.

김명배 엮음,《일본의 다도》, 보림사, 1987.

정형,《일본사회문화의 이해》, 보고사, 2004.

한국외대 일본연구소편,《교양으로 읽는 일본사회와 문화》, 제이앤씨, 2006.

가와바타야스나리 지음/김채수 옮김,《설국》, 과정학사, 2002.

서현섭,《일본인과 에로스》, 고려원, 1995.

임찬수,《겐지모노가타리》, 살림, 2005.

구태훈,《일본역사탐구》, 태학사, 2002.

박경희,《연표와 사진으로 보는 일본사》, 일빛, 2011.

야마모토 히로후미 감수/이재석 옮김,《교양인을 위한 일본사》, 청어람미디어, 2002.

일본사학회,《아틀라스일본사》, 사계절, 2011.

박전열, 〈일본근세연극의 흥행성우선주의〉《일본사상》4호.

박규태, 〈일본인의 가치관〉《일본의 이해》, 태학사, 2002.

최문정, 〈타이헤이키의 사생관과 원령사상(상)(하)〉《일어일문학연구》23, 25집.

동, 〈고대의 논리에 갇혀 있는 일본사상사〉《일본사상》3호.

조동일 · 서종문,《국문학사》, 방통대출판부, 2006.

김철준,《한국문화사론》, 서울대출판부, 1990.

허균 지음,《한국의 정원 선비가 거닐던 세계》, 다른세상, 2002.

守屋毅,《近世藝能文化史の硏究》, 弘文堂, 1991.

安田元久,《武士世界形成の群像》, 吉川弘文館, 1963.

高尾一彦,《近世庶民文化》, 岩波書店, 1968.

今尾哲也,《歌舞伎の歷史》, 岩波書店, 2000.

졸고,《일본공산주의운동과 천황제》, 국학자료원, 2001.

졸고,《한국인의 일본사》, 현암사, 2008.

성대인문과학연구소,《시티컬처노믹스》, 새미, 2010.

한국서양문화교류연구회,《동과 서 마주보다》, 성균관대출판부, 2011.

마루야마마사오/김석근 옮김,《현대정치의 사상과 행동》, 한길사, 1995.

피터 두으스/김용덕 옮김,《일본근대사》, 지식산업사, 1993.

W.G. 비즐리/장인성 옮김,《일본근현대》, 을유문화사, 1996.

구태훈 · 조명철,《일본근세근현대사》, 한국방송대학교출판부, 2002.

김장권 · 하종문,《근현대일본정치사》, 한국방송대학교출판부, 2007.

김장권·김세걸,《현대일본정치의 이해》, 한국방송대학교출판부, 2007.

정현숙·최영철,《일본대중문화론》, 한국방송대학교출판부, 2006.

후지와라 아키라외,《일본현대사》, 구월, 1993.

야스마루요시오/이원범 옮김,《천황제국가의 성립과 종교변혁》, 소화, 2002.

Paul Maning/심규장 옮김,《히로히또》, 동양문화사, 1992.

에드워드베르/유경찬 옮김,《히로히토》, 을유문화사, 2002.

정혜경,《일제시대재일조선인민족운동연구》, 국학자료원, 2001.

윤건차/하종문 옮김,《일본 그국가 민족 국민》, 일월서각, 1997.

김영희,《일제시대 농촌통제정책연구》, 경인문화사, 2003.

이계황외,《기억의 전쟁》, 이화여대출판부, 2003.

정일성,《황국사관의 실체》, 지식산업사, 2000.

김호섭외,《일본우익연구》, 중심, 2000.

윤정석,《일본의 국가전략:21세기를 맞으며》, 오름, 1998.

제럴드커티스/박철희 옮김,《흔들리는 일본의 정당정치》, 한울, 2003.

이면우 엮음,《55년체제의 붕괴와 정치변화》, 한울아카데미, 2005.

한상일,《일본전후정치의 변동: 점령통치에서 새체제의모색까지》, 법문사, 1997.

아사이 다카시/신장철 옮김,《2003년 일본국 파산》, 사람과책, 2001.

김태진외,《도요타-일본의 10년불황을 이겨낸 힘》, 위즈덤하우스, 2005.

졸고, 〈전향과 강인한 전통~지속·천황·집단-〉《일본사상》제10집, 2006년 6월.

졸고, 〈사노 마나부의 전향과 강인한 전통〉《한국민족운동사연구》제48, 2006년 9월.

졸고, 〈전전(戰前) 일본 전향정책의 형성과정과 그 사상적 통로, 천황제〉

동,《한국민족운동사연구》제33집, 2002년 12월.

박진우, 〈근대천황제 연구의 동향과 과제〉《일본사상》창간호.

이원덕, 〈일본정치가들의 망언과 일본정계〉《한국사시민강좌》19집, 일조각, 1996.

박영준, 〈탈냉전기 일본의 대국구상〉《일본연구논총》23집, 현대일본학회, 2006.

동, 〈21세기 일본의 국가구상논쟁과 그 정책적 전망〉《국가전략》제9권1호, 세종연구소, 2003.

小林杜人編,《轉向者の思想と生活》, 大道社版, 1935.

佐野學·鍋山貞親,《轉向十五年》, 勞動出版部, 1949.

奧平康弘解說,《現代史資料·治安維持法》, みすず 書房, 1973.

奧平康弘編輯·解題,《昭和思想統制史資料》1-3卷, 生活社.

坂本英雄, 〈思想的犯罪に對する硏究〉《司法硏究》8輯6号, 1928.12.

司法省調査課,《司法硏究》16卷, 1932年8月.

司法省 刑事局,《思想研究資料》特輯 16,21,22,34,92号.
池田克・毛利基,《防犯科學全集》6, 中央公論社, 1936.
司法省保護局,〈思想犯保護對象者に關제する諸調査〉《司法保護資料》제33집, 1943.
荻野富士夫,《思想檢事》, 岩派書店, 2000.
伊藤晃,《轉向と天皇制》, 勁草書房, 1995.
同,《天皇制と社會主義》, 勁草書房, 1988.
藤田省三,《轉向の思想史的研究》, 岩波書店, 1979.
鶴見俊輔,《轉向研究》, 勁摩書房, 1976.
同,《戰時期日本の精神史》, 岩波書店, 1979.
奥平康弘,《治安維持法小史》, 筑摩書房, 1977.
思想の科學研究會編,《轉向》上・中・下, 平凡社, 1978.
絲屋壽雄,《日本社會主義運動思想史》1卷-3卷, 法政大學出版局, 1982.
立花隆,《日本共產黨研究》上下, 講譚社, 1978.
歷史科學協議會編,《天皇制の歷史》上下, 校倉書房, 1986.
中村雄二郎ほか,《日本社會》, 岩波書店, 1999.
新しい歷史教科書を會編,《新しい歷史教科書をつくる 會という 運動,がある》, 扶桑社, 1998.
俵義文,《ドキュメント'慰安婦'問題と教科書攻擊》, 高文研, 1997.
藤岡信勝,《汚辱の近現代史》, 德間書店, 1996.
同,《'自虐史觀' の病理》.《文藝春秋》, 1997.
西尾幹二外,《歷史教科書との15年戰爭》, PHP研究所, 1997.
同,(代表執筆)《新しい歷史教科書》(東京:扶桑社, 2001)
同,(新しい歷史教科書をつくる 會編),《國民の歷史》(東京:扶桑社, 1999)
同外,《歷史教科書との15年戰爭》, PHP研究所, 1997.
新しい歷史教科書をつくる 會編,《新しい歷史が始まる》(東京:幼冬舍, 1997)
石原慎太郎,《それでも'NO'と言える日本》, 光文社, 1990.
堀行雄,《戰後の右翼勢力》, 勁草書房, 1993.
竹山道雄,〈天皇制について〉《新潮》, 1964.4.
後藤靖,〈明治の天皇制と民衆〉《天皇制と民衆》(東京: 東京大學出版會, 1976)
井上清,〈天皇制の歷史〉《歷史家は天皇制をどう見るか》(東京: 新生社, 1948)
高橋哲哉・岩崎捻,〈物語の廢墟から〉《現代思想》, 1997. 7.
芝原拓自,〈近代天皇制論〉《岩波講座日本歷史》15, 岩波書店, 1975.
古屋哲夫,〈日本ファシズム論〉《岩波講座日本歷史》20卷, 岩波書店, 1976.

橋川文三,〈日本ファシズムの思想的特質〉《講座日本史》7卷, 東京大出版會, 1981.

勝部元,〈天皇制ファシズム論〉《岩波講座日本歷史》現代4, 岩波書店, 1963.

津津田左右吉,〈日本の國家形成過程と皇室の恒久性に關する思想の由來〉《津田左右吉全集3》, 岩波書店, 1952.

米谷匡史,〈象徵天皇制の思想史的考察〉《情況》1990, 12.

三輪隆,〈アメリカ國務省における戰後天皇制構想〉《歷史學研究》591, 1989.

石田雄,〈戰爭責任論再考〉,《年報・日本現代史》, 東出版, 1996.

藤岡信勝・吉田裕,〈鬪論ここがおかしい歷史教科書論爭〉《THIS 讀賣》, 1997.

米谷匡史,〈象徵天皇制の思想史的考察〉《情況》, 1990. 12.

三輪隆,〈アメリカ國務省における戰後天皇制構想〉,《歷史學研究》591, 1989.

http://www.tsukurukai.com - 교과서 개악을 주도하는 『새역사교과서를 만드는 모임』의 사이트.

http://www.fusosha.co.jp - 새교과서를 출간한 출판사 『후소샤』 출판사 사이트.

http://www.ne.jp/asahl/kyokasho/net21/ - 역사 교과서 왜곡과 개악을 반대하는 단체『어린이와 교과서 전국네트워크21』사이트

* 사진은 일본국제관광진흥기구(JNTO)의 도움을 얻었다.